# BITTER
# SWEET

불안한 세상을 관통하는 가장 위대한 힘

# 비터스위트
# BITTER
# SWEET

수전 케인 지음 | 정미나 옮김

**RHK**
RH Korea

그레고리 대교황(약 540~604)은 'compunctio', 즉 성스러운 고통이라는 것에 대해 말한 바 있다. 가장 아름다운 고통에 직면했을 때 느끼는 슬픔을 가리키는 말이다. (중략) 달콤쓸쓸한 경험은 불완전한 세상에서 정처 없이 헤매는 인간의 처지에서 비롯된다. 인간이 완벽함을 의식하는 동시에 그 완벽함을 갈망하는 것에서 기인한다는 얘기다. 이런 내면의 정신적 공허감은 아름다움에 마주하게 될 때 정말로 고통스러워진다. 잃어버린 것과 갈망하는 것 사이에서 성스러운 눈물이 샘솟는다.

− 오베 빅스트뢰Owe Wikström, 웁살라 대학교 종교심리학 교수

# 그저 살아가는 것이 아니라 어떤 생각을 하면서 살아가야 하는가를 알려주는 수전 케인의 인생관 '비터스위트'

2022년 6월 8일 국민 MC 송해 선생님이 향년 95세로 별세하셨다. 나라에 존경할 만한 큰 어른을 쉽게 찾아보기 어려운 요즘, 전 국민이 한마음으로 슬퍼하며 오랫동안 우리를 행복하게 해주셨던 작은 거인 한 분을 떠나보냈다. 하루 이틀이 지나가면서 생전에는 그저 '송해'라는 이름으로 그를 불렀던 사람들조차 어느새 '송해 선생님'이라는 호칭으로 더 예의를 갖추기 시작하는 것을 느낄 수 있었다. 그런데 이분의 인생에서 빠질 수 없는 사실이 하나 있다. 장남이자 외아들인 창진 씨가 만 20세인 1986년 한남대교에서 오토바이 사고로 사망하는 처절한 아픔을 겪은 것이다. 인간이 느끼는 가장 큰 슬픔인 '자식을 앞세운 아픔.' 그런데 2년 후인 1988년부터 〈전국노래자랑〉

의 MC로 우리 앞에 서며 세상을 떠나는 날까지 그는 전 국민에게 웃음과 행복을 선사하는 어른이 되었다.

아… 참으로 공교롭고 짓궂기까지 한 시점이다. 이분의 인생을 가장 잘 설명할 수 있는 책에 대한 감수를 쓰기 위해 보름 전부터 몇 번을 읽고 있으니 말이다. 바로 이 책《비터스위트》는 우리를 떠나간 송해 선생님의 일생도 정확히 설명하고 있다. 선善과 연민 그리고 연대와 협동 등 인간의 모든 긍정적 측면은, 더 원초적 기저의 감정인 슬픔이 있었기 때문에 가능하다. 그래서 슬퍼할 줄 모르는 사이코패스나 소시오패스들에게는 앞서 열거한 것들이 불가능하다. 그리고 이를 수전 케인은 달콤하면서도 쓸쓸함이라는 우리가 살아가면서 문득문득 느낄 수밖에 없는, 하지만 분명치도 않은 상태로부터 아주 절묘하면서도 담담하게 출발하고 전개하면서 깨닫게 해준다.

사실부터 먼저 말하자면, 나 역시 꽤 달콤쓸쓸한 사람이다. 기쁜 날인데 처량하곤 했다. 즐거운 날인데 왠지 속상한 적도 많다. 친구들과 행복하게 대화하면서도 이유를 알 수 없는 외로움을 느낀다. 그러고 보니 순도 100%의 감정으로 활기차고 정열적이며 긍정적이었던 경우는 거의 없었다. 수전 케인이 내가 참으로 좋아하는 인지과학자 스콧 배리 카우프만 교수와 함께 만들었다는 테스트를 보니 역시나 나는 꾀나 달콤쓸쓸한 사람이다. 눈물을 자주 흘리고, 감동을 잘 받으며 슬픈 음악을 들으면서 오히려 용기를 내고, 친구들은 나를 만날 때 자기의 과거 이야기를 자주 꺼낸다.

아… 맞다. 나는 예민한 사람이다. 잠시 잊고 있었다. 물론, 대범한 사람인 것인 양 연기를 자주 한다. 책의 감수를 부탁받으면서 이렇게 주절주절 자신의 상념을 무엇에 홀린 것처럼 이야기하는 경우는 처음이다. 하지만 이것이 진심이니 어쩔 것인가. 내가 어딘가 꼬여 있기 때문일까? 아니면 내가 아직 완벽하지 못한 존재이기 때문일까? 이런 생각들이 더 꼬리를 물게 되면 결국 심리학자인 나조차도 이런 못난 결론에 도달하곤 한다. '아… 난 못난 사람인가 보다.' 하지만 수전 케인은 심리학자조차도 쉽게 빠지는 이 함정을 매우 지혜롭게 비춰 주면서 그저 피해 가는 것이 아니라 이해하고 메워 나갈 수 있도록 도와주고 있다. 위로도 충고도 아닌 우리가 실제로 그런 존재라는 것을 깨닫게 해주면서.

그 핵심에는 대부분의 우리 중에서도 특히나 속 깊은 사람들이 더 많이 지니고 있는 슬픔이라는 것이 있다. 슬픔은 왜 인간의 감정에서 가장 중요한 것 중 하나가 되었을까? 영화 〈인사이드 아웃〉의 감독 피트 닥터 역시 왜 제작사를 거듭 설득해 가면서 슬픔이 캐릭터를 가장 중요한 주인공으로 만들었을까? 완벽과 긍정에 대한 우리의 착각을 깨닫게 해주는 감정이 바로 슬픔이기 때문이다. 그래서 우리는 이 슬픔에 정말 오랜 시간 동안 매달려 왔다. 2000년 전 아리스토텔레스 역시 우울질(슬픔), 다혈질(행복), 담즙질(공격성) 그리고 점액질(침착함)로 사람의 체액을 구분해 이 체액의 상대적 비중에 근거해 성격이 결정된다는 이론을 설파한 적이 있다. 설익은 심리학자들은 이 이야기를 그저 옛날 철학자의 단순한 생각이라고 치부한다. 하지만 내가 만나본 많은 심리학의 석학들은 오히려 아리스토텔레스와 같은 대철학자가 왜 이 네 가지에 깊은 관심을 가졌는가를 뒤늦게 깨달아가고 있다고 솔직하게 말한다. 그리고 수전 케인은 그중 우울질 즉, 슬픔을 자신의 인생 내내 관심을 가지고 지켜본 작가다.

덧없는 시간에 대한 예리한 의식, 세상의 작은 아름다움들을 놓치지 않고 호기심 가지며, 심지어 이를 통해 통찰하는 것에 즐거움을 느끼는 것이 바로 갈망적이고 가슴 아프고 슬픈 상태의 성향을 가진 사람들이 지닌 특별한 능력이라는 점을 이토록 문학적이면서도 과학적으로 풀어낸 책은 지금까지 단 한 번도 본 적이 없다. 이렇게 서로 맞대어 놓으면 양립할 수 없을 것 같은 두 상태가 사실, 우리 인간의 삶을 규정하는 가장 본질적 속성이라는 것을 가장 친절하게 깨닫게 해준다. 사실 우리의 인생은 늘 달콤하고 씁쓸하다. 탄생과 죽음이 그렇고, 입학과 졸업, 입사와 퇴사, 화려한 데뷔와 조용한 은퇴 등. 이러한 이중성을 무시하고 어느 하나에만 초점을 맞추는 것은 유지될 수 없는 가면극을 고집하는 것과 같다.

나 역시 비슷한 경험을 강연할 때 자주 가지게 된다. 이 이중성에 관한 내용들 말이다. 미라클 모닝이라든가 일찍 일어나는 새가 더 많은 먹이를 차지한다는 식의 이야기에 좌절한 사람들은 의외로 많다. 왜일까? 실제로 이 세상에는 아침형 인간이 있는 반면 적게 잡아도 1/3 아니 절반 가까운 저녁형 인간이 있기 때문이다. 그런데 우리 인류는 이 저녁형 인간이 존재하기 때문에 지구상에서 유일하게 24시간 시스템을 유지할 수 있는 사호를 만들었다. 아침형 인간이 이미 잘 자리 잡은 대기업에 일찍 출근해 사회적 기반을 다져가는 반면,

저녁형 인간은 매 시대에 아직 자리 잡지 못한 새로운 산업을 열어가는 데 기꺼이 그리고 용감하게 동참했다. 이런 내용의 강연을 하게 되면 관객들의 절반 가까이가 울컥해 하면서 자신의 가치를 새롭게 바라보는 걸 너무나도 분명하게 느낄 수 있다. 바로 그들이 저녁형 인간이기 때문이다. 이들을 부정해 왔기 때문에 우리는 우리 사회의 절반(그러니 최소 1/2의 확률로 나 자신)을 무기력하게 만들어왔던 것이다.

그래서 수전 케인은 이 이중성을 부인하는 것이 얼마나 바보 같은 것인지를 책의 후반부부터는 거침없이 알려주고 있다. 예를 들어보자. 긍정성과 활력만을 강요하는 것은 승자와 패자라는 지극히 단순한 이분법적 구조를 너무나도 쉽게 만들어 버린다. 그러고는 이를 통해 우리는 매우 자주 스스로를 패자로 만들어간다. 이를 빠져나오는 소박한 방법들에 대해서도 수전 케인은 깊은 고민을 통해 매우 친절하면서도 분명한 길을 보여주고 있다. 긍정과 행복을 강요하는 미국과 유럽 문화나 슬픔을 드러내지 않고 감추는 것이 미덕인 한국 문화의 정서 모두에게 이는 정말이지 요긴하면서도 따끔한 일침이 아닐 수 없다. 더불어, 완벽하고 무조건적인 사랑에 대한 착각과 이별과 사별에 대한 우리의 오해가 무엇인지 역시 이러한 바탕 위에서 참으로 쉽게 이해할 수 있는 안내서 역할을 한다.

개인적으로 나는 이 책의 마지막 파트 3의 첫 페이지에 나오는 〈내 부모의 조부모님〉이라는 사진을 놓치지 마시라는 말씀을 드리고 싶다. 그들이 있었기에 내가 존재함은 분명하다. 하지만 나는 그들을 조금도 기억하지 못한다. 과연 슬픈 일일까? 부도덕한 일일까? 결코 아니다. 그들은 나라는 후손을 만들어낼 수 있었기에 의미 있는 존재로서의 소임을 다한 것이고, 나 역시 그런 연속선상에서 비영속적인 존재로서 다음 세대를 위한 역할을 다하는 것뿐이다. 이 달콤씁쓸한 진실을 받아들임으로써 우리는 오히려 더 의미 있는 삶을 추구하는 것이 가능해진다. 허망함으로 빠져드는 어리석음 대신에 말이다.

프랑스 작가 폴 부르제가 자신의 작품 《정오의 악마Le Démon de Midi》에서 남긴 문장이 있다.

"생각하는 대로 살지 않으면 사는 대로 생각하게 된다."

이 문장을 가장 완벽하게 녹여낸 인생작을 결코 놓치지 마시라 분명히 말씀드린다.

김경일 인지 심리학자

## 일러두기

---

이 책은 공식적으로는 2016년부터 집필에 들어갔다고 해도 (곧 느끼게 될 테지만) 비공식적으로는 평생에 걸쳐 써온 셈이다. 지금까지 나는 직접 만나 이야기하거나, 글로 읽거나, 편지를 주고받으며 수백 명의 사람들과 이런저런 온갖 '달콤쌉쌀함'에 대해 소통해왔다. 여기에서 이름을 그대로 언급하느냐 마느냐를 막론하고 이들 모두가 내 생각에 영향을 미쳤다. 정말 마음 같아선 모두의 이름을 하나하나 다 밝히고 싶지만 그랬다간 읽기 지루한 책이 될 것 같아 그러지 못하는 것이 아쉽다. 그래서 어떤 분들은 후주와 감사의 말에서만 이름을 밝혔고, 혹시라도 이름이 언급되지 않은 분들이 있다면 그것은 두말없이 내 실수에 따른 누락임을 미리 양해 구한다.

또한 가독성을 위해 일부 인용문에서 생략부호나 괄호를 쓰지 않았지만 단어의 추가나 생략으로 말이나 글로 그 얘기를 한 당사자의 말뜻이 달라지지 않도록 신경을 썼다. 인용문을 원래의 출처에서 인용하고 싶다면 책 뒷부분의 후주에 전체 인용문들 대부분의 출처가 표기되어 있으니 참고 바란다.

　마지막으로, 내가 이 책에서 사연을 소개하는 사람들 가운데 일부는 이름과 신원을 변경했음도 밝혀둔다. 자신의 사연을 털어놓은 사람들의 얘기에 대해서는 사실성 여부를 확인하진 않았지만 책에는 신뢰성이 있는 이야기들만을 가려서 실었다.

**편집 일러두기**
· 인명, 지명 등은 한글 맞춤법 및 외래어 표기법을 따르는 것을 원칙으로 하되 널리 통용되는 표기법이 있을 경우 포함했다.
· 책, 영화 등이 국내에 번역된 경우 그에 따랐으나 번역되지 않은 경우 옮긴이가 직역한 제목과 함께 영문을 표기했다.
· 책, 잡지, 신문은 《 》, 영화, 텔레비전 프로그램 제목은 〈 〉, 논문, 노래 제목은 ' '로 표기했다.

〈사라예보 레퀴엠 Sarajevo Requiem〉, 톰 스토다트 Tom Stoddart

© Getty Image

# 사라예보의 첼리스트

어느 날 밤, 나는 꿈을 꿨다. 사랑의 도시, 사라예보에서 '마리아나'라는 이름의 시인 친구를 만나는 꿈이었다. 잠에서 깨는 순간 어리둥절했다. 사라예보가 사랑의 상징? 사라예보는 20세기 말에 내전으로 그 어느 곳보다 참혹한 유혈사태가 벌어진 곳이었는데?

그러다 기억이 났다.

베드란 스마일로비치Vedran Smailović.

사라예보의 그 첼리스트.[1]

\*\*\*

지금부터 1992년 5월 28일, 사라예보가 포위되어 있던 상황 속으로 들어가보자. 이 도시는 수 세기 동안 무슬림, 크로아티아인, 세르비아인이 함께 어우러져 살며 전차, 빵집, 공원의 연못 위를 미끄러지듯 떠다니는 백조, 오스만 제국의 사원, 동방 정교회의 성당들이 도시의 풍경을 이루었다. 3개의 종교, 3개의 민족이 공존하는 도시였으나 얼마 전까지만 해도 그 누구도 서로의 종교나 민족을 따지지 않았다. 서로를 알면서 잘 모르기도 했다. 커피를 마시거나 케밥을 먹으러 가서 마주치는 이들을 선뜻 이웃으로 대했고, 같은 대학에서 수업을 받았고, 더러는 서로 결혼을 해서 자식을 낳기도 했다.

그런데 그날, 사라예보는 내전에 휘말려 있었다. 사라예보를 포위한 세르비아 군대와 민병대가 전기와 수도 공급마저 끊어버렸다. 1984년도 올림픽 경기장은 불에 타버렸고 운동장은 임시 묘지로 변했다. 아파트 건물은 박격포 공격을 받아 벌집처럼 구멍이 뚫렸고, 교통 신호가 고장난 도로에는 정적이 내려앉아 있다. 들려오는 소리라곤 탁탁거리는 포격 소리뿐이다. 그런데 이 순간까지도 알비노니의 아다지오 G단조* 선율이 폭격에 폭삭 내려앉은 제과점 앞 인도를 메우고 있다.

혹시 아는 곡인가? 모른다면 잠시 책을 덮고 아래의 QR코드로 들어가서 음악을 들어보길 권한다. 멜로디가 쉬이 잊히지 않는 아주 아름답고도 애잔한 곡이다. 사라예보 오페라 오케스트라의 수석 첼리

---

* 이 곡은 토마소 알비노니Tomaso Albinoni의 작품이라는 것이 통설이지만[2] 이탈리아의 음악학자 레모 지아조토Remo Giazotto가 알비노니의 일부 작곡법에 바탕을 두고 작곡했을 가능성도 있다.

스트, 베드란 스마일로비치는 전날 빵을 사기 위해 줄을 서 있다가 박격포에 맞아 사망한 22명을 기리기 위해 이 곡을 연주하는 중이다. 스마일로비치는 박격포가 터졌던 그 순간 근처에 있다가 부상당한 사람들을 돌봐주게 되었고, 지금은 오페라 극장의 저녁 공연 때처럼 흰색 셔츠와 검은색 연미복으로 차려입고 그 학살 현장을 다시 찾은 것이다. 그가 포격 파편 사이에 하얀색 플라스틱 의자를 놓고 앉아 다리 사이로 첼로를 끼고 한 음, 한 음 현을 켤 때 아다지오의 간절한 선율이 하늘 위로 떠오른다.

사방 여기저기에서 소총과 기관총 발사 소리와 포격의 굉음이 들려와도 그는 아랑곳없이 연주를 멈추지 않는다. 이후 이런 연주를 22일 동안 이어가며 제과점 앞에서 사망한 고인들을 매일 한 사람씩 기린다. 총탄 소리에도 그는 전혀 마음이 흔들리지 않는다.

이 도시는 계곡 안쪽에 지어져 산으로 에워싸여 있고, 지금 그 산에서는 저격병들이 빵을 찾아 나온 굶주린 시민들에게 총구를 겨누고 있다. 어떤 사람들은 길을 건너기 위해 몇 시간이나 망설이다 쫓기는 사슴처럼 쏜살같이 후다닥 건너갈 지경이다. 하지만 이런 와중에도 한 남자는 연주회 복장을 하고 뻥 뚫린 광장에 시간 여유가 많은 사람처럼 가만히 앉아 있다.

그는 말한다. "교전 지역에서 첼로를 켜다니 미친 짓 아니냐고요? 제가 아니라 그 자들한테 물어야 하지 않나요? 사라예보에 포격을 가하다니 미친 거 아니냐고요?"

그의 메시지는 방송 전파를 타고 도시 전역에 반향을 일으킨다. 얼마 지나지 않아 소설로, 또 영화를 통해 표출되기까지 한다. 하지만 그보다 먼저, 포위 공격 속에서 가장 암울한 나날을 보내던 다른 음악가들도 스마일로비치에게 감응을 받아 자신의 악기를 들고 거리로 나선다. 이들이 연주한 음악은 저격병들에게 맞서 싸우는 군대를 분발시키기 위한 군악도, 사람들의 기분을 북돋워주기 위한 팝 음악도 아니다. 알비노니의 곡이다. 총과 폭탄으로 공격하는 파괴자들에게 음악가들은 자신들이 아는 가장 씁쓸하고도 감미로운 음악으로 화답한 것이다.

"우리는 전투원이 아니다." 바이올린 연주자들이 외친다. "희생양도 아니다." 비올라 연주자들이 그 뒷말을 받아 잇는다. "우리는 단지 인간이다. 결함이 있으면서도 아름답고 사랑을 갈망하는 그런 인간일 뿐이다." 첼로 연주자들도 큰 목소리로 외친다.

\*\*\*

이번엔 그로부터 몇 달 후의 상황으로 가보자. 내전이 격화 양상으로 치달으며 해외 특파원 앨런 리틀의 눈앞에서 4만 명의 민간인들이 숲 밖으로 줄지어 나오고 있다. 공격을 피해 48시간 내내 지친 걸음으로 숲속을 헤집고 다녔던 이들이다.

그 사이에는 80살의 한 할아버지도 끼어 있었다. 얼굴에서 절망스러움과 피곤함이 묻어난다. 노인은 리틀에게 다가와 자신의 아내를 못 봤느냐고 묻는다. 한참을 우르르 몰려다니던 중 아내와 헤어졌다고 한다.

리틀은 노인의 아내를 보진 못했으나, 언제나처럼 기자 정신이 발동해 괜찮다면 무슬림인지 크로아티아인인지 밝혀달라고 질문을 던진다. 이에 대한 노인의 대답은, 수년 후 리틀이 BBC의 한 프로그램에 나와 털어놓은 말처럼 수십 년이 지난 지금까지도 그때를 떠올리면 리틀을 부끄러워지게 한다.

"나는 뮤지션이오."[3]

〈젊은 여인의 초상Portrait of a Young Woman〉, 2021, 우크라이나.
ⓒ 테티아나 바라노바Tetiana Baranova (Instagram : @artbytaqa)

# 달콤쏩쓸함의 힘

우리는 언제나 끊임없이, 또 다른 세상에 대한 향수병을 앓는다.[1]
— 비타 색빌 웨스트Vita Sackville-West, 《더 가든The Garden》

22살 법대생일 때의 일이다. 친구 몇몇이 수업 들으러 가는 길에 내 기숙사 방으로 나를 데리러 왔다. 그때 나는 단조 선율의 어떤 달콤 쏩쓸한 음악을 기분 좋게 듣고 있던 참이었다. 알비노니는 아니었다. 그때만 해도 그 곡을 몰랐으니까. 아마도 내 영원한 최애 뮤지션이자 일명 비관주의 계관 시인인 레너드 코헨의 노래였을 것이다.

이런 류의 음악을 들을 때의 느낌은 말로 표현하기가 힘들다. 엄밀히 말해 슬픈 음악이지만 내가 느끼는 감정은 사랑이다. 정말이다. 사랑의 감정이 물밀듯 북받쳐 오른다. 음악은 이 슬픔을 이해하는 세상 모든 영혼들과의 깊은 유대감을 주고, 고통을 아름다움으로 승화해 내는 그 뮤지션의 능력에 대한 경외감도 솟구치게 한다. 음악을 들을 때 혼자일 경우엔 저절로 두 손을 얼굴 앞으로 모으며 기도하는 동작을 취할 때도 많다. 뼛속까지 불가지론자인데다 진지하게 기도를 드리지도 않는 내가 말이다. 하지만 음악은 내 마음을 열어준다. 과장이 아니라 진짜로 가슴 근육이 팽창되는 느낌까지 든다. 나를 비롯해 내가 사랑하는 모든 이들이 언젠가는 죽는다는 사실조차 괜찮게 받아들여진다. 죽음에 대한 이런 평정심은 약 3분쯤 이어지고 말더라도 음악을 들을 때마다 평정심이 일어나면서 나를 조금씩 바꿔놓는다. 초월이라는 것이 자신이 사라지고 모두에게 연결된 느낌이 드는 순간이라면 음악 속에서의 이런 달콤씁쓸한 순간들이야말로 내가 초월을 가장 가까이 체험하는, 그것도 거듭거듭 체험하게 되는 순간이다. 그런데 어째서 그런 체험을 하는지는 나도 잘 모르겠다.

한편 내 친구들은 기숙사 방 오디오에서 어울리지 않게 애절한 노래가 쾅쾅 흘러나오는 것에 재미있어 했다. 한 친구는 왜 장송곡을 듣고 있냐고 놀리기도 했다. 그 말에 나는 웃음으로 대답했고 우리는 수업을 들으러 갔다. 그것으로 끝이었다.

그러다 25년이 지난 어느 날, 문득 그 친구의 말이 생각났다. 왜 그때 나는 슬픈 음악을 듣고 행복감을 느끼는 별난 감정에 젖었던 걸까? 미국 문화의 무엇이 이런 취향을 농담으로 삼기 좋은 소재로 만들었던 걸까? 왜 나는, 이 글을 쓰는 현재조차 사람들에게 내가 댄스

뮤직도 좋아한다는 걸 확인시켜줘야 할 것 같은 강박을 느끼는 걸까
(정말로 꼭 그래야 할 것 같다)?

처음엔 이런 의문이 그저 흥미를 자극하는 차원이었다. 하지만 답을 찾아가며 깨달은 게 있었다. 아무래도 이런 의문들이 정말로 중요한 문제인 것 같았다. 현대의 문화가 우리에게 이런 의문을 품지 않도록 길들여와서 우리의 정서가 크게 황폐화된 게 아닐까도 싶었다.

## 달콤씁쓸한 감정에 대한 탐구

―――

2000년 전, 아리스토텔레스는 위대한 시인, 철학자, 예술가, 정치인들 중에 우울한 성격을 가진 사람이 많은 이유를 궁금해했다.[2] 아리스토텔레스의 이런 의문은 고대의 4가지 체액설에 바탕을 둔 것이다. 인간의 몸은 각각 다른 기질의 4가지 체액인, 우울질melancholic(슬픔), 다혈질sanguine(행복), 담즙질choleric(공격성), 점액질phlegmatic(침착성)로 이루어져 있다. 그리고 이런 체액들의 비중에 따라 성격이 결정된다고 믿었다. 그리스의 유명한 의사 히포크라테스는 이 네 가지 체액이 조화롭게 균형을 이루는 사람이 이상적인 사람이라고 믿었다.[3] 하지만 우리 대다수는 어느 한 방향으로 치우쳐 있기 마련이다.

이 책에서는 이 중 우울질에 방향을 맞춰, 내 방식의 표현대로 '달콤씁쓸함'에 대해 다루려 한다.[4] 갈망과 그리움과 슬픔의 감정에 잘 빠지는 성향, 영원하지 않은 삶에 대한 의식, 세상의 아름다움에 호기심을 갖고 통찰하는 일의 즐거움에 대해 이야기하려 한다. 달콤씁쓸

함은 빛과 어둠, 생과 죽음이, (다시 말해 쓸쓸함과 달콤함이) 언제나 항상 붙어다닌다는 사실을 인정이기도 하다. 삶의 비극은 희극과 피할 수 없이 연결되어 있다. 문명을 파괴하고 맨 처음부터 다시 세워도 이와 같은 이중성이 생길 것이다. 하지만 이런 이중성을, 빛뿐만 아니라 어둠까지도 제대로 살리려면 그 유일한 방법은 역설적이게도 이중성을 초월하는 것이다. 그리고 그 초월이 곧 궁극의 지향점이다. 달콤쓸쓸함의 핵심은 교감을 향한 열망과 귀향을 향한 바람에 있다.

스스로를 달콤쓸쓸한 유형으로 여긴다면, 위인들의 우울증에 대한 아리스토텔레스의 의문을 자기 느낌대로 논하기는 힘들 것이다. 하지만 사실, 아리스토텔레스의 관찰은 천년의 세월을 건너와서까지 깊은 공감을 일으켰다. 15세기 철학자 마르실리오 피치노는 로마의 멜랑꼴리의 신 사투르누스가 "주피터에게 평범한 삶을 내주고, 고립되고 신적인 삶을 요구"[5]했으리라는 해석을 내놓은 바 있다. 16세기 화가 알브레히트 뒤러는 우울증을 창의력, 지식, 갈망의 상징들(다면체, 모래시계, 하늘로 올라가는 사다리)로 둘러싸인 채 우울한 표정을 짓고 있는 천사를 묘사한 유명한 그림을 그렸다.[6] 19세기의 시인 샤를 보들레르는 멜랑꼴리가 없는 "아름다움은 도저히 상상할 수 없다"[7]고 했다.

우울증에 대한 이런 낭만적인 통찰은 시간이 흐르는 사이에 흥망성쇠를 겪어왔고 가장 최근엔 쇠퇴기에 들어섰다. 지그문트 프로이트는 1918년에 발표된 한 유력 논문에서 멜랑꼴리를 나르시시즘으로 폄하했고 그 이후로 멜랑꼴리는 정신병리학이라는 나락 속으로 퇴출되었다. 주류 심리학에서는 멜랑꼴리를 임상 우울증과 동의어로 본다.*

하지만 아리스토텔레스의 의문은 사라진 적이 없었다. 그러려야 그럴 수가 없었다. 멜랑꼴리에는 신비로운 속성이 있다. 본질적 요소를 이루는 어떤 속성이 있기 때문이다. 플라톤도 그런 속성을 갖고 있었고, 이란의 시인 잘랄 앗 딘 루미Jalal al-Din Rumi도, 찰스 다윈도, 에이브러햄 링컨도, 마야 안젤루도, 재즈 가수 니나 시몬도, 레너드 코헨도 마찬가지였다.

하지만 이들이 가졌던 속성의 정체는 정확히 뭘까?

나는 여기에 답하기 위해 수년간 조사를 하며 수 세기에 걸쳐 전 세계 예술가, 작가, 명상가들과 옛 지혜들이 펼쳐온 자취를 따라가봤다. 조사를 하는 과정에서 현시대의 심리학자, 과학자들을 비롯해 (멜랑꼴리한 기업 리더들과 창작자들 특유의 장점과 그런 장점을 활용할 최상의 방법을 발견해온) 경영 연구가들의 저작물도 살펴보게 되었다. 이런 조사를 거쳐 내가 내린 결론에 따르면, 달콤쌉쌀함은 우리가 보통 생각하는 것처럼 그저 순간적인 감정이나 사건이 아니다. 조용한 힘이자, 하나의 존재 방식이며, 역사가 화려한 전통이기도 하다. 그런데 달콤쌉쌀함

---

* 멜랑꼴리와 우울증의 이런 융합은 서양 심리학의 오랜 전통을 따르고 있다. 프로이트는 '멜랑꼴리아melancholia'라는 용어를 사용해 임상 우울증을 다음과 같이 설명했다. "고통스러운 수준의 심각한 의기소침, 외부 세계에 대한 관심 중단, 애정 능력 상실, 모든 활동에 대한 지장 초래." 1989년에는 영향력 있는 심리학자 줄리아 크리스테바가 "멜랑꼴리와 우울증이라는 두 용어는 멜랑꼴리하고 우울하다고 칭할 수 있을 만한 상태를 가리켜, 사실상 두 용어의 경계선이 불분명하다"[8]고 썼다. 현재 PubMed(미국국립의학도서관에서 제공하는 최고 권위의 의학 서지 데이터베이스—옮긴이)에서 'melancholy'를 검색하면 우울증에 대한 논문들이 뜬다.

안에 인간의 잠재력이 가득 채워져 있는 것에 비해, 극단적으로 간과되어 오기도 했다. 달콤쌉쌀함은 이러한 결함을 안고 있으면서도 여전히 아름다운 세상을 어떻게 살아갈 것인가의 문제를 풀어갈, 실질적이고도 정신을 북돋워주는 답이다.

달콤쌉쌀함은 다른 무엇보다, 고통에 대응할 방법을 알려준다. 고통을 인정하고, 뮤지션들처럼 고통을 예술로 전환시키려 하거나, 아니면 고통을 치유하고 혁신하는 등의 방법으로 영혼을 살찌우게 한다. 슬픔과 갈망을 전환시키지 않으면 결국엔 학대, 지배, 방치의 형태로 슬픔과 갈망을 남들에게 전가하고 만다. 하지만 인간은 누구나, 혹은 인간이라면 보통은 상실과 고통을 겪기 마련이라는 사실을 깨달으면 서로를 돌아볼 수도 있다.[*]

고통을 창의성, 초월, 사랑으로 전환시키는 것, 그것이 바로 이 책의 핵심 개념이다.

## 낙천적인 사회에서 책망받고 있는 감정들

———

이상적인 사회가 되려면 이상적인 인간처럼 히포크라테스의 4대 기질이 골고루 구현되어야 한다. 하지만 대다수 사람이 한쪽 방향으로 기울어 있듯 우리의 사회도 마찬가지다. 그리고 챕터 05에서 살펴볼 테지만 미국 문화는 다혈질과 담즙질을 중심으로 구축되어 쾌활함과

[*] 뮤지션 닉 케이브는 이런 개념을 자신의 블로그 Red Hand Files에서 누구보다 잘 표현해냈다. theredhandfiles.com/utility-of-suffering

강인함을 중시하고 있다.

다혈질-담즙질은 진취적이고 싸움을 마다하지 않는다. 씩씩하게 목표를 지향하는 삶과 온라인에서의 정당한 분노 표출을 소중히 여긴다. 우리는 사회적 기대에 부응하려면 강인하고 낙천적이며 자기주장이 강해야 한다. 생각을 자신 있게 밝힐 줄 알아야 하고, 친구를 얻고 사람들에게 강한 인상을 줄 만한 대인 기술도 있어야 한다. 미국인은 행복을 너무 앞세운 나머지 행복 추구권을 건국 문서에도 명시해 놓았다. 여기에서 그치지 않고 아마존 검색 결과에 따르면 행복 추구를 주제로 다룬 책이 3만 권도 넘는다. 게다가 우리는 아주 어릴 때부터 ('울보'라는 놀림을 들으며) 우는 것을 멸시하도록 배우다, 이후로도 자라는 내내 슬퍼하는 것을 책망하도록 길들여졌다. 하버드 대학교 심리학자 수전 데이비드Susan David 박사가 7만 명이 넘는 사람들을 대상으로 한 연구 결과에 따르면, 우리 중 3분의 1은 슬픔과 비애 같은 '부정적' 감정을 가진 것에 대해 자책감을 느낀다. 뿐만 아니라 "우리는 자신만이 아니라 자녀 등 사랑하는 이들에게까지 그런 비난을 가한다."[9]

물론 다혈질-담즙질의 태도에는 유리한 점이 많다. 2루까지 공을 던지고, 의회에서 법안을 통과시키고, 좋은 대결을 펼치도록 북돋워준다. 하지만 이렇게 힘을 돋워주는 일면과 사회적으로 용인되는 분노는 인간의 현실을 은폐시켜, 모든 인간이 (심지어 화려한 댄스 실력을 뽐내거나 거칠기 그지없는 '의견'을 표출하는 온라인상의 인플루언서들조차) 약하고 단명하는 존재라는 현실을 못보게 한다. 그런 결과로 우리는 자신과 의견이 다른 사람들에 대한 공감력이 부족하고, 자신에게 문제가 생기면 당혹스러워하게 된다.

반면에 달콤씁쓸함-멜랑꼴리의 태도는 퇴보적이고 비생산적이며 갈망의 수렁에 빠져 있는 것처럼 보이기 쉽다. 과거의 아쉬움이나 아직 어떻게 될지 모르는 미래의 소망을 갈망하는 것처럼 여겨진다. 하지만 갈망은 겉모습을 변장한 채 다가오는 추진력이다. 소극적이지 않고 적극적이다. 창의성, 애정, 신성함을 띠고 있다. 우리는 무언가 또는 누군가를 갈망하기 마련이며, 그 무언가나 누군가를 향해 손을 뻗고 가까이 다가간다. 갈망을 뜻하는 'longing'의 어원은 'to grow long(길게 기르다)'이라는 뜻의 영어 고어 'langian'과 '손을 뻗다, 늘리다'를 뜻하는 독일어 'langen'이다. 역시 갈망을 뜻하는 'yearning'은 언어학적으로 배고픔과 갈증뿐만 아니라 바람과도 연관성을 갖는다. 히브리어로 '열정passion'을 뜻하는 단어와 같은 뿌리에서 유래되었다.

당신이 고통을 겪는 지점은, 다시 말해 당신이 관심을 갖는 바로 그 지점이다. 그것도 행동에 나설 만큼 극진한 관심을 품고 있는 지점이다. 그런 이유로, 호메로스의 《오디세이》에서 오디세우스가 대장정에 나서도록 견인한 추진력도 향수였다. 자신의 고향 이타카를 그리워하며 해변에서 흐느끼면서 그 대장정이 시작되지 않는가.[10] 《해리 포터》에서부터 《말괄량이 삐삐》에 이르기까지 우리가 어릴 때 좋아했던 어린이 동화의 대부분에서 주인공이 고아인 이유도 여기에 있다. 부모님이 돌아가시고 나면 갈망의 대상으로 바뀌어 아이들이 모험을 벌이고 감춰져 있는 자신의 타고난 권리를 주장하게 된다. 이런 이야기들이 마음에 울림을 일으키는 이유는 우리 모두가 병과 나이 듦, 이별과 사별, 전염병과 전쟁의 영향하에 놓인 존재이기 때문이다. 이런 이야기들에 담긴 메시지에는 시인과 철학자들이 수 세기에 걸쳐 우리에게 말해주려 했던 비밀이 깃들어 있다. 우리의 갈망이 귀속에 이르는 중요한 관문이라는 것이다.[11]

세계의 대다수 종교는 서로 비슷한 교훈을 가르친다. 가령 14세기의 신비주의 저작《무지의 구름》을 지은 익명의 저자는 이렇게 썼다. "일평생이 갈망의 삶이어야 한다."[12] 다음은 코란 92장 20~21절의 구절이다. "언제나 주님의 근본적 얼굴을 마주하는 간절한 갈망만을 소중히 품는 자들이 완전한 깨달음을 이루게 될 것이다."[13] 13세기의 기독교 신비주의자이자 신학자 마이스터 에크하르트는 다음과 같이 말했다. "하느님은 영혼의 탄식이다."[14] 또 다음은 성 아우구스티누스의 말 중 가장 많이 인용되는 구절이다. "그분 안에서 휴식을 얻기 전까지 우리의 심장은 쉼을 얻지 못하리니."[15]

이런 진실을 느낄 수 있는 때는, 전설로 남을 만한 멋진 기타 연주, 초인적 수준의 공중제비 묘기 등 아주 훌륭한 모습을 목격하면서 그것이 더 완벽하고 아름다운 세계에서 온 존재처럼 느껴지는 시간 초월적 순간이다. 우리가 록스타와 올림픽 선수를 우러러보는 이유도 이런 느낌에 있다. 우리에게 다른 세계에서 온 듯한 마법의 숨결을 불어넣어 주기 때문이다. 하지만 그런 순간들은 순식간에 지나가 버리고, 그러면 우리는 다른 세계에서 영원히 살고픈 마음을 품으면서 그곳이 우리가 귀속감을 갖는 곳이라는 확신을 갖게 된다.

달콤쌉쌀함은 최악의 경우엔 완벽하고 아름다운 세계가 영원히 다 다르지 못할 세계라는 절망을 상징하지만, 최상의 경우엔 그런 세계가 존재하도록 노력을 이끈다. 달콤쌉쌀함은 달 탐사선의 발사, 최고의 걸작, 사랑 이야기 이면의 숨겨진 근원이다. 우리가 '월광 소나타' 같은 곡들을 연주하고, 화성으로 보낼 로켓을 만드는 것은 갈망 때문이다. 로미오가 줄리엣을 사랑하고, 셰익스피어가 두 사람의 이야기를 작품으로 엮고, 수 세기가 지난 지금까지도 우리가 여전히 그 작품을 무대에 올리는 것도 갈망 때문이다.

무신론자든 신자든 누구에게나, 이런 진실에 도달하는 매개는 말괄량이 삐삐든, 시몬 바일스Simone Biles(2016년 하계 올림픽 체조 개인 종합, 도마, 마루 부문에서 금메달을 수상한 미국의 기계 체조 선수 – 옮긴이)든, 성 아우구스티누스든 그것은 중요하지 않다. 그 매개가 뭐든 진실은 똑같다. 갈망의 대상이 헤어진 연인이거나 만나길 꿈꾸는 대상이든, 결코 누리지 못할 행복한 유년기나 신성함이든, 창의적 삶이거나 태어난 고국이나 (개인적으로나 정치적으로) 더 완벽한 결속이든, 세계 최고봉의 등반을 염원하거나 지난 휴가 때 해변에서 봤던 아름다움과의 합일을 염원하는 꿈이든, 조상들의 고통을 덜어주고픈 바람이나 다른 이들의 삶을 파괴하지 않고도 삶을 존속할 수 있는 세계든, 세상을 떠난 사람이나 태어나지 못한 아이나 불로의 샘이나 무조건적인 사랑이든, 이 모두가 다 큰 아픔의 표출이다.

이런 지점, 그러니까 우리가 갈망하는 이런 상태를 나는 '완벽하고 아름다운 세계'라고 부른다. 유대 기독교의 전통에서는 이런 세계가 에덴동산과 천국이고, 수피교도들에겐 이른바 영혼에게 사랑받는 것이다.[16] 이런 세계는 그 외에도 무수한 이름으로 존재한다. 예를 들어, 단순히 집이나 '저 무지개 너머 어딘가'가 되기도 하고, 소설가 마크 멀리스의 표현처럼 "우리가 태어나기 전에 추방된 물가"[17]가 되기도 한다. 영국 소설가 C. S. 루이스는 "모든 아름다움이 비롯된 곳"[18]이라고 불렀다. 이 모든 세계는, 모든 인간의 마음 가장 깊은 곳에 자리한 열망이라는 점에서 다르지 않다. 베드란 스마일로비치가 전쟁으로 유린된 도시의 거리에서 첼로를 연주했을 때 마음속에 그려낸 것도 바로 이런 세계다.

지난 수십 년간 레너드 코헨의 '할렐루야'[19]는 영적 갈망을 노래한 발라드로, 〈아메리칸 아이돌〉 같은 TV 프로그램에서 단골 노래를 넘어 심지어 상투적인 선곡이 되었다. 그럼에도 불구하고 경연 참가자들이 너도나도 부르며 어느새 천 번째가 되어도 청중들이 기쁨의 눈물을 흘리는 이유도 이런 완벽하고 아름다운 세계에 있다. 스스로를 '세속적인' 사람으로 보든 '신앙심 깊은' 사람으로 보든 그것은 중요하지 않으며, 본질적으로 우리는 누구나 천국에 닿길 원한다.

## 슬픈 음악 속에 담긴 비밀스러운 감정
———

친구들이 법대 기숙사로 나를 데리러 왔고 내가 슬픈 음악에 대해 의문을 갖기 시작했던 그 무렵, 나는 우연히 어떤 불교 개념을 접하게 되었다. 신화 학자 조지프 캠벨의 말대로 우리는 "세상의 슬픔 속으로 기쁘게 동참하도록"[20] 힘써야 한다는 개념이었는데, 이 개념에 대한 생각이 머릿속을 떠나지 않았다. 그게 무슨 뜻일까? 어떻게 그런 일이 가능할 수 있을까?

그러다 이 말을 문자 그대로 받아들여선 안 된다는 점을 이해했다. 그 말은 누군가의 죽음을 기뻐하거나, 비극과 악행에 수동적으로 대응하라는 얘기가 아니었다. 오히려 그 반대였다. 고통과 덧없음에 대한 의식, 고통스러운 이 세계의 포용과 관계되어 있었다(사성제[영원히 변하지 않는 네 가지 성스러운 진리-옮긴이]의 첫 번째 진리를 가리키는 산스크리트어를 어떻게 해석하느냐에 따라 고통스러운 세계를 불만족스러운 세계로 볼 수도 있다).

하지만 그 의문은 여전히 나를 놓아주지 않았다. 그때 나는 인도나 네팔에 가서 그 답을 구하거나, 동아시아학 프로그램에 등록할 수도 있었다. 하지만 그러지 않았다. 그냥 예전처럼 생활하며 그 의문과 관련된 것들을 계속 생각했다. 우리를 침울한 이요르(〈곰돌이 푸〉에 나오는 캐릭터로, 매사에 부정적인 성격을 가진 당나귀-옮긴이) 같아지게 만드는 감정인 슬픔은 진화적 압박을 받으면서도 어떻게 살아남았을까? 우리가 완벽하고 무조건적인 사랑에 대한 갈망을 품게 되는 진짜 원동력은 뭘까? (그리고 그런 갈망이 슬픈 노래, 비 오는 날에 대한 애착이나 심지어 신성함에 대한 애착과 무슨 관계가 있을까?) 왜 창의성이 갈망, 슬픔 그리고 초월과 연관 있는 것처럼 느껴질까? 사랑의 상실에는 어떻게 대처해야 할까? 뼈아픈 역사로 세워진 나라는 어떻게 긍정 문화로 변했을까? 또한 긍정성이 강요되는 문화에서 어떻게 진정성 있게 살아가며 일할 수 있을까? 우리 모두는 언젠가 죽는다는 사실을 알면서 어떻게 살아야 할까? 우리는 고통을 대물림받을까? 만약에 대물림된다면 그 고통을 유익한 힘으로 바꿀 수 있을까?

그로부터 수십 년이 지나, 나는 이 책으로 그 답을 내놓게 되었다.

이 책에는 불가지론자였던 내가 달라진 과정이 담겨 있기도 하다. 그렇다고 내가 딱히 신앙을 갖게 된 것은 아니고, 처음보다 덜 강경한 불가지론자가 된 것에 가깝다. 하지만 깨달은 게 있다. 영적 갈망을 통해 변화하기 위해서 꼭 신에 대한 특정 개념을 믿어야 하는 건 아니다. 유대교 하시드파 사이에는 이런 우화가 있다. 랍비가 신에 대한 가르침을 전하던 중 한 노인이 설교를 건성건성 흘려듣고 있는 걸 보고는 가슴에 사무치는 선율의 노래를 부른다. 그러자 노인이 말한다. "이제야 뭘 가르쳐주고 싶어 하시는지 알겠어요. 주님과 하나가 되고픈 갈망이 간절히 느껴져요."[21]

나도 그 노인과 아주 비슷하다. 나는 왜 그토록 많은 이들이 슬픈 음악에 강한 감응을 받는지, 그 미스터리를 풀기 위해 이 책을 쓰기 시작했다. 언뜻 보기엔 수년간의 프로젝트로 삼기엔 소소한 주제 같지만 놓아버릴 수가 없었다. 그때는 몰랐지만, 사실 음악은 단지 더 깊은 영역으로 들어서는 관문일 뿐이라 생각했지만, 알고 보면 그 영역은 신성하고 신비로우며, 심지어 매혹적이기까지 한 세계였다. 기도나 명상이나 숲속 산책을 통해 이 영역으로 들어서는 이들도 있지만, 내 경우엔 단조의 음악이 나를 그곳으로 이끈 관문이었다. 하지만 이런 관문은 어디에나 존재하고 셀 수 없이 많은 모습을 하고 있다. 이 책의 목표 중 하나도 당신이 바로 그 관문을 알아보고 그 안으로 발을 디디도록 분발시키려는 것이다.

## 달콤씁쓸함 테스트

우리 중에는 좋기도 하고 슬프기도 한 달콤씁쓸한 상태에 본능적으로 머물러 언제나 그런 상태를 띠고 있는 사람들이 있는가 하면, 최대한 그런 상태를 피하는 사람들도 있다. 또 어떤 사람들은 일정한 나이에 들어서거나 삶의 굴곡을 겪은 후에 그런 상태에 이르기도 한다. 이런 민감성은 어떤 경향을 띠는지 궁금하다면, 연구 과학자이자 존스홉킨스 의과대학 교수인 데이비드 야덴David Yaden 박사, 인간 잠재력 과학 센터Center for the Science of Human Potential 관장을 맡고 있는 인지 과학자 스콧 배리 카우프만Scott Barry Kaufman 박사와 내가 공동으로 개발한 다음의 테스트에 답해보길 권한다.[*]

지금의 이 특정 시기에 당신의 달콤씁쓸함의 정도가 어느 정도인지 알려면 다음 질문에 0(전혀 아니다)부터 10(완전히 내 얘기다)까지의 수치로 답하면 된다.

---

[*] 이 달콤씁쓸함의 구성 개념을 탐색하는 데 흥미를 느끼는 심리학자들 및 다른 분야 학자들에게 전하는 주의 사항: 야덴과 카우프만 박사가 예비 조사를 통해 이 항목들의 예비적 측면들을 평가하긴 했으나 포커스 그룹(8~12명으로 구성된 집단과 깊이 있는 상호작용적인 인터뷰를 수반하는 평가기법—옮긴이), 전문가 검토, 더 큰 규모의 표본 탐구, 확인적 요인 분석(설계되고 가설화된 또는 가정된 요인 구조를 자료에 적용시켜서 그 구조의 타당성을 확인하는 요인 분석—옮긴이) 등의 다른 입증 방식은 아직 거치지 않았음을 밝혀둔다. 야덴과 카우프만 박사는 여기에 흥미를 느끼는 학자들이 이 설문 항목들에 대해 더 연구를 진행해 자신들이 세운 심리 측정의 속성들을 더 명확히 확인해주길 바라고 있다.

_____ 감동적인 TV 광고를 보면 금세 눈물이 핑 도는 편인가?

_____ 특히 옛날 사진을 보면 가슴이 뭉클해지는가?

_____ 음악, 예술이나 자연에 강하게 반응하는가?

_____ 남들이 당신에게 '애늙은이'라고 한 적이 있는가?

_____ 비가 오면 평온해지거나 영감을 자극받는가?

_____ 작가 C. S. 루이스가 즐거움을 "찌르는 듯 날카롭고 경이로운 갈망의 통증"으로 묘사한 표현이 무슨 의미인지 와닿는가?

_____ 스포츠보다 시를 더 좋아하는가(아니면 혹시 스포츠에서도 시를 느끼진 않는가)?

_____ 하루에도 여러 번 소름이 돋을 만큼 감동을 받는가?

_____ "사물의 눈물(베르길리우스 《아이네이드》에서 따온 표현)"이 보이는가?

_____ 슬픈 음악을 들으면 기분이 북돋워지는 고양감이 드는가?

_____ 이런저런 상황 속에서 행복과 슬픔을 동시에 느끼는 편인가?

_____ 매일의 일상생활 속에서 아름다움을 찾는가?

_____ '가슴 아프다'는 말이 특히 마음에 울림을 일으키는가?

_____ 가까운 친구들과 얘기할 때는 친구들의 과거나 현재의 문제들에 대해 얘기하고 싶은 마음이 드는가?

_____ 환희는 바로 가까이에 존재한다고 생각하는가?

맨 마지막 항목은 달콤씁쓸함에 결부시키기엔 별난 질문 같지만 여기에서 말하는 환희는 낙관적 태도나 잘 웃는 성향이 아니라 갈망을 일으켜주는 묘한 고양감을 말한다. 야덴 박사의 최근 연구에 따르면, 인생의 전환, 끝, 죽음의 시기, 그러니까 삶의 달콤씁쓸한 시점에 이르면 자기 초월이 증대된다(자기 초월의 온건한 사촌들인 감사하는 마음과 몰입 상태 역시 마찬가지다).[22]

사실, 어떤 사람에게 달콤씁쓸함으로 관심을 쏟도록 유도하는 요소는, 끝에 대한 의식의 고조라고 말해도 무방하다. 물웅덩이에서 물을 튀기며 신나게 노는 아이들을 보며 할아버지, 할머니가 눈가에 눈물이 그렁그렁 맺히는 이유는, 언젠가 아이들이 커서 나이를 먹게 되리라는 것을 (그래서 그런 모습을 못 보게 되리라는 것을) 의식하기 때문이다. 하지만 이 순간의 눈물이 꼭 슬픔의 눈물인 건 아니다. 사실상 애정 어린 눈물이다.


달콤씁쓸함 테스트의 점수를 내기 위해서는 각 질문에 대한 답의 수치를 모두 더한 후 15로 나누면 된다. 점수가 3.8 미만이면 다혈질의 경향을 띠는 것이다. 3.8 이상 5.7 이하라면 다혈질과 달콤씁쓸한 상태를 오가는 편에 든다. 5.7 이상이라면 당신은 빛과 어둠이 교차하는 지점의 참된 묘미를 아는 사람이다.


내 책《콰이어트: 시끄러운 세상에서 조용히 세상을 움직이는 힘》을 읽어본 독자라면 관심 있어 할 만한 사실도 있다. 야덴과 카우프만 박사의 예비 연구 결과, 달콤씁쓸함 테스트에서의 높은 점수와 심리학자이자 작가인 일레인 아론Elaine Aron 박사가 "높은 민감성high sensitivity"으로 구분한 특징 사이에 높은 연관성을 갖는 것으로 나타났다.[*] 이 예비 연구에서는 그 외에도, (창의성의 가늠 척도인) '몰입' 성향과의 높은 연관성과 경외심, 자기 초월, 영성과의 기본적인 연관성도 함께 밝혀졌다. 마지막으로, 놀라운 결과도 아니지만 불안이나 우울증과는 연관성이 적은 것으로 나타나기도 했다. 너무 심한 멜랑꼴리는 아리스토텔레스가 이름 붙인 이른바 흑담즙병으로 이어질 수도 있다('멜랑꼴리'는 '흑담즙'을 뜻하는 단어 'melaina kole'가 어원이다).[23]

이 병의 고통은 실질적이고 끔찍하긴 하지만, 이 책에서 다룰 주제는 아니며 확실히 우러를 만한 것도 못된다. 이 책에서 전하려는 주제는 따로 있다. 달콤쌉쌀함의 풍부한 전통을 풀어내며 달콤쌉쌀함을 활용해 창의성 발휘, 양육, 리더십, 사랑과 죽음에 대한 방법들을 어떻게 변화시킬 수 있는지 함께 이야기해 보려 한다. 한 가지 바람이 더 있다면, 이 책을 통해 서로는 물론이고 자기 자신을 이해하는 데 도움이 되었으면 한다.

[*] 흥미롭게도 내향성과는 아무런 연관성이 발견되지 않았다.

# Contents

## PART 01
# 슬픔과 갈망
어떻게 하면 고통을 창의성, 초월, 사랑으로 바꿀 수 있을까?

## CHAPTER 01
### 슬픔은 어떤 쓸모가 있는가?

## CHAPTER 02
### 우리는 왜 완벽하고 무조건적인 사랑을 갈망하는가?

**PART 02**
# 승자와 패자
어떻게 하면 '긍정의 횡포' 속에서 진정성 있는 삶과 일을 이어갈까?

# Contents

## PART 03
# 죽음과 애도
### 우리는 언젠가 죽는다는 사실을 알면서 어떻게 살아야 할까?

마야 안젤루, ⓒ Craig Herndon / The Washington Post

# 슬픔과 갈망

어떻게 하면 고통을
창의성, 초월, 사랑으로 바꿀 수 있을까?

# CHAPTER 01

# 슬픔은
# 어떤 쓸모가 있는가?

내면의 가장 심오한 마음인 친절을 알려면, 우선은 또 하나의 가장 심오한 마음인
슬픔부터 알아야 한다. [1]

– 나오미 시합 나이Naomi Shihab Nye, 시인

2010년, 유명한 픽사 감독 피트 닥터는 '라일리'라는 11살짜리 여자
아이의 종잡을 수 없는 감정들을 소재로 애니메이션 영화를 만들기
로 마음먹었다.[2] 영화에 담고 싶은 스토리의 대략적인 윤곽도 잡혀
있었다. 라일리가 미네소타 고향에서 뿌리뽑히듯 떠나와 졸지에 샌
프란시스코의 새로운 집과 학교로 툭 내던져진 상황에다가 막 사춘
기에 들어서서 감정이 태풍처럼 휘말리는 이야기로 시작하면 될 것

같았다.

　여기까지는 아주 순조로웠다. 하지만 한 가지 창작상의 난제에 부딪혔다. 라일리의 감정들을 귀여운 애니메이션 캐릭터들로 그려서, 이 캐릭터들이 라일리의 머릿속에서 통제 센터를 운영하며 라일리의 기억과 일상생활을 좌우하는 전개로 풀어가고 싶었는데, 등장 캐릭터를 어떤 감정들로 골라야 할지 난감했다. 닥터가 심리학자들에게 들은 자문대로라면, 우리의 감정은 최대 27가지나 된다.[3] 다른 성격을 가진 캐릭터가 이렇게 많으면 이야기를 잘 엮어나갈 수가 없다. 닥터로선 등장하는 감정의 수를 줄이고 그중 한 감정을 주인공으로 골라야 했다.

　닥터는 주역으로 몇 가지 감정을 놓고 고심한 끝에 소심이Fear를 기쁨이Joy와 함께 영화의 중심 캐릭터로 정했다. 소심이가 재미있는 캐릭터라는 점이 결정에 어느 정도 영향을 미쳤다고 한다.[4] 슬픔이Sadness도 고려했지만 매력이 없을 것 같았단다. 닥터는 미네소타에서 자랐고, 나에게 털어놓은 말에 의하면 미네소타는 쾌활함이 사회의 확실한 기준이었다. "사람들 보는 앞에서 우는 건 꼴불견으로 통했어요."[5]

　하지만 영화의 개발 작업이 3년째에 접어들었을 때였다. 이미 대본이 완성되어 애니메이션이 어느 정도 제작되었고, 적절한 타이밍에 소심이의 익살스러운 대사가 배치되며 중간중간 "아주 빵 터지는" 대목까지 있었는데도 닥터는 어쩐지 이건 아니라는 느낌이 들었다. 임원진 앞에서의 사전 제작분 시사회 일정이 잡혀 있는 마당이었지만 반응이 시원찮을 상황이 뻔히 그려졌다. 세 번째 파트가 매끄럽지 않았다. 이야기 전개상 기쁨이가 아주 큰 교훈을 배워야 했지만 소심이는 기쁨이에게 가르쳐줄 만한 게 없었다.

그 무렵의 닥터는 영화감독으로서 이미 2편의 대작을 터뜨린 상태였다. 〈업〉과 〈몬스터 주식회사〉였다. 그런데 어느 순간부터 앞서의 두 성공이 그저 요행이 아니었을까 하는 생각이 굳어져갔다. 급기야 '나에겐 실력이 부족해. 그만두는 게 낫겠어'라는 생각마저 들었다.

픽사를 그만둔 후 직업뿐만 아니라 커리어까지 잃게 될 암울한 미래가 닥터의 머릿속에서 맴돌았다. 그는 벌써부터 초상난 기분에 빠져들었다. 독창적인 창작자들과 남다른 생각을 가진 경영진으로 뭉친 이 소중한 집단을 떠나서 살아가야 한다고 생각하니 깊은 슬픔에 빠져 허우적거리는 기분이었다. 그런 절망이 커져갈수록 함께 일한 동료들에 대한 사랑도 새삼 사무치게 와닿았다.

그리고 그의 이런 슬픔과 절망의 감정들은 (이 점에서는 우리 모두의 감정 역시) 결국 우리를 이어주는 것이라고 깨닫게 된다. 특히 그 감정들 중에서도 슬픔이야말로 궁극적인 연결 매개였다.

그가 당시를 떠올리며 말했다. "퍼뜩 이런 생각이 들었어요. 소심이 대신 슬픔이를 기쁨이와 엮어줘야겠다고요."[6] 단, 문제가 있었다. 당시에 픽사를 운영하던 존 래시터를 설득해 슬픔이를 영화의 주역으로 삼자는 동의를 얻어내야 했다. 설득하기가 힘들 만한 문제라 걱정이 앞섰다.

닥터가 나에게 이 얘기를 들려주었던 장소는 스티브 잡스가 디자

인한 바람 잘 통하고 밝은 빛으로 가득 찬 그곳, 픽사의 캘리포니아 주 에머리빌 스튜디오 중앙홀이었다. 우리 둘이 같이 앉아 있던 자리 주위에는 픽사 캐릭터들이 실사보다도 더 큰 대형 조형물로 서 있었다. 〈인크레더블〉의 파 가족, 〈토이 스토리〉의 버즈 모두 높다란 층고의 유리창 옆에서 인상적인 포즈를 취하고 있었다. 닥터는 이런 픽사에서 열광적 지지를 얻고 있었다. 나는 그날 더 앞선 시각에, 내향적인 영화 제작자들의 재능 활용을 주제로 비공개 간부회의를 주재하고 있었다. 그런데 회의가 시작되고 몇 분쯤 지나 닥터가 한달음에 회의실 안으로 뛰어 들어오자 회의실 분위기가 그의 열기로 뜨거워질 정도였다.

닥터의 캐릭터들은 주로 직사각형 형태로 그려지는데, 그 자신도 캐릭터를 닮았다. 193센티미터 장신의 키다리인데다 얼굴형도 길쭉하고 이마가 그 얼굴의 반을 차지했다. 치아마저 길쭉길쭉한 직사각형이라, 치아계의 키다리라고 할만하다. 하지만 닥터에게서 느껴지는 가장 인상적인 면모는 얼굴 표정에서 드러나는 활기animation다. 미소를 지어도 찡그린 표정을 지어도 밝고 쾌활한 감수성이 묻어난다. 닥터가 어렸을 때 그의 가족은 덴마크의 합창곡을 주제로 박사과정 연구를 하는 아버지를 밀어주기 위해 코펜하겐으로 이사를 가게 되었다. 덴마크어를 못했던 닥터는 다른 애들이 하는 말을 알아듣지 못했다. 이때 겪은 고통은 애니메이션에 흥미가 끌리는 계기가 되었다. 닥터에겐 사람들과 이야기하는 것보다 사람들을 그리는 게 더 쉽게 다가왔기 때문이다. 심지어 지금도, 그는 툭하면 나무 위의 집에 살고, 말로 표현할 수 없는 꿈 같은 곳으로 둥둥 떠가는 캐릭터들을 창작해낸다.

닥터는 임원진이 슬픔이를 너무 침울하고 어두운 캐릭터로 받아들일까 봐 고민이었다. 애니메이터들이 그려놓은 볼품없이 땅딸막하고 울적한 이미지를 어떻게 받아들일지 걱정이었다. 왜 굳이 그런 캐릭터를 영화의 주연급으로 삼느냐, 누가 그런 여자 캐릭터에 공감이 가겠느냐고 지적할 만했다.

그러던 중 뜻밖의 우군을 얻었다. 캘리포니아 대학교 버클리 캠퍼스의 관록 있는 심리학 교수 대커 켈트너Dacher Keltner였다. 닥터는 켈트너에게 자신과 동료들에게 감정의 과학에 대해 가르쳐 달라고 요청했고, 이 일을 계기로 두 사람은 서로 돈독한 사이가 되었다. 당시에 켈트너의 딸도 닥터의 딸처럼 사춘기의 진통을 겪고 있던 터라 두 사람은 남일 같지 않은 걱정을 공유하며 끈끈한 우애가 생겼다. 켈트너는 닥터와 팀원들에게 주요 등장 감정의 역할을 짚어주며, 소심이는 우리를 안전하게 지켜주고, 버럭이Anger는 이용당하지 않게 보호해 준다고 알려주었다. 그렇다면 슬픔이의 역할은?

켈트너는 슬픔이가 연민을 자극해 사람들의 관계를 돈독하게 이어준다고, 또 창의력을 가진 사람들로 뭉친 픽사의 영화 제작진이 그들에게 얼마나 소중한 존재인지도 느끼게 해준다고 설명했다.

임원진이 이런 아이디어를 좋게 받아들여준 덕분에 닥터와 팀원들은 슬픔이를 주인공으로 다시 영화 대본을 썼고,[7] 결국 이 영화는 아카데미 최우수 장편 애니메이션상을 수상함과 동시에 픽사에서 역대

최고 수익을 낸 오리지널 창작 영화의 기록까지 세웠다.[*8]

## <인사이드 아웃>의 슬픔이를 탄생시킨 연민 본능

대커 켈트너를 만나보면 찰랑거리는 금발 머리, 서핑으로 다져진 운동선수 같은 몸에서 풍기는 느긋한 기운, 등대처럼 환한 미소의 첫인상이 슬픔이의 표상으로 여기기 힘들다. 오히려 기쁨이와 더 비슷하게 느껴진다. 온정과 자상함을 발산하면서, 남들을 배려하고 제대로 알아봐줄 줄 아는 진심 어린 대인관계 능력을 갖추고 있기도 하다. 현재 그는 버클리 사회적 상호작용 연구소Berkeley Social Interaction Lab와 대의 과학 센터Greater Good Science Center를 운영하고 있다. 이 두 곳은 세계에서 가장 영향력 있는 긍정 심리학 연구소로, 감탄, 경외심, 행복 등 좋은 감정들에 대해 연구하고 있다.

하지만 켈트너와 함께 시간을 보내다 보면 바셋하운드 개처럼 눈꼬리가 내려가 있는 게 눈에 들어온다. 켈트너 본인도 스스로를 불안하고 멜랑꼴리한 사람이라며, 달콤쌉쌀한 부류로 자처하기도 한다. "슬픔은 제 정체성의 핵심 요소예요."[9] 실제로 그가 나에게 털어놓은 말이다. 《콰이어트》에서도 소개한 바 있는 심리학자 제롬 케이건

---

* 켈트너는 《뉴욕 타임스》와의 인터뷰에서 슬픔이의 영화 속 최종 이미지에 '사소한 불만'이 있다며 이렇게 말했다. "슬픔이는 따분하고 축 처진 캐릭터로 그려져 있어요. 사실, 여러 연구를 통해서도 밝혀졌듯 슬픔은 생리적 각성을 높이고 신체를 상실에서 대응하도록 활성화시키는 것과 연관성이 있는데 영화에서는 슬픔이가 매력 없고 볼품없는 이미지로 나온다는 게 불만스러워요."

Jerome Kagan과 일레인 아론의 연구에 따르면, 15~20퍼센트의 아기들은 삶의 찬란함뿐만 아니라 삶의 불확실성에 대해서도 더 강하게 반응하는 성향을 갖게 되는 기질을 물려받는 것으로 나타났다. 켈트너는 자신을 케이건이 말한 "고도의 반응성"을 타고난 유형이나, 아론이 말한 "고도로 민감한" 유형에 해당된다고 여긴다.

켈트너는 1970년대의 격정적이고 몽상적인 가정에서 자랐다. 소방관이자 화가였던 아버지는 그를 미술관에 데리고 다녔고 도교를 가르쳐 주기도 했다. 문학 교수였던 어머니는 그에게 낭만시를 읽어 주었는데 특히 D. H. 로렌스를 좋아했다. 켈트너와 남동생 롤프는 아주 친하게 지내며 밤낮없이 자연 속을 여기저기 돌아다녔다. 부모님은 형제에게 자신에게 가장 중요한 열정을 알아내 그 열정을 중심으로 삶을 다져 나가도록 격려했다.

하지만 켈트너의 부모님은 삶을 최대한 열렬히 체험하려는 탐구열 때문에 정신없을 만큼 자주자주 거처를 옮겨 다녔다. 멕시코 작은 도시의 자그마한 진료소에서 켈트너를 낳고 살다가 할리우드 힐스에 있는 캘리포니아의 반체제 문화 지역 로럴 캐니언으로 이사를 가게 되었고, 이곳에서 가족은 잭슨 브라운(미국의 싱어송라이터이자 반핵 운동가-옮긴이)의 전속 피아니스트와 옆집 이웃으로 지내게 되었다. 켈트너는 원더랜드라는 학교에 2학년으로 들어갔다. 그러다 켈트너가 5학년에 진학할 때쯤엔 시에라산맥 기슭의 농촌 마을로 이사를 갔는데, 그곳은 동급생들 중 거의 모두가 대학 진학은 아예 생각도 못하는 곳이었다. 켈트너가 고등학생이 되었을 무렵엔 가족이 잉글랜드 노팅엄에서 살게 되었다가 부모님의 결혼 생활에 금이 가기 시작했다. 아버지는 가족과 친하게 지내는 지인의 아내와 사랑에 빠졌고, 어머니는 실험극단을 연구한다며 파리를 오가기 시작했다. 켈트너와 롤프는 집에서 방치된 채 부모님은 술을 마시고 파티를 벌였다. 이후로 네 가족이 함께하는 날이 다시는 찾아오지 않았다.

(지금도 여전하지만) 당시에 켈트너는 겉으로 보기엔 화목한 가정에서 사랑받고 자란 사람 같았다. 하지만 갑작스레 닥친 가정 파탄이 자신과 가족에게 "오랫동안 두고두고 슬픈 영향"을 미쳤다고 한다. 아버지는 소식이 끊기다시피 했다. 어머니는 우울증에 빠졌고 켈트너는 꼬박 3년을 최악의 공황발작에 시달렸다. 롤프는 나중엔 빈곤층 사람들을 위한 언어장애 치료사로 헌신적인 활동을 펼치고 헌신적인 남편이자 아버지가 되지만, 한때 불면증과 폭식, 불안감을 달래기 위해 음주와 마리화나에 중독돼 조울증 진단까지 받으며 그 고통과 싸웠다.

이 모든 상황 속에서도 켈트너에게 가장 큰 충격을 주었던 것은 힘들어하는 롤프를 보는 일이었다. 그 이유는 동생 롤프를 어릴 때부터 버팀목처럼 의지했기 때문이다. 어느 날 갑자기 사는 곳을 옮겨 다른 동네로 이사를 가게 되든 형제는 마음이 잘 맞는 친구처럼 붙어다니며 새로 이사 온 동네를 여기저기 둘러보았고, 혼합 복식을 벌였다 하면 한 번도 진 적이 없는 환상의 복식조이기도 했다.

하지만 롤프는 켈트너의 모범이기도 했다. 켈트너의 말을 옮기자면 한 살 어린 동생인데도 자신보다 덩치도 크고 더 용감하고 더 너그러웠고, 자신이 알았던 사람 중에 가장 "아름다운 도덕성"을 가진 사람이었단다. 투지 넘치고 승부 근성이 강한 켈트너 자신과는 달리 동생 롤프는 겸허하고 겸손했다. 약자에게 언제나 애정을 보였다. 여기저기 옮겨 다니던 지역 중 한 곳에서는 엘레나라는 여자아이가 있었다. 사는 집은 금방이라도 무너질 듯 위태위태하고 앞마당은 폐품 하치장을 방불케 하는 환경 속에서 자라며 제대로 먹지도 못했다. 게다가 지저분하게 뒤엉킨 머리에 씻지 않아 꾀죄죄한 모습 때문에 동네 불량배들에게 툭하면 괴롭힘을 당했다. 그런데 롤프는 동급생 중에서 가장 덩치가 큰 것도 아니고, 그렇다고 주먹이 가장 센 것도 아니면서 엘레나를 괴롭히는 무리와 맞서서 매번 엘레나를 보호해 주었다. 그 모습을 보며 켈트너는 속으로 이런 생각을 했다. '연민의 마음에서 저런 용기를 끌어내다니 대단해. 나도 저런 사람이 되고 싶어.'

켈트너는 사춘기를 넘기고 난 뒤 가정 파탄의 문제를 찬찬히 짚어 보게 되었다. 그러다 가족이 이런 큰 문제를 겪게 된 것이, '부모님이 열정적인 삶에 몰입한 탓이 아닐까' 하는 생각이 들었다. 예술적이고 낭만적인 기질이 있긴 했으나 타고난 과학자이기도 했던 그는 크면 인간의 감정을 연구해 보자고 마음먹기에 이르렀다. 자신과 롤프 그리고 부모님이 언제나 중요하게 여겨왔던 경외심, 감탄, 기쁨 같은 감정들만이 아니라, 켈트너와 가족들 그리고 우리 대다수의 내면에 내재된 슬픔 같은 감정들까지 모두 연구해보고 싶었다.

켈트너의 연구에서 밑바탕이 되는 토대 중 하나는 이른바 '연민 본능'이다. 그의 책《선의 탄생》에서도 요약되어 있듯, 우리 인간은 서로의 어려움에 대해 반응하도록 프로그램되어 있다.[10] 우리의 신경계는 자신의 고통과 타인의 고통을 거의 구별하지 않는다. 실제로도 자신의 고통이나 타인의 고통에 비슷하게 반응하는 것으로 밝혀졌다. 이런 연민 본능은 먹고 숨 쉬는 것에 대한 욕망만큼 인간에게 큰 비중을 차지하는 본능이다.

연민 본능은 인간의 성공 스토리에서 중요한 측면이자, 달콤쌉쓸함의 위력 중 하나이기도 하다. 연민을 뜻하는 단어 'compassion'은 말 그대로 '고통을 함께하다'는 뜻이며[11] 켈트너는 이런 연민을 최고의 자질이자 가장 구원적인 자질로 꼽는다. 슬픔은 연민을 샘솟게 하는 원천으로서, 친사회적 감정이자 유대감과 사랑의 매개체다. 뮤지션 닉 케이브의 표현처럼 "보편적인 통합력"[12]이다. 슬픔과 눈물은 우리가 가진, 가장 강한 결속 메커니즘에 속한다.

연민 본능은 신경계 구석구석에 아주 깊이 내재되어 있어 그 기원이 초기 진화사로까지 거슬러 올라갈 것으로 추정된다.[13] 연민 본능의 작동을 예로 들어 설명하자면, 누군가가 당신을 꼬집거나 당신의 피부에 화상을 입힐 경우 연민 본능이 뇌의 전대상피질ACC, anterior cingulate cortex을 활성화시킨다(ACC는 비교적 최근에 발전한 부위로, 세금 납부와 파티 계획 같은 고도의 과제를 잘 수행하도록 관장하는 인간의 독특한 뇌 영역이다).[14] 그런데 다른 사람이 꼬집힘이나 화상을 당하는 모습을 볼 때도 ACC가 똑같이 활성화된다. 하지만 켈트너는 우리의 신경계에서 비교적 더 본능적이고 진화적으로 더 오래된 영역들에서도 연민 본

능을 발견했다. 그 첫 번째는, 뇌의 중앙에 위치한 포유류의 뇌 영역
으로서 모성애 본능을 일으키는 수관주위회색질periaqueductal gray이
다. 그리고 두 번째는, 이보다 훨씬 더 오래되고 더 심오하며 더 근본
적인 신경계 영역으로서 뇌간을 목과 몸통으로 이어주는 가장 중요
한 신경 다발에 속하는 미주신경이다.[15]

미주신경이 소화, 섹스, 호흡, 즉 생존 메커니즘과 연계되어 있다는
것은 이미 오래전에 밝혀진 사실이다. 하지만 켈트너는 수차례의 재
현 연구(선행 연구와 동일한 방법을 다른 대조군에게 적용하여 선행 연구와 동일한
결과가 나오는지 검증하는 연구 - 옮긴이)를 벌이던 중 미주신경의 또 다른
용도, 즉 우리가 고통을 목격하면 미주신경이 관심을 갖도록 유도하
는 것을 발견했다.[16] 예를 들면, 아파서 움찔하는 사람이나 할머니가
돌아가셔서 울고 있는 아이의 사진을 보면, 미주신경이 불붙게 된다
는 것이다. 켈트너는 미주신경이 유독 강한 사람들이 있다는 점도 발
견했는데, 그가 붙인 별칭대로 이런 미주신경의 슈퍼스타들은 남들
과 협력하고 돈독한 우정을 맺는 경향이 더 높다(롤프처럼). 누가 괴롭
힘을 당하는 것을 보면 나서서 끼어들거나 같은 반 친구가 수학 문제
로 쩔쩔매고 있으면 쉬는 시간까지 포기하며 가르쳐주는 경향 또한
더 높다.

켈트너의 연구에서만 슬픔과 결속 사이의 연관성이 입증된 것은
아니다. 한 예로 하버드 대학교 심리학자 조슈아 그린Joshua Greene
과 프린스턴 대학교 신경과학자이자 심리학자 조나단 코헨Jonathan
Cohen이 진행한 연구에서는, 사람들에게 폭력 피해자의 고통을 생각

하게 한 결과,[17] 앞선 연구에서 아기 사진을 사랑스럽게 바라보던 엄마들과[18] 똑같은 뇌 영역이 활성화되는 것을 발견했다. 에모리 대학교 신경과학자 제임스 릴링James Rilling과 그레고리 번스Gregory Berns는 어려움에 처한 사람들을 도울 때와 상을 타거나 맛있는 음식을 먹을 때에 똑같은 뇌 영역이 자극된다는 사실을 발견했다.[19] 또한 모두가 알다시피 우울증을 앓는 사람들은 남들의 관점에서 세상을 바라보며 연민을 느끼는 경향이 더 높다(이 점에서는 이전에 우울증을 앓았던 사람들도 마찬가지다).[20] 그런가 하면 공감력이 높은 사람들은 슬픈 음악을 즐기는 경향이 남들보다 높은 편이다.[21] "우울증은 우리의 타고난 공감력을 강화시켜, 떼려야 뗄 수 없는 상호의존망이 (중략) 비현실적인 바람이 아니라 개인적 현실인 사람을 양산해준다."[22] 터프츠 대학교의 정신의학 교수 나시르 가에미Nassir Ghaemi의 말이다.

이 연구 결과들은 중대한 암시를 던져준다. 남들의 슬픔에 반응하고픈 충동이 숨을 쉬고, 음식을 소화시키고, 번식하고, 아기를 보호하고픈 욕구뿐만 아니라 포상을 받고 삶의 낙을 즐기고픈 바람과도 같은 위치를 차지하고 있다는 점이다. 켈트너가 나에게 들려준 말처럼 "관심 갖기는 인간 존재의 핵심이며 슬픔은 곧 관심 갖기. 그리고 슬픔의 어머니는 연민"이라는 점 또한 보여준다.

켈트너의 연구 결과들을 본능적으로 느껴보고 싶다면,[23] 아래의 QR코드로 들어가 4분짜리 동영상을 보길 권한다.* 클리블랜드 클리닉Cleveland Clinic에서 간병인들에게 공감력을 심어주기 위한 캠페인의 일환으로 제작한 동영상이다. 영상을 보면 병원 복도를 잠깐 걸어가는 구도로 이어지면서 카메라가 그때그때 지나가는 여러 사람들의 얼굴을 비춘다. 보통은 우리가 별다른 생각 없이 스쳐 지나갈 만한 사람들이지만 이 영상에서는 다르다. 각각의 남모를 시련을 (이따금씩의 기쁜 사연과 함께) 알려주는 자막 때문이다. "종양이 악성이래요", "남편이 지금 위독한 상태라네요", "아빠를 마지막으로 보러 오는 길이에요", "얼마 전에 이혼했어요", "방금 아빠가 된다는 소식을 들었대요."

자, 어떤가? 혹시 눈물을 흘리진 않았는가? 목구멍에 뭔가가 걸리는 것 같은 느낌이 드는 등, 마음이 열릴 때의 신체적 감각이 나타나진 않았는가? 이런 무작위적 인류에게 애정이 솟구치면서 병원의 복도만이 아니라 주유소 직원과 말이 너무 많은 직장 동료 등 일상에서 지나치는 사람들에게까지 관심을 기울이기 시작하는 지적 노력이 이어지진 않았는가? 그렇다면 그런 반응은 당신의 미주신경, 전대상피질, 수관주위회색질에 영향을 받아, 만난 적 없는 사람들인데도 그들의 고통이 나의 고통인 것처럼 받아들이게 될 가능성이 높다.

우리 대다수는 슬픔이 가진 결속력을 오래전부터 이미 인지해왔다. 단지, 말로 분명히 설명하거나 신경과학 용어로 표현할 생각을 하지 않았을 뿐이다. 이 책이 아직 막연한 구상 단계였던 수년 전, 나

\*

는 일명 '멜랑꼴리의 행복'이라는 주제로 작가인 그레첸 루빈Gretchen Rubin과 블로그 인터뷰를 했다.[24] 이 젊은 여성 작가는 자신의 블로그 게시글을 통한 답변에서, 할아버지의 장례식을 떠올리며 그곳에서 "영혼들의 결합"을 체험했던 경험담을 털어놓았다.[25]

> 그날 할아버지의 아카펠라 합창단이 할아버지에게 추도곡을 바쳤는데 14년 생애에서 처음으로 아버지의 얼굴에 눈물이 흘러내리는 모습을 봤어요. 경쾌한 리듬으로 울리던 남자들의 목소리, 숨죽인 청중, 아버지의 슬픔이 뒤섞인 그때의 순간은 제 가슴에 영원히 각인되었어요. 그리고 우리 가족이 처음으로 반려동물을 안락사시켜야 했을 때 아버지, 오빠, 저 사이에 한마음으로 사랑의 감정을 공유하던 순간에도, 숨이 멎을 것만 같은 경험을 했어요. 사실, 이런 일들을 떠올릴 때면 가장 생생한 기억은 슬픔이 아니에요. 영혼들의 결합이에요. 우리는 슬픔을 겪으면 함께 고통을 나눠요. 그때가 사람들이 스스로를 진짜 취약한 상태에 노출시키는 몇 안 되는 순간 중 하나예요. 우리 문화가 자신의 감정에 한껏 솔직할 수 있도록 허용해주는 순간이에요.

그레첸 루빈 작가는 이런 통찰을 자신의 일상적 삶에서는 표출할 길이 없음을 느끼자 예술로 관심을 돌렸다.

> 제가 진지한 영화와 생각거리를 던져주는 소설에 애착을 갖는 것

도 모두 제 삶에서 가장 솔직한 순간들의 아름다움을 재현하려는 시도예요. 사회에서 제 역할을 하기 위해서는 내내 넘칠 듯 충만한 마음을 품은 채 돌아다닐 수 없다는 걸 알아서, 머릿속에서 이런 순간들을 찾아가 예술을 통해 그 순간들을 다시 경험하기도 하고, 아주 취약한 순간이 또다시 일어나는 일이 생기면 놓치지 않고 알아보기도 해요.

하지만 우리에겐 이런 순간들을 삶 속으로 옮겨오는 동시에, 그 순간들이 지닌 진화상의 토대를 이해할 필요가 있지 않을까? 잘 알려져 있다시피, 우리는 다른 사람들과의 유대 관계에 문제를 겪는 시대를 살고 있고, 특히 자신과 같은 '종족'이 아닌 이들과의 사이에서 문제가 더 심각하다. 그런데 켈트너의 연구에서 증명하듯 슬픔에는 (정말로, 다른 무엇보다 슬픔이야말로!) 우리에게 절박하도록 부족한 '영혼들의 결합'을 끌어내는 힘이 있다.

## 찰스 다윈의 세계관을 형성한 연민

———

슬픔의 힘을 제대로 파악하려면 영장류의 유산 한 가지를 더 이해해야 한다. 미디어에서 끼니를 거르거나 고아가 된 아이들의 모습을 볼 때 그토록 강한 본능적 반응이 일어나는 이유는 뭘까? 부모님과 떨어져 있는 아이들을 생각할 때 보편적으로 아주 괴로운 감정이 일어나는 이유는 또 뭘까?

답은 우리의 진화 역사 깊숙이에 자리해 있다. 우리의 연민 본능은 인간들 사이의 유대만이 아니라 모자母子 유대에서도 유래된 것으로 추정된다. 말하자면 우는 아기에게 반응해 주고픈 엄마의 헌신적 바람이 외부로까지 발산되어 관심이 필요한 다른 존재들에게까지 퍼져 나가는 것이다.

켈트너의 표현처럼, 인간 아기들은 "지구상의 모든 새끼 가운데 가장 취약"[26]하다. 자애로운 어른의 도움 없이는 제 기능을 할 수 없다. 우리는 어마어마한 뇌를 수용하기 위해 이렇게 취약한 상태로 태어난다. 뇌가 완전히 발달된 후에 태어나면 뇌가 너무 커져서 산도를 통과하지 못하기 때문이다. 하지만 인간의 '너무 이른' 탄생 시기가 결과적으로는 우리 종족에게 더 희망적인 사실에 해당된다. 우리 종족이 더 똑똑해짐에 따라, 우리는 절망적이도록 의존적인 어린아이를 돌보기 위해 연민을 더 키워야 했기 때문이다. 수수께끼 같은 아이의 우는 소리를 해독하고, 먹여주고 사랑도 해주려면 그래야만 했다.

그렇다고 우리의 연민이 우리 후손에게만 연장되었다는 얘기는 아니다. 켈트너의 말에 의하면, 작고 취약한 갓난아이를 하나부터 열까지 돌봐주도록 준비되어 있었기 때문에 화초에서부터 곤경에 빠진 낯선 사람에 이르기까지, 어떤 존재든 돌볼 수 있는 능력도 발달시킨 것이다. 우리 인간만이 이렇게 하는 유일한 포유류는 아니다. 범고래는 새끼를 잃어버린 어미 고래를 둥글게 에워싸며 돌봐준다.[27] 코끼리는 같은 처지에 있는 코끼리의 얼굴에 자기 몸통을 살짝 대면서 서로를 달랜다.[28] 켈트너는 말한다. "인간은 연민을 완전히 새로운 차원으로 진전시켰다. 슬픔을 느끼면서, 상실에 빠지거나 곤궁에 처한 대상을 돌보는 능력을 가진 것은 우리 인간밖에 없다."

다시 말해, 우리가 고통받고 있는 아이들의 뉴스에 경악하는 것은 어린아이들을 보호해 주고픈 충동의 발동이다. 우리는 본능적으로 안다. 우리가 아이들을 소중히 여기지 못하면 어떤 누구도 소중히 여길 수 없음을.

물론, 이런 양육 본능에 너무 감명스러워할 필요는 없다. 우리에게 가장 다급하게 들리는 것은 여전히 자신의 아기가 우는 소리다. 실제로는 다른 사람의 아기뿐만 아니라 어른도, 심지어 자신의 심통 부리는 사춘기 아이에게조차 연민을 훨씬 덜 갖는 감이 있다. 우리의 연민이 자기 자식의 요람에서 멀어질수록 줄어드는 듯한 사실과 더불어 우리 종족의 학대 욕구는, 켈트너의 연구 결과에 대해 고무적인 느낌 못지않게 낙담스러운 느낌도 안겨준다.

하지만 켈트너는 이 점을 다른 관점에서 바라본다. 그 이유는 약한 사람들을 보살피도록 깨우침을 준 동생 롤프 때문이기도 하고, 자애 명상을 수행하고 있기 때문이기도 하다. (챕터 04에서 살펴볼 테지만) 자애 명상은 남들을 사랑하는 자녀만큼 소중히 여기도록 가르쳐준다 (켈트너는 "그런 사랑을 통해 우리가 서로서로 가까워질 수 있다고 생각"한다). 하지만 켈트너가 다른 관점을 갖는 데는 또 다른 이유도 있다. 찰스 다윈을 통해 얻은 깨우침이다.

대중의 상상 속에서, 다윈은 잔혹한 제로섬 경쟁, '이빨과 발톱이 피로 물든 자연'('적자생존'의 함축적 구호로, 테니슨의 시에서 따온 표현)[29]을 연상시킨다. 하지만 적자생존survival of the fittest이라는 문구는 사실상 다윈이 만들어낸 것이 아니다. 철학자이자 사회학자인 허버트 스펜서를 위시해, 백인 상류계층의 우월성을 선동했던 그의 동료 '사회 진화론자들'이 처음 사용한 말이었다.[30]

켈트너는 다윈에게는 '선자생존survival of the kindest'이 더 맞는 구호였다고 말한다.[31] 다윈은 온화하고 멜랑꼴리한 영혼이었고, 부인을 끔찍이 사랑했던 남편이자 10명의 자식을 애지중지 아꼈던 아버지였으며, 아주 어릴 때부터 자연을 지극히 사랑했다.[32] 다윈의 아버지는 아들이 의사가 되길 원했지만, 다윈이 16살 때 처음으로 수술에 참관했다가 당시에 마취도 없이 행해지던 수술을 보고 큰 충격을 받은 후 다윈은 남은 평생 동안 피를 보는 것을 못견뎌 했다.[33] 다윈은 의사가 되길 포기하고 숲속으로 들어가 딱정벌레를 연구했다. 그 이후, 브라질의 숲을 마주했을 때는 "미래와 더 조용한 낙이 깃든 세계가 생겨날 만한, 기쁨의 혼돈"[34]이라고 묘사했다.

다윈은 경력 초반에 사랑하는 10살배기 딸 애니를 성홍열로 잃었다. 전기작가 데보라 하일그리먼Deborah Heiligman과 애덤 고프닉Adam Gopnik에 따르면 그 일은 다윈의 세계관에 영향을 미쳤을 가능성이 있다.[35] 다윈은 큰 비탄을 못이겨 딸의 매장식에도 참석하지 않았다. 다윈이 일기에 다정한 어조로 적어놓았듯, 애니는 어머니에게 착 달라붙어 있거나 몇 시간이고 아버지의 머리카락을 매만지길 좋아하는 기쁨을 주던 아이였다. '엄마, 엄마가 죽으면 우리는 어떻게 해요.' 어머니와 떨어져야 했을 때 울면서 애니가 했던 말인데,[36] 실제로 그런 비극을 견뎌야 했던 사람은 어머니와 아버지인 엠마와 찰스 다윈이었다. 다윈은 일기에서 애니의 죽음을 두고 "우리는 집안의 즐거움과 노년의 위안을 잃었다"[37]고 썼다.

그 뒤로 약 20년 후에 쓴 저서로, 많은 이들이 다윈 최고의 저서로 꼽는 《인간의 유래와 성선택》에서 다윈은 연민이 우리의 가장 강한 본능이라고 주장했다.

> 동물은 사회적 본능에 따라 동료 사회 속에서 즐거움을 느끼고, 그들에게 어느 정도의 연민을 가지며, 그들을 위해 여러 가지 도움을 준다. (중략) 위에서 열거한 이런 행동들은 다른 그 어떤 본능이나 동기보다 강한 사회적 본능이나 모성 본능의 힘에서 비롯되는 듯하다. 그 행동의 순간에 숙고나 즐거움이나 고통을 느낄 새도 없이 아주 즉각적으로 행해지기 때문이다.[38]

다윈은 다른 존재들의 고통에 본능적으로 반응하는 사례를 잇달아 언급했다. 자신의 집안에서, 아픈 고양이를 지나갈 때마다 핥아주며 살펴주는 개. 눈이 멀고 나이든 동무에게 꼬박꼬박 먹이를 챙겨다주는 까마귀들. 적대적인 개코원숭이로부터 사랑하는 사육사를 구하기 위해 목숨을 걸었던 원숭이.[39] 물론, 다윈은 미주신경, 전대상피질, 수관주위회색질 같은 것에 대해서는 몰랐다. 하지만 150년 후 대커 켈트너가 자신의 연구실에서 증명해내기 전에 이미 이와 같은 연민 작용을 직관적으로 알아낸 것이다. "우리는 다른 이의 고통을 덜어줘야 할 것 같은 압박을 느낀다. 우리 자신의 고통스러운 감정도 동시에 덜어내기 위해서다."[40]

켈트너와 마찬가지로 다윈도 이런 행동이 어린아이를 돌보기 위한 부모의 본능에서 진화했다는 점을 직관했다.[41] 어머니나 아버지와 전혀 접촉이 없었던 동물들에겐 연민을 기대해선 안 된다고 주장하기도 했다.

다윈은 자연의 잔인성을 모르지 않았다. 오히려 그가 이런 관찰에 사로잡히게 된 이유는, 한 전기작가의 말대로 "세상의 고통을 아주 예민하고도 지속적으로 느꼈기"[42] 때문이다. 다윈은 '다친' 일원을 무리에서 '쫓아내거나' 뿔로 들이받아 죽이는 등 동물들이 악의적으로 행동할 때가 많다는 것을 알았다. 연민이 가족 내에서 가장 강하고 외집단(자신이 속해 있지 않은 집단)에게는 비교적 약하며 때때로 전혀 없을 때도 있다는 점과, 인간이 다른 종을 연민할 만한 '같은 생물'로 여기기 힘들다는 점도 알았다.[43] 하지만 자신의 가족에서부터 인류 전반에 이르기까지, 또 궁극적으로는 감각이 있는 모든 존재에게까지, 연민 본능을 최대한 연장하는 것이야말로 우리가 이룰 수 있는 도덕적 업적 중 "가장 고귀한 일 중 하나"가 되리라는 점 역시 간파했다.[44]

달라이 라마는 다윈의 저서에 실린 이런 관점에 대해 티베트 불교와 유사하다며 아주 놀라워 했다고 한다("이제 나는 다윈설의 신봉자로 자처해야 할 것 같다"[45]). 다윈설과 불교 모두 연민을 최고의 미덕으로 여기며 모자 유대를 연민의 핵심으로 본다. 달라이 라마는 캘리포니아 대학교 샌프란시스코 캠퍼스의 심리학 명예교수 폴 에크먼Paul Ekman

박사와의 대화 중에 이렇게 말했다. "인간의 마음은 피를 흘리며 죽어가는 사람을 보면 불편해져요. 그것이 연민의 씨앗입니다. 어미가 알을 낳기만 하고 떠나는 거북이처럼 어미와의 접촉이 없는 동물들의 경우엔 애착 능력이 없다고 생각해요."[46]

에크먼의 말대로 "우연의 일치라면 놀라운 우연의 일치"[47]인 다윈설과 불교 사상 사이의 이런 유사성을 어떻게 설명해야 할까? 에크먼의 추측처럼 다윈이 조지프 후커라는 식물학자 친구를 통해 불교를 접했던 것일까?[48] 그 친구가 티베트에 가서 그곳의 식물을 연구하고 온 적이 있으니 정말 그랬을 수도 있다. 또 한편으론 다윈이 그 유명한 비글호 항해 중에 갈라파고스 황무지의 교회에서 이런 개념을 발전시켰을 가능성도 있다. 아니면 사랑하는 딸 애니를 잃으며 그 자신의 혹독한 시련 속에서 버텨낸 개념일지도 모른다.

## 달콤쓸쓸한 유형으로 인정되는 트랜센더

연민을 공유된 슬픔의 산물로 여기는 달콤쓸쓸한 관점이 존재함에도 불구하고, 우리는 연민을 인간 감정이라는 장부에서 '긍정'의 측면에 두는 경향이 있다. 실제로 켈트너의 필생의 연구도, 인간의 성장을 살피는 '긍정 심리학' 분야[49]에 바탕을 두고 있다. 긍정 심리학은 1954년에 에이브러햄 매슬로가 만들어낸 용어로, 훗날 심리학자 마틴 셀리그만이 이 개념을 지지하면서 대중에게 널리 알려졌다. 두 사람은 심리학이 정신의 힘보다는 정신 질환에 지나치게 치우쳐 있다고 여기며 긍정 심리학을 그런 치우침을 바로잡을 해독제로 제시했다. 우리의 마음이 노래를 부르고, 삶을 잘 살아가게 할 만한 습관과 사고 방식을 알아내고 싶어 했다. 셀리그만의 이런 노력은 결국 큰 성공을 거두었다. 감사 일기를 써보거나 마음 챙김 명상을 해보라고 권하는 무수한 기사들은 알고 보면 그의 운동이나, 그의 운동에 영감을 얻은 수많은 의사들이 그 출처이기 십상이다.

하지만 긍정 심리학 분야는 슬픔과 갈망 등 인생사에서 중요한 부분을 무시하고 있다는 이유로 비난을 받아오기도 했다.[50] 심리학자 낸시 맥윌리암스Nancy McWilliams가 "인간 삶의 비극판보다 희극판에 (중략) 동조해 피할 수 없는 고통을 받아들이는 법을 배우기보다 행복을 추구"하는 것에 중점을 둔다고 지적하는 등[51] 미국인의 정서에 편향된 점도 문제점으로 제기된다.

이런 비난이 나오는 것도 놀랄 일은 아니다. 심리학의 전 분야에서는 그동안 달콤씁쓸함에 내재된 인간의 잠재성에 별 관심을 기울이지 않으니 말이다. 당신이 멜랑꼴리한 유형이라면 가장 마음 깊은 곳에서 일어나는 동요가 심리학 분야의 어느 유형에 반영되어 있으리라고 기대할 것이다. 하지만 '높은 민감성'이라는 유형을 제외하면, 당신은 '뉴로티시즘neuroticism(신경증적 경향)'이라는 성격 특성의 연구 유형에 가장 가까울 것이다. 현대 성격심리학에 따르면 신경증 환자는 초조함과 불안을 보인다. 병이나 우울증에 잘 걸리고 쉽게 걱정에 빠지는 경향도 있다.

신경증적 경향에는 좋은 면들도 있다. 면역체계에 스트레스를 주긴 하지만 건강을 잘 챙기는 조심성 있는 유형이기 때문에 더 오래 살 가능성이 있다. 실패에 대한 두려움과 더 나아지길 다그치는 자기 비판에 의욕을 자극받아 노력을 게을리하지 않기도 한다. 머릿속으로 개념들을 이리저리 뒤집어보며 모든 각도에서 자세히 살펴보는 면이 있어서 학자로서의 자질이 뛰어나다. 정신과 의사 에이미 이버슨Amy Iversen이 《매니지먼트 투데이Management Today》라는 출간물에서 밝혔듯, 기업가의 경우엔 심사숙고하는 경향이 "사용자 경험이나 광고 전략이나 새로운 아이디어의 피칭(프리젠테이션) 방법을 극단적이도록 철저히 따져보거나, 영화 대본을 한 줄, 한 줄 모두 암기하거나, 연극 제작의 지극히 세세한 면까지 개선시키는 식으로 표출될 수도 있다."[52]

이버슨 같은 전문가들은 이런 이점들을 바람직하지 못한 상태에 유용하게 적응한 것으로 묘사하고 있다. 하지만 이런 관점에는 본질적으로 고양적인 면이 없다. 즉, 보들레르의 시 속에 나타나는 아름다운 멜랑꼴리의 개념이나, 인간 본성의 핵심에 있는 (특히 일부 인간들의 핵심에 있는) 변화에 대한 큰 갈망의 개념이 전혀 없다. 앞으로 살펴볼 테지만, 이런 멜랑꼴리와 갈망이 인간의 창의성, 영성, 사랑에서 중요한 촉매라는 점 역시 거의 간과하고 있다. 심리학자 자신도 종교가 없어 인간의 최대 미스터리들에 대해 영적인 답을 찾으려는 생각도 하지 않는 경우가 많다.

하지만 최근에 긍정 심리학에 힘입어 달콤쌉쌀함이 끼어들 여지가 차츰 마련되고 있다. 토론토의 의미중심 상담 연구소Meaning-Centered

Counselling Institute 소장인 폴 윙Paul Wong, 이스트런던 대학교 강사 팀 로마스Tim Lomas 같은 심리학자들은 "웰빙에는 사실상 긍정적인 현상과 부정적인 현상 간의 미묘하고 변증법적인 상호작용까지 수반된다는 점을 인정"하는 "제2의 물결"이 일어나고 있음을 입증해왔다.[53] 또한 인지 심리학자 스콧 배리 카우프만은 유력한 저서《트렌센드》를 통해 매슬로가 제시하고 명명한 긍정 심리학의 원형적 개념인 '트랜센더'를 되살려냈다.[54] 달콤쌉쌀한 유형의 성격으로 인정되는 이 트랜센더는 "[통상적 기준에서의] 건강한 사람들보다 덜 '행복한' 사람들을 가리키며, "희열과 환희를 더 많이 느끼고 더 고도의 '행복'을 경험할 수 있지만 어마어마한 슬픔에 빠지는 경향이 있다(혹은, 대개 남들은 그런 슬픔에 더 잘 빠지는 경향이 있다)."

이 모든 추세는 켈트너가 연구하는 변화의 잠재성을 깨달을 수 있는 개개인들과 한 문화의 역량이 갖추어진다는 면에서, 좋은 징조다. 우리가 슬픔을 좀 더 높이 대우해줄 수 있다면, 억지 미소와 정당한 분노보다는 슬픔을 서로의 결속을 위해 필요한 다리로 주목하게 될 수 있다. 어떤 사람의 의견이 아무리 싫어도, 어떤 사람의 겉모습이 아무리 화려하거나 사납더라도 그 사람 역시 과거에 고통을 겪은 적이 있거나 앞으로 겪을 수 있다는 점을 떠올리게 될 수 있다.

## 슬픔은 자기 연민도 일으키는 슬기로운 존재

켈트너는 자신이 공동 설립한 대의 과학 센터와 함께, 우리가 연민으로 행동하는 데 도움이 되도록 과학적으로 검증된 여러 가지 실천법을 개발해왔다.

그 중요한 첫걸음은 겸손한 태도부터 키우는 일이다. 여러 연구를 통해 밝혔듯, 우월한 태도는 남들의 슬픔은 물론이요, 심지어 자신의 슬픔에도 반응해주지 못한다. 켈트너의 말처럼 "자신이 남들보다 우월하다고 생각하면 굶고 있는 아이를 봐도 미주신경에 불이 붙지 않는다."[55] 놀랍게도 고위직 사람들은 (실험 환경상 인위적으로 높은 지위를 부여받은 사람들까지도 예외 없이) 보행자를 무시하고 다른 운전자의 진로를 방해하는 경향이 더 높고,[56] 어려움에 처한 동료와 타인을 도와주는 경향은 더 낮다.[57] 델 정도로 뜨거운 물에 손을 담그거나, 게임에서 제외되거나, 남들의 고통을 보게 되어도[58] 신체적·정서적 고통을 덜 느끼고,[59] 연구실 직원이 나눠준 사탕을 자신의 공평한 몫보다 더 많이 가져가는 경향도 있다.

그렇다면 겸손함을 얻기 위해서는 (특히 상대적으로 운 좋은 사회경제적 위치에 있을 경우라면) 어떻게 해야 할까? 허리 굽혀 예를 표하는 단순한 행동을 실천하는 것도 하나의 답이다. 일본인들이 사회생활에서 그러듯, 또 수많은 종교인들이 신 앞에서 그러듯 허리 굽혀 예를 표해보길 권한다. 켈트너에 따르면 이런 행동은 실제로 미주신경을 활성화시킨다고 한다. "사람들은 경의를 표하는 이런 행동을 통해 심신의 상호작용에 대해 생각해보게 됩니다."[60] 그가 2016년 실리콘 밸리 강연에서 한 말이다.

물론, 미국인 중에는 무종교이거나 복종의 표현을 불편해 한다든가, 두 경우 모두에 해당되는 사람들이 많다. 하지만 이런 행동을 항복이라기보다는 헌신의 태도로 생각할 수도 있다. 사실, 많은 사람들이 하는 요가에는 허리를 숙이는 동작이 많다. 우리는 경외심을 일으키는 예술 작품이나 자연 경치를 보면 본능적으로 고개를 숙이기도 한다.

키보드를 활용하는 방법도 있다. 사회 심리학자이자 리비 경영대학의 경영학 교수인 후리아 자자이에리Hooria Jazaieri 박사의 추천대로 누군가 연민을 보여주었거나 우리가 다른 사람에게 연민을 느꼈던 순간에 대해 글을 써보길 권한다. 정식으로 글을 쓰는 것이 끌리지 않는다면 남들의 슬픔에 다소 관심이 끌리는 느낌이 들 때 간결한 일지를 기록하는 식으로 해도 괜찮다. 자자이에리는 대의 과학 센터의 웹사이트에 올린 조언에서 "자신의 데이터를 모아" 보라며 다음과 같이 권하고 있다. "예를 들어, 그날 하루 중 (가령 저녁 뉴스를 시청하던 중) 선뜻, 혹은 저절로 연민이 일어나는 순간에 주의를 기울여봐라. 하루를 보내던 중 (가령 길에서 돈을 구걸하는 사람이나 뭔가를 따지는 가족을 마주치게 되는 등의 상황에서), (당신 자신이나 남들의) 고통을 인정하거나 공감하기 싫어지는 순간에 주목할 수도 있다. (중략) 우리는 대체로 (자신과 남들의) 고통에 주목하지만 금방 잊어버려, 결국엔 스스로가 정서적으로 감격하거나 감동할 기회를 막는다."[61]

하지만 겸손함을 키울 수 있으려면 반드시 자기 연민부터 먼저 키워야 한다. 겸손을 권하기 위한 말과는 정반대의 얘기처럼 들릴 것이다. 하지만 많은 사람들이 자신도 깨닫지 못하는 사이에 부정적인 혼잦말을 끊임없이 이어간다. '너는 이런 일에 서툴러', '왜 그렇게 일을 망쳐놓은 거야?' 그런데 자자이에리가 지적하듯 "지나친 자책이 행동을 변화시키는 데 정말로 도움이 된다는, 경험적 증거는 어디에도 없다. 오히려 일부 자료에서 시사하는 바에 따르면, 이런 자책은 목표에 다가가기보다 멀어지게 만들 소지가 있다."[62]

반면 스스로에게 더 온화하게 말할수록 남들에게도 똑같이 대하게 된다. 그러니 앞으로는 가시 돋친 내면의 목소리가 들리면 잠깐 멈췄다가 다시 해보자. 사랑하는 아이에게 하듯 다정한 태도로, 자신에게 말을 건네보자. 말 그대로 귀여운 3살배기 아이에게 아낌없는 애정을 보여주듯 안심의 말을 자신에게 해보자. 이런 행동이 의미 없게 느껴진다면 이 점을 명심하자. 이것은 스스로를 갓난아이 취급하거나 스스로를 봐주는 것이 아니라, 스스로를 앞으로 나아가게 하고 남들을 돌볼 수 있도록 자신을 돌보는 것이다.


금발 머리, 서퍼로 다져진 몸에서 풍기는 아우라, 슬픈 눈을 가진 심리학자이자 피트 닥터와 픽사 영화제작진과 함께 일한 적도 있는 켈트너는 지금까지 자기 연민을 실천할 만한 동기가 많았던 사람이다. 최근에 연락했을 때만 해도 얼마 전에 막내딸이 대학에 입학하면서 집을 떠나 집안이 너무 조용하고 텅 빈 것 같다고 했다. 또 어머니는 외로움과 우울증에 빠진 데다 심장 질환까지 있었고, 아끼고 사랑하는 동생 롤프는 결장암으로 한참을 고통스러워하다 46살의 나이에 세상을 떠났다.

동생이 떠난 후 켈트너는 뿌리가 없는 느낌에 시달리며 극심한 혼란과 고통을 겪었다. 영혼의 일부를 잃어버린 느낌이었다고 한다. "제 삶은 아무리 수십 년의 세월이 더 흘러도 슬픔으로 가득할 겁니다. 이번 생에 저에게 귀속감이나 공동체 의식이 생길지 확신이 안 서요."

나는 켈트너가 동생을 얼마나 많이 사랑했는지 알았지만 그런 말은 의외라서 놀랐다. 켈트너는 학계에서 중심축으로 꼽히는 분야에서도 가장 영향력 있는 연구소 두 곳을 운영하고 있다. 전 세계에서 가장 활기 넘치는 대학 중 두 곳에서 인기 교수로 이름을 날리고도 있다. 30년을 함께한 아내와 장성한 두 딸이 있고, 사랑하는 친구들도 셀 수 없이 많다. 이런 그가 귀속감과 공동체 의식이 없다면 대체 누구에게 있을까?

하지만 켈트너는 슬픔이 남들과 자신에 대한 연민을 일으킨다는 사실도 알았다. 동생의 투병과 사망을 겪는 중에도 줄곧 해왔던 대로 행동했다. 롤프의 타고난 인정에 고무받아 오래전부터 하던 대로 인근의 샌 퀜틴 교도소 재소자를 돕는 자원봉사를 다녔다. "고통에 휘말리면 그때가 가장 확실해져요. 그곳에 상처를 입고 곤란을 겪는 사람들이 있다는 게 갑작스럽게 확 느껴져요. 그러다 교도소를 나오면 동생을 생각하고 명상과 같은 상태에 젖어들어요. 늘 인간의 상황을 그렇게 느껴왔어요. 저는 비극적인 사람이 아니에요. 희망에 차 있어요. 하지만 슬픔은 아름답고 슬기로운 존재라고 생각해요."

롤프가 세상을 뜨기 마지막 달에 켈트너는 날마다 동생에게 감사하기를 실천하기도 했다. "동생이 했던 일들, 동생의 반짝이는 눈빛,

동생이 약자들에게 보여준 인정에" 감사했다. 캠퍼스를 걸어갈 때도, 어떤 연구를 할지 결정하면서도 동생을 생각했다. 그러면서 깨달았다. 자신이 해왔던 모든 일과 앞으로 하게 될 일들 모두 그 근원이 동생에게 거슬러 가리라고. 동생을 잃으면 언제까지나 고통이 따르겠지만 그러는 와중에도 어렸을 때 동생이 깨우쳐준 연민의 샘 역시 그만큼 깊어지리라고.

"동생이 떠나면서, 제 세계관을 이루는 이 모든 근원이 저에게서 빠져나갔어요. 하지만 그것들은 여전히 그 자리에 있기도 해요." 현재에 이르러 그가 나에게 들려준 말이다.

내가 경외심, 감탄, 연대에 끌리는 그의 일부가 슬픈 일부와 서로 별개인지 얽혀 있는지를 물었을 때 이렇게 대답했다. "소름이 돋을 만큼 절묘한 질문이에요. 서로 얽혀 있고 말고요."

켈트너는 어릴 때 가정 파탄을 겪은 이후, 자신이 평생 집처럼 마음이 편안해지는 느낌을 갖지 못하리라 생각했다. 하지만 그것은 새로운 시작이었을지 모른다. 매년 버클리 캠퍼스의 졸업식 때마다 그는 본능적으로 인파 사이를 훑어보며 길을 잃고 방황하는 것처럼 보이는 아이들을 찾아본다. 한때의 자신처럼 가족 없이 혼자 떠돌며 피크닉 테이블에 친척들과 함께 쾌활한 분위기로 모여 있는 동급생들 사이에서 왜 자신의 가족은 그렇게 할 수 없는지 의문을 갖는 그런 아이가 있을까 봐.

하지만 켈트너는 34살부터 쭉 버클리 캠퍼스에 머물며 어느덧 47살이 되어 더 이상은 그런 아이가 아니었다. 그리고 가정이 깨져 난

민처럼 떠도는 학생들도 영원히 아이로 살지는 않으리란 사실도 알았다. 그 학생들도 자신이 그랬듯 세상 밖으로 나갈 것이다. 자신의 일을 하며 나름의 모험을 펼칠 것이다. 상실의 그늘과 새로운 사랑의 빛 속에 살아갈 것이다. 그러다 자신의 유년기 가족 패턴을 반복할 수도 있고, 반복하지 않을 수도 있다. 하지만 모두가 가장 사랑하는 사람들에게 감명을 받아, 자신보다 어린 동생을 통해 깨우침을 얻은 켈트너가 그랬던 것처럼 슬픔의 다리를 건너 맞은편에서 기다리고 있는 교감의 기쁨을 발견하게 될 것이다. 켈트너처럼 자기 나름의 가정을 꾸릴 것이다.

# CHAPTER 02

# 우리는 왜 완벽하고
# 무조건적인 사랑을 갈망하는가?

*내 일생에서 가장 달콤한 것은 나의 나라. 내가 태어났어야 했던 그곳을 향한 갈망이었다. 그 산에 이르러, 모든 아름다움이 비롯되는 근원을 찾고자 하는 그런 갈망이었다.* [1]

– C. S. 루이스

우아함이 흐르고 세상 물정에 밝은 세련된 이탈리아 여인이 있었다. 그녀의 이름은 프란체스카. 제2차 세계대전 말, 프란체스카는 미국의 군인을 만나 결혼한 후 함께 아이오와주의 작은 농촌 마을로 이주한다. 마을 사람들은 선량했다. 당근 케이크를 만들어 이웃에게 나눠주고, 연로한 어르신들을 돌봐줬다. 그리고 불륜을 저지르는 등으로 규범을 위반한 자들은 내쫓았다. 프란체스카의 남편은 자상하고 헌신적인 평범한 사람이고, 프란체스카는 자식들을 사랑했다.

그러던 어느 날 그녀의 가족은 키우던 돼지들을 주 박람회에 출품하기 위해 일주일 동안 마을을 떠나게 됐다. 그녀는 결혼 후 처음으로 농가에 홀로 남아 고독을 즐겼다. 적어도《내셔널 지오그래픽》의 사진작가가 문을 두드리며 근처의 명소가 어디에 있는지 묻고… 두 사람이 4일간의 격정적 불륜에 빠지기 전까지는. 결국 사진작가는 그녀에게 함께 도망가자고 애원하고 그녀도 짐을 싼다.

하지만 마지막 순간, 그녀는 쌌던 짐을 다시 푼다. 그리고 자신은 결혼한 몸이고 자식들이 있다는 점과 마을 사람들이 자신을 지켜보는 시선이 걸려서 떠나지 못하겠다고 한다. 그런 이유 때문만은 아니다. 자신과 그 사진작가가 이미 서로를 완벽하고 아름다운 세계로 데려가 주었음을 알기 때문이기도 하다. 이제는 현실 세계로 내려와야 할 때라는 것도 안다. 두 사람이 또 다른 세계에서 영원히 살려고 한다면 그 세계는 멀어져갈 것이다. 애초에 없었던 것처럼 말이다. 그녀는 작별을 고하고 두 사람은 남은 평생토록 서로를 갈망한다.

그리고 그 만남으로 프란체스카는 삶을 묵묵히 버텨나갈 힘을 얻고, 사진작가는 새로운 창의성을 얻는다. 수년 후 그는 죽음에 임박해, 그녀에게 자신의 사진집을 보내며 두 사람이 함께했던 4일을 기린다.

익숙한 이야기 같다면《매디슨 카운티의 다리》[2]가 이야기의 출처이기 때문이다. 1992년에 출간된 로버트 제임스 월러의 이 소설은 1,200만 부 이상이 판매되었고 1995년에는 메릴 스트립과 클린트이스트우드 주연으로 영화화되어 1억 8,200만 달러의 총수익을 거두어 들였다. 언론에서는 이런 인기의 요인을 불행한 결혼 생활에 갇혀 사는 수많은 여성들과 잘생긴 사진작가들에 대한 동경으로 평가했다. 하지만 이 이야기에서의 본질은 그것이 아니었다.

책의 출간 후 열풍이 일어났을 당시에 사람들은 두 개의 진영으로 갈렸다. 한쪽 진영에서는 두 사람의 사랑이 순수하고 수십 년이 지나도록 지속되었다는 점을 이유로 호평을 보냈다. 다른 한쪽의 진영에서는 현실적 관계의 난관을 극복하는 것이 진정한 사랑이라며, 두 사람의 사랑을 책임 회피로 봤다.

어느 쪽이 맞을까? 우리는 동화 같은 사랑의 꿈을 놓고 우리에게 익숙한 불완전한 사랑을 온전히 포용할 줄 알아야 하는 걸까? 아니면 플라톤의 《향연》에서 언급된 아리스토파네스의 말을 믿어야 할까? 정말로 한때 인간 모두가 영혼이 결합되고 두 사람이 한몸을 이루면서 아주 황홀하고 힘도 세서 티탄족의 두려움을 일으켰고 결국 티탄족이 제우스에게 우리를 갈라놓게 만들었을까? 작가 진 휴스턴Jean Houston의 말처럼, 그래서 지금 우리가 잃어버린 반쪽을 갈망하는 것에 일생을 바치는 것이 자연스러운 걸까?[3]

현실적인 현대 세계의 시민이라면 이런 질문에 맞는 답이 뭔지 알고 있다. 당연히 잃어버린 반쪽은 없다. 소울메이트 같은 것도 없다. 단 한 사람이 당신의 모든 욕구를 채워줄 수는 없다. 별 노력 없이 욕구가 한계도 없고 끝도 없이 채워지길 바란다면 결과는 실망뿐이다.

그것은 신경증적이고 미숙한 바람이다. 어른답게 굴며 극복해야 하는 바람이다.

하지만 수 세기가 지나도록 이와는 다른 관점도 존재해왔다. 좀처럼 이야기되지 않는 이 관점에서는 '완벽한' 사랑을 꿈꾸는 우리의 갈망이 정상적이고 바람직하다고 여긴다. 영혼의 사랑과 결합하고픈 바람은 인간의 마음 가장 깊숙이 내재된 욕망이며, 이런 갈망은 곧 귀속에 이르는 길이기도 하다. 그리고 이런 갈망의 대상은 로맨틱한 사랑만이 아니다. 베토벤의 '환희의 송가'를 듣거나, 빅토리아 폭포를 보거나, 기도용 깔개 위에서 무릎을 꿇을 때도 이와 똑같은 갈망이 찾아온다. 따라서 《내셔널 지오그래픽》 사진작가를 만나 변화를 맞은 4일간의 로맨스를 다룬 소설에 대해 적절한 태도를 취하려면, 터무니없는 감상으로 치부할 게 아니라, 그런 갈망이 음악, 폭포, 기도와 전혀 다르지 않고 똑같다는 그 본질을 봐야 한다. 갈망 자체는 창의적이고 영적인 상태다.

하지만 현재는 플라톤의 주장에 대한 반대론이 아주 강한 추세다.


## 잃어버린 반쪽에 대한 환상

———

2016년, 활발한 작품 활동을 펼치는 박식한 스위스 태생의 작가 겸 철학자 알랭 드 보통이 《뉴욕 타임스》에 '당신이 잘못된 사람과 결혼하는 이유'라는 제목의 글을 게재했다. 그해에 가장 많이 읽힌 특집 기사였던 이 글에는 알랭 드 보통의 표현 그대로 "우리의 모든 욕구를 채워주고 우리의 모든 갈망을 충족시켜줄 수 있는 완벽한 존재가 있다"는 낭만적인 생각을 포기하면 우리 자신도 우리의 결혼 생활도 더 나아질 거라는 주장이 담겼다.[4]

드 보통은 이후, 자신이 세운 단체인 인생학교School of Life에서 주관한 일련의 세미나도 열었다. 인생학교는 런던의 한 상점에 본부를 두고 시드니에서부터 LA에 이르기까지 세계 각지에 분교를 운영하고 있으며, 나도 LA의 이벨 극장에서 300명의 수강생과 함께 강의를 들은 적이 있다. 드 보통의 강의는 "우리가 관계에 대해 저지르는 가장 심각한 실수 중 하나가, 관계는 우리가 더 잘 알거나 더 잘할 수 있는 것이 아니다"는 생각에 바탕을 두고 있었다.[5] 다시 말해 잃어버린 반쪽의 무조건적인 사랑에 대한 갈망을 그만 접어야 한다는 얘기다. 파트너의 불완전함을 받아들이려 애쓰며 오히려 자신을 바로잡는 데 집중해야 한다는 것이다.

큰 키의 알랭 드 보통은 교수 같은 분위기를 풍기며 영국식 발음으로 낭랑하게 말했다. 기막히도록 유창한 언변과 재치로 강의를 이어가면서 정신분석학자 같은 감도로 세미나장에 있는 사람들의 생각이나 감정을 파악했다. 그래서 너무 고통스러워 그가 낸 연습문제를 제대로 하지 못하는 사람이 있으면 알아채 주기도 하고, 누군가가 남편 곁을 떠난 자신이 '이기적인 년'처럼 느껴진다는 고백을 머뭇머뭇 털어놓을 때 적절한 격려를 해주기도 했다. 강의 실력이 나무랄 데가 없었음에도, 자신이 주제넘게 너무 크다고 여기는 사람처럼 자세가 좀 구부정했다. 그는 농담조로 "자기 자신도 확실히 모르는 주제에 남들을 가르치려 드는 대머리 괴짜"라고 말하기도 했다. 멜랑꼴리의 현명함에 대해 글을 쓴 적이 있고 달콤쌉쓸함 테스트를 해보면 '가슴 아프다'는 말을 즐겨 쓰는 성향일 듯했다. 실제로 그는 자신의 부모가 지닌 고달픈 성격과 똑같은 연인을 고르는 경향이 있다는 점이 가슴 아픈 일이라고 했다. 상대에게 자신이 별로 중요하지 않은 존재일까 봐 걱정하면서도 그 사람에게 화를 내는 일 역시 가슴 아파했다. 또 페라리를 몰고 다니는 사람은 천박하고 물욕이 많은 게 아니라 사랑받고 싶은 가슴 아픈 동기를 가진 사람이라고도 봤다.

"이 자리에 계신 분 중에, 자신이 같이 살기 편한 상대라고 생각하는 사람이 있나요?" 드 보통이 우리 자신의 단점을 살펴보는 차원에서 가장 먼저 던진 질문이었다.

몇 사람이 손을 들었다.

"그건 아주 위험한 생각인데요." 그가 유쾌한 어조로 말문을 떼었다. "제가 여러분을 잘 모르긴 하지만 여러분이 같이 살기 편하지 않은 사람인 건 알겠어요. 자신이 편한 사람이라고 우기면 그 누구와도 같이 살지 못해요! 마침 지금 여기엔 마이크들도 있고 솔직한 분들도 계시니 얘기해보죠. 소셜미디어는 신경 쓸 필요도 없어요. 자, 이번엔 자신이 같이 살기 힘든 이유들을 들어볼까요."

여러 사람이 손을 들고 말했다.

"저는 변덕스럽고 시끄러워요."

"저는 뭐든지 지나치게 따져요."

"저는 잘 어지르고 항상 음악을 틀어놔요."

"자, 모두 잘 들으셨으니 조심들 하세요!" 드 보통이 크게 외쳤다. "자신의 까다로운 점들을 말하다 보면 천장까지 닿을 만큼 많을 수도 있어요. 그런데 데이트를 할 때는 이 점을 잊어버려요. 오죽하면 정말로 안 풀리는 연애사를 빗댄 우스갯소리가 있겠어요? 속으로 생각하는 그 말 있잖아요. '이렇게 정신 이상자들이 넘치는 와중에도 난 여전히 멀쩡해.'"

드 보통은 이어서 물었다. "지금 이 자리에, 자신의 있는 모습 그대로 사랑받고 싶은 분이 있나요? 자신의 모습 그대로 사랑받고 싶다면 손을 들어보세요."

이번에도 여러 사람이 손을 들었다.

"이런, 아직도 더 얘기를 해야겠군요." 드 보통이 핀잔조로 말했다. "지금까지 제 얘기를 전혀 귀담아 듣지 않은 건가요? 어떻게 있는 모습 그대로 사랑받을 수 있죠? 여러분은 큰 결함을 가진 인간이에요! 누가 여러분을 있는 모습 그대로 사랑해주려 하겠어요? 그러니 성장하고 발전해야 해요!"

이 강의 중에는 간간이 서로를 이해하지 못하는 커플들의 예를 보여주는 단편 영화들도 상영되었다. 이런 커플들(혹은 커플들이 몰래 속으로 환상을 품은 사람들) 중에는 공원 벤치에서 소설을 읽고 있는 사색적인 젊은 남자들이나 이제 막 열차에 오르는 귀여운 얼굴의 카디건 차림의 여자들이 많이 나왔는데, 달콤씁쓸한 유형들이었다. 배경음으로는 멜랑꼴리한 피아노곡이 흘렀다. 인생학교 수강생들은 프리랜서 디자이너, 감정 풍부한 엔지니어, 구직자들이 섞여 있는 듯했는데 이

커플들과 아주 비슷해 보였다. 진지하고 예의 바르고 합리적이지만 주변 사람을 주눅 들게 할 정도의 최신 패션을 따르는 사람들은 아니었다. 그가 연단에서 직접 언급했듯 드 보통 자신도 입고 있던 바지가 Gap(갭)이었다.

강의에서는 우리에겐 잃어버린 반쪽이 없다는 점도 상기해 주었다. "좀 어두운 얘기지만, 우리의 전부를 이해해주고 크고 작은 부분에서 우리와 모든 기호가 잘 통하는 파트너는 없어요. 그 사실을 받아들여야 해요. 결국, 우리가 지향할 수 있는 것은 언제나 궁합의 비율뿐이에요. 다시 플라톤으로 돌아가 다 같이 플라톤의 황홀하지만 제정신이 아니고 애정 파괴적인 그 순진함을 완전히 죽입시다. 소울메이트는 없어요."

드 보통에 따르면, 사실 우리가 파트너감이 주변에 있는데도 제대로 알아보지 못하게 막는 걸림돌은 잃어버린 반쪽에 대한 환상이라고 한다. "특히 도서관과 열차에서 마주친 잘 모르는 사람들을 대상으로 멋진 면들을 상상하며" 끊임없이 결함을 가진 자신과 비교해서 문제라고 했다. 그는 매력적인 낯선 사람들의 결점을 상상하는 '반 로맨틱적 몽상Anti-Romantic Daydream'이라는 훈련으로 이 문제의 극복법을 가르쳐 주겠다며, 파트너감의 이미지로 2명씩 남자와 여자의 모습을 보여주면서 말했다.

"이 4명 중 가장 끌리는 사람을 골라보세요. 이제 한번 상상을 해보세요. 그 사람과 3년을 사귀고 나니 아주 힘든 면들이 5가지 있다고요. 그 사람의 눈을 깊이 들여다보면서 상상해 보세요."

수강생 중 세련된 안경을 끼고 아일랜드식 발음이 매력적인 젊은 남성은 머리에 붉은색 스카프를 두른 애절한 표정의 여성 사진을 고르고 나서 말했다. "제가 외출할 때 우리 집 개가 짓는 표정과 똑같아서 그런지 애정에 아주 목말라할 것 같아요."

페이즐리 무늬 원피스를 입은 금발 머리의 수강생은 도서관에 있는 날씬한 몸매의 젊은 여성 사진을 골랐다. "독서광일 것 같아요. 하지만 무슨 책을 읽든 파트너도 같이 읽게 할 것 같아요. 어떤 책을 고르든 좋은 선정이라고 인정해줘야 할 것도 같고요."

한 여자 수강생은 정장 차림에 넥타이를 맨 부티나는 남자를 고르며 이렇게 말했다. "멋진 헤어스타일에 끌리긴 했지만 알고 보면 아주 실속 없는 사람이고 제가 그 사람 머리카락을 쓸어 만지려 하면 '머리는 만지지 마'라며 질색할 것 같아요."

## 달콤쌉쌀한 음악이 담고 있는 숭고한 감정들

(수십 년 전부터 그의 저서에 탄복해 왔으니) 처음 드는 생각도 아니지만, 드 보통은 정말 재능이 뛰어난 사람인 것 같다. 익살과 통찰력을 겸비한 작가이자 강연자로 활동해 왔는데 이제는 결혼 생활을 구제해주는 능력도 펼치고 있다니. 하지만 그의 통찰력을 우리의 애정사에 적용한다 해도 프란체스카의 갈망, 혹은 우리의 갈망에 대한 의문이 여전히 남는다. 그 갈망을 어떻게 해야 할까? 그 갈망은 무엇을 의미할까?

달콤쌉쌀함의 전통은 이런 의문에 대해 많은 얘기를 들려준다. 그 전통을 들여다보면 갈망이 로맨틱한 사랑의 영역에서 쑥쑥 잘 자란다는 것을 알게 된다. 하지만 로맨틱한 사랑의 영역이 갈망이 생겨나는 근원은 아니다. 오히려 갈망은 먼저 생겨나 자력으로 존재하고 있다. 로맨틱한 사랑은 갈망이 드러내는 하나의 표출일 뿐인데 어쩌다 이런 표출이 우리 문화를 선점해버린 것이다. 하지만 우리의 갈망은 무수한 방식으로 모습을 드러내고 있다. 그중 하나는 내가 평생토록 궁금해왔고, 수많은 사람들의 수수께끼 같은 것. 왜 그토록 많은 사람들이 슬픈 음악을 좋아하는 걸까?

이쯤에서 내가 좋아하는 유튜브 동영상 얘기를 해볼까 한다. 이 동영상에는 통통한 볼에 머리카락이 너무 가늘어 사이사이로 분홍빛 두피까지 보이는 금발 머리의 2살배기 남자아이가 태어나 처음으로 '월광 소나타'를 듣는 모습이 담겨 있다.[6] 아이가 있는 장소는 피아노 독주회장이고 화면 밖에서 어린 여자 연주자가 혼신을 다해 '월광 소나타'를 연주 중이다. 아이는 그곳이 엄숙한 자리이니 조용히 있어야 한다는 것을 아는 눈치다. 하지만 아이는 듣고 나면 좀처럼 잊기 힘든 그 멜로디에 아주 감동받아 온 얼굴을 긴장시키며 울지 않으려 안간힘을 쓴다. 그러다 급기야 훌쩍훌쩍 울음을 터뜨리고 아이의 볼 위로 조용히 눈물이 흘러내린다. 이 곡에 대한 아이의 반응에는 거의 성스러울 정도의 심오한 뭔가가 느껴진다.

이 동영상은 입소문을 타고 퍼져나가 아이의 눈물에 담긴 의미를 두고 이런저런 해석을 내놓는 댓글들이 수없이 달렸다. 이따금씩 달리는 불쾌한 댓글("틀린 음들이 그 정도 되면 나라도 듣다가 울겠다")을 제외하면 대부분의 사람들은 인간성의 극치와, 아이의 슬픔 속에 비밀코드처럼 깔려 있는 심오한 의문들을 느끼는 듯했다.

어쩌면 슬픔이라는 말도 적절한 표현은 아닐지 모른다. 실제로 댓글을 단 사람들 중에는 아이의 감수성을 얘기하는 이들도 있었는가 하면, 공감력이나 환희에 대해 얘기하는 이들도 있었다. 한 사람은 "강렬한 기쁨과 슬픔이 역설적이고 신비롭게 뒤섞인" 그 곡에 대한 아이의 반응에 놀라워했다. "이런 반응들 덕분에 수 세대 사람들의 삶이 가치를 발해온 것이다."

나에겐, 이런 생각이 가장 정답에 가깝게 여겨진다. 그런데 '월광소나타' 같은 달콤쌉쌀한 음악이 칭송받는 이유는 정확히 뭘까? 어떻게 같은 곡이 기쁨과 슬픔, 사랑과 상실을 동시에 전할 수 있을까? 또 우리는 그런 음악에 왜 끌리는 걸까?

밝혀진 바에 따르면 이 아이처럼 (그리고 나처럼) 느끼는 사람들이 많이 있다. 신경과학자 야크 팬크세프Jaak Panksepp가 말하는 "몸서리나 소름 같은 피부 감각", 즉 다른 말로 '오싹함'을 일으키는 경향은, 슬픈 음악이 밝은 음악보다 훨씬 더 높다.[7] 미시간 대학교 교수 프레드 콘라드Fred Conrad와 제이슨 코리Jason Corey의 연구 결과에 따르면 좋아하는 노래가 밝은 곡일 경우 평균적으로 곡을 듣는 횟수가 175회 가량인 데 반해, '달콤쌉쌀한' 노래를 좋아하는 사람들은 800회에 가깝게 듣는다. 또한 기분 좋아지는 곡을 즐겨 듣는 사람들보다 그 음악에 '더 깊은 유대'를 느끼는 것으로 나타났다.[8] 연구진은 슬픈 노래를 들으면 심오한 아름다움, 깊은 유대, 초월, 향수, 보편적 인류애 등의 이른바 숭고한 감정들이 연상된다고 밝히기도 했다.

포르투갈의 민요인 파도, 스페인의 플라멩코, 알제리의 아랍풍 음악 라이, 미국의 블루스 등 인기 음악 장르에서 갈망과 멜랑꼴리를 활용하는 경우가 얼마나 많은지 생각해보자. 팝 음악조차 단조로 작곡되는 경향이 점점 늘어나, 연구가인 E. 글렌 쉘렌버그E. Glenn Schellenberg와 크리스티안 폰 셰베Christian von Scheve에 따르면 1960년대에는 15퍼센트에 불과했던 비중이 현재는 약 60퍼센트까지 증가했다.[9] 바흐와 모차르트의 곡 중 가장 유명한 곡들도 상당수가 단조로 작곡되었다. 어떤 뮤지션은 이 단조를 "즐거운 멜랑꼴리"의 조[10]라고 칭하기도 한다.* 미국에서 많이 부르는 자장가 'Rock-a-Bye Baby'의 가사에는 아기가 침대에서 떨어지는 내용이 있고, 아랍의 자장가는 "이 세상에 친구가 아무도 없는" 이방인으로서의 삶을 노래한다. 스페인의 시인 페데리코 가르시아 로르카Federico Garcia Lorca는 자국의 수많은 자장가를 취합해 살펴본 후, 스페인이 "아이들의 생애 첫 잠을 재우기 위해 지극히 슬픈 멜로디와 지극히 멜랑꼴리한 가사를" 활용하고 있다는 결론을 내렸다.[12]

이런 현상은 다른 여러 형태의 미학에도 퍼져 있다. 비극적인 꿈, 비오는 날, 신파 영화를 좋아하는 사람들이 얼마나 많은가. 우리는 벗

---

* 1806년에는 한 음악학자가 C단조를 두고 "사랑의 고백인 동시에 불행한 사랑의 한탄"이라며 "이 단조에는 상사병에 걸려 번민하고 갈망하고 한숨 쉬는 영혼이 깃들어 있다"고 표현한 바 있다.[11] 반면에 C장조에 대해서는 "순수함 그 자체다. 이 장조에서는 순결함, 단순함, 순진함, 아이들의 말소리가 연상된다"고 표현했다.

꽃을 아주 좋아한다. 심지어 벚꽃 축제까지 열 정도로 좋아한다. 사람들이 이렇게 벚꽃을 다른 꽃들보다 더 좋아하는 이유는 이르게 저버리기 때문이다(꽃 중에 벚꽃[사쿠라]을 가장 좋아하는 일본인들은 '모노노아와레 もののあはれ'를 이런 선호성의 근원으로 삼고 있는데, 이 모노노아와레는 '비애감'과 '비영속성에 대한 감수성'으로 일어나는 바람직한 상태의 잔잔한 슬픔을 의미하는 말이다).[13]

## 모두가 느끼지만 설명하기 어려운 갈망의 힘

철학자들 사이에서는 이런 현상을 '비극의 패러독스'라고 부르며 수 세기 전부터 수수께끼로 여겨왔다. 왜 우리는 다른 때는 어떻게든 슬픔을 피하려 들다가 가끔씩 슬픔을 기꺼이 받아들이는 걸까? 현재 심리학계와 신경학계에서도 이런 의문에 관심을 기울이면서 지금까지 여러 이론을 내놓았다. '월광 소나타' 같은 곡이 상실이나 우울증을 겪는 사람들에게 치료법이 될 수 있다, 부정적 감정을 무시하거나 억누르기보다 받아들이는 것이 오히려 도움이 될 수 있다, 이런 현상이 혼자만 슬픈 게 아님을 알게 해준다 등의 이론이다.

그중에서도 핀란드의 이위베스퀼레 대학교의 연구진이 최근에 진행한 연구에서는 비교적 더 설득력 있는 이유가 밝혀졌다. 어떤 사람이 슬픈 음악에 감동을 받을 가능성에 영향을 미치는 것은, 모든 변수를 통틀어 공감력이 가장 강한 변수인 것으로 나타났다.[14] 102명의 사람들에게 〈밴드 오브 브라더스Band of Brothers〉에 삽입되었던 슬폰 노래를 듣게 했더니, 이 곡을 듣고 걸음마쟁이 아이가 누나의 독주회에서 보였던 것과 같은 반응을 보였다. 그리고 그 사람들은 대체로 공감력, '사회 인지 감수성', 타인 중심적 '공상'(달리 말해, 다른 사람들의 눈으로 세상을 바라보는 능력)이 높았다. 또 책과 영화 속에 등장하는 가상 인물에 몰입을 잘했고, 타인의 고통에 개인적으로 불편함이나 불안을 느끼기보다 연민을 보였다. 이런 사람들에게는 슬픈 음악이 일종의 교감인 것 같았다.

또 하나의 이유로는, 아리스토텔레스까지 거슬러 올라가는 오래전부터 제시된 카타르시스도 있다.[15] 어쩌면 그 옛날 그리스인은 아테네의 연극 무대에서 오이디푸스가 자신의 눈알을 뽑아버리는 장면을 지켜보며 복잡하게 얽힌 감정의 해소에 도움을 얻었을 것이다. 보다 최근에는 신경과학자 매튜 삭스Matthew Sachs와 안토니오 다마시오Antonio Damasio가 심리학자 아살 하비비Assal Habibi와 함께 슬픈 음악과 관련된 모든 연구 문헌을 검토한 뒤, 갈망적 멜로디가 신체의 항상성(감정과 생리 기능이 최적 범위 내에 있는 상태)을 끌어내는 데 도움이 된다고 단정 짓기도 했다.[16] 게다가 여러 연구를 통해 신생아 집중치료실에서 (대체로 구슬픈) 자장가를 듣는 아기들이 다른 종류의 음악을 듣는 아기들에 비해 더 힘찬 호흡, 섭식 패턴, 심박동수를 보이는 것으로 증명되고 있다.[17]

게다가 전 세계의 '월광 소나타' 같은 곡들은 단지 우리의 감정을 해소시켜 주기만 하는 것이 아니라 감정을 북돋워 주기도 한다. 뿐만 아니라 교감과 경외감을 고양되게 끌어내주는 것은 슬픈 음악뿐이다. 두려움과 분노 같은 다른 부정적 감정을 전하는 음악은 그런 효과를 내주지 않는다. 작스, 다마시오, 하비비의 결론에 따르면, 밝은 음악조차 슬픈 음악보다 심리적 보상 효과가 낮다.[18] 흥겨운 곡은 들썩들썩 춤을 추며 주방을 빙빙 돌면서 친구들을 식사에 초대하고 싶어지게 기분을 띄워주기도 한다. 하지만 하늘 높이 기분을 고양시키는 것은 슬픈 음악이다.

하지만 나는 비극의 패러독스를 설명하는 이런 일관된 이론 역시 (다른 대다수 이론처럼) 언뜻 생각하기엔 간단한 문제 같지만 더 깊고 넘어갈 문제가 있다고 본다. 사실, 우리는 비극 그 자체를 받아들이는 것이 아니다. 우리가 좋아하는 것은 슬프지만 동시에 아름다운 것, 즉 씁쓸함과 달콤함의 어우러짐이다. 이를테면 우리는 슬픈 단어가 나열된 목록이나 슬픈 얼굴들의 슬라이드 쇼 같은 것에서는 오싹한 전율을 느끼지 않는다(이 점은 여러 연구가를 통해 실제로 입증된 사실이다). 우리가 좋아하는 것은 애수 어린 시, 안개 덮인 바닷가 도시, 구름을 뚫고 치솟은 뾰족탑이다. 다시 말해, 결속에 대한 갈망과 더 완벽하고 아름다운 세상에 대한 갈망을 표출하는 예술 양식을 좋아한다. '월광 소나타'를 듣는 순간 묘한 슬픔의 전율을 느낀다면, 우리는 사랑에 대한 갈망을 경험하는 것이다. 연약하고 순간적이지만 소중하고 초월적인 사랑에 대한 갈망 말이다.

갈망을 성스럽고 생성력이 있는 힘으로 바라보는 개념은, 긍정을 강요하는 미국 문화에서는 아주 이상하게 비쳐진다. 하지만 이런 개넘은 수 세기에 걸쳐 수많은 이름과 다양한 형태를 취하면서 세계 곳곳에 전해져왔다. 오래전부터 작가, 예술가, 신비론자, 철학자들이 갈망을 이런 개념으로 표명하려 애써왔고, 그중 한 예로 가르시아 로르카는 갈망을 "모든 사람이 느끼지만 그 어떤 철학자도 설명하지 못하는 신비로운 힘"이라고 칭했다.[19]

고대 그리스인들은 이런 갈망을 포토스pothos라고 칭했고, 플라톤은 이 포토스를 가질 수 없는 황홀한 어떤 것을 동경하는 열망으로 정의했다.[20] 포토스는 훌륭하고 아름다운 모든 것에 대한 목마름이었다. 상황에 구속당하는 하찮은 존재였던 인간이 포토스에 영감을 자극받아 고차원적 현실을 붙잡으려 손을 뻗는 것이었다. 포토스의 개념은 사랑과 죽음 모두와 연관되어 있었다. 그리스 신화에서 포토스(갈망)는 히메로스(욕망)와 형제였고, 에로스(사랑)의 아들이었는가 하면, 포토스가 이룰 수 없는 것을 갈구하는 속성을 띠고 있어 그리스인의 무덤에 놓인 꽃을 일컫는 말로 쓰이기도 했다.[21] 이런 갈망의 상태는 현대인에게는 소극적이고 우울하고 무기력한 인상을 주지만, 고대 그리스에서 포토스는 의욕을 돋우는 힘으로 받아들여졌다. 젊은 시절의 알렉산더 대왕은 강둑에 앉아 먼 곳을 응시하며 스스로 "포토스에 사로잡혔다"고 말했고,[22] 호메로스의 《오디세이》에서도 배가 난파되며 오디세우스가 고향을 갈망하면서 이야기가 활기를 띠게 되는 계기도 포토스였다.[23]

작가인 C. S. 루이스는 갈망을 뭔지 모르는 것에 대한 "슬픔을 가눌 수 없는 갈망" 즉, 젠주흐트sehnsucht라고 일컬었다.[24] 다스 제넨das

Sehnen('갈망')과 주흐트sucht('집착이나 중독')라는 단어에서 따온 독일어 용어인, 젠주흐트는 루이스의 삶과 작품 활동에 생기를 불어넣은 힘이었다. "이름 붙일 수 없는 어떤 것이자, 모닥불 타는 내음, 머리 위로 날아가는 청둥오리 떼 소리, 《세상 끝의 우물The Well at the World's End》이라는 책 제목, '쿠블라 칸Kubla Khan'의 첫 시 구절, 늦여름 아침의 거미집, 내리치는 파도 소리 같은 것에 마주하는 순간 검처럼 날카롭게 찔러오는 열망"이었다.[25] 루이스가 이런 열망을 처음 느낀 것은 어린 소년이었을 때였다. 형이 오래된 비스킷 깡통에 이끼와 꽃을 심은 소꿉장난용 정원을 가져왔을 때, 순간 루이스는 기쁨의 고통에 압도되었다. 어떻게 설명할 수 없는 감정을 느낀 후 루이스는 남은 평생토록 그 느낌을 말로 표현하고, 그 근원을 찾고, 경이로운 그 "찌르는 듯 날카로운 기쁨"[26]에 자신처럼 친숙한 동류의 사람들을 찾으려 힘썼다.

이런 갈망을 우주의 미스터리에 대한 답으로 표현하는 이들도 있다. 한 예로 예술가인 피터 루시아는 젠주흐트에 대해 이렇게 썼다. "나는 삶·사랑·죽음·택하거나 택하지 않은 인생 행로의 비밀, 즉 우주의 비밀이 가슴 저미도록 아름다운 기운 속에 어떤 식으로든 어우러져 있다고 느낀다."[27] 내가 좋아하는 뮤지션 레너드 코헨도 자신이 좋아하는 시인 가르시아 로르카를 통해 가르침을 얻어 자신이 "이 마음 아픈 우주의 한가운데에 존재하는 마음 아픈 피조물인 점을 생각하며 그 아픔이 괜찮았다. 괜찮기만 한 게 아니라 그 아픔이 해와 달을 품을 방식이기도" 함을 깨달았다.[28]

프란체스카와 《내셔널 지오그래픽》 사진작가의 이야기에도 나타나 있듯, 갈망은 곧잘 육체적 사랑의 형태로 모습을 드러낸다. 소설가 마크 멀리스는 거부할 수 없는 누군가를 만나 생기는 이런 수수께끼 같은 고통을 다음과 같이 묘사했다.

혹시 아는가? 때때로 어떤 남자를 만나 자신이 정말 그 사람과 자고 싶은 건지, 혹은 정말 울고 싶은 건지 혼란스러워질 때의 심정을? 그 사람을 가질 수 없어서가 아니라, 가질 수 있을지도 모른다는 생각 때문에 혼란스럽다. 하지만 이내 그 사람에게서 그 사람을 갖는 것 이상의 뭔가를 느끼게 된다. 거위의 배를 갈라 황금알을 얻을 수 없는 것처럼, 잠자리를 갖는 것으로는 이를 수 없는 그 뭔가를. 그래서 울고 싶어진다. 어린아이 같은 울음이 아니라 고향이 생각나는 망명자 같은 울음을. 피로스를 처음 봤을 때 레우콘의 마음이 꼭 그랬다. 우리가 있었어야 할 또 다른 곳, 우리가 태어나기 전에 추방된 그 물가를 얼핏 본 듯했다.[29]

갈망은 최고의 뮤즈이기도 하다. 다음은 작곡가이자 시인인 닉 케이브의 말이다. "내 예술 생활의 구심점은 열망, 아니 더 정확히 말해 내 뼈 사이로 휘파람을 불고 내 핏속을 타고 흥얼거려온 상실과 갈망의 감정을 분명하게 표현해 내고픈 욕망이다."[30] 피아니스트이자 가수인 니나 시몬은 정의와 사랑에 대한 갈망으로 가득 채워진 음악을 노래해 '소울의 대사제High Priestess of Soul'로 불렸다. 스페인어에서는 이런 갈망을 '두엔데duende'라는 말로 칭하는데, 플라멩코 춤을 비롯한 그 외의 정열적 예술의 중심에 있는 것이 바로 이 갈망적이고 강렬한 두엔데다. 포르투갈어에는 '사우다드saudade'라는 개념이 있다. 대체로 음악적 표현으로 쓰이며, 오래전에 사라지고 어쩌면 애초부터 존재하지 않았을 수도 있는 아주 소중한 어떤 것에 대한, 달콤하게 가슴을 찔러오는 향수를 뜻한다.[31] 힌두교에는 대체로 사랑하는 사람과의 이별의 고통을 뜻하는 '비라하viraha'가 있으며, 비라하를 모든 시와 음악의 원천이라고 여긴다. 힌두교 전설에 따르면 세계 최초의 시인 발미키는 사랑을 나눠왔던 수컷 짝이 사냥꾼에게 죽임을 당해 슬퍼하는 새를 본 후 감명을 받아 시를 지었다고도 한다.[32] 힌두교의 영적 지도자 스리 스리 라비 샹카르는 이렇게 썼다. "갈망은 그 자체로 신성하다. 세속적인 것에 대한 갈망은 사람을 무력하게 만들지만 무한성에 대한 갈망은 생명을 가득 불어넣어 준다. 갈망의 고통을 견디고 나아갈 줄 알아야 한다. 진정한 갈망은 희열을 분출시켜 준다."[33]

이 모든 전통의 핵심에는 이별의 고통과 재결합에 대한 갈망이 있고, 때때로 초월적인 재결합을 이루는 것에 대한 갈망 또한 있다. 하지만 정확히 무엇과의 이별일까? 플라톤 학파의 전통에서 암시하는 바에 따르면 소울메이트와의 이별이며, 이 소울메이트 찾기가 삶의 최대 과제 중 하나다. 또 정신분석학의 관점에서 보면 자궁과의 이별이다. 대체로 치유하기 위해 몸부림치는 과거의 상처나 트라우마 때문에 뱃속에서의 안락함과의 이별에 고통스러워하는 것으로 본다. 아니,

어쩌면 이 모든 것은 단지 신성과의 이별에 대한 비유적 표현이거나 다른 식의 표현일지도. 이별, 갈망, 재결합은 대다수 종교의 고동치는 심장이다. 우리는 에덴을, 시온을, 메카를 갈망한다. 또 수피교도들이 신을 부르는 아름다운 호칭대로, 사랑받는 이를 갈망하기도 한다(수피교에서는 신을 사랑받는 이로, 인간을 사랑하는 이로 생각함-옮긴이).

## 수피교에서 말하는 갈망은 고통이자 치유다

———

내가 소중한 친구 타라를 만난 것은, 타라가 의미와 초월성을 주제로 진행한 강연에 참석했을 때였다. 토론토의 수피교 예배당에서 자란 타라는 목소리가 종소리처럼 맑고, 눈꼬리는 쳐졌지만 다정한 눈빛이 어려 있었다. 이탈리아의 많은 화가들은 성모 마리아를 그릴 때 공감력을 표현하기 위해 그녀와 같은 눈을 모델로 삼았다.[34] 타라의 눈을 보고 나는 첫눈에 친구로서의 사랑에 빠졌다.

　당시까지만 해도 나는 수피교에 대해 잘 몰랐다. 이슬람교의 신비주의적 교파라는 점만 막연히 알았을 뿐이다. 그날 저녁 연단에 선 타라는 자신이 예배당에서 자란 얘기를 들려주었다. 명상도 하고, 이야기를 나누기 위해 일주일에 두 번씩 찾아오던 나이 지긋한 연장자들에게 페르시아 차를 대접한 일 등을 얘기했다. 그곳에서 사랑의 행동을 통해 봉사도 펼쳤다고 했다. 이후, 타라와 타라의 부모님은 토론토를 떠나 성공과 긍정의 땅, 미국으로 이주했다. 타라는 처음엔 이 새로운 세계를 포용했다. 대학에서 이런저런 동아리에서 회장과 편집장 역할을 맡았고, 만점 학점, 커리어, 남자친구, 아파트에 목말라했다. 하지만 매일의 삶에서 수피교가 없어지자, 닻을 올리고 평생 의미를 찾아 여정을 떠돌게 될 기분이 들기 시작했다.

타라는 작은 강당에서 강연을 가졌고 강연 후엔 와인, 전채 요리, 대화의 시간이 이어졌다. 나는 백발의 턱수염을 기른 타라의 아버지 에드워드에게 이디시어로 크벨링kvelling이 무슨 말인지 아느냐고 물었다. 그리고 타라의 아버지는 "사랑하는 이, 특히 자식에 대한 자부심과 기쁨이 울컥 솟는 것"을 뜻한다고 알려주었다. 그날은 타라의 생애 첫 번째 강연이었던 터라 내 딴엔 아버지로서 새로운 일을 펼치는 딸에게 그런 감정이 들 것 같아 꺼낸 말이었다. 그래서 '맞아요. 정말 그래요'라는 말을 듣게 될 줄로 기대했다. 하지만 내 기대와는 달리, 즐거운 경험이긴 했지만 멜랑꼴리한 경험이기도 했다는 대답이 돌아왔다. "내 보호를 받던 딸애가 내 품을 떠나가는 기분이에요. 이제 딸에게 이야기를 들려주는 사람이 내가 아니라는 생각이 드네요. 이제는 딸아이가 나에게, 그리고 모든 청중에게 이야기를 들려주겠지요."

나는 자식이 둥지를 떠난 쓸쓸함에 대해 선뜻, 솔직하게 털어놓는 점과 이런 갈망을 숨기려 하지 않는 점에 감명받았다. 사실, 우리가 칵테일을 마시며 그런 감정을 털어놓는 경우는 정말 드물지 않은가. 하지만 에드워드에게선 그런 심정을 털어놓아도 될 것처럼 느껴지는 뭔가가 있었다. 심지어 방금 알게 된 사람조차 그런 느낌을 갖게 했다. 나 역시 그랬다.

"갈망은 수피교의 생명이에요." 에드워드가 얼굴이 환해지며 탄성조로 말했다. "모든 수행이 갈망에 바탕을 두고 있어요. 결합을 갈망하고, 신을 갈망하고, 근원을 갈망해요. 귀향을 원하면서 명상을 하고, 자애를 실천하고, 다른 사람들을 위해 봉사하지요." 에드워드는 가장 유명한 수피교 시인인 13세기의 학자 잘랄 앗 딘 루미의 시에서도 온통 갈망을 노래하고 있다고 말해주었다. 이 시는 이렇게 시작된다. "갈대가 들려주는 이별의 이야기에 귀 기울여 보세요. (중략) 근원으로부터 끌려나온 이는 누구나 돌아가길 갈망하나니."[35]

에드워드는 토론토의 수피교 집회에서 타라의 어머니 아프라를 만난 이야기도 들려주었다. 당시에 그는 미국 태생의 별 신앙심 없던 사람이었다가 우연히 루미의 시를 접하게 되었던 터였고, 아프라는 이란에서 이슬람교도로 자랐으나, 19살에 캐나다로 이주 와서야 처음으로 수피교를 접하게 되었다. 아프라는 집회장에 들어와 에드워드 옆에 앉았고 에드워드는 바로 알았다. 자신이 아프라와 결혼하리라는 것을. 하지만 아프라는 토론토에 살았고 에드워드는 시카고에 살았다. 둘은 작별 인사를 나눌 때, 에드워드가 아프라에게 집에 가면 자신이 좋아하는 루미의 영어 번역본 시를 보내주겠다고 말했다. 그러다 어느 순간부터 매주 토론토를 찾아왔고 마침내 그녀의 2살배기 딸, 타라를 만나게 되고 어느새 사랑하게도 되었다.

"그때만큼 간절한 갈망은 느껴본 적이 없어요. 시카고에 있을 때 종종 토론토 쪽을 멍하니 바라보곤 했어요. 두 사람을 보러 가려고 자주 기차에 오르기도 했어요. 작별의 말을 하기가 너무 힘들어져서 기차를 이용하는 것도 그만둬야 했어요. 직접 차를 몰고 갔어요. 시간을 맞춰야 하는 기차는 너무 고통스러웠어요. 너무 어마어마해서 끝이 어디인지도 모르는 것, 나에겐 그게 갈망이었어요. 고향은 어떤 장소가 아니에요. 고향은 갈망이 있는 방향이에요. 거기에 이르기 전까진 만족감을 느끼지 못하는. 결국, 갈망은 하나의 거대한 동경이에요. 수피교에서는 그런 갈망이 곧 고통이고, 또 치유예요."

이듬해 5월, 두 사람은 결혼했고 에드워드는 타라를 입양했다. 2년 후, 에드워드와 아프라는 함께 예배당을 운영했고, 타라는 봉사와 사랑의 분위기 속에서 자랐다. 이후 자신이 이런 봉사와 사랑의 분위기를 평생토록 되찾으려 애쓰게 될 줄은 모른 채로 말이다.

이 대화를 나누던 당시의 나는 언제나처럼 불가지론자였을 뿐만 아니라 이 책의 집필에 깊이 몰두하고 있던 때였는데, 내 안에서 뭔가가 열리고 있었다. 종교적 충동이 뭔지를, 머리로만이 아니라 본능적으로도 차츰 깨달았다. 일생토록 취해온 무시적 태도를 잃어갔다. 단조의 음악에 대해 가졌던 강렬하고 전환적인 반응이 초월성에 대한 이해였음을 깨달았다. 의식의 변화를 맞은 셈이었다. 엄밀히 말하자면, 신 아니면 적어도 고대 서적에 나오는 특정 신을 믿게 된 것은 아니었으나 영적 본능이 활기를 띠게 되었다.

음악이 이런 본능의 여러 표출 중 하나임도, 예를 들어 에드워드가 아프라를 만났던 순간에도 이런 본능이 표출되었음도 차츰 인지했다. 음악은 우리가 갈망하는 것의 표출이지만 우리가 갈망하는 '그것'은 대체 뭘까? '1/2'이나 '0.5'나 '절반' 중 어떤 표현을 써도 이 셋은 모두 같은 것을 나타내는데, 같은 그것이 대체 뭘까? 이 분수, 소수, 낱말은 그런 식으로 표현된 후에도 여전히 말로 표현할 수 없는 수학 개념의 진수를 가리킨다. 우리가 꽃병에 꽂는 모든 꽃, 미술관에 걸리는 모든 그림, 슬픈 눈물을 흘리게 하는 모든 무덤을 전부 묘사하기는 어렵지만 경이로운 어떤 것의 표현이다.

타라와 타라의 부모님을 만나고 얼마 지나지 않아서부터 평생 동안 친숙히 느껴왔던 내 달콤한 슬픔의 감정은 점점 강해졌다. 어느 날 저녁, 나는 구글에서 '갈망'과 '수피교'라는 단어를 검색해봤다. 검색 결과, 유튜브 동영상 하나가 눈에 띄었다. 버마의 여러 사원, 시드니의 스카이라인, 브라질의 빈민가, 하얗게 분칠한 뺨 위로 한 줄기 눈물을 흘리는 일본의 게이샤를 배경으로 르웰린 본 리Llewellyn Vaughan-Lee 박사라는 수피교 스승의 경쾌한 웨일스 억양의 목소리가 나오는 동영상이었다. '이별의 고통'이라는 제목의 이 동영상에서 본 리(혹은 내가 그를 부르는 식대로 LVL)는 갈망에 대해 얘기했다.[36] "이제는 고향으로 돌아갈 때입니다. 당신이 속해 있는 곳으로 돌아갈 때입니다. 진정한 당신을 발견할 때입니다."

수피교는 전 세계에서 다양한 형태로 수행되고 있고, 따르는 신자들의 부류도 다양한데, 그중 상당수가 이슬람교도지만 이슬람교도가 아닌 이들도 있다. 모든 종교에는 신비주의 교파가 있다. 어느 종교나 전통적 의식과 교리에서 벗어나 신과의 직접적이고 강렬한 교감을 추구하는 이들이 있다는 얘기다. 보수적인 종교 지도자들은 때때로 이런 신비주의자들을 얼빠진 사람이나 이단자로, 혹은 그 둘 다로 여기며 무시한다. 그런데 혹시 종교 기관과 수장들을 건너뛰고 곧장 신에게 다가가려는 누군가 때문에 자신들의 밥줄이 끊길까 봐 겁내는 것은 아닐까? 2016년 이후로 IS에서 수많은 수피교 신자들을 대량 학살해온 사례도 있지 않은가?[37]

다행히 미국이 주 활동 무대인 LVL 같은 대다수 신비주의자들은 누구의 방해도 받지 않고 수행 중인 터라 나는 바로 인터넷을 전부 뒤져 그에 대해 찾아봤다. 그중엔 오프라 윈프리와의 인터뷰 동영상도 있었다. 그가 오프라에게 우리는 사랑받는 이를 갈망하지만 사랑받는 이도 우리를 갈망한다고 말하자, 오프라는 인정하는 마음에 당장이라도 의자에서 벌떡 일어나고 싶은 듯한 표정이었다.[38] 몇 년 후인 2016년에는 '이별과 결합'을 주제로 한 강연에서 세상에 영적 암흑시대가 도래할 것이라고 경고하기도 했다. 어느 때든 그의 말투에서는 주목받고 싶은 열망이 조금도 배어 있지 않았다. 시기에 구애받지 않고 언제나처럼 흰색 옷을 입고 나왔다. 잘생겼지만 잘난 척하는 기색이 느껴지지 않는 얼굴에 동그란 철테 안경을 끼고 나와 부드러운 목소리로 마음의 고통을 얘기했다. 사랑을 얘기했다. 다음과 같은 글을 쓰기도 했다.

"갈망은 신에 속함으로써 비롯되는 달콤한 고통이다. 일단 마음속에서 갈망이 깨어나면 그 갈망이 고향으로 돌아가는 가장 직접적인 방법이다. 그런 갈망이 자석처럼 우리를 자신의 마음속 깊숙이 끌어당겨 온전하게 해주고 전환을 맞게 해준다. 수피교 신비주의자들이 줄곧 갈망의 중요성을 강조해온 이유가 여기에 있다. 위대한 수피교도 이븐 아라비는 '오 주여, 저에게 사랑이 아니라 사랑의 열망을 키워주소서'라고 기도했고, 루미도 '물을 구하지 말고 목말라 하라'는 간결한 표현 속에 같은 진리를 담아낸 바 있다."[39]

그는 이별의 고통을 심리적 사건이라기보다는 영적인 열림으로 새롭게 제시하기도 했다. "고통과 심리적 상처의 길을 따라가면 원천적 고통인, 이별의 고통에 이르기 마련이다. 우리는 이 세상에 태어나(중략) 천국에서 추방됨으로써 이런 이별의 상처를 갖고 있다. 하지만 그 고통을 포용한다면, 우리의 내면 깊숙이 인도되길 허용한다면 그 어떤 심리적 치유보다 더 깊은 내면으로 이끌려 들어가게 된다."

그는 황홀한 무아경의 시 세계를 남기고 떠난 인물이자[40] 현재 미국에서 베스트셀러 시인인[41] 루미의 말을 자주 인용한다(일각에서는, 정확히 말해 루미의 시가 가장 인기 있는 영어 번역본 시라고 해야 맞다고 반박하기도 한다). 루미는 벗이자 스승인 타브리즈의 샴스 알 딘을 깊이 경애했던 것으로 유명하다. 샴스가 실종되었을 때는 슬픔에 겨워 삶이 망가지기 직전까지 갔다(샴스는 루미의 시샘 많은 제자들에게 살해당했을 가능성도 제기되고 있다). 하지만 마음이 깨어져 열리면서 그의 안에서 시가 쏟아져 나왔다. 그리고 이 모든 시로부터(아니, 사실상 수피교의 모든 것, 세계의 모든 신비주의 전통으로부터)* "갈망은 신비주의의 중심이며 갈망 자체가 치유를 가져다준다"[44]는 중요한 통찰이 나왔다.

루미의 시 중에서도 불가지론자이자 의심 많은 내 자아에 특히 큰 울림을 일으킨 시는 '사랑의 개들Love Dogs'이다. 어떤 남자가 알라를 외쳐 부르고 있는데 이를 지켜보던 어느 냉소적인 사람이 뭐하고 있느냐고 묻는다. "내가 쭉 듣고 있었는데 그렇게 불러도 아무런 응답도 받지 못하고 있지 않소?"[45]

남자는 그 말에 마음이 동요되고 만다. 그러다 잠이 들고 꿈속에서 영혼의 인도자 키드르를 만난다. 키드르는 왜 기도를 멈추었느냐고 묻는다. 남자가 답한다. "대답이 오지 않아서 그만두었습니다." 어쩌면 그에겐 그것이 시간 낭비 같고, 허공에 대고 외치는 기분이 들었을지 모른다. 하지만 키드르는 다음과 같이 일러준다.

그대를 표현하는 이런 갈망이
바로 응답의 메시지니라.


그대가 울부짖게 하는 그 슬픔이
그대를 합일로 끌어당겨준다.


도움을 원하는

---

\* 신비주의의 핵심에는 신의 부재가 신앙심의 시험이라기보다 오히려 신으로부터의 사랑에 이르는 길이라는 개념이 있다. 갈망은 갈망하는 그것으로 더 가까이 데려다주는 것이다. 16세기의 기독교 신비주의자 아빌라의 성 테레사는 신이 "영혼에 상처를 입히"지만 "영혼은 이 아름다운 상처를 입고 죽기를 갈망한다"고 여겼다.[42] 16세기의 힌두교 신비주의자 미라바이는 시에서 "답장을 보내주지 않음"에도 불구하고 "[그녀의] 사랑받는 이, 크리슈나님께 보내는 편지"에 대해 읊었다.[43] 현대의 신비주의자 조지 해리슨도 그의 상징적 노래 '나의 사랑하는 주님'으로 다음과 같이 갈망에 대해 썼다. "정말 당신을 보고 싶어요/정말 당신과 함께 있고 싶어요/정말로 보고 싶어요, 주님/하지만 시간이 너무 오래 걸립니다, 주여."

그대의 순결한 슬픔이

비밀의 컵이다.


주인을 찾아 낑낑거리는 개의 신음소리를 가만히 들어보거라.

그 신음소리가 바로 연결됨이니라.

아무도 그 이름을 모르는

사랑의 개들이 있다.


그대의 삶을 바쳐

그중 하나가 되어라.


　나는 냉소적인 사람만이 아니라 꿈속에서 키드르를 만나는 남자에게서도 나 자신을 봤다. 이 시가 나에게 아주 심오한 메시지를 건네주고 있다면 LVL도 그래주지 않을까 하는 생각이 들었다. 그를 직접 만나보고 싶었다. 내가 절실히 풀고 싶은 의문점들을 그러면 답해줄 수 있을 것도 같았다. 그동안 나는 수피교만이 아니라 불교에 대한 글도 읽었는데 불교의 가르침 가운데 상당수는 갈망이 영적으로 가치 있다는 수피교의 개념과 모순되는 것 같았다. 불교는 삶이 곧 고통이라는 견해에서부터 시작한다(여기에서는 산스크리트어 '두카'를 어떻게 해석하느냐에 따라, 고통이 아닌 불만족으로 볼 수도 있다). 고통의 원인은 열망에 대한 집착과 (상처 입은 감정, 불편함, 고통 등에 대한) 회피다. 자유(즉, 열반)[46]는 마음 챙김과 자애 명상 같은 수행의 보조를 받아 집착을 끝내는 과정을 통해 얻어진다. 이런 비집착적 이상에서는 갈망이 아주 문제가 있는 상태다. 한 불교 웹사이트의 게시 문구처럼 "불교의 가르침에 따라 많은 수련을 쌓으면 대체로 갈망이 비생산적인 마음 상태임을 알게 되어 뭐든 실질적으로 존재하는 것으로 마음이 옮겨가게 된다"[47]고 여긴다.

이런 관점을 수피교의 시와 어떻게 양립시키지? 루미와 부처는 서로 상반되는 가르침을 펼친 것이었을까? 수피교의 갈망longing이 불교에서 열망craving이라고 말하는 것과는 달랐던 것일까? 나는 수피교나 불교의 전통 모두를 가볍게 배워보려는 입장이었지만 도저히 이런 의문은 가볍게 넘길 수가 없었다.

알아보니 LVL은 골든 수피 센터Golden Sufi Center라는 단체를 운영하고 있었고 당시에는 캘리포니아주 벌링게임에서 '영혼의 여정 Journey of the Soul'이라는 묵상회를 진행 중이었다. 얼마 후 나는 그곳으로 가는 비행편을 예약했다.

## 다시 보는 《매디슨 카운티의 다리》 속 갈망

넓이가 157,827제곱미터에 이르는 피정의 집은 가톨릭교 수도회인 자비의 수녀회Sisters of Mercy의 보금자리로, 스테인드글라스 유리창, 수수한 색채로 그려진 예수와 성모 마리아의 그림이 운치를 더해주었다. 나는 수녀 생활에 맞추어 꾸며진, 좁은 직사각형의 개인실에서 묵었다. 먼지 한 톨 없이 깔끔했지만, 좀 갑갑한 감이 들었다. 방 안을 둘러보니 실용적인 회색 카펫, 목재 책상, 아무 장식도 없는 민자 벽에 달린 시설용 세면대가 보였다. 나는 비행기를 타고 오면서 입었던 옷을 갈아입고 싶었지만 가방 안의 옷이 모두 구겨진 상태였고 작디작은 벽장에는 다리미도 없었다. 일단 여름용 원피스를 입고 나서 구김이 사람들 앞에 입고 나가기에 민망할 정도로 심한지 보기로 했다. 방 안엔 내 차의 백미러 크기밖에 안 되는 거울뿐이었고 그나마도 세면대 위쪽으로 높이 달려 있었다. 스툴에 올라서서 보면 좀 제대로 볼 수 있으려나? 하지만 올라서고 나서야 스툴이 흔들림이 심한 걸 알았고 그 바람에 바닥으로 세게 내동댕이쳐져 거친 카펫 위에 큰 대자로 뻗어버렸다. 하는 수 없이 거울 보기를 포기하고 주름진 원피스를 그냥 입고 나가기로 했다.

나는 300여 명의 사람들이 다 같이 모이는 널찍하고 바람 잘 통하는 강당으로 나갔다. 일찍 온다고 왔는데도 빈자리가 별로 없었다. 할인 항공권의 좌석처럼 빽빽한 간격으로 줄줄이 늘어진 의자 중 두 여성 사이의 자리가 비어 있어 그리로 비집고 들어가 앉았다. 너무 바짝 붙어 앉아 있다 보니 서로 닿지 않거나 연단을 제대로 보는 것은 고사하고 가만히 앉아 있기조차 힘들었다. 아래쪽 바닥에 수수하게 꾸며진 연단에 앉아 있는 LVL이 보였고 그의 주위로 일본 스타일의 병풍과 꽃병이 에워싸고 있었다. 대부분의 사람이 눈을 감은 채 앉아 있었고 묵상회가 시작되려면 15분이 더 남아 있었는데도 누구 하나 말을 하는 사람이 없었다.

하지만 LVL은 눈을 뜨고 있었다. 안락의자에 앉아 평온한 눈빛으로 우리를 지켜보며 희끗희끗한 턱수염을 어루만지고 있었다. 그는 내가 찾아서 본 모든 동영상 속의 모습 그대로였다. 흰색 옷차림도, 동그란 철테 안경도, 얼굴 표정에서 지성이 잔잔히 흘러나오는 것도 동영상 속 모습과 똑같았다.

마침내 LVL이 입을 열어 여러 가지 얘기를 들려주었지만 수피교에서 말하는 '여정journey'이라는 것을 특히 비중 있게 다루었다. 그는 여정은 자신이 가장 깊은 관심을 기울이는 부분이며 그것은 3가지 유형으로 나뉜다고 했다. 첫 번째 여정은 신으로부터 떨어지는 여정이다. 말하자면 애초에 신과의 합일을 가졌던 적이 있었다는 것을 잊어버리는 여정이다(내 생각엔, 아무래도 최근까지 내가 이 여정에 머물러 있었던 것 같다). 두 번째 여정은 기억의 여정이다. 은혜로운 순간에 이르면 "여러분은 빛을 찾기 시작합니다. 기도와 도움이 되어줄 만한 수행을 찾습니다. 서양에서는 이것을 영성 생활이라고 부르죠. 영혼과의 연결을 도와주기 위한 여러 가지 수행법이 동양에서 서양으로 전해지기도 했고요. 인간은 누구나 자신에게 맞는 기도 방법과 찬미 방법을 가지고 있어요. 그러니 여러분은 영적 스승을 찾아야 해요." 마지막 세 번째 여정은 "신의 신비로움 안으로 더 깊이깊이" 들어가는 신 안으로의 여행이다.

LVL에 따르면 이런 여정을 가기 위해서는 에너지나 힘의 원천이 필요한데, 자신이 가진 힘만으론 부족하다. 그래서 도교에서는 '기'를 키우도록 권한다. 이 '기'란, 생명력 혹은 도교의 도에 따른 우주의 원초적 에너지와 불교에서의 순수의식의 에너지다. 또 수피교는 "가장 위대한 창조의 힘"[48]인 사랑의 에너지를 이용한다.

LVL이 사랑에 대해 얘기할 때, 나는 활발하고 유능하고 실용적인 사람 같다는 인상을 받았던 아프라가 떠올랐다. 그녀는 이란에서 자라 모든 창조가 사랑과 관련되어 있다는 수피교 개념에 친숙했으나, 예전까지만 해도 수피교 수행이 여전히 적극적으로 수행되고 있다는 사실을 몰랐다고 한다. 사랑과 갈망을 노래한 위대한 수피교 시인들을 거론하며 꿈을 꾸는 듯한 목소리로 나에게 이렇게 말하기도 했다. "예전엔 루미와 하피즈(페르시아 최고의 서정 시인-옮긴이)가 했던 체험을 나도 해봤으면 싶었어요. 두 사람은 정말 운이 좋은 사람들이라고 생각했었죠. 두 사람은 그 시대에 태어났지만 나는 그 시대를 살 방법이 없다는 생각에서요."

이 말은 천성적으로 구루(힌두교·시크교의 스승이나 지도자 - 옮긴이)들을 경계하는 나를 그곳으로 끌어당기는 데 어느 정도 한몫했다. LVL은 때때로 자신의 스승 이리나 트위디를 섬기는 말을 하기도 했는데 "제자는 스승의 발치에 있는 먼지보다 못한 존재가 되어야 한다"고 말한 어느 수피교도[49]가 생각나기도 했다. 확신컨대 제자가 에고를 소멸시키는 중요한 영적 과제를 잘 이루어 내도록 이끌어주는 스승의 역할을 높게 기리는 취지에서 그렇게 말한 것이었을 테지만, 오류를 범하기 쉬운 같은 인간에게 권한을 넘겨준다는 개념을 나는 좋아하지 않는다.

그럼에도 여러 동영상을 보면서 나는 LVL에게 이런 스승으로서의 애정을 느꼈다. 그가 인터넷을 통해 전달될 수 없다고 말했지만 나는 분명히 느꼈다. 그래서 그때 그를 내 스승으로 섬길 수도 있지 않을까 하는 생각이 들기 시작했다. 내가 구루 혐오증을 넘어설 수 있지 않을까? 일 때문에 베이 에리어 지역에 가게 되면 골든 수피 센터에 방문할 수도 있지 않을까? 그런데 여전히 이런 생각을 이어가고 있던 순간, LVL은 어조나 표정에 아무 변화도 없이 폭탄 발언을 했다. 정말로 다른 얘기를 할 때와 똑같이 사색적인 어조로 이제 30년을 가르치고 났더니 너무 피곤해 더는 가르침을 이어가지 못하겠고, 나는 할 일을 마쳤으니 여기까지가 끝이라고 말했다. 그는 한쪽 다리를 접어 다른 한쪽 다리 밑으로 넣으며 설명을 이어갔다. 대다수 수피교 스승들은 30명이나 40명의 영혼을 가르치면서 15년이나 20년 정도 지도를 맡는데 자신은 그보다 더 하고 싶었고 결국 그때까지 800명을 맡았다고 덧붙였다.

"나의 일은 수피교도들에게 수천 년 동안 전해져온 신성한 변화의 비밀을 전하는 것이었어요. 몇 십 년 전만 해도 북미 지역에서 이런 사랑의 스승들이 활동한 적이 없었죠. 그래서 나는 힘닿는 한 최대한 오래 하려고 애썼어요. 하지만 이제 나는 예전의 내가 아닙니다. 에너지가 소진되고 지쳐버린 상태예요. 여러분 앞의 나는 이제 쇠락 중인 스승입니다. 나는 15년간 스승님의 제자가 되어 내실을 다졌지만 이제는 그것을 다 써버렸어요. 내가 문을 열어준 모든 이들이 영혼의 여정을 완수하는 데 필요한 것을 갖추었으리라고 확신하고 싶습니다. 그것이 내가 다짐한 서약이었으니까요. 어쨌든 나는 여러분에게 필요한 것을 주었어요. 이제 그것을 쓰세요. 삶에서 실천하세요."

그 자리에는 수년 동안 LVL을 따르던 이들이 많았던 터라 여기저기에서 질문이 마구 쏟아졌다. 예전에 이 길에 끝은 없다고 말씀해주셨잖아요. 스승님이 떠나신다면 그 말은 무슨 의미가 되는 건가요?

"내가 장담하는데 앞으로도 여전히 나와 여러분은 연결되어 있을 겁니다. 앞으로도 내가 여전히 여러분을 사랑할까요? 사랑하고말고요! 나는 언제나 여러분을 사랑해 왔어요! 내가 여전히 빅 대디Big Daddy일까요? 그건 아니에요."

어떤 사람은 차분하게, 또 어떤 사람은 패닉 직전의 상태를 내보이며 질문들을 계속 쏟아냈다. LVL은 끈기 있게 대답을 잘 해주다가 갑자기 특유의 미세한 감정 폭발을 드러내며 외쳤다. "이 노인에게 혼자만의 시간을 좀 주세요! 이 영적 길은 현존하는 가장 내향적인 길입니다. 혼자만의 시간을 가지면 뭔가가 열릴 거예요. 나에게 그런 시간을 주면 정말 고맙겠어요. 여러분이 이렇게 달려들면 나는 나를 보호하기 위해 방벽과 벽을 세우고 자비의 천사를 부르고 싶어질 겁니다."

그는 그렇게 오전 모임을 마쳤고 찬찬히 보니 그는 내가 생각했던 것보다 더 늙어 보였다. 좀 더 땅딸막하고 용모도 좀 더 처져보였다. 나는 그 자리에 모인 사람들의 슬픔에 동화된 데다, LVL을 이제 막 알았는데 그렇게 잃는다는 생각에 나 자신의 슬픔까지 섞여 뒤숭숭했다. 나와 그와의 관계는 온라인상으로 친숙해진 일방적인 관계였지만 나에겐 그 익숙하고 달콤쌉쌀한 이별의 고통이 밀려왔다. 그에게는 정말로 순수한 사랑의 상태를 접하게 도와줄 수 있을 것 같은 존재감이 있었다. 어쩌면 나의 스승이 되었을 수도 있었을 텐데 내가 너무 늦은 세대로 태어난 것 같아 아쉬웠다.

　점심을 먹으면서 LVL의 제자 여러 명과 잡담을 나누었다. 그중엔 그가 떠날 줄 이미 알고 있었던 이들도 있고, 그럴 줄은 생각도 못하고 있다 충격을 받은 이들도 있었다. 그래도 하나같이 그를 '대단한 인물'로 평했다. 사람들의 말로는, 추문과 불명예스러운 일에 휘말리는 수많은 영적 스승과는 달리 LVL은 큰돈을 벌지도, 젊은 여자들을 추근대지도 않으면서 아내 아낫에게 충실했다. 그럴 만한 카리스마가 있는데도 유명해지지 않았다고도 말했다. 나도 우연히 그의 동영상을 처음 보게 되었을 때, 부드러운 목소리로 사람을 자석처럼 끌어당기는 사람치고는 별로 크게 알려지지 않은 편이라는 점에 의아했었다. 그런데 이제는 알 것 같았다. 무려 800명의 사람들, 다시 말해 800명의 영혼을 맡아 돌보고 있었으니 그럴 만도 하다 싶었다. 이제는 휴식을 가져야 마땅했다. 그래서 결국 그를 만나보려던 마음을 접었다.

　하지만 그 프로그램의 막바지 때 그가 질의응답 시간을 주었고 나는 그 기회로 일어나서 수피교와 불교에서 갈망이 어떤 차이가 있는지에 대해 물었다. 애초에 이곳에 오게 된 계기도 갈망에 대해 얘기한 그의 동영상이었다는 말도 덧붙였다. 그는 나를 보며 얼굴 표정에 흥미로움과 함께 (적어도 내 맘대로의 상상으로는) 친근감을 드러냈다. 그가 설명했다.

　"갈망은 열망과는 달라요. 갈망은 영혼의 열망이에요. 고향으로 돌아가고 싶어 하는 거예요. 우리 문화에서는 그것을 우울증으로 혼동하는데 그렇지 않아요. 수피교에는 이런 말이 있어요. '수피교는 처음엔 마음의 고통이었다. 시간이 지나고 나서야 글로 다룰 만한 존재가 되었다.'"

그의 답변은 내가 그의 강연과 글을 통해 조금씩 주워 담았던 깨우침에 확신을 주었다. 내가 특히 좋아하는 글귀 중 하나에서, 그는 갈망이 불건전한 열망이 아니라 사랑의 여성적 표현이라고 말한 바 있다. "창조된 모든 만물이 그렇듯 사랑에도 이중성이 있다. 긍정성과 부정성, 남성성과 여성성이 있다. 사랑의 남성적인 면이 '나는 당신을 사랑해'의 식이라면 여성적인 면은 '나는 당신을 기다려요. 당신을 갈망해요'식이다. 신비주의자들에겐 우리를 다시 신에게로 데려다주는 것이 사랑의 여성적인 면이다. 갈망이다. 채워지길 기다리는 컵이다. (중략) 우리 문화가 오랜 세월에 걸쳐 여성성을 외면한 탓에 우리는 갈망의 힘과 단절되어 있다. 많은 사람들이 이로 인한 마음의 고통을 느끼면서도 갈망의 가치를 모르고 있다. 갈망이 자신의 가장 깊은 곳에 내재된 사랑의 연결고리라는 것을 모른다."

그리고 질의응답 때 나에게 이렇게 말해주었다. "갈망에 사로잡히면 그 갈망을 따르세요. 그러면 틀리지 않을 거예요. 신에게 다가가려면 영혼의 달콤한 슬픔과 함께 가세요."


그렇다면 수백만 명의 사람들이 《매디슨 카운티의 다리》에 나오는 프란체스카와 사진작가의 이야기에 깊은 공감을 느꼈던 것은 어떻게 해석해야 할까?

당신은 자신의 연애사에서 이런 갈망이 일어나는 걸 느낀다면 뭔가 잘못된 것이라고 생각할 것이다. 그리고 잘못된 것일 수도, 아닐 수도 있다. 물론 나로선 당신의 관계가 어떤지 알 길이 없으니 판단할 수 없겠지만.

하지만 로맨틱한 사랑에서 사람들이 가장 혼동하는 측면이 뭔지는 안다. 가장 오래가는 관계가, 이제 갈망이 충족되었다는 확신에서부터 시작된다고 여기는 것이다. 이제 되었고 꿈이 이루어졌다고, 완벽하고 아름다운 세계가 당신이 사랑하는 대상을 통해 구현되었다고 생각하는 것이다. 하지만 그것은 교재 단계, 이상화 단계 때의 얘기다. 당신과 파트너가 하나가 되어 환상적인 한순간 동안 완벽하고 아름다운 다른 세계에 이르는 단계. 이 단계에서는 영적인 것과 에로틱한 것 사이에 별 차이가 없다. 많은 팝송에서 로맨스가 이루어지는 첫 순간을 주제로 다루는 이유가 여기에 있다. 하지만 이런 노래들은 사랑의 표현으로서만이 아니라 초월에 대한 갈망으로서도 들어야 한다(LVL에 따르면 서양의 사랑 노래의 전통은 음유 시인들, 즉 십자군 전쟁 때 동쪽으로 가게 되었다가 신에 대한 갈망을 담은 수피교의 노래에 영향을 받았던 이들에게로 거슬러 간다.[50] 수피교도들은 여인의 뺨, 눈썹, 머리칼 이미지를 신의 사랑에 대한 비유로 활용했지만, 이 음유 시인들은 이런 비유를 말 그대로 신성한 표현보다는 세속적 표현의 수단으로 삼아, 달빛 비치는 창문 아래에서 서양의 처녀들에게 세레나데를 부르는 데 사용했다).

사랑이 전개되는 동안엔, 사랑하는 사람의 인간관계, 심지어 가정 문제까지 서로 타협해야 하고, 인내심, 분노 등 성격의 한계에 부딪히기도 하고, 또 때때로 서로 맞지 않는 애정 스타일로 인해 고비를 겪는 등 현실적인 문제가 있기 마련이다. 알고 보니 상대방은 본능적으로 친밀감을 피하려 들고 당신은 친밀감을 끌어내지 못해 안달하는 사람일 수도 있다. 당신은 결벽증이 있고 그녀는 어질러 놓고 잘 치우지 않는 성격일 수도 있다. 아니면 당신은 골목대장 스타일인데 그는 남이 무시해도 참는 사람이거나, 당신은 시간 약속에 잘 늦는데 그녀는 지나칠 정도로 시간을 엄수할 수도 있다.

지극히 건강한 관계라 해도 종종 갈망이 되살아난다. 대체로 이런 사이에서는 아이를 낳아 키우고, 자기들만 아는 농담을 주고받고, 좋아하는 휴양지에 같이 가고, 서로를 인정해주고 잠자리를 가진다. 여행 중에 파트너가 허리를 삐끗하면 전기장판을 구하려고 생판 모르는 낯선 도시의 길거리를 여기저기 뒤지기도 한다. 이처럼 더없는 잉꼬부부 사이에서도 여전히 가끔씩 이룰 수 없는 꿈을 품었다가 되돌아올 수도 있다.

하지만 십중팔구 당신의 관계는 갈망하는 것을 완전히 충족시켜주지 못할 가능성이 높다. LVL의 말처럼 "다른 사람들과의 친밀감을 추구하는 사람들은 갈망에 반응하는 것이다. 다른 인간이 그 갈망을 채워줄 것으로 생각하겠지만 우리 중에 실제로 다른 사람에 의해 완전히 갈망이 충족된 적이 있는 사람이 얼마나 될까? 한동안은 몰라도 영원히 충족되는 경우는 없다. 우리는 그보다 더 충족감을 주고, 더 친밀한 뭔가를 원한다. 신을 원한다. 하지만 원하는 그곳으로 데려다

줄 수 있는 이런 고통의 심연으로, 이런 갈망으로 모든 사람이 대담히 들어서는 것은 아니다."

당신이 무신론자나 불가지론자라면 '신을 원한다'는 말이 거북하거나 짜증날지 모른다. 반면 독실한 신자라면 뻔한 얘기로 들릴 것이다. 우리는 누구나 뭔가를 갈망하고, 그 뭔가가 바로 신인 건 당연한 얘기 아니냐고. 아니면 이 두 경우의 중간 어디쯤에 해당하는 사람도 있을 것이다. 평생 달콤쓸쓸함의 부름을 들으며 30대에 헌신적인 기독교인이 된 C. S. 루이스가 마침내 내린 결론은 다음과 같다. '우리는 먹어야 하기 때문에 허기를 느끼고 물을 마셔야 하기 때문에 목마름을 느낀다. 그러니 이 세상에서 충족될 수 없는 "슬픔을 가눌 수 없는 갈망"을 품는다면 우리가 다른 세계, 즉 신의 세계에 속하기 때문에 그것은 피할 수 없는 일이다.'

루이스는 문학사에서 가장 멋진 글귀로 꼽힐 만한 글을 통해 "우리의 가장 보편적 방책"이 뭔지에 대해 다음과 같이 썼다.

[그 갈망을] 아름다움이라고 부르며 그로써 문제가 해결된 것처럼 행동하는 것이 그 방편이다. (중략) 하지만 우리가 그 안에 아름다움이 깃들어 있다고 생각한 책이나 음악들은 우리의 신뢰를 저버리기 마련이다. 아름다움은 애초에 그런 책이나 음악에 있었던 것이 아니기 때문이다. 책이나 음악은 단지 아름다움의 전달 매개며 책이나 음악이 실제로 전해준 것은 갈망이었기 때문이다. 이런 것들(즉, 아름다움, 우리 자신의 과거의 기억)은 우리가 정말로 바라는 것을

상징하기에 좋은 이미지이긴 하지만 그것 자체를 실체로 착각한다면 허깨비 우상으로 바뀌어 그 숭배자들에게 상심을 안기고 말뿐이다. 그 자체로 실체가 없어서, 발견한 적 없는 꽃의 향기, 들어본 적 없는 곡의 메아리, 아직 가본 적 없는 나라의 소식과도 같기 때문이다.[51]

나로선 무신론자들과 신자들이 이런 달콤쌉쓸함의 전통에서 서로 다르지 않다고 본다. 야훼나 알라, 예수나 크리슈나를 통한 갈망이든 책과 음악을 통한 갈망이든 서로 다르지 않다. 모든 갈망이 다 똑같이 신성하거나, 다 똑같이 신성하지 않거나 둘 중 하나이므로 이런 구별은 아무런 차이가 없다. 이 모든 갈망은 그것으로 그만일 뿐이다. 생각해보자. 좋아하는 뮤지션의 콘서트장에 가서 그가 부르는 노래를 듣고 몸에 전율을 느꼈다면, 그것으로 그만이다. 연인을 만나 반짝반짝 빛나는 눈으로 서로를 바라보면, 그것으로 그만이다. 5살배기 아이의 잠자리를 봐주며 아이에게 입을 맞춰줄 때 딸아이가 당신을 지그시 바라보며 '이렇게 많이많이 사랑해줘서 고맙습니다'라고 말하면, 그것으로 그만이다. 이 모두는 같은 보석의 여러 면들이다. 그리고 당연한 얘기지만 오후 11시에 콘서트가 끝나면 북적이는 주차장에서 당신의 차를 찾아야 하고, 어떤 관계도 완벽하지 못하므로 당신의 관계도 그럴 것이며, 어느 날 딸아이가 11학년에서 낙제를 하기도 하고 당신이 밉다는 말로 투정도 부리기 마련이다.

하지만 이것은 예상할 수 있는 일들이다. 프란체스카의 이야기가 다른 식으로 끝날 수 없었던 이유도 이런 예상 가능성에 있다. 그녀는 사진작가와 함께 이후로 쭉 행복하게 살 수는 없었다. 그는 실질적 남자나, 심지어 '완벽한' 남자를 상징하는 존재가 아니라 갈망 그자체를 상징했기 때문이다. 《매디슨 카운티의 다리》는 자신의 에덴동산을 얼핏 보게 되는 순간에 대한 이야기였다. 단지 결혼 생활이나 불륜에 대한 이야기만이 아니라, 한순간 얼핏 보게 되는 그런 경험의 덧없음과 그 경험이 당신에게 일어날 수 있는 다른 어떤 일보다 큰 의미를 갖는 이유에 대한 이야기이기도 했다.

# CHAPTER 03

# 슬픔과 갈망, 초월은
# 창의성과 어떤 연관이 있는가?

다시 그 모든 이야기에 웃고 울고, 또 울고 웃을 시간이에요.

– 레너드 코헨, 'So Long, Marianne'

노래하는 음유 시인이자 세계적 우상 레너드 코헨은 9살이었던 1944년에 아버지가 세상을 떠났다. 그리고 어린 코헨은 시를 써서 아버지가 즐겨 매던 나비넥타이를 뜯어 그 속에 시를 집어넣은 후 몬트리올 집의 뜰에 묻었다. 그것이 그의 생애 최초의 예술적 표현이었다. 이후로 그래미 평생 공로상을 수상하게 되는 60년의 음악 활동 기간 동안 그런 예술적 표현을 거듭거듭 반복하며 마음의 상처, 갈망, 사랑을 노래하는 수백 편의 시를 써냈다.

코헨은 육감적이고 로맨틱한 바람둥이로 이름을 날렸다. 조니 미첼은 그를 두고 '침실 시인'이라고 칭하기도 했다.[1] 또한 최면을 거는 듯한 바리톤 음색과 수줍은 카리스마를 뽐냈다. 하지만 어떤 연애도 오래간 경우가 없었으나, 그의 전기를 쓴 실비 시몬스Sylvie Simmons의 표현 그대로 예술가로서의 그는 "갈망의 상태에서 가장 존재감을 발했다."[2]

어쩌면 그의 가장 위대한 사랑은 노르웨이의 미녀 마리안 일렌일지 모르겠다. 그는 1960년에 자유분방한 국제적 예술 공동체가 형성됐던 그리스의 이드라섬에서 그녀를 만났다. 코헨은 당시에 작가였다. 자신의 시에 곡을 붙일 생각을 하게 된 것은 6년이 더 지난 뒤의 일이었다. 아침에는 소설을 썼고, 저녁이면 마리안이 다른 남자와의 사이에서 낳은 아들을 위해 자장가를 연주해 주었다. 두 사람은 평화로운 가정을 이루고 살았다. 훗날 그는 이드라에서 보낸 시간을 이렇게 회고했다.

"모두가 젊고 아름답고 재능으로 충만한 사람들 같았다. 금가루라도 뒤집어쓴 것처럼 빛이 났다. 다들 특별하고 독보적인 자질이 있었다. 물론 청춘 특유의 감성이 작용했을 테지만 이드라의 눈부시게 아름다운 배경 속에서는 이 모든 자질들이 더욱 부각되어 보였다."[3]

하지만 결국 레너드와 마리안은 이 섬을 떠날 수밖에 없는 상황을 맞았다. 그는 밥벌이를 위해 캐나다로, 그녀는 가족의 일 때문에 노르웨이로 가야 했다. 두 사람은 함께 이 섬에서 계속 머물기 위해 애썼지만 더 이상은 그럴 수 없었다. 이후 그는 뉴욕으로 이주해 뮤지션이 되면서 자신에게 잘 맞지도 않는 무대에 오르게 되었다. 그는 이렇게 말했다. "예전에 이드라에서 살아봤다면 다른 곳에서는 살 수가 없다. 심지어 이드라마저도."

레너드는 레너드대로, 마리안은 마리안대로 각자의 삶을 이어갔다. 하지만 마리안은 레너드의 가장 대표적인 노래 몇 곡에 영감을 주었다. 'So Long, Marianne(안녕, 마리안)', 'Hey, That's No Way to Say Goodbye(그렇게 헤어지면 안 돼요)'같이 작별을 노래한 곡들이다. 코헨은 자신의 음악에 대해 이렇게 말했다. "대체로 만남을 노래하는 사람들도 있지만 나는 만남보다는 이별 쪽으로 기우는 편이다."[4] 그의 마지막 대히트곡은 82살의 나이로 별세하기 3주 전에 발표한 'You Want It Darker'였다.

그의 노래를 아주 좋아했던 이들조차 곡의 어두침침한 작품 성향에 대해 비평적인 견해를 밝혔다. 그의 노래를 발매한 음반사 중 한 곳에서는 그의 앨범에 사은품으로 면도칼을 증정하자는 농담까지 했을 정도다. 하지만 이것은 그에 대한 편협한 견해다. 레너드는 사실상 어둠과 빛의 시인이었다. 자신의 가장 유명한 곡에서 표현했듯 "차갑게 깨어진 할렐루야"를 노래한 시인이었다. 그의 노래에는 그것이 뭐든 해소할 수 없는 고통이라면 그 고통을 창의성의 제물로 삼으라는 메시지가 느껴졌다.

# 슬픔은 창의성을 분발시키는 주된 감정

―――――

창의성은 어떤 신비로운 힘을 통해 슬픔이나 갈망과 연관되어 있는 게 아닐까? 이것은 오래전부터 일반 논평가들과 창의성 연구가들이 똑같이 제기했던 의문점이다. 그런데 자료를 토대로 답을 미루어보면, 연관되어 있는 게 맞는 듯하다(예술에서 우울질의 경향이 두드러지는 것에 대한 의문을 통한 아리스토텔레스의 통찰 역시 같은 답을 제시한다). 심리학자 마빈 아이젠슈타트Marvin Eisenstadt가 창의적인 리더 573명을 조사한 초창기의 유명한 연구에서는 창의성이 아주 뛰어난 사람들 사이에서 코헨처럼 어린 시절에 부모를 여읜 비율이 굉장히 높게 나타났다. 10살 무렵에 적어도 한쪽 부모를 잃은 경우가 25퍼센트였고, 15살 무렵엔 34퍼센트, 20살 무렵엔 45퍼센트나 되었다.[5]

그 외의 여러 연구 결과에 의하면, 창의적인 사람들은 부모가 노년까지 오래 살아도, 슬픔에 잘 빠지는 경향이 유독 더 높게 나타났다. 존스홉킨스 대학교의 정신의학 교수 케이 레드필드 재미슨Kay Redfield Jamison의 1993년 연구에 따르면 예술계에서 활동하는 사람들은 다른 사람들보다 기분 장애를 겪는 확률이 8~10배 높다.[6] 작가 크리스토퍼 자라Christopher Zara가 2012년에 예술적 정신에 대한 연구를 담은 저서《고통에 시달리는 예술가들Tortured Artists》을 출간했는데, 미켈란젤로부터 마돈나에 이르기까지 창의성이 남다른 48명을 프로파일링 해본 결과, 어느 정도 고통과 괴로움을 겪은 인생사를 걸었다는 공통점이 있었다.[7] 또한 2017년에는 캐롤 얀 보로웨키

Karol Jan Borowiecki라는 경제학자가 《경제학·통계학 리뷰The Review of Economics and Statistics》에 '안녕하십니까, 친애하는 모차르트 씨? 서신을 바탕으로 살펴본 유명 작곡가 3인의 행복과 창의성How Are You, My Dearest Mozart? Well-Being and Creativity of Three Famous Composers Based on Their Letters'이라는 제목의 흥미진진한 연구 사례를 게재했다. 보로웨키는 언어분석 소프트웨어를 이용해 모차르트, 리스트, 베토벤이 일생 동안 쓴 서신 1,400통을 연구했다. 그는 3명의 편지가 (행복 같은 단어로) 긍정적 감정이나, (슬픔 같은 단어로) 부정적 감정을 언급한 경우를 추적해 이런 감정들을 언급한 시기에 작곡한 음악의 분량과 특성에 대해 어떤 관계가 있는지 살펴봤다. 그 결과, 3명의 예술가의 부정적 감정이 그들 자신의 창의적 결과물에 연관성이 있을 뿐만 아니라 예측성까지 띠고 있었던 것으로 나타났다. 한편 모든 부정적 감정이 이런 영향을 미친 것은 아니었다. (챕터 02에서 살펴봤다시피) 단조 음악을 연구하는 학자들이 음악으로 표현되는 부정적 감정 중 슬픔만이 우리의 기분을 북돋워 준다는 사실을 발견했듯, 보로웨키 역시 슬픔이 "창의성을 분발시키는 주된 부정적 감정"이라는 사실을 발견했다.[8]

또 하나의 흥미로운 연구 사례도 있다. 컬럼비아 대학교 경영대학원 교수 모듀프 아키놀라Modupe Akinola는 한 무리의 학생들을 모집해 혈액 검사로 DHEAS 수치를 측정했다(DHEAS는 코르티솔 같은 스트레스 호르몬의 효과를 억제해 우울증을 막아주는 호르몬이다). 수치 측정 후에는 학생들에게 사람들 앞에서 자신이 꿈꾸는 직업에 대해 발표하게 했다. 이때 피험자들에게는 알려주지 않은 채로, 어떤 발표는 미소를 짓고 고개를 끄덕여주는 격려의 반응을 보이게 하고, 또 어떤 발표는 인상을 찡그리고 고개를 내젓는 반응을 보이게 했다. 발표가 끝난 후에 그녀가 학생들에게 기분이 어땠는지 물어보자, 당연한 결과지만, 청중에게 격려 반응을 얻은 학생들이, 발표를 망쳤다고 생각한 학생들보다 더 좋은 기분을 나타냈다. 하지만 아키놀라는 학생들에게 콜라주를 만들어 보게도 해서, 이후에 전문 예술가들에게 창의성 점수를 매겨 달라고 했다. 그 결과, 청중에게 거부적 피드백을 받았을 뿐만 아니라 DHEAS 수치도 낮았던 학생들, 즉 정서적으로 취약한 동시에 청중에게 거부까지 당한 학생들의 콜라주 작품이 가장 창의성이 뛰어났다.[9]

그 외의 여러 연구에서도 슬픈 기분이 대체로 주의력을 더 예리하게 해주는 것으로 밝혀졌다.[10] 슬픈 기분은 집중력과 꼼꼼함을 높여줄 뿐만 아니라 기억력을 향상시키고 인지 편향을 바로잡아 주기도 한다. 한 예로, 뉴사우스웨일스 대학교 심리학 교수 조셉 포가스Joseph Forgas의 연구 결과에 따르면, 사람들은 햇빛 화창한 날보다 흐린 날에 상점에서 봤던 물건들을 더 잘 기억해내고, (요청에 따라 슬픈 기억에 집중하게 되었던 이후) 기분이 안 좋은 상태의 사람들이, 행복한 시절을 떠올린 이후의 사람들에 비해 자동차 사고의 목격 현장을 더 잘 기억해내는 경향을 나타냈다.*

물론 이런 연구 결과를 설명해줄 만한 원인으로는 여러 가지가 있을 수 있다. 가령 포가스의 여러 연구에서 밝혔듯이, 예리해진 주의력이 원인일 수 있다. 아니면 감정적 좌절로 패기와 끈기가 더 불어넣어지고, 사람에 따라 이런 패기와 끈기를 창의적 노력에 적용하는 것일 수도 있다. 그런가 하면 또 다른 여러 연구에서는 역경이 내면 속 상상의 세계로 침잠하는 경향을 유발시키는 것으로 나타나기도 했다.[11]

다만 이론이 어떻든 간에, 어둠을 창의성의 유일한 촉매나, 최고의 촉매로 보는 실수를 저질러서는 안 된다. 어쨌든 창의성은 쾌활한 유형에 드는 경우도 많다. 그리고 다수의 연구를 통해서도 증명됐듯이 순간적으로 번득이는 통찰은 기분이 좋은 상태일 때 일어날 가능성이 더 높다.[12] 임상 우울증(즉, 모든 빛을 없애는 감정적 블랙홀로 생각해도 될 만한 상태)이 창의성을 죽인다는 것도 모두가 아는 사실이다. 컬럼비아 대학교 정신의학 교수 필립 머스킨Philip Muskin이 《디 애틀랜틱The Atlantic》 매거진을 통해 밝혔듯 "창의적인 사람들이 우울증에 빠지면 창의성을 잃는다."[13]

오히려 어둠과 빛을 동시에 거머쥐는 달콤쌉쌀함의 렌즈로 창의성을 들여다보는 것이 더 유용할 수도 있다. 그렇다고 고통이 곧 예술이라는 얘기는 아니다. 달콤쌉쌀함의 관점에서 보는 창의성은, 고통을 직시해서 그 고통이 더 나은 뭔가로 전환되게 마음먹는 힘이다. 코헨의 사례에서 드러나듯, 고통을 아름다움으로 탈바꿈시키려는 열의는 예술적 표현의 중요한 촉매 중 하나다. 실비 시몬스가 밝힌 견

---

* 말이 나온 김에 포가스의 연구 결과를 덧붙여 말하자면, 자동차 사고의 목격자 중 슬픈 기분에 젖어 있는 사람들이 잘못 호도하는 질문(실제로 현장에는 양보 표지밖에 없었는데, '정지 신호를 보셨나요?' 같은 질문)에 넘어가지 않는 능력도 더 높다. 게다가 슬픈 사람들이 범죄 용의자의 영상을 보고 유죄인 사람과 무죄인 사람을 더 잘 구분하고, 잘생긴 사람은 친절하고 머리가 좋을 것이라고 지레짐작하는 현상인 '후광 효과'에도 덜 걸리는 경향이 있다. 포가스의 이런 연구 결과를 종합해보면 슬픔에는 진실을 각성케 해주는 뭔가가 있다는 애기다.

해처럼 "그는 (중략) 곡을 쓰고 작업할 때 어두운 방식에서 편안함을 느꼈다. 하지만 사실 그것은 결국엔 빛을 찾아가는 과정이었다."[14]

사실, 여는 글에서도 거론했다시피 수차례의 예비 조사 결과, 달콤 쌉쓸함 테스트에서의 점수가 높으면 몰입성 점수가 높은 경향을 띠는 것으로 나타났으며, 몰입성은 다른 여러 연구에서 증명되었듯 창의성의 예측 변수에 해당된다. 그리고 워싱턴 대학교 경영대학원 교수 크리스티나 팅 퐁Christina Ting Fong이 밝혀낸 바에 따르면, 긍정적 감정과 부정적 감정을 동시에 느끼는 사람들은 비약적 연상을 수행해, 언뜻 보기에 서로 연관성이 없어 보이는 개념들의 연관성을 알아보는 방면에서 더 뛰어났다. 그녀는 2006년에 진행한 한 연구에서 피험자들에게 영화 〈신부의 아버지〉에 나오는 달콤쌉쓸한 장면을 보여주었다. 한 젊은 여성이 곧 결혼식을 올리는 기쁨과 유년기를 뒤로 하고 떠나는 슬픔을 얘기하는 장면이었다. 실험 결과, 이 장면을 본 피험자들이 행복하거나 슬프거나 중립적인 감정이 담긴 영화를 본 피험자들에 비해 더 뛰어난 창의성을 보여주었다.[15]

어둠에서 빛으로 이동하는 역동적 변화로서의 창의성을 잘 보여주는 최고의 사례 가운데 하나는 베토벤의 '환희의 송가' 작곡과 초연이다. 교향곡 제9번의 유명한 피날레 합창곡인 이 곡은 1824년 5월 7일에 빈의 케른트너토르 극장에서 처음으로 공개되었다. 이 초연 날 저녁의 이야기는 클래식 음악사에서 가장 감동적인 스토리로 꼽힌다.

베토벤은 자유와 형제애를 노래한 프리드리히 실러의 시 '환희의 송가'에 곡을 붙이는 작업을 무려 30년 동안 매달렸다. 베토벤은 미국 독립 전쟁과 프랑스 혁명 시기에 성장기를 보내며 계몽의 가치를 열렬히 믿었다.[16] 그에게는 '환희의 송가'가 사랑과 결속의 궁극적 표현이었다. 그래서 제대로 해내야 한다는 생각으로 약 200개 버전의 곡을 작곡한 끝에 그중에서 가장 마음에 드는 한 곡을 정했다.

하지만 그 시절은 베토벤에게 친절하지 않았다. 1795년에만 해도 그는 남동생에게 보낸 편지에서 자신은 운이 좋은 사람이라고 했다. "나는 아주 잘 지내고 있다. 내 예술로 친구들에게 존경을 얻고 있는데, 내가 뭘 더 바라겠니?"[17] 하지만 시간이 지나면서 베토벤은 자신을 사랑하지 않는 여인들을 사랑하게 되고, 조카 칼의 후견인이 되었다가 폭풍같이 험악한 관계를 겪으며 급기야 칼이 자살 시도까지 벌이는 지경에 이르는가 하면, 청력을 잃기까지 했다. 1801년 무렵 동생에게 보내는 편지의 어조는 훨씬 더 어두워졌다. "솔직히 말해 사는 게 정말 비참하다. 2년이 다 되어가도록 사교 파티에도 발길을 끊었다. 그 이유는 사람들과 말을 할 수가 없어서다. '귀가 들리지 않아.'"[18]

그 초연 날 저녁, 베토벤은 멍한 정신과 헝클어진 머리를 한 채 무대에 올라 청중을 등지고 지휘자 옆에 서서 오케스트라를 향해 괴상한 제스처를 해보였다. 자신의 마음의 귀에 들리는 대로 곡이 연주되도록 알려주고 싶은 바람의 몸짓이었다. 훗날 그 오케스트라 악사 중 한 사람의 회고담을 그대로 옮기자면 그는 "지휘석 앞에 서서 미친 사람처럼 이리저리 몸부림을 쳤다. 어느 순간엔 몸을 위로 최대한 쪽 끌어당겼다가 그다음엔 바닥으로 쭈그려 앉는 식이었다. 자신이 직접 모든 악기를 연주하고 모든 합창을 부르고 싶은 사람처럼 팔다리를 마구 흔들어댔다."[19]

공연이 끝나고 공연장에는 침묵이 내려앉았다. 하지만 베토벤은 들리지가 않아 그런 상황을 몰랐다. 청중에게 등을 보인 채로 서서 그의 머릿속에서만 연주되고 있는 곡에 박자를 맞추고 있었다. 그때 카롤리네 웅거라는 20살의 독창자가 그를 조심스럽게 돌려세워 주며 청중을 보게 해주었다. 청중은 자리에서 일어나 볼 위로 경외의 눈물을 흘리고 있었다. 손수건을 흔들어 보이고, 모자를 들어올리며 소리보다는 몸짓으로, 자신들의 갈망을 표현해준 남자에게 경의를 표해주기도 했다.[20] 실러의 시 '환희의 송가'는 환희에 들떠 있는 작품으로 유명했지만 청중이 눈물을 보였던 이유는, 베토벤이 오늘날까지도 누구나 그 의기양양한 분위기의 상승적 음조에서 느낄 수 있는 슬픔을 '환희의 송가'에서 표현해냈기 때문이다.

그렇다고 슬픔에 빠지거나 귀가 먹어야 한다는 얘기는 아니다. 100년에 한 번씩 이런 상황 속에서 숭고한 음악이 탄생된다고 해도 그건 아니다. 우리 자신의 난관을 창의적 전환의 대상으로 바라보기 위해 꼭 위대한 예술가가 될 필요도 없다. 그저 그것이 뭐든 해소할 수 없는 고통을 다른 뭔가로 전환하면 되지 않을까? 글, 행동, 연구, 요리, 춤, 작곡, 즉흥 공연, 새로운 사업의 구상, 주방 꾸미기 등 할 수 있는 전환 방법은 수백 가지에 이르며 이때는 그 일을 '잘' 혹은 '우수하게' 해내느냐는 중요하지 않다. 미술 작품을 만들면서 자신이 가진 문제를 표현하고 처리하는 과정인 '미술 치료'에서 갤러리에 걸려 전시될 만한 수준의 작품을 만들어내지 않아도 큰 효과를 거두는 이유도 그런 점 때문이다.

자신이 직접 예술 작품을 만들지 않아도 된다. 노르웨이 과학기술대학교의 코엔라드 쿠이퍼스Koenraad Cuypers가 5만 명 이상의 노르웨이인을 대상으로 진행한 연구에 따르면, 창작자든 소비자든 콘서트나 미술관 등의 매개를 통해 창의성에 몰두하면, 더 높은 수준의 건강과 삶의 만족도를 얻고, 불안감과 우울증에 덜 빠지게 된다.[21] 런던대학교의 신경생물학자 세미르 제키Semir Zeki 박사가 주도한 또 다른 연구에서는 아름다운 예술을 바라보는 행동만으로도 뇌의 즐거움 보상 센터가 더 많이 활성화되는 것으로 밝혀졌다.[22] 제키의 말에 따르면 이때의 느낌은 사랑에 빠지는 것과 흡사하다. 화가 마크 로스코는 "내 그림을 보고 눈물을 흘리는 사람들은 내가 그 그림을 그렸을 당시에 겪었던 것과 똑같은 종교적 경험을 하는 사람들"이라는 견해를 밝힌 바 있다.[23]

팬데믹이 시작되었을 무렵 나는 습관적으로 트위터에서 둠스크롤링doomscrolling(암울한 뉴스만을 강박적으로 확인하는 행위를 뜻하는 신조어 – 옮긴이)을 하며 온라인에 중독되어 버렸다. 무엇보다 아침에 일어나자마자 그런 온라인에 빠진다는 것이 심각한 문제였다. 그러다 보니 로스코가 말했던 것과 정반대되는 마음 상태가 유발되었다. 나는 예술계정을 팔로우하며 인터넷 중독을 다른 방향으로 전환시켜 보기로 마음먹었다. 처음엔 몇 개의 소수 계정으로 시작했다가 12개까지 늘어나자, 알게 되었다. 피드가 예술로 채워지면서 내 마음도 가벼워지는 느낌을. 그러다 얼마 뒤부터는 내 소셜미디어 페이지에 좋아하는 예술 작품을 공유하는 것으로 아침을 열게 되었다. 어느새 사색적이고 회복적인 데다 커뮤니티까지 형성해주는 그 일이 소중한 일과가 되었다. 전 세계의 예술 작품이 올라오면서 함께 그 작품들을 즐기려는 사람들로 뭉친 커뮤니티도 점차 글로벌화 되어 갔다.

그러니 이쯤에서 우리의 원칙을 다음과 같이 수정해보자. 그것이 뭐든 해소할 수 없는 고통이라면 그 고통을 창의성의 제물로 삼아라. 혹은 당신을 대신해 그런 제물을 바친 누군가를 찾아라. 그리고 그렇게 끌리는 누군가가 생기면 그 사람을 주목하는 이유를 자문해보자. 그 사람이 당신을 대신해 표현해주고 있는 것이 무엇이고 어느 지점에서 당신에게 호소력을 발휘하고 있는가?

## 레너드 코헨의 음악이 품은 초월

내 경우엔 레너드 코헨이 그런 사람이었다. 나는 수십 년 전, 처음 그의 곡을 들었던 순간부터 그와 그의 음악에 광적으로 빠져들었다. 그는 궁극적으로 나와 마음이 비슷한 사람이었던 것 같다. 그 단조의 노래 속에 내가 사랑과 삶에 대해 느꼈던 모든 것을 구현해냈다. 그의 노래에는 내가 평생 닿으려 애써왔으나 콕 집어 말로 표현할 수 없었던 그 뭔가의 진수가 담겨 있었다.

그래서 그의 아들인 뮤지션 아담 코헨이 아버지 사망 1년 후인 2017년 11월 6일, 유명 뮤지션들이 코헨의 노래로 헌사 공연을 하는 추모 콘서트가 열린다고 했을 때, 우리 가족은 그 공연을 보기 위해 뉴욕에서 몬트리올로 날아갔다. 남편이 보러 가야 한다고 부추기며 가족 휴가차 다녀오자고 제안하면서 다 같이 가게 되었다.

아이들을 데리고 비행기에 탑승할 때는 묘한 괴리감과 함께 조금은 뚱딴지같다는 생각이 들었다. 나는 중요한 회의 일정을 조정해야 했고, 단지 나의 콘서트 관람을 위해 가족이 어느 월요일 아침에 다른 나라로 날아가고 있다고 생각하니 도가 지나치고 방종스러운 듯한 기분이 들었다. 그런 기분은 그날 저녁 거대한 규모의 벨 센터Bell Centre에 도착해 전석을 매진시킨 17,000명의 레너드 코헨 팬들과 함께 섞일 때까지도 여전했다. 콘서트가 시작되자 그런 기분이 더 심해졌다. '내가 사랑했던 뮤지션은 코헨이었어. 저 뮤지션들이 다 여기에서 뭘 하고 있는 거지?' 지루하고 낙담스러운 마음이 들 때면, 늘 하던 대로 글을 쓰기 시작했다. 내 폰에 타이핑을 했다. "그가 정말로 떠났구나. 저 사람들은 레너드가 아니고 레너드가 되려고 해서도 안 돼. 차라리 집에 가서 혼자 레너드의 노래를 그의 목소리로 듣고 싶어. 그가 여전히 살아 있는 것처럼."

하지만 잠시 후 무대 위로 데미안 라이스라는 뮤지션이 올라와 'Famous Blue Raincoat'를 불렀다. 코헨의 많은 우울한 노래 가운데서도 가장 우울한 곡이라 해도 될 만한 노래다. 아내 제인이 자신의 가장 친한 친구와 잠자리를 함께한 걸 안 남자가 화자로 등장해, 삼각관계 얘기를 읊는 노래다. 나중에 3명의 관계는 영원히 바뀌고 만다. 제인은 '누구의 아내도 아니게' 되고 남자는 자신의 친구를 '나의 형제, 나의 살인자'라고 부른다. 노래는 편지 형식을 취하는데, 잠시 후 자세히 설명할 테지만 편지를 쓴 시점도 의미심장하게 12월 말 새벽 4시, 밤이 낮으로 바뀌고 가을에서 겨울로 접어드는 때이다.

라이스의 공연은 감명 깊었다. 하지만 마지막에 그가 자신의 독창적인 편곡으로 노래했을 때는 너무 슬퍼서 그 절규 어린 곡조가 너무 적나라하고 굉장해 청중이 자리에서 일어설 정도였다. 라이스는 이루 말할 수 없는 슬픔을 (그다음 날 저녁에 아이스하키 게임이 열리게 될) 광대하고 차가운 공연장을 사랑과 갈망으로 채웠다. 그는 우리가 하키 경기장에 있다는 점을 상기시켰으나 이제 그곳은 우리가 원했던 에덴동산이었다. 그리고 나에겐 오래전부터 친숙한, 그 마음이 열리는 기분이 다시 일어났다. 수년 전 법대생 시절 기숙사 방에서 느꼈던 기분이자, 슬픈 음악을 들을 때마다 느꼈던 그 기분이. 수피교도들의 글에서 말하는 그 황홀경의 갈망이. 하지만 이번엔 더 멀리까지 갔다. 데미안 라이스가 그 특별한 곡조를 불렀던 그 짧은 순간은 내 삶에서 가장 심오한 순간에 들을만 했다. 나는 전율이 이는 아름다움에 사로잡히며 데미안, 레너드 그리고 모든 사람과 연결되는 느낌이 들었다.

지루하고 무덤덤한 기분을 느끼며 몬트리올로 날아왔던 나는 집으로 돌아갈 때는 마법에 걸린 듯한 기분에 젖어 있었다. 기분 좋게 정신이 멍했다. 아이가 태어나거나 강아지를 입양한 후 몇 주 동안 느끼는 기분과 친척뻘쯤 되는 기분이었다. 하지만 먼 친척뻘이었다. 이때의 기분은 슬픔과 뒤섞여 있었으니까. 유대교에서는 부모가 사망하면 애도 기간이 1년 후에 끝난다. 코헨의 아들이 아버지의 사후 12

개월이 지나서야 콘서트를 연 이유도 그 때문이었다. 하지만 내 슬픔은 데미안 라이스 버전의 'Famous Blue Raincoat'를 들으면서 비로소 시작되었다. 몇 주 후, 코헨 얘기만 나오면 울컥 눈물이 나올 것 같은 나 자신을 발견하며 놀랐다. 그의 작품을 전시하는 몬트리올 미술관의 계산대에서 계산을 할 때도, 베이비시터에게 우리 가족이 며칠 집을 비웠던 이유를 얘기할 때도 눈물을 꾹 참았다. 하지만 콘서트에 가도록 설득했던 남편에게 마음 깊이 고마웠다. 그냥 집에 있었다면 일생의 중요한 경험 하나를 놓쳤을 테니까.

하지만 정확히 무슨 일이 일어났던 걸까? 나는 어느 순간부터 이런 질문을 스스로에게 던지게 되었다. 레너드 코헨이 수년 동안 나를 대신해 표현해 주었던 그것은 대체 뭐였을까? 그의 음악이 나를 (그리고 그를 기리기 위해 벨 센터로 몰려든 17,000명의 팬들을) 사로잡은 힘은 어디에서 나온 것일까?

그때까지만 해도 나는 레너드의 노래를 아는 것만으로도 만족했다. 그런데 이제는 그의 개인사에 대해 더 많이 알아가게 되었다. 그는 몬트리올의 유명한 유대인 가문 출신이었고 평생 동안 유대교에 물들어 있었다. LA 외곽 볼디산 정상에 자리한 선불교 수도원에서 5년을 지내고, 잠깐 사이언톨로지(신과 같은 초월적 존재를 부인하고 과학기술이 인간의 정신을 확장시키며 인류의 제반 문제를 해결할 수 있다고 주장하는 신종파 ─ 옮긴이) 신자로 있으면서 함께 아이들까지 낳은 여인을 만나고, 노래 가사에서 기독교 도상학(상징성, 우의성, 속성 등 어떤 의미를 가지는 도상을 비교하고 분류하는 미술사의 한 분야 ─ 옮긴이)을 탐구하던 시기에도 내내 그랬다. 그는 스스로를 신앙심 깊은 사람이라고 생각하진 않았지만 랍비에게 자신이 쓴 모든 것은 예배 의식이라는 말을 하기도 했다.[24] 알아보니 그는 특히 카발라에서 착상을 얻었다고 한다. 유대교 신비주의 사상인 카발라의 가르침에 따르면, 모든 피조물이 한때는 신성한 빛으로 가득 찬 그릇이었다. 하지만 그 그릇이 산산이 부서지면서 이제는 신성함의 파편들이 사방으로 흩어진 채 고통과 추악함에 둘러싸여 있다. 따라서 우리가 할 일은 이런 파편들을 찾아서 모아들이는 것이다. 나에게는 카발라의 이런 철학이 단박에 마음에 쏙 와닿았다.

아담 코헨이 음악 프로듀서 릭 루빈과 가졌던 인터뷰에서 한 다음의 말을 들어보자.

"그게 아버지가 품었던 깨달음의 한 부분이자, 평생의 주제였어요. 바로 깨어짐이요. 깨어진 할렐루야, 모든 것의 깨진 금이요. 패배와 불완전함과 깨어짐의 그 모든 개념이 경험의 근간이었어요. 게다가 그것에 대해 단지 슬픔을 자아내는 주장만 담는 게 아니라 진정한 관대함으로 쓰기도 했어요. 그 이전까지 생각 못했던 방식으로, 관대하고 관능적이고 독창적이게요. 또 아버지는 무엇보다 그런 글에 멜로디를 잘 붙이기도 했어요. 니코틴을 담은 담배가 니코틴 전달 시스템인 것처럼 아버지는 초월 전달 시스템을 전한 셈이었어요. 그게 아버지가 언제나 힘써왔던 일이에요."[25]

나는 코헨의 음악을 오랜 세월 동안 좋아했지만 이런 사실은 전혀 몰랐다. 하지만 깨어짐이 초월로 바뀌는 그 부분에 대해서는 느끼고 있었다.

# 자기 초월 체험은 창의성의 원천이다

———

이후에 나는 존스홉킨스 의과대학교에서 환각·의식 연구소를 맡고 있고, 자신의 분야에서 떠오르는 슈퍼스타로 자리 잡고 있는 교수 데이비드 야덴에게 추모 콘서트에 대한 얘기를 했다. 야덴으로 말하자면 위대한 심리학자이자 혁명에 가까운 저서 《종교 체험의 다양성 The Varieties of Religious Experience》의 저자인 윌리엄 제임스의 지성을 이어가며, 그 자신이 직접 이름 붙인 '자기 초월 체험self-transcendent experiences', 즉 STE의 연구에 전념해온 인물이다.[26]

야덴은 STE란 연결감과 자기 상실이 수반되는 일시적인 정신 상태라고 믿는다. STE가 하나의 극단적 스펙트럼을 이루며 일어나는 것으로 추산하면서, 그 스펙트럼상의 온화한 편에 드는 한쪽 끝에는 감사의 마음, 몰입, 마음 챙김이 있고 그 반대편 끝에는 만발한 '정점'이나 신비 체험이 있다고 보고 있다. 야덴은 STE가 삶에서 가장 중요할 뿐만 아니라 창의성까지 유도해주는 체험에 속한다고도 믿으며, STE의 저변에 깔려 있는 심리적·신경학적 과정에 대해 사람들이 너무 모른다는 사실에 경악스러워 한다.

화급히 풀어야 할 문제('나를 찾기[me-search]' 같은 연구)로 불길이 당겨진 활동들이 대부분 그렇듯, 야덴의 탐구 역시 콘서트홀이 아니라 학부생 시절 기숙사 방에서 직접 체험한 삶의 신비로운 사건에서부터 시작되었다. 얼마 전까지만 해도 고등학교에 다니며 부모님과 함께 살다 혼자 생활하다 보니 당시엔 어떤 식으로 살아야 할지 이런저런 생각이 많아졌다고 한다. 그러던 어느 날 저녁, 일찌감치 잠자리에 들며 깍지 낀 두 팔을 베고 누워 천장을 응시하던 때였다. 머릿속에 '어떤 어려움이 있어도'라는 문구가 떠올랐고, 가슴속에서 뜨거운 열기가 느껴졌다. 처음엔 가슴만 뜨겁더니 그 열기가 온몸으로 퍼져 마음속의 목소리가 들려왔다. '이것은 사랑이다.'[27]

주변의 모든 것이 360도로 보이는 듯하더니, 직물처럼 얽혀 영원으로 쭉 뻗어나가는 어떤 것과 자신이 형언하기 어려운 방식으로 일부가 되어 있는 느낌이 들었다. 가슴속의 뜨거움은 기분 좋게 달아올라, 아마도 몇 분 정도에 불과했을 테지만 느낌으로는 몇 시간, 아니 며칠처럼 느껴지는 시간 동안 그 온기가 이어졌다. 그는 눈을 떴다. 사랑이 물밀듯이 밀려왔다. 웃음과 눈물이 동시에 터져나왔다. 가족과 친구들에게 전화해 얼마나 좋아하는지 말하고 싶었다. 모든 것이 새롭게 느껴지며 그의 미래가 열렸다.

하지만 다른 무엇보다 "방금 나에게 대체 무슨 일이 일어난 걸까 하는 의문이 가장 컸고, 이후로 쭉 그 의문이 나를 따라다녔다"고 한다.[28]

야덴은 이후의 대학 생활 내내 그리고 심리학, 신경과학, 정신약리학 분야에서 활동하는 지금도 여전히 이 의문에 답을 찾는 데 매진해 왔다. 철학, 종교, 심리학 부문의 책을 탐독하는가 하면 선 명상 피정에서부터 미 해병대 장교 후보 학교(그는 신병 훈련소를 졸업한 몇 안 되는 후보생 중 한 명이었다)에 이르기까지 아주 의식주의적인 체험을 해보기도 했다. 성적이 우수한 학생들에게 기회가 주어지는 우등 논문을 쓸 때는 비영속성을 수반하는 전이적 경험이 어떤 식으로든 자신의 탐구에서 핵심을 차지한다고 여겨 통과의례를 주제로 삼았다. 또한 커리어 초반엔 쟁쟁한 심리학자 조너선 하이트Jonathan Haidt와 의기투합해 자신이 체험했던 것과 비슷한 정신 상태를 탐구했다.

이전 세대의 프로이트파 심리학자들은 '대양감oceanic feeling'을 신경증의 신호로 여겼다.[29] 이 대양감은 말하자면 야덴의 STE나, 프랑스 작가 로맹 롤랑이 프로이트에게 묘사했던 '영원감sensation of eternity'이나, '외부 세계 전체와 하나가 되는' 느낌에 해당된다. 하지만 하이트와 야덴이 밝혀낸 바에 따르면 프로이트파 심리학자들과의 관점과는 정반대되어, 이런 체험이 더 높은 자부심, 친사회적 행동, 더 높은 의미감, 더 낮은 우울증 비율, 더 높은 삶의 만족도 및 웰빙, 죽음에 대한 공포의 감소, 전반적인 심리적 건강과 연관성을 갖고 있는 것으로 나타났다. 두 사람은 이런 느낌이 "삶의 가장 긍정적이고 의미 있는" 순간에 들며 윌리엄 제임스가 1세기를 앞서서 세운 가설대로 "우리의 가장 큰 평안"의 원천이라는 결론에 이르렀다.[30]

그래서 야덴은 내가 벨 센터에서 있었던 일에 대해 여러 가지 생각이 든다며 이런저런 얘길 해주었다. 먼저, 사람들은 바로 그런 체험을 해보고 싶은 바람으로 콘서트장에 간다는 말을 해주었다. 종교적 관점으로 생각하든 아니든 간에, 우리는 누구나 이런 상태를 추구한다고. 완벽하고 아름다운 세계에 이르고 싶어 한다고. 야덴은 이어서 말하길, 슬픈 음악을 좋아하는 경향을 갖는 바로 그 특성들 가운데 '체험에 대한 열린 마음'(새로운 개념과 심미 체험에 대한 수용성), '몰입'(심상과 공상에 잘 빠져드는 경향) 등은 창의성과 초월성을 예측하는 변수라고도 했다.

하지만 그 일이 우연히 일어난 사건이 아니라고도 했다. 레너드 코헨 추모 콘서트장에서 겨울 분기점에 접어들고 동이 틀 무렵에 썼다는 그 이별 노래를 듣는 동안에, 나의 '대양적' 체험이 달콤씁쓸함과 비영속성이 깃든 순간에 일어난 것이라고 했다.

야덴이 밝혀낸 바에 의하면, 바로 그런 순간이나, 커리어 변화, 이혼이나 죽음이 일어난 시점에 의미, 교감, 초월을 체험할 가능성이 더 높다. 이것은 사랑하는 이가 죽어가고 있는 사람들만이 아니라 자신이 죽어가는 것에도 해당되는 얘기다. 야덴은 놀라울 정도로 많은 사람들이 "생의 마지막에 가까워져서야 전 생애에서 가장 중요한 순간을 체험한다"고 했다.[31]

야덴은 동료 연구진과 함께 정신측정학적 조사를 한 적도 있다. 이 조사에서는 사람들에게 강렬한 영적 체험에 대한 생각을 글로 써달라고 한 뒤에 관련 질문에 대해 답해 달라고도 했다. 그런 후 체험에서의 특징적 느낌이 결속과 관련된 것이냐, 아니면 신이나, 어떤 목소리 및 환영이나, 동시성이나, 경외감과 관련된 것이냐에 따라 영적 체험을 여러 유형으로 분류했다. 이렇게 분류한 다음엔 그런 느낌을 유발시킨 요인에 대해서도 물었다. 그런데 아주 긴 답변 목록 중 주된 요인으로 꾸준히 등장하는 항목이 두 가지 있었다. '삶의 전환기'와 '죽음의 임박'이었다. 다시 말해, 달콤씁쓸함의 특징인 일시적인 시간에 대한 강렬한 의식이었다.

야덴의 이 연구는 레너드 코헨의 노래처럼 '슬픈' 음악이 사실상 전혀 슬픈 음악이 아닌 이유를, 즉 깨어짐에 근간을 두고 있지만 초월로 가는 방향을 가리키는 음악인 이유를 잘 설명해준다.

캘리포니아 대학교 데이비스 캠퍼스의 유명한 연구가인 키스 시몬튼 학장의 연구에서도 이 연구와 흡사한 결과가 나왔다. 예술가들이 삶과 죽음 사이의 교차점에 걸터앉아 있는 시점인 중년기와 그 이후의 시기에 창의성이 영적 방향으로 움직이는 듯한 경향이 발견되었다. 시몬튼이 셰익스피어 희곡과 아테네 희곡 81편을 연구해 본 결과, 극작가들이 나이가 들어감에 따라 희곡의 주제가 점차 종교적·영적·신비주의적 경향을 띠었다.[32] 클래식 음악 작곡가들을 살펴본 연구에서도, 음악학자들의 평가에서 이 작곡가들의 후기 작품이 '보다 심오해'진 것으로 나타났다.

20세기 중반의 인본주의 심리학자 에이브러햄 매슬로는 자신에게서 비슷한 현상을 인지했다. 찬찬히 살펴보니 심장병으로 죽어가는 동안 자신이 '절정 체험(특정 경험의 순간에 무아지경에 빠지면서 절대적 행복이나 환희에 빠지는 체험 - 옮긴이)'에 더 자주, 더 강렬하게 빠지고 있었다.[33] 한편 2017년에는 노스캐롤라이나 대학교 심리학자 아멜리아 고랜슨Amelia Goranson이 이끄는 연구진이 사람들에게 죽음이 어떻게 느껴질 것 같은지 상상해보게 했더니, 대다수가 슬픔, 두려움, 불안의 감정을 표현한 반면, 위독한 환자들과 사형수들을 대상으로 살펴본 결과 사실상 죽음에 직면한 사람들은 의미, 유대, 사랑에 대해 말하는 경향이 높은 것으로 나타났다. 연구진이 내린 결론처럼 "죽음의 신grim reaper을 만나는 것이 생각만큼 암울하지grim 않을지도 모른다."[34]

야덴에 따르면 우리는 죽음처럼 비영속성에 대해 고통스러울 것 같은 순간이 변화 효과를 일으키는 '과학적' 이유를, 즉 심리학적 메커니즘과 신경생물학적 경로를 여전히 밝혀내지 못하고 있다. 하지만 그의 연구는 수 세기에 걸쳐 삶의 전환을 영적·창의적 각성에 이르는 길로 받들어온 수많은 문화의 통찰과 흡사하다. 에스텔 프랑켈Estelle Frankel이 그녀의 명저 《신성한 치료법Sacred Therapy》을 통해 설파했듯, 많은 사회에서 성인식(가톨릭교의 첫 번째 성체 배령, 유대교의 바르미츠바 등)을 열고 있는 이유와, 이런 성인식 중 상당수에서 유년 자아의 죽음과 성인 자아의 탄생 의식이 수반되는 이유가 바로 이런 통찰에 있다.[35] 일부 문화에서는 아이가 (일시적으로) 땅 속에 묻혔다가 어른으로서 다시 끄집어내진다거나, 문신을 새기거나 신체 일부를 훼손하는 등으로 유년기의 종말과 새로운 성인 자아의 출현을 나타내는 징표로 내세울 만한 행동을 수행하는 경우도 더러 있다. 또 어떤 곳에서는 성인식 오두막이나 수역水域, 교회나 유대교 회당 등에 머물게 하면서 물리적 공간을 분리하는 과정이 수반되기도 한다. 이런 의식들의 핵심은 X는 언제나 Y로 변해야 한다는 점과, 희생과 다시 태어남(궁극적 창조)이 모두 수반되는 과정이 승화의 경지에 해당된다는 점에 있다. 기독교의 본질적 승화(예수의 탄생, 십자가에서의 희생, 부활)에서도 같은 핵심이 담겨 있다(희생을 뜻하는 'sacrifice'는 '신성스러워지다'라는 뜻의 라틴어 'sacer-ficere'가 어원이다).

한 절기에서 다른 절기로의 전환이 예로부터 종교적 의식(춘분의 유월절과 부활절, 동지의 크리스마스, 추분의 중국 중추절과 일본의 불교 명절 히간 등)

으로 기념되는 이유도 여기에 있다. 유대교에서는 낮에서 밤으로의 전환조차 신성시되어 성일聖日이 일몰 때부터 개시되어 새벽으로 이어진다. 마치 어둠의 개시가 우리가 흔히 생각하는 비극이 아닌, 오히려 빛의 서막이라고 말하는 것처럼 말이다.

현대의 서양에서는 대체로 이야기의 전개가 직선적이고 유한한 선처럼 이어진다고 생각하는 편이다. 시작은 끝이 되고, 끝은 슬픔의 불씨라고 여긴다. 인생사의 전개를 예로 들자면, 보통 서양의 사고방식에 따르면 인생은 출생에서 시작해 죽음으로 끝난다. 행복하게 시작되었다가 슬프게 끝난다. C장조로 'Happy Birthday'를 부르고,[36] C# 단조로 장송곡을 작곡한다. 하지만 달콤쌉쌀함의 전통들과 더불어 야덴의 최근 연구 결과는 다른 사고방식을 제시해준다. 우리를 연속적 변화 속으로 떠미는 삶의 흐름을 다르게 예상해볼 수도 있다는 얘기다. 이런 연속적 변화는 때로는 즐겁고(아이의 출생 때처럼), 때로는 달콤쌉쌀하고(그 아이에게 걸음마를 연습시킬 때처럼), 또 때로는 삶을 갈가리 찢어놓을 만한 극도의 격변(당신이 가장 두려워하는 그런 일)으로 다가온다. 시작이 곧 끝이 되듯, 끝이 곧 시작이 되기도 한다. 생각해보자. 조상들의 삶이 끝난 후 당신의 삶이 시작될 수 있었다. 언젠가 당신의 삶이 종지부를 찍으면 당신 자녀의 인생사가 중심 무대를 차지하게 될 것이다. 당신 삶의 여정이 이어지는 사이사이에도 직장을 잃거나 관계가 끝나는 등 끊임없이 당신의 일부가 죽어가고, 당신이 그럴 준비가 되면 그 자리를 대신할 또 다른 일자리와 사랑이 생긴다. 뒤에 오는 것이 이전에 왔던 것보다 '더 좋을' 수도 있고 아닐 수도 있다. 하지만 이때 과거를 놓아주는 것만이 아니라 비영속성의 고통을 창의성으로 전환해야 한다.

물론 레너드 코헨은 이 모든 것을 이해했고 그것은 마리안 일렌 역시 마찬가지였다. 헤어진 이후로 두 사람은 다시는 만나지 않았다. 적어도 두 사람에게 그다음 번 대변화의 시간이 닥치기 전까지는. 백혈병으로 사망하기 4개월 전인 2016년 7월, 코헨은 마리안의 친구로부터 그녀가 그와 같은 암으로 죽어가고 있다는 소식을 전해 듣는다. 그는 그녀에게 작별 편지를 써보냈다.

"사랑하는 마리안, 당신의 뒤에 조금 떨어진 그곳에 내가 있어요. 당신 손을 잡을 수 있을 만큼 가까이에. 이 늙은 몸도 당신처럼 백기를 들어 이제 언제라도 곧 퇴거통지가 날아올 거예요. 나는 당신의 사랑과 당신의 아름다움을 한 번도 잊은 적이 없어요. 하지만 당신도 알겠죠. 이제 더는 어떤 말도 필요 없다는 걸. 부디 내 오랜 친구가 안전한 여행을 하길. 언젠가 다시 만나길. 사랑과 감사의 마음을 담아, 레너드가."[37]

마리안의 친구는 레너드의 짧은 편지를 읽어주었다. 그의 말에 따르면 그때 그녀는 미소를 지으며 손을 내밀었다고 한다.

## 고통을 창의성의 제물로 삼다

레너드 코헨의 추모 콘서트가 열리고 2년 후인 2019년 7월, 나는 또 다른 콘서트장에 갔다. 이번엔 스코틀랜드 에든버러의 국제 콘퍼런스 센터였고 (영 내 체질도 아닌) 무대에 올라가 있었다. 나는 갈망, 달콤쓸쓸함, 초월을 주제로 TED 강연 중이었다. 하지만 그 무대 위에서 나는 혼자가 아니었다. 소중한 벗인 바이올리니스트 김민진Min Kym 이 나와 함께 스포트라이트를 받고 있었다. 그리고 그녀는 강연의 주제에 친숙한 사람이었다. 그녀의 평생의 삶이 고통을 창의성으로 바꾸는 한 편의 드라마였기 때문이다.

김민진은 6살 때부터 바이올린 연주를 시작해 매 레슨을 거뜬히 넘어가더니 남들은 마스터하는 데 수년이 걸리는 수준의 소나타 곡들을 몇 주 만에 뗐다. 7살 때는 런던의 음악 명문 학교인 퍼셀학교에 최연소 학생으로 입학했고, 8살 때는 그 해가 다 가기도 전에 성인인 담당 지도자도 넘어섰다는 평을 얻었다. 13살 때는 베를린 심포니 오케스트라와 데뷔 무대를 가졌고, 16살 때는 전설적인 바이올리니스트 루지에로 리치로부터 자신이 가르친 제자를 통틀어 가장 재능 있는 바이올리니스트라는 극찬까지 들었다. 이후 리치는 그녀가 자신에게 배우는 것 못지않게 자신도 그녀에게 많은 배움을 얻게 될 것 같다며 김민진을 무료로 지도해 주었다.

수많은 신동들이 흔히 그렇듯 김민진의 재능에는 압박이 뒤따랐다. 큰 애정과 추앙의 눈길을 받았지만 까다로우면서 종종 지배적이기까지 한 교사들, 엄격한 연습 스케줄, 세계적인 기대에 억눌려 화려한 새장 속에 갇힌 삶을 살았다. 가족에 대한 책임감에 짓눌리기도 했다. 김민진의 가족은 한국 전쟁 중 참혹한 고통을 겪은 후 막내딸인 민진이 런던에서 음악 교육을 받게 해주려고 수백 년의 전통을 거스르고 한국을 떠나왔다.

하지만 그녀는 마법 같은 천재성을 발휘했다. 그리고 그것만으로 충분치 않다는 듯 21살이 되었을 무렵 그 천재성 못지않게 빛나는 또 하나의 선물을 얻게 되었다. 300년 된 스트라디바리우스 바이올린이었다. 어느 날 한 바이올린 딜러가 45만 파운드의 가격에 판매 제안을 해왔을 때 김민진은 이 바이올린이 자신의 소울메이트라는 느낌이 단박에 왔다.[38] 두 번 생각할 것도 없이 그 비용을 마련하기 위해 살던 아파트를 재저당 잡혔다.

김민진이 부르는 애칭대로 그녀의 스트라드는 하룻밤 사이에 그녀의 전부가 되었다. 그녀의 가능성을 실현해줄 존재요, 그녀의 예술에 문을 열어줄 열쇠였을 뿐만 아니라 연인이자 자식이며 쌍둥이자 그녀 자신이었다. 말하자면 우리 모두가 이르려 애쓰는 완결이었고, 우리가 갈망하는 신성이었으며, 마침내 자신에게 맞는 유리 구두였다.

김민진은 처음 그녀의 바이올린을 만났던 그날 "활을 들고 첫 숨을 들이쉬는 순간 알았다"고 했다.

나는 발을 내밀어 유리 구두에 발등을 쏙 밀어 넣는 신데렐라였다. 구두는 나에게 꼭 맞았다. 아주 갸름하고 내 발처럼 편했다. (중략) 300년 전에 스트라디바리우스가 나를 위해 직접 나무를 다듬어 이 바이올린을 만든 것만 같았다. 나의 스트라드가 평생토록 나를 기다려온 것만 같았다. 내가 그 바이올린을 기다려왔던 것처럼 (중략) 그것은 첫눈에 반한 사랑이었다. 그저 사랑만이 아니라 영광, 복종, 신뢰 등 이루 다 말할 수 없는 온갖 감정이었다.

그러다 퍼뜩 깨달았다. 이것은 그간의 내 삶이 인도해준 순간이라고. (중략) 그때까지의 내 모든 삶은 리허설이었다. 스승들, 좌절들, 외로움들, 기쁨의 고통들 모두가 지금의 순간으로 나를 이끌어준 것이었다. 내 바이올린을 만나 우리가 함께 시작하도록 (중략) 이것은 바로 여기 지구의 천국에서 죽음이 우리를 갈라놓을 때까지 함께할 결혼이었다. 내 평생은 이 순간을 위해 준비된 것이었다.[39]

바이올린은 섬세한 생명체라 끊임없는 유지보수가 필요하고, 연주자들의 성향에 맞게 만들어져야 한다. 특히 김민진의 스트라드는 수백 년의 세월을 견뎌내며 손상을 입기도 했다. 그녀는 수년에 걸쳐 사운드 포스트(바이올린 등의 현악기 내부에서 음향을 전달해주는 나무 버팀대-옮긴이)와 현을 조율했다. 단지 적절한 활을 찾기 위해 3년간 수차례의 시험 연주를 해보기도 했다. 버는 대로 모두 스트라드의 완벽함을 갖추기 위해 쏟아붓느라 작은 구두상자같이 비좁은 아파트에 살며 멋진 차도, 비싼 옷도 다 포기했다. 이 모든 희생의 반대편에는 마법이 있으리라고 확신하면서.

정신역학적 관점에서 보면 우리는 김민진의 이런 집착을 전쟁과 궁핍에 시달려온 가족사와 고압적 권위에 복종했던 유년기로 인해 취약해진 젊은 여성의 심리가 낳은 산물이라고 해석할 여지가 있다. 김민진도 이런 해석을 부정하지 않을 것이다. 하지만 그것만이 다는 아니라고도 말한다. 잠시 김민진의 스트라드에 깃들어 있는 초자연적 맥락을 살펴보면 그다음에 일어난 사건이 얼마나 엄청난 일인지도 이해할 수 있다.

바이올린의 마법에 걸린 사람들에게는 그 바이올린이 인간의 창의성과 신의 은총을 상징하는 존재다. 김민진의 말을 옮기자면 "천국에 오르게 해주는 유일한 악기"[40]다("첼리스트들에게는 내가 그런 말을 했다고 말하지 마세요." 김민진이 이어서 덧붙인 말이다). 바이올린은 몸체가 가늘고 감각적이며 세공이 돋보이는 데다 나름의 신화도 갖추고 있다. 현재 가장 추앙받는 바이올린은 전부 이탈리아의 세 남자, 스트라디바리우스, 아마티, 과르니에리가 만들어낸 작품들로, 특히 스트라디바리우스의 작품들은 돌로마이트의 일명 음악의 숲musical forest에서 베어온 나무로 만든 것으로 추정되고 있다. 전해오는 얘기로는, 스트라디바리우스 자신이 찾는 잡힐 듯 잡히지 않는 그 소중한 소리를 잘 듣기 위해 보름달이 뜨는 날마다 음악의 숲으로 가서 나무 몸통에 머리를 기대 쉬었다고도 한다. 무수한 현악기 제작자들이 온갖 시도를 했음에도 어떻게 해야 그가 만들어낸 명 바이올린을 만들어낼 수 있는지는 지금까지도 여전히 수수께끼로 남아 있다.

이런 명 바이올린들은 현재 수백만 달러에 거래되며 재계 거물과 재벌들에게 사들여져 유리 상자 안에 조용히 놓여져 있다. 도난 바이올린을 거래하는 암시장도 성황을 이루고 있어 온라인상에는 원래 주인들의 슬픈 심정이 묻어나는 흔적들이 줄줄이 남겨지고 있다. 구글에서 'stolen violin'을 검색하면 다음과 같은 글이 수천 페이지에 달한다. "이 악기는 제가 14살 때부터 저의 목소리였는데 그런 악기를 잃어버려 충격에서 헤어나오지 못하고 있어요." "제 삶은 고통과 상심에 빠져 있어요. (중략) 모든 것이 엉망이에요." "제 소중한 바이올린을 도난당했어요!"

김민진에게도 그런 일이 일어났다. 그녀는 스트라드를 언제나 한시도 눈을 떼지 않고 잘 지켰지만 어느 날 런던 중심부 유스턴 기차역의 카페 프레타 망제에서 아주 잠깐 시선을 돌린 사이에 그녀의 스트라드가 없어졌다. 도난당한 것이다. 그렇게 값을 매길 수 없이 귀중한 스트라드는 은밀한 범죄의 지하세계로 빼돌려져 버렸다.

이 절도 사건은 세계적인 뉴스로 보도되며 런던 경찰청이 사건을 맡게 되었다. 3년에 걸친 수사 끝에 경찰은 결국 바이올린의 행방을 찾아냈다. 한 범죄 집단에서 다른 집단으로 넘겨진 상태였다. 하지만 그 사이에 김민진은 도난 보험금으로 저렴한 바이올린을 샀다. 그리고 바이올린 시장에 나온 스트라드는 값이 뛰어버려 수백만 달러를 호가해 그녀의 형편으로는 다시 살 수 없었다. 스트라드는 어떤 투자가에게 팔려 그 사람 집에 가만히 놓여 있다.

김민진은 우울증에 빠져 연주를 아예 그만두었다. 절도 사건이 터졌을 당시에 그녀는 곧 중요한 앨범을 발표하고 전 세계 투어 공연을 시작할 예정이었다. 예정대로라면 세계 최고의 재능을 갖춘 또 한 명의 바이올리니스트의 등장을 세상에 알리고 있었을 테지만 그러기는커녕 만신창이가 된 채 침대에 누워 있었다. 그런 상태가 수년이나 지속되었다. 하지만 김민진에 대한 헤드라인 뉴스는 온통 그녀의 도난당한 악기에 대한 보도뿐이었다.

그것이 뭐든 해소할 수 없는 고통이라면 그 고통을 창의성의 제물로 삼아라. 김민진은 평생을 이런 수칙대로 산 사람이었다. 그전까지 그녀가 치러온 제물은 신발 안에 돌이 들어간 채로도 기꺼이 걸어 명연주가의 신전으로 나아가는 것이었다. 하지만 그때 그 상실감의 안개 속에서, 자신의 과거와 미래를 구현해줄 새로운 이야기가 모습을 드러냈다. 그녀는 스트라드에 대한 큰 사랑이 진실이었지만 또 다른 진실들도 있음을 느꼈다. 심각한 완벽주의, 자신은 보통의 인간처럼 될 수 없다는 생각, 자신의 삶에서 음악적 재능 이외에는 보여줄 것이 아무것도 없다는 깨달음, 이 모두도 진실이었다. 그러다 창의성의 제물로 삼을 만한 것이 또 있다는 깨우침이 들면서 결심했다. 자신의 이야기를 글로 쓰자고.

처음엔 《곤Gone》이라는 제목의 이 책에서 스트라드의 절도 사건을 다룰 생각이었다.[41] 그리고 실제로도 그 사건을 다루었다. 하지만 그 외에도 가족이 전쟁 중에 겪은 어려움, 그녀 자신의 복종, 강박, 우울증에 빠지게 된 일, 차츰 삶 속으로 다시 발을 들여놓은 과정에 대해서도 썼다. 그리고 그로 인해 초월미를 갖춘 작품을 창작해냈다.

김민진과 나는 만난 적은 없지만 우연히 같은 편집장과 인연을 맺고 있었다. 책의 출간 몇 개월 전, 바로 이 편집장이 나에게 그녀의 원고를 보내주었다. 마음이 혹할 만한 멋들어진 표지나 유명인의 거창한 추천사도 없이 달랑 원고만 이메일 첨부파일로 들어왔다. 당시에 나는 일 때문에 출장 중이었다. 어느 지역이었는지는 잘 기억나지 않고 호텔 방이었다는 것만 기억나는데, 아무튼 그 호텔 방에서 원고를 읽다가 음악만큼이나 서정적인 표현에 매료되어 밤을 꼬박 새웠다. 다 읽고 나서는 문학적 교감의 여운과 더불어, 김민진의 책이 초대박 베스트셀러가 되면서 전 세계 독자들이 힘을 합해 투자가의 소유가 된 그녀의 바이올린을 다시 사주는 상상까지 펼쳤다. 나에게 돈이 있다면 당장 수표를 써서 우편으로 보내주고 싶을 정도였다.

얼마 지나지 않아 나는 북 투어를 위해 런던을 방문했다가 켄싱턴 하이 스트리트에 있는 파리 스타일의 레스토랑, 아이비 켄싱턴 브라세리에서 김민진과 저녁을 먹기 위해 만났다. 직접 만나보니 그녀는 책 속에 묘사된 마음 산란한 사람과는 거리가 멀었다. 함께 있으면 기분 좋은 사람이었다. 쾌활한 데다 말하기 좋아했고, 얘기를 할 때면 윤기 도는 검은 머리가 찰랑거렸다. 그날 저녁 레스토랑에서 우리가 마지막까지 남은 손님일 정도로 이야기를 나눴다. 나는 김민진에게 내가 펼쳤던 상상을 털어놓으며 그녀가 내 생각을 바로 받아줄 거라고 기대했다. 하지만 오히려 내가 생각지 못한 놀라운 말이 나왔다. 자신의 스트라드를 되돌려 받아서는 안 된다고 했다.

김민진의 말을 옮기자면, 스트라드는 예전의 그 바이올린이 아니었고 그녀도 그때의 자신이 아니었다. 자신이 스트라드를 만난 건 말 잘 듣는 신동 김민진이었던 때였고, 그때 그 바이올린은 수백 년간 이런저런 손상을 견뎌온 불안정했던 세월이 그 안에 깃들어 있었다. 그런데 이제 그녀는 새로운 창의력을 갖춘 김민진으로 성장했다. 그녀의 말대로 "상실의 좋은 면"을 알게 되었다.

"스트라드를 사랑하는 마음은 언제나 멈추지 않을 거예요. 단지 이제는 어디에 있는지 아는 것만으로도 행복해요. 여전히 잘 있다는 것만으로도 다행스러워요. 하지만 그 바이올린은 그 바이올린대로 저는 저대로 각자의 경험을 거쳐 여기에 이른 거예요."

그 이후로 김민진은 몇 번의 연애를 했다. 자신이 사랑했고 또 사랑받았던 남자들을 만났다. 지금은 앨범 작업과 다른 작곡가 및 예술가들과의 컬래버레이션 활동 등 여러 가지 새로운 창작 프로젝트를 넘나들고 있기도 하다. 또 수년간 자신만의 악기 없이 지내다가 옛 스승인 루지에로 리치가 가지고 있었던 과르네리 델 제수Guarneri Del Gesu 바이올린 복제판을 제작 의뢰했다.

"제 바이올린을 도난당했던 순간 제 안의 뭔가가 죽었어요. 아주 오랫동안 그 뭔가가 언젠가는 회복될 거라고 생각했었죠. 얼마 전까지도요. 하지만 결코 회복되지 않았어요. 이제 저는 과거의 저를 인정해야 해요. 그 바이올린과 함께였을 때 다른 사람과 함께하지 않았던 그때의 저를요. 오랜 시간이 걸렸지만 이제는 그 바이올린과 함께였던 과거의 제가 사라지고 없다는 사실을 받아들이게 되었어요. 하지만 전 다시 태어났어요. 한쪽 문이 닫히면 다른 한쪽 문이 열리는 법이죠. 새로운 탄생에 대해 말하는 모든 상투어들은 진짜 맞아요. 이제는 새로워진 제가 부상할 만한 공간도 생겼어요. 예전에 선택해왔던 것과는 달라요. 예전이었다면 남은 평생을 바이올린과 완벽히 한몸이 되는 것에 행복해했겠지요. 하지만 상실에서 회복하면, 치유를 얻으면, 영혼이 그 충격에서 차츰 치유되면 새로운 일부가 자라나요. 지금의 제가 그래요. 저는 다시는 독주자로 연주하지 못할지도 몰라요. 하지만 그런 상실을 붙잡아 그 상실로 새로운 형태의 예술을 창조할 거예요."

어느 날, 김민진과 나는 스트라디바리우스가 살고 일했던 도시이 자, 여전히 바이올린 애호가들의 비공식적 심장이며 영혼인 크레모 나에서 만났다. 이때 피아차 마르코니에 위치한 바이올린 박물관으로 함께 오디오 여행을 갔는데 유리 상자 안에 세계 최고 명품 바이올린 몇 대가 보관된 어두운 방이 이 여행의 백미였다. 그런데 김민진은 귀하고 멋진 이 바이올린들을 앞에 두고도 고통스러운 표정을 지었다. 그러더니 한 손으로 입을 가리고 소곤소곤 말했다. 바이올린들이 "전시되어 있는 모습에서 고문실에 갇힌 것 같은 긴장감이 풍겨요. 꼭 침묵당하고 있는 느낌이에요."

우리는 서둘러 박물관을 나와 햇빛 비쳐드는 광장으로 나섰다. 크레모나의 여러 탑에서 종이 울려퍼졌고 사람들이 자전거를 타며 지나갔다. 김민진이 말했다. "방금 저 악기들을 보고 나왔더니 마라톤이라도 뛴 기분이 들어요. 속에서 숨이 차는 느낌이에요."

잠시 후 그런 순간은 지나갔고 김민진은 편안한 미소를 되찾았다. 그날 나는 편하고 마음씨 고운 김민진이 정말 좋은 여행 동무라는 생각을 10번쯤은 했던 것 같다. 그녀가 《곤》에서 썼던 마음 찢어지는 슬픔의 흔적은 거의 느껴지지 않았다. 당신도 그녀를 만난다면 그녀에게 슬픔이 있었는지조차 짐작하지 못할 것이다. 나조차도 그녀에게 그런 슬픔이 있었다는 사실을 생각해내야 할 정도이니 말이다. 그리고 생각해보면 세상에는 김민진 같은 사람들로 가득하다는 사실도 새삼 깨닫게 된다.

TED 강연 무대에서의 그날 저녁, 나는 사라예보의 첼리스트 얘기를 꺼냈다. 이 책의 여는 글에서 했던 바로 그 얘기였고 김민진은 알비노니의 아다지오 G단조를 연주해 주었다. 그녀는 그날 저녁에 빌린 악기로 연주했다. 친구가 자신의 바이올린 듀크 오브 에든버러 스트라디바리우스Duke of Edinburgh Stradivarius를 이날의 연주를 위해 내어주었는데, 악기의 선택이 정말 완벽했다. 김민진이 나와 함께 무대에 서서 연주한 아다지오 G단조가 너무 감동적이어서 숨죽여 감상하는 청중의 반응이 그대로 전해졌다. 그녀는 더는 클래식 독주자가 아니었을지 모른다. 다시는 독주자로 연주하지 못할지도 모른다. 하지만 그때의 그녀는 그보다 더 위대한 존재였다. 그녀의 음악에서는 그녀의 상실과 사랑을 느낄 수 있었고, 당신 자신의 상실과 사랑도 느낄 수 있었다. 그녀의 고통과 그 고통의 전환도 느낄 수 있었다. 또 청중이 한마음으로 그 연주곡을 들으며 모두들 마음이 깨지지 않으려 온 힘을 다하고 있지만 깨어져 열리기 직전인 채로, 한 사람, 한 사람 모두가 자신만의 고통을 초월하는 것을 느낄 수도 있었다.[*]

[*] 이번 장의 맺은 글은 이 책의 많은 부분이 그렇듯 루미의 시에서 영감을 얻었다.

# CHAPTER 04

# 사랑의 상실은
# 어떻게 대처해야 하나?

연인은 잃어도 사랑은 잃지 않네.[1]

― 딜런 토머스*Dylan Thomas*, 영국의 시인

아주 어릴 적의 기억 하나가 떠오른다. 4살 때 유치원에 들어간 첫날의 오후였다. 나는 강낭콩 모양의 탁자에 앉아 아주 행복한 그림을 그리고 있었다. 노란색 크레용으로 태양을 그리고, 태양 아래쪽에 초록색으로 풀을 칠하고, 그 사이엔 푸르고 푸른 하늘도 그려 넣었다. 그렇게 그림을 그리다 고개를 들어 둘러보니 어머니가 다른 친구들의 어머니들과 교실 뒤쪽에 서서 나를 집에 데려가려고 기다리고 있

었다. 어머니는 다정하면서도 한없는 인내심이 느껴지는 미소를 머금고 있었고, 나는 기쁨으로 벅차올랐다. 내 눈엔 어머니의 붉은색 곱슬머리 주위로 후광이 에워싼 것처럼 보였다. 나를 학교에서 데려가려고 천사가 왔고, 나는 그 천사가 사는 에덴 정원의 집으로 따라가는 것 같은 기분이었다.

나의 유년기 내내 어머니는 다정함과 인내심을 보여주었다. 학교에 갔다 오는 시간에 맞춰 초콜릿 아이스크림이 그릇에 담겨 있었고, 4학년생의 사회생활에 대해 함께 신나게 얘기를 나눠주었고, 언제나 가벼운 농담을 해주거나 안 좋은 일이 있을 땐 울음을 달래주기도 했다. 내 형제들은 나보다 나이가 훨씬 많았다. 의대 교수였던 아버지는 늦게까지 일했다. 가족들을 정말 사랑했지만 나에겐 어머니가 누구보다 소중했다. 이렇게나 좋고 자애로운 어머니가 지구 어디에나 흔했을까? 그럴 리는 없다. 내 친구들도 하나같이 그런 어머니를 둔 내가 행운아라고 말했다. 어머니는 정성스럽게 치킨 수프와 소고기 찜을 만들어주고 금요일 밤이 되면 촛불로 분위기를 내주기도 했다. 내가 말로 하거나 글로 쓴 일들을 격려해줄 때 말고는 여간해서 목소리를 높이지도 않았다.

어머니는 내가 3살 때 읽기와 쓰기를 가르쳐 주었다. 그 뒤로 나는 카드놀이용 테이블 아래를 내 '작업실'이라고 하며 그 탁자 아래에 쭈그리고 앉아 스테이플러로 철한 줄 그어진 종이를 가지고 장난스러운 낙서를 하고, 이야기를 쓰고 잡지도 만들었다. 그 당시엔 몰랐다. 이런 글쓰기가 우리를 갈라놓게 될 줄은. 어머니가 사실은 얼마나 복잡한 상태였는 줄도.

어머니는 무남독녀였다. 그리고 외할머니는 어머니의 어린 시절 내내 병환이 심해 수년간 침대에서 벽을 보며 누워 지냈다. 하루하루, 또 몇 해를 돌아누워 있는 외할머니의 등을 본다는 건 기분이 어땠을까? 그 일이 어떤 영향을 미쳤을까? 어머니는 자신이 어떤 끔찍한 잘못을 해서 외할머니가 아프게 된 거라고 믿었고, 외할머니가 어머니를 봐주면 좋겠다는, 이루어지지 못할 바람으로 괴로워했다.

외할아버지는 랍비였다. 자애롭고 현명하고 반짝반짝 빛이 나는 사람이었고 딸을 끔찍이 예뻐했지만 마음속에 고통을 떠안고 살았다. 외할아버지는 1927년, 17살의 나이에 혈혈단신으로 동유럽에서 브루클린으로 이주해온 후 결혼을 했다. 그로부터 불과 10년이 지나 내 어머니가 5살이었을 때 외할아버지가 어머니를 불러 라디오에서 나오는 히틀러의 연설을 듣게 했다. "이것 좀 들어봐라, 마멜레(mamele, 'little mother[어머니 역할을 하는 딸]을 뜻하는 이디시어 애칭)." 외할아버지가 어머니를 불렀던 그때 히틀러의 딱딱하고 우렁찬 어조가 어두운 은빛 불빛이 가늘게 비추는 주방을 침범했다. "이 자는 아주 나쁜 사람이야. 무슨 말을 하는지 잘 들어봐야 해." 얼마 지나지 않아 이 나쁜 사람은 유럽에 사는 외할아버지의 어머니, 아버지, 누이, 어머니와 아버지의 형제자매, 사촌들을 죽였다. 외할아버지가 사랑하는 모든 사람을 한 사람도 남기지 않고 죽였다. 외할아버지는 사람들 앞에서는 신자들을 헌신적으로 돌보며 활기차게 살았다. 하지만 집에서의 외할아버지는 한숨으로 단칸방 아파트를 무겁게 채울 정도였다.

어머니 주변의 비극들은 어머니의 일부가 되었고, 훗날엔 어머니를 거의 잠식해 버렸다. 어머니는 두려움과 함께 자신이 하찮은 사람 같다는 감정에 사로잡혔다. 하지만 내가 어렸을 때는 가까스로 그런 감정을 억누르고 있었다. 지금 와서 돌이켜보면 앞으로 일어날 그 일에 대한 징조는 여러 번 있었다. 어머닌 내가 마트에서 몇 걸음 떨어져서 돌아다니기라도 하면 공포에 질려 했고, 나무타기나 말타기 같이 아이들이 일상적으로 하는 이런저런 놀이를 너무 위험하다며 못 하게 했다. 나를 너무나 사랑해서 할 수만 있다면 이불로 꽁꽁 싸매 보호해주고 싶다고도 말했다. 어머니는 애정 표현으로 한 말이었지만 나는 감옥에 갇히는 것 같은 답답한 느낌이 들었다.

아주 어릴 때부터 우리 가족은 종교적 노선이 서로 갈렸다. 어머니는 나를 정통파 유대교도로 키워, 유대교 안식일에는 자동차나 TV나 전화기를 이용하지 못 하게 했다. 맥도날드 햄버거나 페퍼로니 피자도 못 먹게 했다. 하지만 완전히 꽉 막혀 있진 않았다. 아주 어릴 때의 기억을 더듬어보면 토요일 아침마다 무음으로 〈스쿠비 두〉를 몰래 보기도 했고, 학교 스키여행 때 베이컨을 먹기도 했다(아주아주 맛 좋은 베이컨은 유대교 율법에 어긋나는 논코셔 음식이었다). 이것이 가능했던 이유 중 하나는 우리 가족에게 여러 영향이 혼란스럽게 뒤섞여 있었기 때문이다. 사랑하는 외할아버지는 랍비였고, 어머니는 신실한 신자였던 반면, 아버지는 묵시적 무신론자였다. 확실히 아버지의 신은 과학과 문학이었다. 게다가 나는 타고난 회의론자였다. 지금도 누군가 'X'를 말하면 나는 자동적으로 'Y는 어떨까?' 하는 생각을 한다. 성인으로서는 이런 경향이 지적으로 유용하다(물론 가끔씩 남편을 돌아버리게 만들기도 하지만). 그런데 어릴 때는 왜 실재하지도 않는 것 같은 신의 이름으로 코셔를 지켜야 하는지 그 이유를 이해할 수가 없었다.

하지만 어머니와 나 사이에 본격적으로 갈등이 시작된 것은 내가 고등학교에 올라가 어릴 때의 사소한 제약들이 엄격한 순결 규칙으로 바뀌면서부터였다. 야해 보이는 옷차림도 안 되고, 지켜보는 사람이 없는 상태에서 남자아이들과 어울리지도 못 하게 했다. 어머니는 내가 머리를 자르는 것까지 감독해 각도가 너무 도발적이라고 여겨지면 미용사에게 호되게 따졌다. 이런 제약들은 표면적 이론상으론 종교적이고 문화적인 규칙이었다. 하지만 실질적으로는 내 배를 어머니의 항구에 계속 매어놓으려는 닻이나 다름없었다. 내가 그 규칙을 따르면 배가 어머니의 찰싹거리는 파도에 살살 부딪쳤고 규칙에서 벗어나면 어머니의 강풍급 분노가 우리 모녀를 산산조각 찢어놓았다.

미국의 1980년대 기준에서의 나는 예의 바르고 책임감 있고 좀 융통성 없는 아이였다. 하지만 잘못된 옷을 입거나 잘못된 친구를 사귀거나 잘못된 파티에 가는 등으로 어쩌다 규칙을 깨기라도 하면 공포에 질린 냉담한 추궁이 따랐다. 한바탕 분노의 물결과 눈물 바람이 지나가면 며칠이 지나고 몇 주가 지나도록 돌 같은 침묵이 이어졌다. 이렇게 끝없는 침묵이 이어지는 동안엔 내 영혼에서 모든 사랑이 고갈되어 버린 기분이었다. 뱃속이 울렁거려 잘 먹지도 못했다. 하지만 살이 빠지는 것쯤은 정서적 배고픔에 비하면 아무것도 아니었다. 어머니를 슬프게 만들었다는 죄책감에도 비할 바가 못되었다.

내 친구들은 내가 이런 갈등이나, 그 갈등에 대한 내 심각한 반응을 얘기하면 어리둥절해했다. 친구들이 보기에 나는 학교에서 규칙을 가장 잘 지키는 여학생에 성적도 최상위권이고 담배를 피우거나 마약을 하지도 않는 모범생이었을지 모른다. 친구들은 그런 나에게 어머니가 더 바랄 게 뭐가 있느냐며 의아해했다. 밤에 늦게까지 밖에서 놀고 싶으면 친구들은 이렇게 묻곤 했다. "우리 집에서 자고 간다고 말씀드리면 안 돼?" 그건 어머니와 내가 너무 가까워서 어머니가 그 어떤 거짓말 탐지 테스트보다 정확하게 내 얼굴 표정을 읽을 수 있다는 걸 몰라서 하는 소리였다. 모르기로 치자면 우리 집의 규칙이 친구들 집의 규칙과는 다르다는 점과 우리 집에서는 규칙을 어기는 일이 그저 사춘기의 탈선이 아니라 어머니의 위태위태한 정신을 무너뜨리는 일이라는 점도 모르긴 마찬가지였다. 내가 잘만 하면 내가 그 누구보다, 또 그 무엇보다 사랑하는 어머니가 다시 행복해질 것도 같았다. 그래서 나는 그렇게 했다.

우리 둘 다 서로 떨어져서는 견딜 수가 없었기에 우리는 트라우마적 불화가 터질 때마다 매번 화해를 했다. 언제나 어머닌 그렇게도 세심히 보살펴주던 어릴 때의 그 어머니로 돌아와 주었다. 우리는 서로 안고 살짝 눈물도 흘렸다. 나는 따뜻함으로 푹 적셔주는 어머니의 사랑과 위안에 감사해 굴복하곤 했다. 화해를 할 때마다 나는 이젠 전쟁이 끝났다고 믿었다. 하지만 결코 끝난 게 아니었다. 시간이 지나면서 휴전 상태가 언제까지 갈지 불안해졌다. 차츰 학교 수업을 마치고 집에 가까워지면 배가 아팠고, 집에 들어가자마자 어머니 기분이 어떤지 잘 살피는 요령이 생겼다. 어머니의 평정을 흔들거나 화를 돋울 만한 일은 뭐든 해서는 안 될 것 같아 조심조심했다. 어머니의 어린 시절 슬픔과 함께, 입을 쩍 벌린 공허감의 구렁텅이와 싸우고 있는 어머니의 현재 상태가 점점 더 의식되었다. 나는 어느새 도망치는 꿈을 꾸기 시작했다. 대학에 들어가 어머니로부터 자유로워질 그날을 꿈꿨다.

하지만 또 한편으론 집을 떠나고 싶지 않기도 했다. 어머닌 여전히 나의 어머니였다. 어머니 내면의 벌어진 틈을 채워주고, 어머니의 상처를 덜어주고 싶었다. 그 이전에도 이후에도 뭔가를 절실히 원한 적이 없을 만큼. 나 역시 종종 어머니를 울렸지만 어쨌든 어머니가 운다고 생각하면 나도 울컥 눈물이 났다. 아주 어렸을 때, 나는 어머니에게 아주 중요한 사람이었다. 태양처럼 중요한 존재였다. 그런 내가 어른이 되어 가면서 어머니로선 어둠을 피할 수 없게 되었다. 그때까지만 해도 나는 여전히 이 난제에서 벗어날 방법이 있을 거라고 믿었다. 어떻게든 내가 다 잘하기만 하면 나 자신도 살면서, 에덴동산 같았던 어린 시절 동안 내가 큰 노력 없이 그랬던 것처럼 어머니를 행복하게 해줄 방법을 찾을 거라고 믿었다.

## 정서적 모친 살해가 된 딸의 일기장

———

우리 집에서는 좋은 대학에 들어가는 일이 간절한 꿈이었다. 어머니는 내가 집을 떠난다는 것에 대한 걱정이 이만저만이 아니었지만 내 성공을 바라는 마음이 그보다 훨씬 더 컸다. 그래서 졸업반이던 8월 15일, 대학 입학 여부가 결정되는 중대한 날, 우리는 서로의 의견 차이를 제쳐놓았다. 우편이 왔을 때 나는 아직 자고 있었고 어머니가 함박웃음을 지으며 프린스턴 대학교 로고가 박힌 큼지막하고 두툼한 봉투를 들고 내 방으로 들어왔다. 우리는 그 귀한 서류를 같이 봤다. 60년 전에 외할아버지가 미국행 상선의 3등칸 선실 티켓을 바라봤을 때도 꼭 그때의 우리와 같은 심정이었으리라. 당시 외할아버지의 나이는 그때의 나와 똑같았다.

하지만 합격 통지서는 다음 달인 9월에 나를 인파로 바글바글 북적이는 앨리스섬(허드슨강 하구에 있는 섬으로, 과거에 이민자들이 입국 심사를 받던 곳 - 옮긴이)이 아니라 고딕 양식의 마당과 세속과 격리된 잔디밭이 펼쳐진 경관 좋은 곳으로 보내줬다. 좋기도 하고 싫기도 한 점이 었지만 프린스턴 대학교는 내 유년기의 집과 정반대 쪽에 있었고, 재학생들은 지주 집안 출신들인데다 무심했다. 캠퍼스에는 몸에서부터 품위가 흐르는 동급생들이 수두룩했다. 좁은 엉덩이, 튼튼한 팔다리, 윤기가 흐르는 금발머리를 한 동급생들이 내 눈엔 생경하기만 했다. 당시는 1980년대여서 캠퍼스 내에 다양한 배경 출신의 학생들이 드문 편이었고 여전히 공기에서 스콧 피츠제럴드(프린스턴 대학교를 졸업함 - 옮긴이)의 숨결이 느껴졌다. 가장 매력 있는 학생들은 캠퍼스 내 속어로 'beutiful people'을 뜻하는 'BP'로 불렸다. 그곳에서는 가을 공기마저 상쾌하고 귀족적이었다. 모든 것과 모든 사람이 빛이 났다.

이 고상한 곳에 오점이 딱 하나 있었다면, 그것은 내 기숙사 방에 설치된 전화기였다. 그 전화기가 나를 엄마와 벗어날 길 없이 이어주고 있었다. 처음엔 전화벨이 울리면 전화선 반대편의 어머니 목소리가 유년 시절을 보낸 그 먼 곳에서도 또렷이 들리는 게 마냥 이상하기만 했다. 어머닌 내 대학 생활이 행복한지 알고 싶어 했다. 물론 결혼 전까지 순결을 지켜야 하는 규칙을 잘 지키고 있는지도 궁금해했다. 그때 나는 조정 경기 연습 후 베이컨 치즈버거를 우걱우걱 먹는 건장한 젊은 프린스턴 대학생들을 보며 이 규칙이 거북하게 느껴지던 차였다. 말할 필요도 없이 어머니에겐 그런 동급생들이 금지된 대상이었지만 나에겐 거부하기 힘든 매력적인 상대였다. 17살이었던 그때의 나에게 그 남자애들은 미래의 대통령감으로 보였다. 정책을 세우고, 전쟁을 벌이고, 배를 불리고, 정부를 따로 두기 전의 삶의 막간기에 우리에게 빛을 더해줄 존재 같았다. 여전히 그레이트풀 데드 (1960년대 히피 문화를 이끌던 록 밴드 - 옮긴이) 티셔츠를 입고, 달빛 비쳐드는 아치 길에서 달콤한 키스를 하고, 예술사 수업에서 렘브란트와 카라바조를 구분할 수 있는 동급생을 존경의 눈빛으로 바라보고, 그 동급생들의 리즈 시절을 눈앞에서 즐기고 있다는 생각도 들었다.

어머닌 이런 내 마음을 모두 눈치채고는 내가 임신해서 평판을 망치고 졸업도 하기 전에 에이즈로 죽을 거라고 믿어 의심치 않았다. 1학년 학기가 흘러가는 사이에 어머니는 자신과 떨어져 있는 나에 대한 생각이 갈 데까지 거침없이 치달으며 점점 제정신이 아닌 상태가 되어갔다. 딸이 순순히 괴물에게 잡아먹혔다고 진짜로 믿지 않고선 그럴 수 없을 정도로 되어갔다. 고등학교 시절엔 결별과 재회의 반복된 패턴을 따랐다면 이제 내 어린 시절의 어머니는 사라지고 없었다. 그런 어머니 대신 앙심에 불타는 여인이 나타났다. 매일같이 전화해서 못된 행실을 꾸짖고, 방학 때는 내 방 문가에 몇 시간씩 서서 '정신 차리지' 않으면 나를 계속 감시하기 위해 프린스턴 대학교에서 끌고 나오겠다고 으름장을 놓았다. 나는 겁이 났다. 아이비리그 학위를 잃을지도 모른다는 걱정 때문이라기보다 다시 어머니의 감시를 받으며 살게 될까 봐.

그때 어머니가 타이어 10개 달린 대형 트럭에 치이거나 급성 불치병에 걸려 쓰러졌다면 심한 충격에 빠지면서도 내 안의 한구석에서는 안도감을 느꼈을지 모른다. 장례식 중에는 남들이 수긍할 만한 방식으로 고통을 드러냈을 테지만 사실은 어머니를 애도할 생각이 없었을지도 모른다. 기숙사 방 전화기 저편에서 매일같이 오싹할 만큼 생생한 목소리로 고르곤(그리스 신화에 등장하는, 머리카락이 뱀인 흉측한 모습의 세 자매. 메두사가 이 세 자매 중 한 명임 - 옮긴이)처럼 나타나던 어머니에게 어느 누가 슬퍼할 마음이 들겠는가?

그러기는커녕 나는 내 일기장에 부끄러운 바람들을 털어놓으며 여러 권이나 되는 공책을 꽉꽉 채웠다. 나는 그 일기장에 어머니를 사랑하지만 밉기도 하다고 썼다. 대학에 들어와 내가 자행하고 있던 금기 사항들 모두를 괴로울 만큼 자세히 썼다. 서서히 다가오는 깨달음에 대해서도 썼다. 내가 사랑해 마지않는 (그리고 나를 사랑해 마지않는) 어머니는 죽은 게 아니라 사라졌고 애초부터 존재한 적이 없었을 수도 있다고. 실존주의적 관점에서 어떻게 보면 나에겐 어머니가 없다고 썼다. 짧게 말해, 나는 현실에서는 어머니에게 할 수 없는 얘기를 그 일기장에 전부 다 적었다. 정서적 모친 살해가 될지도 모른다는 생각에 차마 털어놓을 수 없는 얘기를 일기장 속에 담으며 1학년 학기를 버텨냈다. 그리고 이제부터는 듣고도 믿기 힘들지 모를 전개로 접어든다. 수년이 흐른 지금 나 자신조차 믿기 힘든 그 일이 일어나고야 만다.

1학년 학기의 마지막 날이었다. 잘 기억나지 않는 어떤 이유로, 나는 며칠을 더 캠퍼스에 머물러야 했지만 소지품은 집으로 보내야 했다. 부모님이 짐가방 옮기는 일을 도와주러 학교에 왔다. 우리는 휑하니 비어 소리가 울리는 내 기숙사 방에서 서로를 맞았다. 나는 거북한 기분이었고 부모님은 학교 분위기와 어울리지 못하고 붕 떠 있었다. 부모님의 그런 모습은 나 역시 그렇다는 사실을 더 상기시켰다. 당시에 같은 복도 아래쪽에는 '렉사'라는 이름의 신입생이 지내고 있었다. 건축학도인 그녀는 차콜색의 의상을 갖춰 입고, 맨해튼 출신과 유럽 여러 지역의 자본가 집안 출신의 세련된 친구들과 어울리며 그 친구들을 'nice' 하다고 표현했다. 나는 'nice(좋은)'가 'glamorous(화려한)'라는 뜻이 담긴 말이라는 걸 몇 주가 지나서야 이해했다. 나는 세상 짐을 다 짊어지고 있는 듯한 근심 어린 얼굴의 내 어머니와 영화 제작자인 렉사의 어머니를 비교하지 않을 수가 없었다. 그 전날 슬림핏의 가죽 재킷에 은팔찌를 찰랑찰랑 두른 차림으로 딸을 데리러 왔던 렉사의 어머니와 너무 비교가 됐기 때문이다. 두 어머니의 차이를 의식하는 나 자신이 싫기도 했다.

우리는 작별 인사를 나눴다. 그리고 그 일이 일어났다. 미리 의도했던 것도 아니고, 그 결과를 의식하지도 못한 채 나는 어머니에게 일기장을 건네고 말았다. 어머니에게 일기장을 건네다니! 일이 벌어지고 난 뒤늦게서야 깨달았지만, 정말 생각 없는 행동이었다. 나는 어머니에게 일기장을 집에 가져다놓아 달라고 하며, 잘 보관해 달라고 말했다. 그리고 어머니가 잘 보관해줄 줄로 믿었다. 그 중요한 순간에 나는 어머니가 여전히 어릴 적의 그 천사라는 자기 암시를 걸었던 셈이다. 누군가의 일기장을 읽는 옳지 않은 행동은 하지 않을 어머니라고. 누군가가 어머니에게 '보관해 달라며' 일기장을 건네주었더라도 그런 행동을 하지 않을 사람이라고 말이다.

당연한 얘기겠지만, 내가 어머니의 큰 사랑과 그 사랑의 트라우마적 전개에 대한 이야기를 적어넣은 일기장을 건네는 순간 나는 어머니와의 관계를 잘라내는 선택을 한 것이었다. 10대 자식이 자신을 정말로 어떻게 생각하는지 알게 된다는 건 부모에게 고통스러운 일이다. 내 어머니에겐 틀림없이 견딜 수 없는 고통이었을 것이다. 아니나 다를까 어머닌 너무 놀라 그다음 주에 내가 집에 갔을 때 내 일기장을 들고 내 방 문가에 서서 말없이 단두대 칼날에 목이 베이는 시늉을 해보였다. 나는 어머니가 맞다고 생각했다. 어찌 보면 내가 사실에 대한 심리적 진실이라는 무기로 내 어머니를 죽인 것이나 다름없었기 때문이다.

# 사랑하지만 벗어나고 싶은 마음을 치유하는 3가지 답

―――

유년기는 언젠가 끝나기 마련이다. 하지만 이 일은 일반적으로 치르는 사춘기의 고통과는 차원이 달랐다. 어머니에게 일기장을 건넨 후로도 수십 년 동안 우리는 여전히 전화로 이야기를 나눴고, 여전히 휴일에 서로를 봤고, 여전히 '사랑한다'고 말했고 그 말은 진심이었다. 하지만 나는 어머니 꿈을 자주 꿨다. 꿈속에서 어머니는 여러 모습으로 나와 어떤 날은 으름장을 놓으며 닦달하고, 어떤 날은 나를 얽매는 연약한 주인공으로, 사랑하지만 벗어나고 싶은 사람으로 등장했다. 깨어 있는 현실의 삶에서도 우리는 따뜻하지만 조심성 있게 대하며 서로를 겉돌았다. 대화도 대체로 잘 얼버무려 빨리 끝내기 시합을 벌이는 것 같았다. 나는 어머니를 믿지 않았고 어머니도 나를 믿지 않았다. 나는 일정한 거리를 유지하고 더 튼튼한 경계를 두르며, 우리의 상황이 전혀 별난 것이 아님을 이해하게 되었다. 부모는 아이에게 자기 자신으로 살거나 사랑을 받거나 둘 중 하나를 택해야지 둘다 누릴 수는 없다고 말하고, 아이는 어른이 되지 않기로 순순히 동의해야만 영원히 사랑받게 될 거라고 믿는 상황이 드물지 않다는 것을 알았다.

나는 내 쪽에서 이 거래를 끝낸 것에 대해 나 자신을 용서하기까지 아주 오랜 시간이 걸렸다. 정서적으로 어머니 없이 견디기까지는 훨씬 더 오랜 시간이 걸렸다. 하지만 이런 식으로 어른이 되면서 후유증이 생겼다. 그 후유증으로 나는 갈등을 피하려 했고, 내가 처한 현실을 불신했으며, 더 강한 의견을 내세우는 사람이 있으면 그 사람의 의견을 따르는 경향이 생겼다. 그때는 2개의 내가 있었다. 다른 사람에게 구애받지 않고 내가 원하는 대로 하며 스스로 맞다고 여기는 방향을 따랐던 나와, 내 체질적 성향에 맞지 않지만 불화의 시기 동안 모습을 드러내는 또 다른 나도 있었다. 사건에 대한 다른 사람들의 해석이 맞으니 당연히 내 해석을 꺾어야 한다고 여기는 성향의 나였다. 그래도 지금은 크게 좋아졌지만 여전히 노력이 필요하고, 앞으로도 쭉 그럴 것이다.

하지만 아주 오랫동안, 심지어 내 삶이 진전되고 비상을 이루고 나 자신의 집과 가족이 생겨 여러 가지 면에서 내가 어릴 때 꿈꿨던 그 활기찬 삶을 이룬 이후에도, 눈물 없이는 어머니 얘기를 꺼낼 수가 없었다. '저희 엄마는 브루클린에서 자라셨어요' 같은 단순한 말만 해도 울컥 눈물이 났다. 그래서 어머니 얘기를 아예 하지 않게 되었다. 그런 눈물을 용납할 수 없었다. 아무리 내 어머니처럼 까탈스러운 어머니라 해도 아직 살아 있는 어머니를 슬퍼하는 건 말이 안 된다고 생각했다. 그래도 나의 가장 귀한 친구이자 지지자이자 사랑이었던 내 기억 속의 어머니와 지금의 어머니 사이에 벌어진 틈을 받아들일 수 없었다. 하지만 어린 시절의 그 어머니는, 설령 애초부터 존재한 적이 없었다 해도, 내가 1학년 학기 마지막 날 어머니에게 건넨 일기장과 함께 떠나버려 사실상 다시는 볼 수 없게 되었다.

하지만 어머닌 프린스턴 대학교에서 나를 끌고 나오지 않았다. 캠퍼스로 돌아갔을 때 나는 문예창작 수업을 신청해 견디기 어려운 어머니를 필사적으로 사랑하는 딸을 주인공으로 이야기를 썼다. 어른의 삶과 사랑을 맛보길 갈망하는 젊은 여인의 이야기에 나는 '가장 열정적인 사랑'이라는 제목을 붙였다.

내공 있는 소설가였던 퉁명스러운 성격의 교수님은 이 이야기를 다 읽고 나서 내가 인물에 너무 가까이 접근했다고 평했다.

"서랍 속에 넣어뒀다가 30년 후에 다시 꺼내 봐요." 그 여교수님의 조언이었다. 교수님의 말이 맞았다. 그러고 보니 이제는 어느새 세월이 30년도 더 흘렀다.

지금까지 내가 어떻게 어머니를 사랑하고 또 잃었는지를 얘기했지만 이 얘기를 꺼낸 것은 내 이야기가 특별하기 때문이 아니다. 당신의 사랑과 상실의 이야기도, 그 달콤쌉쓸한 이야기도 특별하다. 그 이야기가 내 이야기보다 (바람 같아선 덜했으면 하지만) 훨씬 더 트라우마적일 수도 있다는 걸 뼈저리도록 잘 안다. 그럼에도 불구하고 내 이야기를 털어놓기로 마음먹은 이유는, 당신이 이 이야기를 세상의 여러 고통에 견주며 작은 상실이라고 여기든, (우리가 앞에서 다윈과 달라이 라마를 통해 깨달았듯) 어머니가 곧 사랑의 상징이라는 이유로 큰 상실이라고 여기든 간에 나는 안다. 당신도 나름대로 사랑의 상실을 겪었거나, 앞으로 그런 상실을 겪게 되리라는 것을. 그리고 나는 방금 얘기했던 일들을 (대부분) 치유하는 것은 고사하고 이해하는 데까지도 수십 년이 걸렸다. 그 과정에서 내가 배운 교훈이 당신에게도 유용할 수 있을지 모른다.

우리는 심리적·신체적 상처를 삶에서 발생하는 불규칙한 사건으로, 했어야 했던 것으로부터 벗어난 결과로, 또 때로는 치욕거리로 생각하도록 배운다. 하지만 상실과 이별의 이야기 역시 꿈꾸던 직업을 얻고, 사랑에 빠지고, 기적 같은 아이를 낳는 이야기 못지않은 통상적 상황이다. 그런데다 단연코 최고의 경지에 드는 상황(경외와 기쁨, 경이로움과 사랑, 의미와 창의성)은 현실의 이런 달콤쌉쓸함에서 움튼다. 우리가 이런 상황을 체험하는 것은 삶이 완벽하기 때문이 아니라 완벽하지 않기 때문이다.

당신은 무엇과 이별했고, 무언가나 누군가를 잃었는가? 일생의 사랑이 당신을 배신한 적은 없는가? 어렸을 때 부모님이 이혼을 했다거나, 아버지가 돌아가셨거나 포악하진 않았는가? 자신의 진정한 성 정체성을 깨달은 후 가족들에게 거부를 당한 적이 있는가? 아니면 고향이나 태어난 나라가 그리워 밤마다 그곳의 음악을 들어야 잠이 오는가? 이런 쌉쓸함을 당신의 달콤함과 융합시키려면 어떻게 해야 할까? 다시 온전함을 느끼려면 어떻게 해야 할까?

이 의문에는 무궁무진한 답이 펼쳐져 있다. 다음은 그중 몇 가지일 뿐이다.

**첫 번째 답 :** 이런 상실은 당신 마음의 틀을 잡아준다. 즉, 당신이 갖는 모든 교류에 나름의 패턴을 깔아준다. 그 상실을 이해하고 새로운 정서적 습관을 세우기 위해 적극적으로 노력하지 않으면 같은 상실을 되풀이하게 된다. 당신의 관계를 이유도 모른 채 황폐화시키게

된다. 상실에 직면하는 방법에는 여러 가지가 있고, 이 책을 통해서도 그중 몇 가지를 살펴보도록 하자.

**두 번째 답 :** 아무리 치료에 노력을 쏟아도 상실은 평생 당신의 아킬레스건이 될 소지가 있다. 그 아킬레스건은 사람에 따라 버림받는 것에 대한 두려움, 성공에 대한 두려움, 실패에 대한 두려움일 수도 있고, 뿌리 깊은 불안감, 거부 민감성, 불안정한 남성성, 완벽주의가 될 수 있다. 쉽게 욱하는 기질이나, 평상시엔 멀쩡하던 피부에 혹처럼 뭐가 튀어나오는 느낌이 들 만큼 딱딱한 슬픔의 응어리로 나타날 수도 있다. 이런 아킬레스건들은 일단 떨쳐내더라도(정말로 떨쳐낼 수 있다) 사이렌의 노래처럼, 고정관념, 생각, 반응으로 당신을 다시 불러들일지 모른다. 대개의 경우엔 귀를 막는 법을 익힐 수 있지만 사이렌들이 언제나 저 밖에서 노래를 부르고 있다는 사실도 받아들여야 한다.

**세 번째 답 :** 이해하기 가장 어려운 답이지만 당신을 구제해줄 수 있는 답이기도 하다. 바로 당신이 잃은 사랑이나 당신이 바랐으나 이루지 못한 사랑이다. 이런 사랑은 영원히 존재하는 사랑이다. 모습이 바뀔 뿐 언제나 그 자리에 있다. 이 답에서의 과제는, 그 사랑을 새롭게 바뀐 모습으로 인정해주는 것이다.

## 오프라 윈프리가 상처를 마주하는 방법

———

갈망을 뜻하는 단어 'yearning'의 어원을 다시 떠올려보자. 당신이 고통을 겪는 그 지점은 당신이 관심을 갖는 지점이다. 당신이 아픈 이유는 관심이 있기 때문이다. 따라서 고통에 반응하는 가장 좋은 방법은 당신의 관심사 속으로 더 깊이 뛰어드는 것이다. 우리 대다수가 하고 싶어 하는 것과는 정반대로 해야 한다는 얘기다. 우리는 고통을 피하고 싶어 한다. 달콤한 것에 큰 관심을 기울이지 않으면서 씁쓸함을 막고 싶어 한다. 하지만 네바다 대학교의 임상 심리학자 스티븐 헤이즈Steven Hayes 박사가 《사이콜로지 투데이Psychology Today》에 '상실에서 사랑으로From Loss to Love'라는 제목으로 게재한 논문에서 밝힌 것처럼 "고통에 마음을 여는 것이 곧 기쁨에 마음을 여는 것"이다.[2] "당신의 고통 속에서 당신의 가치를 발견하고 당신의 가치 속에서 당신의 고통을 발견하게 된다."[3]

헤이즈는 '수용전념치료Acceptance and Commitment Therapy'라는 권위 있는 치료법의 창시자다.[4] ACT로 통용되는 이 치료법은 사람들에게 자신의 생각과 감정을 포용하도록 가르친다. 힘겨운 것들까지 모두 포용한 생각과 감정이, 살면서 겪는 난관에 대한, 자신만의 특별한 고난에 대한 적절한 반응이라고 여기게 한다. 뿐만 아니라 고통을, 우리에게 가장 중요한 것이 뭔지 알려줄 정보원으로 삼아 행동하도록 가르친다. 다시 말해, ACT는 씁쓸함을 탐색하고 달콤함에 전념하도록 유도해주는 치료법이다.

헤이즈의 설명을 들어보자.

"당신을 고양시켜 주고 당신이 깊이 관심 갖는 것에 연결되면, 당신이 쉽게 상처받고 상처받아온 지점으로 연결되는 것이다. 당신에게 사랑이 중요하다면 그것이 배신당한 과거와 어떤 관계가 있을까? 다른 사람들과 관계 맺는 기쁨이 중요하다면 그것이 오해받거나 남들을 이해하지 못하는 고통과 어떤 관계가 있을까?"[5]

헤이즈와 동료 연구진은 이런 통찰을 집약해 상실에 대처할 7가지 기술을 세웠다.[6] 연구진이 35년에 걸친 1,000건 이상의 연구를 통해 밝혀낸 바에 따르면, 이런 기술의 습득이 상실에 직면한 사람들이 불안감, 우울증, 트라우마, 약물 남용에 빠져들지의 여부나 잘 살아갈지의 여부를 가늠하는 예측 요소였다.[7]

7가지 기술 중 첫 번째부터 다섯 번째까지의 기술은 씁쓸함의 수용과 연관된다. 첫 번째, 상실이 일어난 사실을 인정하기. 두 번째, 그 상실에 수반되는 감정을 포용하기. 고통을 억제하거나 음식이나 술, 일로 관심을 돌리려 하지 말고 상처, 슬픔, 충격, 분노를 그냥 느끼기. 세 번째, 우리의 감정, 생각, 기억을 해방감이나 웃음이나 안도감같이 뜻밖이면서 부적절하게 여겨지는 것들까지 모조리 다 수용하기. 네 번째, 때때로 버거운 느낌이 들 것이라는 점을 예상하고 있기. 다섯 번째, '나는 이걸로 끝이야', '다 내 잘못이야', '삶은 불공평해' 같은 쓸데없는 생각 경계하기.

실제로도, 힘든 감정을 수용할 줄 아는 능력, 다시 말해 단지 그런 감정을 알아보거나 심호흡으로 가라앉히는 것이 아니라 사실상 어떠한 판단도 없이 수용하는 능력은 장기적으로 잘 사는 것과 연관성을 띠고 있다. 2017년에 토론토 대학교 교수 브렛 포드Brett Ford는 피험자들에게 가상의 취업 면접관 앞에서 자신의 소통 능력에 대해 즉

흥 발언을 해보게 했다. 그 결과, 전 단계에서 습관적인 '부정적 감정 수용자'군으로 구별되었던 사람들이 더 낮은 스트레스를 겪었다. 심지어 직장을 잃거나 파트너가 바람을 피운 경우 등 최근에 큰 스트레스를 겪은 이들조차 예외가 아니었다.[8] 또 다른 연구에서도 습관적인 부정적 감정 수용자들이 연인과의 말다툼이나 감옥에 들어가게 된 아들과의 전화 통화 같은 스트레스를 겪은 경우조차 행복감이 더 높은 것으로 나타났다.[9]

하지만 7가지 기술의 마지막 2가지는 중요한 것과 연결되고, 전념적인 행동을 취하는 것이며, 이는 씁쓸함에서 달콤함으로, 상실에서 사랑으로 나아가게 해준다. 여기에서 "중요한 것과 연결된다"는 것은, 상실의 고통이 당신에게 가장 중요한 사람들과 원칙, 즉 당신의 삶의 의미를 가리켜 보여줄 수 있음을 깨닫는 것이다. "전념적인 행동을 취한다"는 것은 그런 가치에 따라 행동하는 것이다. "당신의 상실은 살 가치가 있는 삶을 살기 위해 가장 의미 있는 것으로 이끌어주는 기회가 될 수 있다. 당신에게 정말로 소중한 존재가 뭔지 알고 나면 그에 따라 행동해라."[10]

자, 이번엔 다음 질문을 다시 생각해보자. 당신은 무엇과 이별했고, 무언가나 누군가를 잃었는가? 다음에도 답해보자. 당신만의 이별의 고통은 어디를 가리켜 주는가? 당신에게 가장 사무치게 중요한 것은 무엇인가? 그리고 그것을 어떻게 존재시킬 수 있을까?

연결과 전념의 이 기술들은 여러 형태를 취할 수 있다. 건축가이자 엔지니어인 벅민스터 풀러Buckminster Fuller는 1922년 사업에 실패하고 4살배기 딸을 수막염으로 잃은 후 엄청난 충격을 받은 나머지 자살을 시도했다가 거의 죽기 전까지 갔다. 하지만 이후에 삶이 살 가치가 없다는 믿음을 뒤집어 어떻게 하면 삶이 가치 있어질 지를 자문하게 되었다. 한 인간이 인류에게 도움을 줄 수 있는 방법이 무엇일까? 알고 보니 그 방법은 아주 많았고, 결국 풀러는 측지선 돔을 비롯한 수많은 설계를 창안해 '20세기의 레오나르도 다빈치'로 알려지게 되었다.[11]

시인이자 작가인 마야 안젤루는 한때 그녀의 목소리와 함께 자존감과 자기애까지 잃었었다. 하지만 훗날 새롭고도 감동적인 형태로 목소리와 다시 연결되어 그 목소리에 전념했다. 그녀는 감동적인 회고록 《새장에 갇힌 새가 왜 노래하는지 나는 아네》에서 자신의 어린 시절 얘기를 들려주는데, 오빠와 함께 두 어린 남매가 가슴에 '관계 당사자 앞'이라는 글귀가 찍힌 꼬리표를 달고 아칸소로 보내져 할머니와 살게 되었다고 한다. 5살 때는 다니던 교회에서 부활절 시를 사람들 앞에서 암송해야 했지만 단어가 너무 어렵고 어색해 말할 가치가 없다고 여겨졌고 그녀의 말대로 아직 "어둡고 흉측한 꿈"(금발 백인 소녀인 자신이 마법에 걸려 못생긴 흑인 소녀로 변한 것으로 믿었다고 함-옮긴이)에서 깨어나지 않았던 때여서 결국 울며 오줌을 지린 채로 교회를 도망쳐 나온 일도 있었다. 8살 때는 어머니의 남자친구에게 성폭행을 당해 법정에서 그에게 불리한 증언을 했다. 이후 그는 성난 군중에게 발길질을 당해 죽었다. 그 일로 자신이 말을 걸었다가 또 누가 죽을까 봐 겁을 먹게 되었다.[12] 그래서 안젤루는 무려 5년 동안이나 아무에게도 말을 하지 않았다.

　대신 책을 위안처 삼아 지냈다. 그러던 13살 때 버타 플라워스 부인의 집에 초대를 받아 갔다. 플라워스 부인은 마음이 곱고 우아하고 교양이 있었다. 안젤루가 생각하기엔 그 정도면 부족함이 없을 것 같았지만 부인에게선 나름의 슬픔과 갈망이 있는 듯 보였다. 안젤루가 책에도 썼듯, 종종 미소만 지었을 뿐 큰 소리로 웃는 적이 없었다고 한다. 부인은 안젤루에게 시집 한 권을 건네주며 다음 번에 올 때 시 한 편을 외워 와서 암송해 달라고 했다. 하지만 부인이 먼저 《두 도시 이야기》를 읽어주기도 했다. "최고의 시절이자 최악의 시절이었다." 플라워스 부인은 이 구절을 낭송했지만 안젤루에게는 노래를 부르는 것처럼 다가왔다. 자신도 예전에 읽었던 책인데 뭐가 다른가 싶어 책장을 들여다보고 싶어질 정도였다. "내가 읽었던 책과 똑같을까? 아니면 찬송가집처럼 책장에 음조나 악보가 그려져 있기라도 한 걸까?"[13]

　안젤루는 다시 말을 하기 시작했다. 처음엔 남들의 말을 통해서였지만 이후엔 자신의 목소리로 말하며 시, 에세이, 회고록을 썼다. 그러면서 어느덧 남들을 대신해 말하고 있었다. 안젤루가 말을 대신해 준 이들 중엔 안젤루보다 26살 어린 어느 어린 소녀도 있었다. 미시시피에서 유년기를 보내고 있던 이 독서광은 15살 때 우연히 안젤루의 책을 읽었다가 깜짝 놀랐다고 한다. "마야 안젤루라는 이 작가가 어떻게 나 같은 미시시피의 가난한 흑인 소녀와 똑같은 인생 경험을 하고, 똑같은 감정과 갈망과 지각을 가질 수 있지? 나도 부활절 시를 암송했던 소녀였다. (중략) 나도 남부에서 할머니의 손에 큰 소녀였다. 나도 9살에 성폭행을 당한 후 그 일을 얘기하지 않았다. 나는 마야 안젤루가 몇 년 동안이나 입을 꾹 다물었던 이유를 이해했다."《새장에 갇힌 새가 왜 노래하는지 나는 아네》의 서문에 이 글을 쓴, 그때의 그 15살 소녀는 바로 오프라 윈프리다.

한 젊은 여성이 자신의 슬픔을 사실대로 말했고, 한 세대가 지나 또 한 사람의 젊은 여성이 정신적으로 고양받게 된 것이다. 나와 같은 사람이 또 있어. 나만 이런 인생사를 걷는 게 아니야.

더군다나 이런 치유가 이루어지는 데는 꼭 인생사가 같아야만 하는 건 아니다. 오프라 윈프리가 글에서 썼듯 "새장에 갇힌 새가 노래할 때 누구나 마음이 동요된다."[14] 슬픔과 갈망을 사실대로 말하는 (노래하는) 행위에는 뭔가가 있다. 윌리엄 에드워드 버가트 두 보이스 W.E.B. Du Bois가 미국 남부의 노예들이 부른 '슬픈 노래들'을 "이쪽 바다 지역에서 나온 그 어떤 표현보다, 인간 경험을 아름답게 담아낸 표현"이라고 평가한 이유도 여기에 있다.[15] 왜 오프라는 안젤루의 글이 자신의 삶을 비추는 거울일 뿐만 아니라 "계시"라고 보았을까? 오프라는 안젤루의 회고록을 읽었을 때 "경외감에 빠졌다"고 했다. 이 회고록은 오프라의 "부적"이 되었고, 10년 후에 안젤루를 만날 기회가 생겼을 때 그것은 "신의 섭리"였다.[16] 안젤루의 회고록은 그저 열정을 전하는 말이 아니다. 변화에 대해, 잃어버렸다 또 다른 모습으로 되살아난 자아에 대해 전하는 말이다.

# 상실과 친구가 되어야 한다

안젤루의 사례처럼, 자신이 직접 겪어본 상처를 통해 다른 사람을 치유해주는 식으로 상실에 반응하는 사람들이 많다. 안젤루는 글을 통해 치유해 주었지만 이런 치유력을 얻게 되는 과정은 여러 형태를 취한다. 실제로 심리학자 칼 융이 1951년에 만들어낸 용어인 '상처받은 치유자wounded healer'는 인간의 가장 오래된 원형에 속한다.[17] 그리스 신화에서 켄타우로스족 키론은 독화살에 맞고 상처를 입어 끔찍한 고통에 시달리지만 치유력도 얻게 되었다.[18] 샤머니즘 문화에서는 대체로 치유자가 먼저 큰 고통이 수반되는 신고식을 치러야 한다. 유대교에서는 구세주의 힘이 자신의 고통에서 나온다. 구세주가 빈자와 병자 사이에 임하는 이유는 구세주 자신도 그들 중 한 사람이기 때문이다. 기독교에서도 예수는 상처받은 치유자다. 피 흘리는 여자들을 낫게 해주고, 나병 환자들을 안아주고, 우리 모두를 구제하기 위해 십자가에 못 박혀 숨을 거둔다.

현대 시대에는 상처받은 치유자들이 보다 쉽게 눈에 띄는 형태를 취한다. 가령 10대 딸을 고속도로에서 사고로 잃은 한 어머니가 '음주운전에 반대하는 엄마들Mothers Against Drunk Driving'이라는 비영리 단체를 설립한다거나[19] 아버지가 뇌암으로 세상을 떠난 9살 아이가 커서 슬픔을 다루는 상담사가 된다거나 총기 난사 사건의 생존자가 총기 규제 단체를 세우는 식이다.[20]

개인적으로 정신 질환을 앓은 정신 건강 상담사가 일에 더 적극적으로 매진하는 경향이 나타나는 등 상처받은 치유자들의 사례는 여러 연구 결과에서도 발견되고 있다.[21] 2001년 9월 11일의 전 국가적 트라우마 이후 소방관, 교사, 보건 의료직에 지원하는 미국인들이 기록적 수치를 보였다.[22] 《뉴욕 타임스》에 따르면 9.11 테러 이후 6주 사이에 티치 포 아메리카Teach for America에 지원자 수가 3배 증가했고 이중 절반이 참사를 지원 동기로 밝혔다.[23] 한 뉴욕시 소방관은 《뉴욕 타임스》와의 인터뷰에서 예전엔 시간을 많이 빼야 한다는 이유로 의용소방대에 "들어가는 것을 망설였지만, 9.11을 겪고 나서는 다른 무엇보다 도움을 주고픈 마음밖에 들지 않았다"고 밝혔다.[24] 배우 에이미 팅은 테러 당일 월드 트레이드 센터에서 구사일생으로 살아난 후 영화계를 떠나 공군 의료국에 들어갔다.[25] "9.11 테러 이후 삶을 보는 관점이 바뀌었어요. 전부터 사람들을 돕고 싶어 했던 차에 다시 의료 분야에 뛰어들기로 결심했죠."

상처받은 치유자의 감동적 사례로는 작가이자 국선 변호인이며, 어린 시절에 당한 끔찍한 성적 학대와 방치를 글로 밝힌 바 있는 르네 덴펠드Rene Denfeld도 있다.[26] 덴펠드의 어머니는 알코올중독자였고 계부는 포주였으며, 집은 소아 성애자들을 자석처럼 끌어당기는 곳이었다. 학대를 신고하려 했지만 아무도 믿어주지 않았다. 결국 덴펠드는 집을 도망쳐 나와 오리건주의 포틀랜드 거리를 전전하며 그곳에서 온갖 엽기적 약탈자들의 먹이가 되었다.

이런 류의 가정생활에 처하면 사람마다 여러 가지 방식으로 반응할 수 있다. 덴펠드의 어머니는 자신 역시 성폭행과 폭력의 피해자였고 자식들을 지켜주지 못한 죄책감에 시달리다 끝내 자살했다. 덴펠드의 오빠는 과거에서 벗어나기 위해 노력하며 그녀의 에세이에서 쓴 표현 그대로 "상실의 반대편"에 이르고, "평범의 왕"이 되려 했다.[27] 와이셔츠를 차려입고 포켓 프로텍터(셔츠 주머니에 펜을 꽂을 때 잉크가 새지 않게 해주는 주머니 보호대 - 옮긴이)를 챙기고 다니면서 어린 시절의 오점을 닦아내려 애썼다. 이런 노력이 수포로 돌아가 어머니처럼 자살로 생을 마감했다. "나는 그저 착한 남자로 살고 싶었다." 그가 세상을 떠나기 전에 남긴 말이다.

덴펠드가 같은 길을 택했다 해도 아무도 놀라지 않았을 것이다. 하지만 그녀는 포틀랜드의 한 국선 변호사 사무실에서 수석 조사관이 되어 성폭력 피해자들이 인신매매범들에게서 벗어나게 도와주고 사형수 피고인들을 변호해 주었다.[28] 나름의 트라우마를 겪은 캐릭터들을 주인공으로 3편의 소설도 썼다. 위탁보호시설에서 3명의 아이들을 입양하기도 했다. 이 아이들은 그녀 자신처럼 끔찍한 과거를 겪었고 그녀 자신이 그랬듯 사랑의 손길을 받지 못한 것처럼 보였다. 아이들은 처음엔 그녀를 사납게 대하고 게슴츠레한 눈으로 노려봤다. 그래도 그녀는 인내심으로 돌보며 지금까지 20년도 더 넘도록, 가능할 것 같지 않았던 가정을 사랑으로 일구어왔다.

덴펠드는 자신의 에세이에서 "내 아이들은 나에게 기쁨과 구원과 목적의식을 일으켜준다"며 다음과 같이 썼다.

함께 웃고 서로 스스럼없이 스킨십을 할 때마다 현실이 정말로 바

펼 수 있다는 사실이 상기된다. 트라우마로부터 완벽하고 빛나는 영혼이 떠오른다. 받아들여질 날을 기다리며 언제나 그 자리에 있었던 영혼이. (중략)

당신 자신을 치유할 가장 좋은 방법이 뭐냐고 묻는다면 다른 사람들을 치유해주는 일이라고 답하겠다.

나는 과거에서 벗어날 수 있다고 믿지 않는다. 오빠와 어머니는 과거에서 벗어나려 했다가 성공하지 못했다. 슬픔과 친구가 되어야 한다. 자신의 상실을 사랑하는 아이처럼 가까이에 붙여놓고 다녀야 한다. 이런 끔찍한 고통을 받아들여야만 비로소 고통을 건너가는 길이 고통을 통과해 가는 길임을 깨닫게 된다.[29]

대부분의 사람은 벅민스터 풀러, 마야 안젤루, 르네 덴펠드 같은 시련을 겪지 않는다. 그리고 그런 시련을 겪었더라도 누구나 다 측지선 돔을 설계하거나, 변화시키는 힘을 담아낸 회고록을 쓰거나, 학대당한 아이들을 사랑으로 보듬어 가정을 이루는 방식으로 반응하지 않는다. 하지만 우리 대다수는 상처받은 치유자며 적극적 사랑의 행동이 꼭 영웅적이거나 독창적일 필요는 없다. 개를 입양해 아낌없는 관심을 쏟아주는 일로도 괜찮다. 교사나 조산원이나 소방관으로 일하는 방법도 있다. 그냥 스마트폰을 내려놓고 친구들과 가족들에게 더 세심한 관심을 기울여 주기만 해도 된다.

아니면 최근의 나처럼, 자애 명상을 시작해보는 것도 좋다.[30]

자애 명상은 팔리어로는 '메타metta'라고 부르며, 다른 사람들이 잘 되길 기원하는 수행이다. 미국의 대표적 지도자로 꼽히는 샤론 잘츠버그Sharon Salzberg에게 들은 바로는, 많은 사람들이 이 명칭을 듣고 "가식적이고 지나치게 감상적이라고 느낀다." 이런 점이 서양에서 자애 명상이 마음 챙김만큼 유행하지 못하는 이유의 하나다. 하지만 메타는 오래된 불교 수행법이며 경외, 기쁨, 감사의 감정을 늘려주는 것에서부터 편두통, 만성통증, 외상 후 스트레스 장애를 줄여주는 것에 이르기까지 많은 장점이 있다. 사랑을 적극적으로 행하는 역사 깊은 방법이기도 하다. 소중한 사랑을 잃고 나서 자신에게 사랑이 사무치게 중요한 요소라는 것을 깨달은 사람에게는, 수용전념치료식으로 말하자면 메타가 일종의 '전념적 행동 취하기'와 '중요한 것과 연결하기'에 해당된다.

현재 샤론 잘츠버그는 메타 분야에서 세계적 권위자다. 그녀는 미국에 메타 수행을 대중화시켰고 《자애심Lovingkindness》과 《진정한 행복 Real Happiness》을 비롯해 11권의 책을 베스트셀러에 올린 작가다. 서양에서 가장 영향력 높은 명상 센터에 드는 매사추세츠주 바Barre 소재의 '통찰 명상 협회Insight Meditation Society'를 공동 설립하기도 했다.

하지만 한때는 가슴 미어지는 이별을 잇달아 겪은 아이이기도 했다. 첫 번째 이별은 사랑해 마지않았던 '그녀의 편' 아버지와의 이별이었다. 아버지는 샤론이 4살 때 신경쇠약에 빠져 가족을 버리고 나갔다. 샤론이 9살 때는 어머니가 세상을 떠났다. 샤론은 잘 알지도 못하던 조부모님 집에서 살게 되었다. 그러다 11살 때 할아버지가 돌아가셨다. 아버지가 곁으로 돌아왔으나 그 기쁨도 잠시뿐, 수면제를 과다 복용해 남은 짧은 생을 정신 병원에서 보냈다. 샤론은 16살 때까지 가족이 다섯 번 바뀌었으나 모두가 트라우마나 상실, 사망으로 갑자기 해체되어 버렸다.

샤론은 부끄러움보다는 이질감을 느꼈다. 집에서는 아무도 아버지에게 무슨 일이 있었는지 얘기하지 않았다. 수면제 복용이 사고인 척했다. 학교에 가면 아이들이 "너네 아버진 뭐하셔?"라고 물을 때마다 어떻게 대답해야 할지 몰라 난처했다. 동급생들은 온전한 가족이 있었고 자신들을 사랑해주는 사람들이 곁을 떠나지 않았다. 자신이 아는 사람 중에 상실과 버림받음을 겪은 사람은 자신뿐이었다. 자신이 다른 애들과 다르고 열등해서 그런 일을 겪은 것만 같았다. 이후에도 이런 결론에 대해 아닐거라는 의문을 품지 않았다. 평생토록 의문을 품지 않았을 수도 있었는데, 대학에 들어가 우연히 아시아 철학 수업 수강 신청을 하면서 달라졌다.

샤론은 동양의 지혜를 탐구하려는 목적이 아니라 그저 수강 스케줄을 맞출 수업을 찾다가 그 수업을 신청했다. 하지만 이 수업에서 얻은 배움으로 자신의 삶을 변화시켰고 이후엔 그녀가 가르친 무수히 많은 이들의 삶까지 변화시켰다. 그녀는 이 수업을 통해 모든 사람이 이별의 고통에 직면하고 아무도 그 고통을 모면하지 못하며 진짜 중요한 문제는 이런 불변의 진리에 반응하는 방법에 있음을 배웠다.

그녀는 믿기지가 않았다. 정말로 그렇게 생각해야 한다고? 그게 정상이라고? 그러니까 단지 고통을 겪는다고 해서 이상한 사람인 게 아니고, 다른 사람들과 다른 것도 아니란 말이지?

샤론은 더 많은 배움을 얻기 위해 인도로 가서 4년에 가까운 시간 동안 그곳에 눌러 살았다. 가족의 비밀을 가진 어린 시절을 겪은 이후라 그곳에서 발견한 개방성과 투명성이 좋았다. 인도에서 가장 존경받는 스승 중 한 명인 디파 마Dipa Ma에게 가르침을 받기도 했다. 디파 마라는 이름은 '디파의 어머니'라는 뜻이고 디파는 이 스승의 죽지 않고 산 유일한 자식이다.[31] 디파 마 역시 고통을 겪었다. 12살의 나이에 중매결혼한 후 몇 년 동안 아이가 생기지 않다가 드디어 세 아이를 연이어 낳게 되었는데 그중 두 아이가 남편과 함께 죽고 말았다. 모두 떠나고 어린 디파와 단둘만 남자, 어머니 디파 마는 너무 슬픔에 겨워 딸을 제대로 키우지도 못했다. 심장병과 고혈압을 앓던 디파 마에게 의사는 그렇게 상심에 잠겨 있다간 죽을지도 모른다며 명상을 배워보라고 권했다. 디파 마는 몸이 너무 허약해져 인근 사원의 계단을 기어올라 가야 했다. 하지만 빠르게 깨우침을 얻어 슬픔을 연민으로 변화시켰다. 이후 어린 디파를 잘 키워냈고 캘커타로 옮겨가 인도 최고의 스승이 되었다.

샤론 잘츠버그는 디파 마를 통해 자신과 사랑하는 이들뿐만 아니라 세상의 모든 사람들에게 사랑을 보내는 수행인 자애 명상을 배웠다. 디파 마는 전통 불교의 겨자 씨 설화도 알려주었다.[32] 이 설화는 한 여인이 하나뿐인 자식을 잃으면서 시작된다. 큰 슬픔에 빠진 여인은 아들의 시신을 품에 안고 마을을 비틀비틀 걸어 다니며 아들을 다시 살려줄 수 있는 의사나 현자를 찾는다. 그러다 마침내 부처를 만난다. 부처는 여인에게 겨자 씨만 가져다주면 소원을 들어주겠다고 말한다. 하지만 여기에 한 가지 당부를 덧붙인다. 겨자 씨는 아무도 죽은 가족이 없어 상실이나 슬픔을 모르는 집안에서 가져와야 한다는 것이었다. 자식을 잃은 어머니는 설레는 마음을 안고 겨자 씨를 찾아 길을 나섰고 이 집 저 집 문을 두드린다. 그러길 얼마 지나지 않아 샤론이 아시아 철학 수업에서 접했던 교훈인, 상실은 삶의 일부며 어떤 가정도 고통에서 자유롭지 않음을 깨닫는다. 여인은 아들을 땅에 묻은 후 여승이 되어 깨우침을 얻는다.

샤론이 마침내 인도를 떠나도 될 때가 되자 디파 마는 미국에 돌아가면 이제는 샤론이 가르침을 주어야 한다고 말해주었다. 그런데 오래된 정신의 습관이란 게 잘 죽지 않는 법이라, 샤론은 그만 이렇게 반응했다. "누가요? 제가요? 제가 뭐라고요? 제가 어떻게 누군가에게 가르침을 전할 수 있겠어요?"

"당신은 고통을 알아요. 그것이 당신이 가르침을 전해야 할 이유예요." 디파 마가 말했다.

샤론은 나에게 말하길 "그때 고통에도 가치가 있다는 생각을 처음으로 했다"고 한다.[33]


## 사랑과 상실은 쌍둥이처럼 붙어다닌다

어머니와의 갈등을 겪은 이후로 나는 위협적으로 나오거나 조종하려드는 사람들에게 호락호락 휘둘리지 않는 일에 서툴렀다. 그러다 마침내 적절한 선을 긋기 시작하면서 깨달았다. 그런 사람들에게서 나 자신을 지킬 수 있는 유일한 방법은 무관심이나 분노로 마음을 단단히 먹는 것뿐이라고. 그런데 그럴 때 느껴지는 기분이 좋지 않았고, 더 좋은 방법이 있을 것 같았다. 그래서 한 친구가 자애 명상 얘기를 해주며 자기가 샤론을 소개해 주겠다고 제안했을 때 그 기회를 덥석 받아들였다.

어느 날 그리니치빌리지의 5번가가 내려다보이는 샤론의 환하고 검소한 원룸 아파트에서 그녀를 만났다. 샤론은 깊고 부드러운 목소리를 가졌고 차분하고 포용적인 기운을 풍기는 사람이었다. 내가 내 얘기와 그 정서적 여파를 털어놓았을 때 샤론은 조용히 들어주었는데, 그때 내 쓸쓸한 면을 인정하기가 무안했다. 그녀가 지지했던 모든 것과 반대되는 것 같아서였다. 하지만 그녀는 놀라는 기색 없이 귀기울여 주었다. 그리고 전에도 수차례 그런 얘기를 들어온 사람답게 덤덤한 어조로 말했다. "그랬군요. 이젠 더 잘할 수 있어요."

그 말에서는 비판받는 기분이 들지 않았다. 명지휘자의 지휘를 받는 기분이었다. 그렇다고 평상시의 내 회의적인 자아가 고개를 들지 않았다는 얘기는 아니다. 나는 흥미로웠지만 이 자애 명상이 실제로 잘될지 의문스러웠다. 메타 전통에서는, 모든 존재를 하나뿐인 자식을 사랑하는 어머니처럼 사랑할 수 있다는 개념이 있다. 하지만 나는 이런저런 의문이 들었다. '나는 누구든 아무나를 내 아들들을 사랑하는 것과 똑같이 무한하게 사랑할 수는 없을 것 같은데. 그래야 하는 지조차 납득이 안 되고. 오히려 아이들에게 어머니의 눈에는 아이들이 가장 중요하다는 걸, 남들을 위해서보다 아이들을 위해 더 기꺼이 목숨을 바칠 거라는 걸 알게 해주는 게 핵심이 아닐까? 그리고 사디스트와 사이코패스는 어쩌고? 그런 사람들을 내 아이들을 사랑하는 것처럼 사랑해야 한다고? 그건 아닌 것 같은데.'

하지만 샤론은 이런 내 의문에 대해 아무에게나 다 함께 살자고 권하는 일이 아니라고 아주 타당한 답을 해주었다. 여전히 당신 자신은 보호해도 된다고. 모든 사람을 당신의 친구로 삼지 않아도 된다고. 다만 모든 사람이 사랑하길 기원하면 된다고 말이다.

한 사례로 정신에 병이 들고 신체적 폭행까지 가하는 어머니와 연락을 끊은 한 친구의 얘기도 해주었다. 이 친구가 달라이 라마에게 배움을 얻고 있을 때 그녀의 어머니가 다시 보면서 지내자고 애걸했다. 이 친구는 어머니가 무서웠다. 어머니를 보고 싶지 않았다. 하지만 죄책감도 들었다. '지금까지 내내 달라이 라마와 지내고 있으면서 정작 내 어머니와는 함께 시간을 보내고 싶어 하지도 않다니.'

그녀는 달라이 라마에게 조언을 구했다. 그는 어머니에게 자애심을 보내되, 안전한 거리를 두면 된다고 권했다. 마음이 사랑으로 가득하면 꼭 육체적 실체가 함께하지 않아도 된다는 얘기였다. 그 어머니가 자식이고 그녀가 부모였다면 맡은 책임이 달라져 함께 있어줘야 하겠지만, 자식으로서는 육체적으로 함께하지 않아도 사랑이 존재할 수 있다고 얘기했다.

누가 회의적인 사람 아니랄까봐 나는 샤론에게 그 이야기에 담긴 실질적 의미에 대해 물었다. "딸은 기분이 좋아질 거예요. 그냥 그 자리에서 자애심에 대해 생각하면 되니까요. 그치만 어머니는 멀리 떨어져 있으니 딸이 그러는 걸 알 방법이 없잖아요. 딸이 자신을 보려 하지 않는다는 것만 알 뿐이죠. 그게 실질적으로 도움이 될까요?"

"자신의 기분을 좋게 만드는 일은 하찮은 일이 아니에요." 샤론이 말했다. 그것은 내가 미처 생각하지 못했던 말이었다.

"그렇게 좋은 기분이 유대감을 키워줄 수도 있어요. 딸이 어머니에게 편지를 써서 어머니 생각을 하고 있다고 전할지도 몰라요. 행복을 빌어주는 말을 전한다거나, 어느 날 마음의 준비가 되어 마음이 놓일 만한 공공장소에서 직접 만나게 될 수도 있고요."

샤론에겐, 마음속으로 사람들의 행복을 빌어주는 단순한 행동이 사람들과 관계 맺는 방식을 변화시키는 한 방법이다. 혹시 생각에 빠져 있다 식료품점의 계산원을 본체만체 대충 지나치는 편인가? 그렇다면 이제부터는 계산원을 바라보며 그 사람의 사는 얘기를 물어봐 주는 것이 어떨까? 두려움이 많은 편인가? 사랑은 두려움의 해독제다. 두려움은 스스로를 억압하고 움츠러들게 하지만 사랑은 마음을 열게 해준다. 당신은 자신의 실수와 단점에 치중하는 편인가? 그렇다면 초점을 하나의 진실('나는 결함이 많은 사람이고 오늘도 실수를 많이 저질렀어')에서 또 다른 진실('내가 결함이 많은 사람이고 실수도 많이 저질렀지만, 가치 있는 사람이기도 하니 내일 다시 시도해보자')로 옮겨보는 것이 어떨까? 이제부턴 두 번째 진실에게 발언 시간을 더 많이 주면 어떨까?

하지만 이런 생각을 머리로 받아들여 메타를 수행하고 싶어지는 것과 실제 행동으로 옮기는 것은 서로 별개의 문제다. 샤론이 뽑아내는 넘치는 행복의 기운 속에서도 나는 실제로 명상에 들어가는 것을 미루기 위해 할 수 있는 모든 일을 하게 되었다. 그때 내가 녹음했던 우리의 면담을 들으면 웃음이 나올 정도다. 명상을 시작하려 할 때마다 내가 또 다른 이론적 질문을 던지곤 했다. 그녀는 공감하는 기쁨, 평정, 연민과 관련된 불교 전통을 기꺼이 설명해 주었다. 한 번도 나를 재촉하지 않았다.

하지만 나로서도 논리적 분석을 제기하는 데도 한계가 있었고, 결국엔 그녀에게 명상을 실제로 행동에 옮기기 위해 어떻게 해야 하는지 배우게 되었다.

샤론은 버마에서 처음으로 메타를 배웠을 때 다음의 문구를 반복하도록 지도받았다고 한다.

> 부디 나에게 위험으로부터의 해방을.
> 부디 나에게 정신적 고통으로부터의 해방을.
> 부디 나에게 신체적 고통으로부터의 해방을.
> 부디 나에게 행복의 평안이 깃들기를.

이것은 자신에게 먼저 이런 상태가 일어나길 기원한 다음 기원의 대상을 점점 더 넓혀가는 개념이다. 사랑하는 사람들, 지인들, 힘겨운 삶을 사는 사람들로 넓혀가다 마지막엔 모든 존재를 아우르는 것이다(사람에 따라 자기 자신부터 시작하는 것에 거북함을 느끼기도 하므로, 순서는 자신에게 맞춰 바꿔도 된다).

얼핏 보기엔 달콤함만 있고 쓸쓸함은 없는 수행으로 느껴질 수 있다. 하지만 메타의 핵심에는 삶의 이중성이 있다. 우리가 서로에게 위험으로부터의 해방을 빌어주는 이유는 평안함을 이루기 어려운 상태라는 것을 알기 때문이다. 우리가 서로에게 사랑을 기원해주는 이유는 사랑과 상실이 언제나 쌍둥이처럼 붙어다니기 때문이다.

샤론이 1985년에 뉴잉글랜드에서 가르침을 펼치기 시작했을 때 그녀의 문하생들은 버마의 그 문구를 괜찮게 받아들였다. 하지만 이후 캘리포니아에서 묵상회 지도를 하게 되었을 때 그곳의 문하생들은 위험이나 고통 같은 부정적 단어를 말하고 싶지 않다는 불만을 한결같이 쏟아냈다. 긍정적 단어와 즐거운 단어를 말하고 싶다는 것이었다. 메타에는 단어의 사용을 규제하는 규칙이 없는 데다 샤론도 포용력이 있는 사람이라 결국 캘리포니아에서는 문구를 다음과 같이 바꿔 지도하게 되었다.

부디 나에게 안전함이 임하길.
부디 나에게 행복이 임하길.
부디 나에게 건강이 임하길.
부디 나에게 평안한 삶이 임하길.


캘리포니아인들의 논점을 이해는 하지만 내 입장에선 잘못되었다고 본다. 그것은 현실을 부정하려는 시도이자, 달콤쓸쓸함의 쓸쓸한 부분을 강하게 부정하려는 시도라고 생각한다.

나는 샤론에게 버마식 문구가 더 좋다고 했다. 그래서 둘이 같이 눈을 감고 그 마법의 주문을 읊었다.

## 결국 사랑은 다른 모습으로 돌아온다

이후로 이따금씩 메타 수행을 해왔다. 때때로, 아니 솔직히 자주, 상투적이고 인위적으로 느껴지긴 한다. 하지만 진득한 시간 동안 수행을 할 때마다 차분하고 친근한 방식으로 경계선을 지키기가 더 편안해진다. 17년 전에 저질렀던 어리석은 일이 부끄러워 움츠러드는 일도 덜하고, 사랑하는 내 아이에게 보여주는 똑같은 관심으로 나 자신을 대하기도 더 쉬워진다. 그리고 무엇보다 사랑을 특정한 형태(내 배우자, 내 아이들, 내 친구들에 대한 사랑)로만이 아닌, 다양한 경우에 따라 여러 형태를 띠는 무한한 본질로 여기기도 더 쉬워진다. 정말 예상도 못했던 모습으로 사랑이 나타날 수도 있고, 우리가 그런 모습의 사랑을 불러낼 수도 있다는 점 역시 더 선뜻 이해된다.

프란츠 카프카는 유럽의 20세기 최고 소설가로 손꼽혔다. 하지만 카프카가 쓴 소설이 아닌 스페인의 작가 조르디 시에라 이 파브라 Jordi Sierra i Fabra가 카프카를 주인공으로 삼아 쓴 소설도 있다. 카프카가 사망하기 직전에 베를린에서 그와 함께 살았던 도라 디아만트Dora Diamant라는 여성의 회고록을 바탕으로 삼아 쓰여진 이야기다.[34]

이 소설 속에서 카프카는 공원으로 산책을 나갔다가 아끼는 인형을 잃어버려 울고 있는 어린 소녀와 마주친다. 그는 소녀를 도와 인형을 찾아보지만 찾지 못하자 소녀에게 인형이 여행을 떠난 모양이라며 인형 우편배달부인 자신이 소녀의 말을 전해주겠다고 말한다. 그다음 날, 카프카는 소녀에게 편지를 가져다준다. 전날 밤에 자신이 써놓은 편지 속에서 인형은 슬퍼하지 말라며 이렇게 말한다. "난 세상을 구경하기 위해 여행을 떠났어. 여행 중에 겪는 모험 얘기를 편지로 알려줄게." 그날 이후, 카프카는 소녀에게 편지를 여러 통 건네준다. 인형은 학교에도 다니고, 흥미롭고 새로운 사람들도 만난다. 그렇게 새로운 삶을 사느라 돌아오진 못하지만 소녀를 사랑하고 있고, 앞으로도 영원히 사랑할 거라고 전해준다.

마지막 만남에서 카프카는 소녀에게 편지와 함께 인형을 건네준다. 그 인형이 소녀가 잃어버린 인형과 다르다는 것을 잘 알아 편지에는 이런 말을 적었다. "여행을 하는 사이에 내가 좀 변했어."

소녀는 그 선물을 남은 평생 동안 소중히 간직한다. 그리고 수십 년이 흐른 어느 날 그동안 못 보고 넘어갔던 인형의 갈라진 틈 안에 쑤셔 넣어져 있던 또 한 통의 편지를 보게 된다. "네가 사랑하는 모든 것은 언젠가는 잃어버리게 되어 있단다. 하지만 결국 사랑은 다른 모습을 하고 다시 돌아와."


이 소설 속의 카프카는 인형의 목소리를 빌려 상상력에서 힘을 끌어내는 방법을 가르쳐 주었다. 하지만 인형 우편배달부의 역할을 착안해내, 사랑을 그가 만들어낸 형태를 비롯한 여러 가지 형태로 인지하는 방법 또한 알려주었다.

이 소설은 실화일 수도 있고, 아닐 수도 있다. 기록상 출처가 아주 확실치는 않다. 그래도 어느 쪽이든 간에 깊이 있는 진실이 담겨 있다. 사랑이 때때로 다른 모습으로 돌아온다는 사실은 다시 말해, 사랑이 떠나가거나 애초부터 없었더라도 애타는 고통을 느끼지 않아도 되고, 지금 사랑이 없다고 해서 삶이 산산이 무너지는 것도 아니라는 얘기다. 당신이 갈망하는 사랑이 처음 갈망했던 모습으로 돌아오지 않기 마련이라는 사실을 받아들이기 힘들 수도 있다. 그렇다 해도 당신이 7살 때 이혼한 부모님은 다시 돌아오지 않을 것이며, 다시 돌아온다 해도 더 이상 당신은 두 분이 갈라설 때의 그 아이가 아니다. 태어난 나라로 돌아가더라도 그곳은 이제 낯설게 느껴지기 마련이며 기억 속에서 여전히 그윽한 향기를 풍기는 그 레몬 숲이 주차장으로 변해 있을 수도 있다. 당신이 잃어버린 특정 장소나 사람들이나 꿈은 다시는 찾지 못한다.

하지만 다른 뭔가를 찾을 수는 있다. 완벽하고 아름다운 세계에 대한 당신만의 완벽하고 아름다운 이상을 순간적으로 얼핏 보게 될 수 있다. 단지 어렴풋하게 보게 될 뿐이라도 여전히 소중한 그 이상을.

내 방식의 자애 명상 수행에 관심이 있다면 내 웹사이트 susancain. net에 들어가 보길 권한다.


내 어머니는 80살에 접어들며 알츠하이머에 걸려 점점 병세가 악화되어 갔다. 음식을 안 먹고 머리도 빗지 않더니, 날짜를 분간하지 못하게 되었고, 같은 질문을 몇 번이나 되묻기 시작했다. 하지만 이 글을 쓰는 현재, 어머니는 어느 정도는 본래 자신의 모습이 여전히 남아 있다. 그리고 중간중간 병세를 보이는 상태에 있을 때, 기억을 잊는다. 암울했던 그 몇 년간의 내 사춘기 시절, 그 이후의 긴장 팽팽하던 수십 년의 시간을 정말로 잊어버린다. 다정다감하고 포근한 사람이 된다. 함께 있으면 감격스러워지고, 전화 통화도 너무 기분 좋다. 나와 서로 꼭 끌어안고 싶어 하고, 같은 말이지만 내가 정말 좋은 딸이었고, "한 번도 속상하게 한 적이 없고", 나를 예나 지금이나 너무나 사랑한다고 계속 말하고 싶어 한다.

그러면 나는 어머니가 어릴 때 정말 좋은 어머니였다고 말해준다 ('어릴 때'라는 말을 집어넣는 것은 나름의 신중한 이유 때문이다. 사실대로 말하는 것이 중요할 것 같기도 하고, 그 대화를 지켜보고 있을지 모를 보이지 않는 사람에게 내가 사춘기를 거치며 성에 눈뜨기 시작했던 그 몇 년을 칭찬에서 도려내고 있다는 점을 넌지시 알려줄 필요가 있을 것 같아서다). 나는 어머니가 그토록 넘치는 관심과 다정함을 쏟아주었던 어린 시절이 나에게는 남은 평생을 버텨나갈 만한 사랑과 힘을 비축해 주었음을, 어머니가 알았으면 좋겠다.

하지만 그런 말을 하면 어머니는 못 듣겠다는 듯한 기색을 띠면서도 다정하게 말한다. "내가 바라는 건 칭찬의 말이 아니야." 이 말은 어머니가 정말 진심으로 하는 말이다. "그저 네가 정말 좋은 딸이었다는 걸 알아주었으면 좋겠구나." 어머니는 절박한 어조로 말한다. "네가 그걸 알아주면 그것으로 됐어." 요 근래 몇 년 동안 내가 전화를 할 때마다, 또 내가 찾아갈 때마다 이 말을 하고 또 했다. "너에게 이 말을 할 수 있는 시간이 이제 얼마 남지 않았으니 부디 기억해주렴.

내가 너를 얼마나 사랑하는지를. 너는 좋은 딸이야. 정말로 정말로 좋은 딸이야." 나는 어머니가 나에게 해준 이 말이 당신도 당신의 어머니에게 듣고 싶었던 말일 것이라고 믿는다.

한번은 농담 삼아 가볍게, 어머니가 늘 그렇게 생각했던 건 아니라고, 언제나 나를 좋은 딸로 여겼던 건 아니라고 말했던 적이 있다. 그때 어머닌 진짜로 어리둥절해했다. 어머니의 쇠퇴해가는 기억이 그 시절을 삭제했던 것이다. 또 한 번은 어머니가 정신이 혼미한 상태에서 나를 찬찬히 보며 말했다. "가끔씩 내가 잘못한 일이 있을까 봐 걱정스러워. 내가 잘못한 일이 없으면 좋겠지만 그래도 내가 잘못한 게 있으면 사과하마." 어머니가 이 말을 할 때 나는 사랑과 죄책감이 뒤섞인 익숙한 감정을 느꼈다. 다만 이때는 죄책감이 드는 이유가 달랐다. 어머니가 기억도 못하는 오래전의 죄에 대해 사과하는 그 순간조차 내가 이 책을 출간하는 죄를 저지르게 될 줄을 알았기 때문이다. 예전에 어머니에게 일기장을 건넸던 것과 같은 죄를 또 저지르게 될 거라고 말이다. 어머니는 내밀한 성격이었고, 내가 어머니의 말년이 될 때까지 기다렸다 우리 모녀의 이야길 쓰게 된 것도 어느 정도는 그런 이유 때문이었다.

하지만 뭐라고 정확히 꼬집어 말할 수 없는 감정도 느낀다. 시간이 좀 지나서야 알았지만 그 감정은 안도감이다. 결국 오래전의 어린 시절에 내가 느꼈던 그 인식이 맞았던 것이다. 수년 동안 나는 내 유년기를 잘못 기억하고 있는 건 아닐지, 유년기가 내 상상속의 에덴동산은 아니었을지 의심스러웠었다. 하지만 정신이 혼미한 상태에서의 어머니에게 그런 말을 들었을 때 그 말이, 아니 그 말만이 아니라 충만하고 열린 마음이 담긴 한없이 다정하고 애정 어린 어조까지도 아주 익숙하게 다가왔다. 그제야 내가 제대로 인식했던 것임을, 내 기억 속의 어머니가 실제로 존재했었음을 알게 되었다. 정말로 예전에도 어머니도 우리 사이도 그때와 같은 시절이 있었던 것이다. 그리고 어머니의 기억이 영영 사라지기 전에 그 시절이 다시 돌아와 있었다.

그렇다고 완벽한 상태였다는 얘기는 아니다. 솔직히 말해, 어머니가 청력을 잃기 시작할 때, 그러니까 나에게 따져 물을 만큼 내 말을 잘 알아듣지 못하게 되었을 때는 안도감이 들었다. 나는 여전히 어머니의 삶이 달라지길 바라고 있었다. 어머니가 어머니 자신을 사랑하길, 아니면 자신을 좀 좋아하기라도 하길 바랐다. 하지만 내가 어머니의 과거를 바꿔줄 수는 없는 노릇이었다. 그리고 이제 나는 안다. 우리가 서로에게 어떤 상처를 주었든 간에 어머니는 나름대로 어머니로서 굉장히 잘했고, 나는 어머니가 그랬던 것처럼 나를 가치 없는 사람이라고 느끼며 산 적이 없었다. 오히려 그 반대였다. 어머닌 내가 어릴 때부터 끊임없이 말해주었다. 내 형제들과 나를 낳았던 날이 어머니의 삶에서 최고의 날들이었다고. 그리고 나는 그 말을 믿었다. 지금도 여전히 믿는다.

모든 것은 깨어지고, 모든 것은 아름답다. 사랑도 여기에서 예외는 아니다. 그리고 끝내 그 무엇도, 나를 향한 어머니의 사랑이나 어머니를 향한 나의 사랑을 앗아가지 못했다.

〈무제Untitled〉, ⓒ 사프완 다훌Safwan Dahoul (Instagram : @safwan_dahoul)

## PART 02

# 승자와 패자

어떻게 하면 '긍정의 횡포' 속에서
진정성 있는 삶과 일을 이어갈까?

# CHAPTER 05

# 뼈아픈 상처로 세워진 나라가 어떻게 긍정 문화로 변했는가?

요즘엔 '패자'라는 말이 아주 멸시적인 말로 쓰이다 보니 현명한 판단에 대한 교훈을 가르쳐준 삶의 실패들마저 잊어버리고 싶어지기 십상이다. [1]

— 개리슨 케일러*Garrison Keillor*

지금까지는 슬픔과 갈망에 숨겨진 풍부함을 살펴봤으니 이제부터는 한 걸음 물러나 우리 사회가 이런 감정을 왜 그렇게 두려워하는지 들여다보자. 앞으로 이번 챕터와 다음 챕터에서는 미국의 긍정 문화가 종교에서부터 정치에 이르기까지 어떤 역사를 걸어왔고 현재는 어떻게 구현되고 있는지 짚어보고, 이 긍정 문화가 다른 사회들과 비교해서 어떤지도 알아보자. 그 뿌리로 거슬러 올라가 미국의 경제 발전을 들여다본 다음, 긍정 문화가 직장에 미친 영향과 더불어 그 영향을 넘어설 수 있는 방법도 알아보자. 이 모든 탐색 과정은 선도적 실천가와 학자들의 통찰을 바탕으로 삼고 있으며, 그중엔 하버드 의과대학 심리학자이자 대표적인 경영 사상가인 수전 데이비드의 획기적인 연구도 포함되어 있다.

## 슬픔과 갈망을 부정하는 미국 문화

수전은 겨우 15살 때 42살의 아버지가 결장암 진단을 받았다. 이때 보는 사람마다 모두 이 말을 했다. "긍정적으로 생각해. 모든 게 잘될 거야."[2] 그래서 병마가 아버지의 몸을 처참히 망가뜨릴 때도, 병세가 위독하다는 판명이 내려졌을 때도 수전은 모든 게 잘될 것처럼 행동했다. 아버지가 날이 갈수록 쇠약해지는 와중에도 의연하게 지켜봤다. 그러다 5월의 어느 금요일 아침, 등교하려는데 어머니가 작은 목소리로 작별 인사를 해야 할 것 같다고 전해주었다. 수전은 가방을 내려놓고 임종을 앞둔 아버지에게 갔다. 아버지가 여전히 자신의 말을 들을 수 있을 거라고 확신하며 아버지에게 너무 사랑한다고, 앞으로도 늘 사랑할 거라고 말했다. 그런 다음 가방을 집어 들고 학교에 갔다. 수학 수업을 듣고, 이어서 역사와 생물 수업도 들었다. 필기를 하고 동급생들과 수다를 떨고 점심도 먹었다. 집에 왔을 때, 아버지는 세상을 떠난 뒤였다.

가족은 정서적으로만이 아니라 경제적으로도 엄청난 타격을 입었다. 평상시에 신중하고 침착한 사람이었던 수전의 아버지는 짧은 병치레 기간 동안 긍정성을 잃지 않고 신을 믿으면 병이 나을 거라고 믿었다. 긍정성이 부족하면, 믿음이 부족한 걸 드러내면 죽게 될 거라고도 믿었다. 자신의 긍정성에 대한 증거로 생명보험을 해약하기까지 했다. 성인이 된 이후 내내 납입해왔던 보험이었다. 아버지가 돌아가시고 20주가 지나자 가족은 산더미 같은 빚이 쌓이게 되었다.

하지만 이후로 몇 달 동안 수전은 미소를 머금고 다녔다. 모든 사람이 그러길 원한다고 생각했다. 낙관적이고 씩씩하게 지냈고, 괜찮아 보였다. 때때로 선생님과 친구들이 잘 지내고 있냐고 물어도 늘 괜찮다고 말했다. 수전은 기질적으로 활달했다. 괜찮은 방면으론 일가견이 있었다. "정말로 잘 지내는 거야?"라고 묻는 사람은 아무도 없었고 심지어, 수전 자신에게도 그런 말을 묻지 않았다. 수전은 오로지 음식을 통해 슬픔을 드러냈다. 폭식을 했다가 억지로 토하고 또 폭식을 했다.

8학년 때의 그 일이 없었다면 수전은 언제까지나 마냥 이런 식으로 지냈을지 모른다. 8학년 영어 선생님이 어느 날 수전의 학급에 빈 공책들을 나눠주었다. 공교롭게도 이 선생님 역시 어릴 때 부모를 잃은 사람이었다.

"거기에 글을 써보렴. 너희의 삶에 대해 사실대로 적어봐." 선생님이 아이들에게 말하며 다정하면서도 꿰뚫어보는 듯한 푸른 눈으로 수전을 응시했다. "아무도 그 글을 읽지 않는다고 생각하면서 써봐."

수전은 선생님의 그 말이 자신에게 하는 말이라는 걸 알았다. 그리고 그녀의 회고담처럼 "그로써 나는 내 슬픔과 고통을 진심으로 드러내는 길로 유도되었다"고 썼다.

수전은 자신의 엄청난 상실과 그 상실의 고통에 대해 매일 글을 썼다. 이렇게 적은 일기를 선생님에게 드리면 선생님은 언제나 옅은 색 연필로 "그렇구나. 하지만 이게 바로 너의 이야기야"라고 말하는 듯한 글을 써서 돌려주었다. 선생님은 수전의 감정을 부정하지도, 북돋아 주지도 않았다. 그저 지켜봐 주기만 했다.

하지만 수전에게 글쓰기는 러브레터였다. 수전 본인이 이름 붙인 그대로 이 러브레터는 "혁신이나 다름없었다." 빈 공책을 통해 펼쳐진 혁신이었다. 자신의 정신을 구제해줘 강하고 유연하고 즐겁게 만들어주고 일생의 직업까지 결정해준 혁신이었다.

그런데 (수전이 이름 붙인 그대로) 이 "긍정의 횡포"는 어디에서 비롯된 것일까?[*] 왜 수전의 아버지는 맹목적 낙관주의로 암과 '싸워야' 한다고 믿었던 걸까? 그리고 아버지와 사별한 딸은 왜 그렇게 미소를 짓고 다녀야 한다는 압박에 짓눌렸던 것일까?

그 답은 미국 문화의 자아 신념에서 찾아볼 수 있다. 우리는 마음속에서 스스로를 승자나 패자로 여기도록, 또 다혈질-담즙질의 행동으로 자신이 승자 그룹에 속한다는 걸 보여주도록 부추긴다. 이런 태도는 대체로 우리가 깨닫지 못하는 사이에, 우리 삶의 무수한 측면에

---

[*] 수전이 《워싱턴 포스트》와의 인터뷰에서 밝혔듯 원래 이 문구는 암으로 사망한 수전 데이비드의 친구가 했던 말로 "그 친구는 병에 차도가 있는 것이 단지 긍정적 사고의 문제라면 자신의 유방암 자조모임 친구들 모두가 지금 살아 있을 것이라는 의미로 그 말을 꺼냈던 것"이라고 한다.

영향을 미친다.

하지만 '긍정의 횡포'에서 벗어나 공책의 혁신을 맞게 된 수전의 이 야기는 미국 문화의 이야기이기도 하다. 나아가 우리가 살아온 이야 기이자, 우리가 이룰 수 있는 가능성의 이야기다. 달콤쏩쓸함의 성향 을 가진 사람일수록 특히 더 해당되는 얘기일 테지만 우리 모두가, 어떻게 하면 고유의 슬픔과 갈망을 부정하는 사회에서 더 온전하게 살아갈 수 있을지 알려주는 이야기다.

최근에 나는 내 10대 시절의 사진 몇 장을 훑어봤다. 내가 졸업반 무도회와 대학 파티에서 환하게 웃고 있는 사진들이었다. 하지만 나 는 그 사진들을 찍었던 순간의 내 마음이 어땠는지를 기억한다. 사 진 속 포즈 그대로 즐거울 때도 있었지만 웃음이 가식적일 때도 많았 다. 사춘기 때는 다 그런 식이지 않느냐고 생각할지 모르겠지만 내가 동유럽 출신 남자 친구를 사귀었을 때의 경험에 따르면 그렇지 않다. 그때 남자 친구가 자신의 10대 시절 앨범을 보여준 적이 있었다. 그 때 나는 그와 그의 친구들, 고등학교 때의 여자 친구가 입을 삐죽거 리거나 찡그린 얼굴로 사진을 찍은 것을 보고 충격을 받았다. 앨범을 넘길 때마다 그런 포즈들을 취하고 있었다. 그들에게는 그것이 멋진 포즈였다. 레너드 코헨도 그 친구를 통해 처음 알게 되었다.

미국인들은 지구상의 그 어떤 사회보다 더 많이 웃는 것으로 밝혀 졌다.[3] 폴란드의 심리학자 쿠바 크리스Kuba Krys의 연구에 따르면 일 본, 인도, 이란, 아르헨티나, 한국, 몰디브에서는 웃음이 눈속임이나 바보스러움, 혹은 그 둘 다로 여겨진다고 한다.[4] 수많은 사회에서 행복함을 드러내는 것이 불운을 불러온다고 믿으며, 그런 식의 내색을 이기적이고 경박하고 시시한 마음이나 심지어 사악한 마음의 암시로 여기기도 한다. 라디오 프로그램이자 팟캐스트인 〈인비저빌리아 Invisibilia〉에 따르면 맥도날드가 러시아에 제1호점을 열었을 때 현지 직장인들은 그곳 직원들의 명랑한 모습에 당혹스러워했다. '이 미국적인 미소는 뭐지?' 하는 반응들이었다. 한 직장인은 이렇게 말했다. "사는 게 고역이라 우리는 모두 삶에 진지해요. 우리는 늘 미국의 미소가 좀 꺼려졌어요."[5]

내 생각엔 러시아 사람들이 꺼려 했던 이유는 그런 미소가 진심이 아니라는 것을, 진심일 리가 없다는 것을 알았기 때문이 아닐까 싶다. 그동안 감춰져 있다가 최근에 갑자기 드러나고 있듯, 사실 미국은 다른 나라 시민들보다 덜 행복하고, 겉으로 보이는 것보다 훨씬 덜 행복하다. 코로나가 터지기 이전부터도, 또 우리의 정치적 분열이 심화되기 이전부터도 미국인의 약 30퍼센트가 불안감에 시달렸고[6] 국립 정신건강 연구소National Institute of Mental Health와 《미국의사회지 Journal of the American Medical Association》에 따르면 20퍼센트가 평생 심각한 우울증을 겪고 있었다.[7] 그리고 5년이 넘게 우울증 치료제를 복용한 인구가 1,500만 명이 넘기도 했다.[8]

하지만 미국의 문화적 의식들(미국 독립기념일, 새해 전야, 'Happy Birthday to You')은 비영속성과 슬픔을 수용하기보다는 탄생을 축하한다. 미국은 멕시코의 '죽은 자들의 날(매년 10월 말에서 11월 초에 세상을 떠난 가족이나 친지를 기리며 그들의 명복을 비는 명절 - 옮긴이)'처럼 고인이 된 조상들을 기리지 않는다. 티베트의 수도승들은 아침까지 죽어 있는 것일 수도 있음을 기억하기 위해 밤에 자신의 물컵을 뒤집어놓지 않는다.[9] 일본인들은 이나리 신사에서 나무판에 소원을 적어 비바람에 노출시키지 않는다. 불완전함을 나바호족처럼 러그로 짜넣거나,[10] 일본인들의 '와비사비'라는 예술 형태처럼 도기로 굽거나 하지 않는다.[11] 심리학자 비르기트 쿠프만 홀름Birgit koopmann-holm과 잔 차이Jeanne Tsai의 연구에 따르면 심지어 조문 카드를 보낼 때조차 슬퍼할 권리를 부정한다. 독일의 조문 카드는 흑백 디자인과 '깊은 슬픔 속에서'와 '어떤 말로도 무거운 마음을 덜어드릴 길이 없다'는 문구가 특징인데 반해, 미국의 조문 카드는 다채로운 색에 '사랑은 계속된다'나 '기억이 위안이 되어줄 것'이라는 명랑한 문구가 특징이다.[12] 예수 그리스도는 십자가에 못 박혀 죽었으나 우리는 탄생과 부활에 초점을 맞춘다.

예전에 책에서 읽었는데, 어떤 외딴 부족의 어머니들은 아들이 청소년기가 되면 떠나보낼 준비를 하기 위해 매년 소중한 뭔가를 포기해야 했다.[13] 내 두 아들은 이 글을 쓰는 현재 10살과 12살이다. 우리 가족이 이런 의식을 행한다면 나는 13살이 될 아들들을 떠나보낼 준비를 하기 위해 뭘 단념하고 싶을까? 내 스마트폰? 다림질이 필요 없어서 강연 때마다 즐겨 입는 원피스? 이것은 논의할 여지가 있는 질문이 아니다. 내 멋진 아들들이 독립적인 청년으로 거듭난다면 나는 전율이 일 것이다. 하지만 내 원피스와 스마트폰을 포기하고 싶진 않다. 그렇다면 나는 내 아들들을 포기할 준비가 될까?

수년 동안 이 질문을 놓고 고민한 끝에 나는 사실상 '그렇다'라고 답해도 될 것 같다고 여기게 되었다. 하지만 그것이 뭐든 내가 얻은 평정은 미국의 문화적 관행 덕분이 아니라 그 문화적 관행에도 불구하고 얻은 것이었다.

## 오직 승자만 인정하는 씁쓸한 미국 역사

역사적으로 보면 미국은 풍부한 자원의 땅, 무한한 개척지, 길이 황금으로 깔린 나라(아니면 이 땅으로 모험을 떠나온 이민자들이 그런 곳으로 꿈꾸는 나라)로 그려져왔다.

하지만 미국은 씁쓸한 이야기들을 이런 달콤한 환상 아래에 묻어왔다. 이런 대체 역사의 한 사례가 독립선언서다. 사실, 이 문서는 반역죄의 처벌을 감수하고 쓰여졌고 바버라 에런라이크Barbara Ehrenreich의 책《긍정의 배신:긍정적 사고는 어떻게 우리의 발등을 찍는가》에서 썼듯 서명자 대다수가 "전쟁으로 자신의 목숨과 사랑하는 이들과 재산을" 잃었다.[14] 아메리카 원주민의 삶과 문화의 말살 역시 또 하나의 사례다. 노예들의 피와 눈물, 국가적 큰 비극과 죄, 그 파도가 여전히 우리의 연안으로 밀려와, 눈물의 바다로 흠뻑 적셔진 역사도 있다. 이런 대체 역사는 남북전쟁까지 휩쓸고 있다. 하버드 대학교 역사학자 드류 길핀 파우스트Drew Gilpin Faust에 따르면 남북전쟁은 이전에도 이후에도 유례가 없는 엄청난 수의 사망자를 냈다. 사망률이 제2차 세계대전의 6배에 달해 현재의 인구 기준으로 약 600

만 명 규모의 사망자가 발생했다.[15] 기근과 대량 학살을 피해서 이 땅에 거주하기 위해 바다를 건너 이민 온 수많은 이들의 공포 또한 묻혀온 역사의 사례다.

그리고 이 모든 것이 대대로 이월되어 정신 속으로, 가정 속으로, 정치적 통일체(조직된 정치 집단으로 여겨지는 한 국가의 전 국민 - 옮긴이)로 스며들었다. (챕터 09에서 살펴볼 테지만) 최근 후성유전학의 발달을 통해 암시되고 있는 바에 따르면, 이런 묻힌 경험들이 DNA의 발현을 통해 대물림되면서, 낙관주의와 명랑함을 갖도록 키워질 미국 태생의 아기들에게 옛 트라우마에 대한 세포의 기억이 암호화되는 혼란을 야기했을 가능성도 있다.[16]

미국의 '긍정의 횡포'는 어느 정도는 정당하게 평가되지 못한 역사적 뿌리에서 기인한다. 원래의 주도적 미국 문화는 뉴잉글랜드에 들어온 백인 정착민들이 세운 것으로, 칼뱅주의 신조가 반영된 이 문화에서는 천국은 존재하지만 운명지어진 자들만 갈 수 있다고 믿었다. 지옥은 무시무시한 곳이었다. 툭하면 악몽에 시달리는 아이들이 한둘이 아닐 정도로 지옥에 대한 이야기가 넘쳐났다. 이런 운명 예정설의 신조하에서는 천국이나 지옥 중 하나에 배정받는 것을 모면하기 위해 할 수 있는 일이 많지 않았다.[17] 오로지 할 수 있었던 일은 부단한 노력을 통해 자신이 천국에 갈 운명임을 증명해 보이는 것뿐이었다. 그러기 위해서는 땅을 갈고, 부엌을 깨끗이 청소해야 했고, 쾌락을 위한 쾌락을 추구해선 안 되었다. 슬픔이나 기쁨의 여지도 없이, 자신이 천국에 올라가는 편도표를 가진 승자에 드는지를 증명해 보일 필요성밖에 없었다.

미국 문화를 휘어잡고 있던 칼뱅주의의 장악력은 상업적 팽창 시대인 19세기를 거치며 느슨해졌던 것으로 보인다.[18] 미국인들은 이제 윌리엄 브래드포드라는 초기 정착민의 말대로 초기 정착민들은 "야수와 야만인으로 득실거리는 무섭고 황량한 황무지"[19]였던 텅 빈 개척지 대신 창밖으로 도로와 철도가 내다보이는 곳에서 살기 시작했다. 1849년에 사상가 겸 시인 랠프 에머슨은 이렇게 물었다. "우리가 왜 과거의 메마른 뼈나 만지작거리고 있어야 하는가? 오늘도 태양은 빛나고 있는데. 들판에는 양모와 아마가 더 풍부한데. 새로운 땅, 새로운 사람들, 새로운 사상이 펼쳐지고 있는데."[20]

하지만 칼뱅주의는 사업이라는 새로운 국가적 종교로 대체되어, 천국이나 지옥에 갈 운명이 아니라 지상에서 성공하느냐 실패하느냐의 운명이 정해졌다. 작가 마리아 피시Maria Fish가 스콧 산다지Scott Sandage의 흥미로운 저서 《타고난 패자들:미국의 실패 역사Born Losers: A History of Failure in America》의 서평에서 밝혔듯, 이는 "운명 예정설의 신조를 재구성해" 성공을 성배로, 재벌을 고위 성직자나 최고의 롤모델로 삼은 것이었다.[21] "사나이답다"는 것은 점차 사업가가 되는 것을 의미했다. 1820년에 《노스 아메리칸 리뷰North American Review》에서는 농부들이 "구매나 판매에 아주 적극적으로 참여"하고 "여러 상거래에 밝아야" 한다고 경고했다. 그렇게 하지 못하면 "큰 패자가 될 것"이라고도 했다.[22]

이 '패자loser'라는 단어는 영어에서 수백 년 전부터 쓰여 온 말이었으나 이제는 새로운 의미를 띠게 되었다. 16세기에는 단순히 '손실을 입은 사람'을 의미했는데, 산다지에 따르면 19세기의 미국인에게 '패자'는 악취를 띠는 말이 되었다. 패자는 곧 낙오자로 인식되었다. 온라인 어원 사전Online Etymology Dictionary에 따르면 "실패가 습관화된 불행한 사람"을 의미하게 되었다. 우리가 챕터 01에서 살펴봤듯이 다른 사람의 불행은 연민을 일으켜야 마땅하며 연민을 뜻하는 단어 'comapssion'도 '고통을 함께한다'는 뜻이다. 하지만 이제는 패자라는 말이 연민이 아닌 경멸을 일으켰다. 실패는 부단히 승자의 사고방식과 행동방식을 길러 피해야 하는 것이 되었다.

내면의 가치와 외부의 부를 연결지으려는 이런 시도에는 한 가지 문제가 있었다. 상업적 성공이라는 것이 잡힐 듯 잡히지 않는 속성을 띠고 있다는 점이었다. 운이 좋아 성공의 성배를 발견했더라도 그 성배를 계속 지킬 수 있었을까? 당시는 호황과 불황이 반복되는 자본주의 시대였다. 모든 경제적 팽창마다 1819년, 1837년, 1857년, 1873년의 공황을 맞아 성공한 사업가들이 하룻밤 사이에 파산하는 사태가 속출했다. 많은 사람들이 절망에 빠졌고 더러 자살로 생을 마감하는 사람들까지 나왔다. 그리고 이 모든 일을 겪는 사이에 어떤 의문이 미국 문화를 선점하기 시작했다. 누군가가 파산을 하면 그것은 누구의 잘못일까? 경제 시스템? 서툰 사업적 결정? 불운? 아니면 실패와 심적 고통의 근원이 모든 파산 사업가들의 영혼에 있는 어떤 기묘한 결점은 아닐까?

실패의 원인이 점차 영혼의 결함으로 돌려졌다. 1822년에 한 변호사는 "인간의 통제력 밖에 있는 원인으로 실패한" 이들도 있으나 "이런 부류는 비교적 적을 것"이라고 지적했다.[23] 산다지의 말대로라면 "패자는 국민 부기맨(아이들에게 겁을 줄 때 들먹이는 귀신 – 옮긴이)"이었다.[24] 에머슨은 1842년의 일기에 "실패하지 않을 사람은 실패하지 않는다. 사람의 행운과 불운에는 언제나 이유가 있고 그것은 돈을 버는 일도 마찬가지다"라는 속담을 적어 넣었다.[25] 1846년에 보스턴의 한 강연자도 "피치 못할 불운에서 비롯된 실패의 사례만 적다는 사실은 실패가 대체로 이미 예정되어 있던 실패이기 때문"이라며 "대다수의 경우, 파산의 원인은 개인적 기질에서 비롯된 실수"라고 단언했다.[26]

누가 승자고 누가 패자인가를 판가름하는 답이 '그 사람'을 보는 것으로 정해지면서, 그다음 수순으로 부와 승리를 예견할 만한 특색을 찾기에 이르렀고 그에 따라 이제는 승자의 긍정적이고 활기찬 정서를 습득하기 위해 애쓰게 되었다.

신사상 운동은 원래 병을 치유하는 정신력에 주안점을 두었으나 19세기 후반에 들어서면서 세속적 성공을 이루어내는 정신력으로 초점이 옮겨졌다.[27] 칼뱅주의의 순례자 정신 대신 너그러운 신과 선한 우주에 대한 신념을 취해, 꿋꿋이 긍정적 태도를 취하면 치유받고 성공할 수 있다고 믿었다. 저명한 심리학자 윌리엄 제임스조차 과학자 특유의 회의주의를 품으며 이 운동을 "낙천주의에 빠져 정신이 나간" 것으로 간주했다가, 1902년의 중대한 저서 《종교체험의 다양성 The Varieties of Religious Experience》에서는 이 운동의 "건강한 정신"에 주목하며 신사상 운동 덕분에 "무수히 많은 가정에 쾌활함이 되살아났

다"고 감탄했다.[28]

제임스는 신사상 운동이 슬픔을 쫓아내 준다는 견해도 밝혔다. "주위에서 '이완의 복음'과 '걱정은 그만 운동Don't Worry Movement'에 대한 얘기와, 아침에 옷을 갈아입으면서 그날의 모토로 스스로에게 '젊음, 건강, 활기!'를 되뇌는 사람들에 대한 얘기가 들려온다. 많은 가정에서 날씨에 대한 불만이 금지어가 됐고, 점점 더 많은 사람들이 불쾌한 기분을 말하는 것이나 일상의 불편함과 생활 속의 가벼운 질환을 대단한 일처럼 여기는 것을 안 좋은 행동으로 인정하고 있다."

아이들도 강제적 쾌활함에 길들여졌다. 1908년에 보이 스카우트에서는 단원들에게 "인생의 밝은 면을 찾아 맡은 일을 쾌활하게 행하도록 훈련"시켰다.[29] 아이들은 슬픔을 감추도록 주의받기도 했다. "일단 억지로라도 웃음을 짓고 휘파람을 불면 괜찮아지게 된다. 단원은 웃음을 띠고 휘파람을 불면서 다니도록 한다. 계속 그렇게 하다 보면, 특히 위험한 순간일수록 더 자신의 기분도 북돋워지고 다른 사람들의 기분도 북돋워지게 된다."[30]

하지만 이런 태도는 부의 추구에 가장 집요하게 적용되었다. 1910년 자기수양 통신강좌의 광고에는 구부정한 어깨를 한 '패자'의 모습을 보여주며 "당신도 혹시 부적응자인가요?"라는 광고 문구를 넣었다.[31] 또 다른 광고에서는 승자의 모습을 담으며 다음과 같은 문구를 넣었다. "앞서나가는 남자는 쿠펜하이머를 입는다."[32] 1930년대에 이르자 나폴레온 힐의 《생각하라 그러면 부자가 되리라》[33] 같은 자기수양 서적들이 초대박 베스트셀러에 올라 수백만 부가 판매되었다.

노먼 빈센트 필은 자신의 메가급 베스트셀러 《노먼 빈센트 필의 긍정적 사고방식: 어떻게 자신의 행복을 창조할 것인가》에서 "당신 개인의 능력에 대해 부정적 생각이 들 때마다 의도적으로 긍정적 생각을 표해 부정적 생각을 지워버리라"고 권했다.[34]

이런 개념들은 1929년의 주식시장 붕괴와 대공황이 닥친 와중까지도 지속되었다.[35] 1933년에 이르자 실업률이 24.9퍼센트에 달했고 2만 개에 가까운 사업이 파산했으며 4천 개의 은행이 문을 닫았다. 그런데도 실패는 '사람 안[내면]에서' 비롯되는 것이라는 개념이 여전히 굳건하게 고수되었다. 1929년의 한 헤드라인 기사는 제목을 '거리로 나앉은 패자, 자살을 택하다'로 뽑았다.[36] 자동차에 일산화탄소를 누출시켜 자살한 사건을 다룬 1937년의 기사에서는 "레일리는 그가 '인생에 실패'했다는 유서를 남겼다"고 전했다. 어떤 정신과 의사는 당시에 그를 찾아와 상담받던 중산층 환자들을 회고하며 "거의 모두가 자신의 태만이나 재능 부족이나 불운을 탓했다. 자신의 잘못을 인정하면서 자신의 개인적 실패에 대해 일종의 수치심을 느끼는 경향을 보였다"고 밝히기도 했다.

1955년 무렵이 되자 패자라는 말은 청소년 사이의 은어, 팝 문화, 학문적 연구의 한 특징으로 자리 잡았다.[37] 어느새 패자들이 찰리 브라운 같은 만화 캐릭터, 윌리 로먼(아서 밀러의 《세일즈맨의 죽음》에서 소시민으로 대변되는 주인공 - 옮긴이) 같은 반反영웅, 우디 앨런 같은 공연가들의 모습으로 등장했다. 데이비드 리스먼David Riesman에서부터 윌리엄 화이트 주니어William Whyte, Jr.에 이르기까지 여러 사회학자와 저

널리스트가 패자들을 다룬 책을 써서 베스트셀러 작가에 올랐다. 프랭크 시나트라의 'Here's to the Losers(여기의 모든 패자들에게)'에서부터 비틀스의 'I'm a Loser'와 보다 최근에 발표된 싱어송라이터 벡의 퉁명스러운 버전 'I'm a loser baby, so why don't you kill me?(그래 난 패자야, 그러니까 날 좀 죽여줄래?)'에 이르기까지 뮤지션들도 패자들을 다룬 히트곡을 냈다. 찰스 슐츠는 〈피너츠〉의 캐릭터들이 자신의 여러 측면을 대변한다고 말한 바 있다.[38] 철학적인 리누스, 괴팍한 루시, 무사태평한 스누피… 그리고 멜랑꼴리한 찰리 브라운. 찰리 브라운은 핵심 캐릭터이자 만화의 중심인데도 우리가 선뜻 이 점을 인정할 수 없었던 캐릭터다. 다음은 슐츠의 말이다. "세상에 찰리 브라운 같은 사람들이 얼마나 많은지 예전엔 미처 몰랐다. 나만 그런 사람인 줄 알았다."[39]

현재의 사회는 그 어느 때보다 더 승자와 패자를 뚜렷하게 구별하고 있다. 저널리스트인 닐 개블러Neal Gabler가 2017년에 《살롱Salon》에 올린 글처럼 "미국은 승자로 인정받는 (그리고 스스로도 승자로 자인하는) 사람들과 (중략) 승자들에 의해 패자로 여겨지는 사람들 사이의 구별이 심화되어 있다. 패자들은 문화적 천민으로 치부되어, 인도의 불가촉천민의 미국판에 상응하게 되었다. (중략) 자기 존중을 비롯해 존중을 받으려면 승자가 되어야 한다."[40] '번영 복음prosperity gospel'에서는 칼뱅주의라는 말은 전혀 언급도 없이, 부가 받을 가치가 있는 이들에게는 신으로부터 수여되고 받을 가치가 없는 이들에게선 회수된다는 주의를 취한다.[41] 《타임》지에서 2006년에 기독교인들을 대상으로 설문조사를 한 결과, 이 '복음'을 지지하는 사람이 17퍼센트에 불과했음에도 신은 사람들이 번영을 누리길 바란다는 것에 공감한 사람의 비율은 61퍼센트에 달했다.[42] 반면 구글 북스 앤그램 뷰어에 의거하면 1960년대 이후로 '패자'라는 말의 사용 빈도가 급등해왔다.[43] 잘 알려진 사실이다시피 승자에 대한 공경과 패자에 대한 경멸은 도널드 트럼프 전 대통령의 세계관에도 영향을 미쳤다. 전쟁 영웅 존 매케인을 베트남에서 전쟁 포로였다는 이유로 패자라 재규정했던 것이 그런 영향을 보여주는 하나의 사례였다.[44] 정치적 분열의 양쪽 진영 모두에서 많은 이들이 이런 발언에 움찔했지만 그때 트럼프는 무의식적으로 미국의 문화적 유산을 이용하고 있었던 것이다.

이러한 사례들에서 나타나 있듯 이런 문화적 유산은 공공 생활의 영역 대부분에 반영되어 있다. 다음 챕터에서 이런 유산이 직장에까지 어떤 영향을 미치고 있고 어떻게 하면 '긍정의 횡포' 사회를 넘어설 수 있을지 살펴보겠지만 이런 유산은 직장을 채울 인재를 배출해내는 대학 캠퍼스에도 만연되어 있다. 다트머스 대학교의 연구진과 미국시민자유연맹American Civil Liberties Union[45]에 따르면 팬데믹 이전에도 다수의 대학에서 불안감과 우울증의 비율이 크게 치솟았고, 이는 자신이 행복하고 승자인 것처럼 보여야 한다는 압박 역시 마찬가지였다.[46] 최근에는 PhillyMag.com에서부터 ESPN.com에 이르는 여러 미디어 매체에서 겉으로는 행복하고 성공한 것처럼 보이지만 속으로는 힘들어하는 대학생들의 사례를 보도하기도 했다. 펜실베이니아 대학교에서는 매디슨 홀레란이라는 학생이 인스타그램에 쾌활한 사진을 게시한 직후 자살한 사건이 있었다.[47] 또 한 명의 펜실베이니아 대학교 여학생은 《뉴욕》지에 실린 글 그대로 "남들에게 뒤처지지 않는 외모를 가꿔야 한다는 압박에 너무 감당하기 힘들어서" 자살의 문턱까지 갔다.[48]

나는 이런 기사들을 읽다가 오래전 일이 떠올랐다. 프린스턴 대학교에 재학할 당시, 내 눈에는 모든 사람의 삶이 완벽해 보였다. 다들 밤마다 전화해서 꼬치꼬치 캐물어대는 극성스러운 어머니도 없었고, 잃어버린 과거를 애달파하거나 일어날 것 같지 않은 미래를 갈망하지도 않았다. 이미 안정적으로 잘 지내는 것 같았고, 전부터 쭉 그래왔던 것처럼 보였다. 물론 예외도 있다는 걸 모르진 않았다. 당시에 밤길 되찾기 시위Take Back the Night(여성폭력 반대행진)가 막 시작되었던 참이었고 내 동급생들의 사정도 듣게 되었다. 내 룸메이트의 경우만 해도 아메리카 원주민 보호구역에서 자랐고 프린스턴 대학교에서 적응하느라 힘들어하고 있었다. 그 외에도 안 좋게 끝난 이별이나 부모의 이혼 등 사회적으로 수긍해줄 만한 여러 슬픔들을 때때로 목격하기도 했다.

나는 프린스턴 대학교의 상징인 활기찬 겉모습 이면에는 정말로 뭐가 있을지 궁금했다. 내 동급생들 대다수가 실제로는 어떤 기분을 느끼고 있었을까? 일상적으로 느끼는 상실감이 뭐였을까? 슬퍼하도록 허용되지 않는 슬픔, 그러니까 현재 심리학계에서 일컫는 '권리를 박탈당한 슬픔disenfranchised grief'[49] 같은 게 없었을까? 이런 슬픔에 대해서는 좀처럼 얘기들을 하지 않았는데 그런 게 정말로 있긴 했을까?

나는 한번 알아보기로 마음먹었다. 시간을 거슬러 과거의 대학 시절로 가볼 수는 없지만 적어도 현재 세대의 학생들과 얘기를 나누는 일은 가능했다. 작가로서의 재량을 십분 활용해 학생들에게 삶에서 실제로 느끼는 감정이 뭔지 물어보면 어떨까 싶었다.

## 모든 것이 아주 좋다고 말해야 하는 사회

나는 졸업한 지 30년이 다 되어가는 어느 맑고 상쾌한 2월 아침에 캠퍼스에 다시 발을 디뎠다. 높이 솟은 뾰족탑과 담쟁이덩굴, 휘늘어진 아치 길에 기대어 있는 7단 변속 자전거들이 눈에 들어왔다. 이번에는 부모님의 자동차 뒷자리에 여행가방 여러 개와 오디오를 쑤셔 넣고 그 틈에 끼겨 앉아 온 게 아니라 트렁크에 얇은 여행용 가방을 챙겨 넣고 내가 직접 운전해서 온 길이었다. 밤마다 어머니와 얘기했던 루리에-러브 홀의 비좁은 기숙사 방이 아니라 캠퍼스에서 몇 블록 떨어진 피코크 인Peacock Inn에서 묵기로 했다. 새삼 이 학교에 입학한 것도 큰 행운이었지만 졸업을 하게 된 일이 훨씬 큰 행운이었다는 느낌이 들었다.

졸업을 하고 그 사이에 나는 남편 켄과 결혼했고, 두 아들을 낳았고, 꿈꿨던 작가 생활을 하고 있다. 그동안 이런저런 변화를 겪었지만 아침에 눈을 뜰 때마다 정말로 감사했다. 켄은 평상시에는 초자연적인 것을 믿지 않지만 대학 신입생 시절의 나에게 메시지를 보내보라고 권했다. 모든 일이 잘 풀렸고, 이제는 나만의 가족도 생겼고, 책을 출간한 어엿한 작가가 되었다는 얘기를 전해주면 어떻겠냐고. 나는 그 생각이 마음에 들어 고개를 끄덕였다.

프린스턴 대학교는 내가 졸업한 이후로 좀 바뀌긴 했으나 그 외에는 그대로인 듯했다. 캠퍼스를 품고 있는 구역은 여전히 파머 광장을 중심으로 고급 부티크가 늘어서 있었고 전형적인 대학촌의 어수선함이 없었다. 이제는 학생들의 구성이 온갖 인종과 국적으로 더 다양해졌고 주변엔 인도풍 식당과 초밥 식당들도 더 늘었다. 캠퍼스에는 19세기 고딕 양식의 건축물 사이로 유리와 철제 소재의 신축 STEM(과학·기술·공학·수학을 아울러 교육하는 융합교육 - 옮긴이) 건물들이 반짝거리고 있었다. 하지만 찰리 브라운은 여전히 이곳에서 이질감을 느꼈을 것이다.

나는 프로스펙트 애비뉴Prospect Avenue에서 인터뷰할 학생들을 만났다. '이팅 클럽eating club(프린스턴 대학교의 전통적인 학생 조직 - 옮긴이)'들이 사용하는 대저택 느낌의 건물들이 늘어선 이 거리는 '백만장자의 거리millionaire's row'라는 별명으로 불리기도 하고 프린스턴 대학교 은어로는 '더 스트리트The Street'로 통한다. 또한 대부분이 3학년생과 4학년생으로 구성된 회원들이 모여서 식사를 하고, 파티를 여는 이팅 클럽들은 캠퍼스 생활을 지배하기도 한다. 나는 프린스턴 대학교 3학년생인 루크와 그의 친구들을 만나기 위해 캐논 클럽으로 향했다. 루크는 고등학생 때 내 밑에서 인턴으로 일했던 인연이 있는 사이였다.

캐논 클럽의 클럽 하우스는 건물 정면이 대학 특유의 고딕풍 석조

양식이었고 정문 잔디에 클럽 이름을 따온 대포cannon가 놓여 있었다. 안으로 들어서자 어두운 색의 판벽과 오래전에 떠난 신사들의 유화 초상화가 눈에 들어오면서 김빠진 맥주 냄새가 풍겼다. 캐논 클럽은 현실적이고 운동을 즐기는 학생들이 모이는 곳으로 이름나 있다. 사려 깊고 똘똘한 루크는 다림질한 치노 바지(두껍고 질긴 면으로 만든 헐렁한 평상복 바지 - 옮긴이)에 V넥 스웨터를 받쳐 입은 차림으로 나와 나를 위층의 휴게실로 데려갔다. 회의실 탁자 하나와 소파 몇 개가 비치된 그곳에 운동 체질의 우람하고 건장한 학생들이 운동경기용 셔츠를 팀복으로 맞춰 입고 탁자에 다리를 올려놓고 편하게 앉아 있었다. 루크는 친구들에게 방을 예약해 두었다고 말했다. 운동선수 같은 그 친구들은 서글서글한 태도를 취하며 일어나더니 루크와 나에게 야외 발코니에 나갔다 오면 안 되냐고 물었고, 루크가 그러라고 하자 담배를 피우러 나갔다.

루크가 친구들인 페이지, 히더, 닉을 안으로 데려왔다. 크로스컨트리 선수인 페이지를 빼면 모두 NARP, 즉 'Non-Athletic Regular Person(운동선수가 아닌 일반인)'으로, 다시 말해 '운동선수는 아니지만 꽤 사교성이 뛰어난' 친구들이었다. 닉은 플로리다 남부 출신의 예술사 전공자였다. 세련된 안경을 끼고 여러 개의 팔찌를 레이어드 해서 끼고 있었다. 나는 함께 자리에 앉으면서 익숙한 불안감을 느꼈다. 어느 정도는 사회적 관계에서 느끼는 불안이었으나, '프린스턴 대학교까지 차를 몰고 왔다가 아무 수확도 없으면 어쩌지?' 하는 걱정에 더 가까웠다. 학생들이 마음을 열지 않을 수도 있었고, 내 질문을 이상하게 받아들일지도 몰랐다. 어쨌든 이 대화의 핵심은 평상시에 입 밖으로 꺼내지 않는 얘기들이니 그럴 만도 했다. 아니면 학생들의 내면의 삶이 내 동급생들에게서 언제나 느꼈던 그 겉모습만큼이나 정말로 빛이 날 수도 있었다.

그런데 대화를 시작하고 2분 30초쯤 지나면서 그렇지 않다는 걸 알았다. 학생들은 내 프로젝트를 이상하게 생각하지 않았다. 자기 성찰적 자세를 보이며 협조적으로 응해줬을 뿐만 아니라 프린스턴 대학교 재학 시절에 내가 궁금해했던 바로 그 문제에 대해 명칭까지 붙여 나름대로의 분석을 내놓으며, 그것이 굳이 노력하지 않아도 되는 승자처럼 보여야 하는 압박이라며 '노력이 필요 없는 완벽함'이라고 칭했다.[50]

닉이 공부와 관련해서 이렇게 말했다. "공부를 아주 조금밖에 안 한 것처럼 보여야 해요. 시험 볼 준비가 가장 안 되어 있으면서 시험을 가장 잘 본 것처럼요. 항상 해야 할 공부가 산더미라고 앓는 소리를 하면서도 공부하는 모습을 누구에게도 보여선 안 돼요."

사교적 측면에서의 '노력이 필요 없는 완벽함'이란, 평상시의 (겉으로 보여지는) 자기 모습을 보였을 뿐인데 가장 배타적인 이팅 클럽의 회원으로 받아들여지는 영광을 쉽게 얻어내는 것을 의미한다고 했다. "술을 잘 마시고 잘 놀 줄 알아야 해요. 하지만 바보처럼 보일 정도로 너무 나가서도 안 돼요. 대화가 끊기지 않게 잘 이어가며 이런저런 농담도 잘해야 해요. 별나고 톡톡 튀는 구석이 있되 너무 별나서도 안 돼요. 개성적이되 틀에 맞출 줄도 알아야 해요. 아주 사교적

이면서도 모든 수강 과목에서 좋은 성적을 내야 해요. 지적인 대화가 가능해야 하지만 샷건비어(캔맥주에 구멍을 뚫어 벌컥벌컥 들이키는 것-옮긴이)도 잘해야 해요. 어떤 알고리즘이 있는 것 같아요. 그게 선천적인 것이든 후천적인 것이든 간에 저는 어쩌다 그 알고리즘에 잘 맞더라고요." 이렇게 말을 맺은 닉은 최근에 프린스턴 대학교의 가장 명망 있는 클럽인 아이비의 회원으로 받아들여진 상태였다. 닉의 어조는 과시적이지도 변명조도 아닌, 사무적이고 기자 같은 느낌이었다.

'노력이 필요 없는 완벽함'은 상실이나 실패, 우울증의 징후를 감추는 것이기도 하다. 이번엔 히더가 설명했다. "늘 평판을 걱정하게 돼요. 사람들이 자기를 어떤 사람으로 여길지 마음 졸이는 거죠." 예를 들어 닉의 경우엔 얼마 전에 아버지와 싸운 적이 있었지만 "그런 티를 내지 않으려 최대한" 애쓰며 "무슨 문제가 있다는 걸 얼굴에 드러내지 않아야 해서 평상시처럼 하려고 애썼다"고 한다. 루크처럼 제1순위로 택한 클럽에 들어가지 못해도 상처받은 내색을 해서는 안 된다. 이번엔 페이지가 나서서 말했다 "이 학교에선 클럽 문제로 상심하는 경우가 많아요. 누가 가입되고 누가 탈락했는지 다들 알아요. 그래도 그 일로 얼마나 상처받았는지, 진심을 얘기하지 않는 것 같아요. 'hosed'*돼도 당사자들은 그 얘기를 안 해요. 툭 터놓고 얘길 안 한다니까요. 오늘 아침엔 클럽별로 가입된 회원 수가 발표됐어요. 그렇게들 인원수에 대해서만 얘기하지 정서적 의미에 대해서는 거론하지

---

* 프린스턴 대학교 은어로 '퇴짜맞다'는 뜻.

않아요."

이런 사회적 규범은 수많은 학생들에겐 힘들기 마련이며 그에 따라 많은 10대들과 풋내기 성인들이 고강도의 스트레스, 우울, 갈망을 겪고 있다.[51] 하지만 실질적으로 슬픔의 고통 속에 있더라도 침묵의 규약에 지배당해 어쩌지 못한다. 실제로 그 이후에 방문했던 프린스턴 대학교 상담 및 심리 서비스 센터의 심리상담사 애나 브레이버만 Anna Braverman은 그녀를 찾아온 수많은 학생들이 말 그대로든, 비유적으로든 애통함에 빠져 있다고 말해주었다.

"격려하는 부모를 두지 못한 학생들도 있어요. 부모에게 극심한 문제가 있는 경우도 있고요. 그래서 이런 학생들은 격려를 보내주는 부모 밑에서 컸다면 어땠을지 아쉬워하거나, 언젠가 문제가 해결되어 정상적인 가족이 되길 빌게 돼요. 방학 때가 되면 학생들 사이에서 이렇게 말하죠. '이야, 이제 집에 가서 정말 좋겠네.' 그러면 상대 학생은 이렇게 대꾸해야 해요. '맞아, 너무 좋아.' 그런데 사실은 좋지가 않아요. 바랐던 대로 살지 못했던 과거를 애통해하죠. '함께 완벽한 휴가를 보낼 수 있는 그런 가족이 있었다면 얼마나 좋았을까?' 이때는 사별만큼이나 마음이 크게 애통할 수도 있어요."[52]

하지만 사회적 규범이 이런 마음을 드러내지 못하게 막는다. 브레이버만의 말처럼 "모든 것이 아주 좋다고 말해야" 한다.

그렇게 많은 학생들이 힘겨워하고 있다는 사실에 비추어보면 그 학생들이 비밀을 털어놓을 만큼 믿을 만한 상대로 택한 캠퍼스 심리상담사가 비밀 엄수를 서약한 사람이라는 점이 더더욱 아이러니하다. 전 부학장 타라 크리스티 킨제이Tara Christie Kinsey는 한 라디오 인터뷰에서 프린스턴 퍼스펙티브 프로젝트Princeton Perspective Project에 대해 설명하며 이렇게 말했다. "저 자신과 제 동료들같이 근무 시간을 지키면서 하루 종일 소파에 앉아 학생들을 상담해주는 사람들은 같이 모이면 하는 얘기가 있어요. 불안감을 겪거나 힘들어하는 학생들이 자신들만 그런 일을 겪는 줄로 생각한다는 거예요. 그래서 이런 얘기도 하죠. 10분 더 빨리 출근해서 소파에 앉아 있으면 똑같은 얘기를 더 듣게 될 거라고요."[53]

'노력이 필요 없는 완벽함'이라는 이 말은 프린스턴 대학교에서 만들어낸 말이 아니라 2003년에 듀크 대학교에서 만든 신조어며, 처음엔 젊은 여성들에게 지워진 압박을 특정한 개념이었다. 즉, 노력하는 것 같지 않은데도 똑똑하고 아름답고 날씬하고 평판 좋은 여자가 되어야 한다는 압박을 의미했다.[54] 하지만 다른 학교의 학생들이 자신들끼리 통하는 말들을 만들어 내면서 이내 그 개념이 확장되었다. 이렇게 만들어진 말을 몇 가지만 소개하자면 펜실베이니아 대학교에서는 학생들이 실제 감정과는 상관없이 얼굴에 자신만만한 표정과 웃음을 띠고 다닌다는 의미에서 '펜 페이스Penn Face'라는 이름을 붙였고, 스탠퍼드 대학교의 '덕 신드롬Duck Syndrome'[55]은 물밑에서 미친 듯이 발을 저으며 호수에서 미끄러지듯 유유히 떠다니는 오리들의 능력에 빗대어 지은 말이다. 이런 규범이 아주 강하게 실시되다 보니 학생들은 'Stanford University Places I've Cried(내가 울었던 스탠퍼드 대학교 장소들)'이라는 페이스북 비공개 그룹을 만들기까지 했다. 이 그룹의 홈페이지에는 스탠퍼드 대학교의 별칭에 빗대 "지상에서 가장 행복한 곳에 바치는 찬사"라는 재치 있는 문구도 달려 있다. 회원 수는 내가 마지막으로 봤을 때 기준으로 2,500명이었다. 반면 'Stanford University Places I've Smiled' 홈페이지는 회원 수가 40명에 그쳤다가 아예 폐쇄되었다.

'노력이 필요 없는 완벽함'이라는 문구가 생겨난 곳이, 젊은 승자들이 우위를 지키려 애쓰는 미국의 명문 대학들이라는 점은 그저 우연의 일치가 아니다. 캠퍼스 내 불안감, 우울증, 자살의 비율이 증가하는 시대에 생겨난 점 또한 마찬가지다. 이런 현상은 완벽함보다는 승리와 관련된 문제이기 때문이다. 말하자면 승자 유형의 사람이 되려하고, 아주 높이 떠올라 삶의 씁쓸한 면을 피하려 하고, 패자가 되지 않으려는 것과 관련된 문제다. '노력이 필요 없는 완벽함'이 우리의 대다수 대학에서 유행하는 말이라 해도, 그 기원은 우리가 미국 공화국이 시작된 이후부터 내내 굴복해온 바로 문화적 압박이다. 여기에 불평등과 사회적 갈등의 심화라는 새로운 현실까지 더해져 상대적으로 소수의 승자만을 배출하는 사회에서 승자처럼 느껴야 한다는 압박이 갈수록 더 심해지고 있다.

나는 프린스턴 대학교 심리상담사 애나 브레이버만과 같이 앉아 대화를 나누면서 속으로 궁금했다. 그녀는 지금 자신이 과거의 나와 대화 중이라는 사실을 알까? 나도 한때 '완벽한 휴가'를 즐기기 위해 집에 갈 수 있길 바라던 학생이었다는 걸 알까? 10분 전에 소파에 앉아 있던 내 동급생이 비슷한 어려움을 겪고 있다는 걸 좀처럼 믿지 못하던 학생이었다는 걸 알까? 그런 사정을 알았더라도 위안을 얻지 못한 채, 그 사람에게도 뭔가 문제가 있을 거라고, '그 사람'의 어떤 문제 때문이라고 생각했을 거라는 것도 알까?

그나저나 그 학생들, 그러니까 우리 모두는 어떻게 됐을까? 성인이 되어 직장에 들어가고, 자신의 가정을 꾸리고, 또 그 이후의 삶을 쭉 이어가면서 어떻게 살아갔을까? 우리의 슬픔과 갈망을 남모를 무가치함의 징후가 아닌 인간의 특징으로 이해하는 단계에 어떻게 이르렀을까? 우리 내면의 패자를 승자와 더불어 포용하는 것이(쓸쓸함과 달콤함을 모두 포용하는 것이) 그 둘 모두를 초월하는 열쇠이자, 의미와 창의성과 기쁨에 이르는 열쇠라는 깨우침에 어떻게 이르렀을까?

이번 챕터를 열며 만나봤던 심리학자이자 경영 사상가 수전 데이비드는 바로 이런 질문에 대한 답을 찾는 일에 전념해왔다.

# CHAPTER 06

# 어떻게 하면 직장과 사회에서
# '긍정의 횡포'를 넘을 수 있는가?

*《긍정적 사고방식의 힘》을 사려다 이런 생각이 들었다. '긍정적 사고를 한다고 해서 대체 뭐가 좋아진다고?'* [1]

— 로니 셰익스*Ronnie Shakes*, 스탠드업 코미디언

현재 수전 데이비드는 유엔, 구글, 언스트 앤드 영Ernst & Young(영국 런던에 본사를 두고 있는 글로벌 회계법인 — 옮긴이)을 비롯한 여러 의뢰 고객들에게 '감정의 민첩성emotional agility'을 지도하고 있다. 수전이 말하는 '감정의 민첩성'이란 "힘든 감정과 생각을 느슨하게 붙잡아 용감하고 온정적으로 마주한 후 지나쳐 가면서 삶의 변화에 불을 붙이는" 과정이다.[2] 하지만 수전이 오늘날의 전 세계 직장 문화를 관찰하며 확인

한 바에 따르면, 현재 수많은 사람들은, 수전이 15살 때 아버지를 여윈 직후에 겪었던 그 단계에 꼼짝없이 매어 있다. 여전히 사람들 앞에서 미소를 지으며 다니고, 아이스크림을 몰래 게워내던 그때의 자신처럼 살고 있다. 직장에서는 절대 눈물을 보여서는 안 되지만 정 못 참겠으면 제발 좀 화장실 칸에 들어가서 조용히 울라고 지시하는 '긍정의 횡포'가 펼쳐지고 있다.

수전에게는 이것이 중요한 문제다. 모든 달콤씁쓸함 안에서 삶을 명확히 바라보는 것이 더 좋기 때문만이 아니다. 스스로에게 슬픔과 갈망 같은 힘든 감정들을 허용해주지 않으면 이런 감정들이 번번이 우리를 망가뜨리기 때문이기도 하다. 수전이 그녀의 유명한 TED 강연에서 말한 것처럼 "감정 억제에 대해 살펴본 연구에서 밝혔듯, 감정들은 옆으로 밀쳐지거나 외면당하면 더 강해진다. 심리학자들은 이를 증폭이라고 부른다. 냉장고 속의 맛있는 초콜릿 케이크처럼 외면하면 할수록 그 감정이 강하게 마음을 붙잡는다. 감정을 외면할 때 당신은 자신이 원치 않는 감정을 통제하고 있다고 생각할 수 있지만 사실은 그 감정들이 당신을 통제하는 것이다. 내면의 고통은 언제나 예외 없이 표출되기 마련이다. 그렇다면 고통 표출의 대가를 누가 치를까? 바로 우리다. 우리 아이들, 동료들, 지역사회다."[3]

수전은 자신이 '행복을 반대하지' 않으며, 행복해지는 것을 좋아한다고 강조한다. 수전과 나는 가까운 친구 사이니 이 점은 내가 증언해줄 수 있다. 수전은 천성적으로 아주 쾌활한 사람이다. 따뜻하고 다정하다. 잘 웃고 보조개가 패이도록 미소도 잘 짓는다. 이메일을 보내올 땐 '안녕, 멋쟁이'라는 인사로 시작해서 말로 안아주는 듯한 기분을 느끼게 한다. 삶과 사랑에 대해 두 팔을 활짝 벌리고 기꺼이 포용하는 태도를 갖고 있다. 내 생각엔 수전이 누가 봐도 아주 기분 좋은 사람이라 사람들이 수전의 메시지를 아주 잘 받아들이는 것 같기도 하다. 사람들은 자신이 느끼지 않길 바라는 것들을 뭐든 다 수전에게 터놓고 얘기한다. "저는 마음 찢어지는 일이 없으면 좋겠어요", "저는 실패하고 싶지 않아요."

그러면 수전은 이렇게 얘기해준다. "이해해요. 하지만 그런 건 죽어야만 이룰 수 있는 목표예요. 죽은 사람만이 스트레스를 받지 않고, 마음이 찢어지지 않고, 실패에 따르는 좌절을 겪지 않아요."

## 고통이 만연한 직장에서 필요한 리더 유형

수전은 다른 사람들이 슬픔과 갈망을 비롯한 그 외의 '힘든' 감정들을 받아들이고 융합시키도록 돕는 일에 전념해왔다. 그리고 이런 활동을 펼치는 사람은 수전만이 아니다. 전 국가적 차원의 승자와 패자 이야기를 했던 분야인 비즈니스 문화에서도 새로운 이야기가 전력을 다해 움트고 있다. 조직심리학자 피터 프로스트Peter Frost는 '연민이 중요한 이유!Why Compassion Counts!'라는 유력 논문에서 고통이 대다수 종교에서 핵심을 차지하고 있지만 직장에서는 그 표출이 금지되고 있다는 견해를 피력했다. "부처의 말처럼 고통이 선택하기에 달려 있되 인간으로서 피할 수 없는 한 부분이라면 고통을 조직

생활의 중요한 일면으로 생각해야 한다. 우리의 이론에 이런 점을 어떤 식으로든 반영해야 한다"라고도 썼다.[4] 그의 이런 외침에 자극을 받은 조직심리학자들이 프로스트와 미시간 대학교 조직심리학자 제인 더튼Jane Dutton의 주도하에 "연민의 표출 장소로서의, 조직의 새로운 이상"을 북돋는 활동에 주력할 공동체를 설립했다. 바로 '컴패션랩 CompassionLab'이라는 곳이며 이곳은 현재 미시간 대학교 학자이자 더튼과 함께 직장에서의 연민을 다룬 의미 있는 저서를 공동집필한[5] 모니카 월라인Monica Worline이 운영하고 있다.

컴패션랩의 활동 중에는 이 단체의 일원인 경영학 교수 제이슨 카노프Jason Kanov와 로라 매든Laura Madden이 진행한 흥미로운 프로젝트도 있다. 두 사람은 카노프가 이전에 사회적 단절에 대해 연구하던 중 진행했던 직장인 인터뷰의 필사본을 면밀히 살펴보다 두 가지 점을 발견했다. 첫 번째는 인터뷰 내용이 공황 발작, 상처받은 관계, 평가절하받는 기분 등의 괴로움과 고통의 토로로 가득했다는 것이고, 두 번째는 인터뷰 대상자들이 자신의 이야기를 털어 놓으면서 '괴로움'이나 '고통' 같은 단어를 웬만해선 쓰지 않았다는 점이다. 불안한 상태에 있으면서 화가 나 있다고 말했다. 슬프면서도 짜증난다고 말했다. 카노프는 "진부하고 평범한 고통이 직장에 만연되어 있다"며 "하지만 우리는 자신이 고통받고 있다는 사실을 인정해선 안 된다고 여긴다. 실제로 자신에게 일어나고 있는 상태를 경시하는 탓에 필요 이상으로, 능력 이상으로 훨씬 더 참아내고 있다"고 덧붙였다.[6]

나와의 대화에서 카노프는 직장에서의 고통 표출 중에서 더 사회적 용인을 받는 특정 유형의 고통이 있다며 이렇게 말했다. "괴로운 정도가 극심하고 보편적으로 괴롭게 여겨지는 일(가까운 가족이 사망하거나 통제 불능의 재난으로 피해를 당한 경우 등)로 인한 고통이라면 사람들은 직장에서도 그 고통을 더 선뜻 인정하고 표출합니다. 직장 내에서 억제되고 상의할 수 없는(억제되거나 상의할 수 없는) 고통은 주로 고질적 고통과 일상적 고통(관계상의 어려움, 금전적 어려움, 생명에 지장이 없는 질환, 일 스트레스, 사내 정치, 부실 경영 등에 따른 고통)이에요. 그런데 문제는 이런 고통이 특히 만연되어 있는 고통이라는 점입니다."

감정적 상황을 개방하자는 이런 주장은 캠페션랩만이 아니라 조직 리더십의 세계에서도 호응을 얻고 있어 이제는 '직장에 온전한 자아를 데려오기'와 '실패라는 선물'(제시카 레히Jessica Lahey가 쓴 명저의 제목) 같은 개념이 주류로 떠올랐다. 《하버드 비즈니스 리뷰》에서는 연민 어린 리더십의 장점에 대한 기사를 꾸준히 올리고 있는가 하면 심지어 경영학 학자들이 차츰 멜랑꼴리한 리더들만의 남다른 이점을 부각시키는 추세다.

연구자들 사이에서는 오래전부터 알려진 사실이듯, 리더가 나타내는 감정에 따라 그 리더의 힘을 다르게 인식하게 된다. 대체로 어려운 상황 속에서 화를 내는 리더가 슬프게 반응하는 리더보다 더 힘 있는 리더로 인식된다. 실제로 유독 달콤쌉쓸한 유형의 사례들을 살펴봤더니 창의적인 인물은 쉽게 눈에 띄었으나 비즈니스 리더는 별로 없었다. 내 추측엔, 이것은 멜랑꼴리한 관리자가 많지 않기 때문이 아니라 사람들에게 자신이 그런 유형임을 드러내지 않기 때문이 아닐까 싶다. 하지만 경영학 교수 후안 마데라Juan Madera와 D. 브렌트 스미스D. Brent Smith의 2009년도 연구를 통해 때때로 분노보다 슬픔이 리더들에게 더 좋은 결과(따르는 사람들과의 관계 강화, 효율성에 대한 인식 증가 등)를 견인해주는 것으로 밝혀졌다.[7]

뮌헨 기술대학교의 연구가 탄야 슈바르츠뮐러Tanja Schwarzmüller는 이런 결과의 원인을 풀어보고 싶었다. 조직심리학자들이 오래전부터 리더들이 행사하는 힘의 여러 유형을 연구해온 결과를 보면, 리더에 따라 (자신에게 보상을 수여하고 위반자를 벌할 권한과 의지가 있다고 인식하는 등의) '지위' 권력을 행사하기도 하고 (다른 사람들이 자신을 인정하고 공감하도록 북돋는 능력을 펴는 등) '개인적' 권력을 발휘하는 경향을 띠기도 한다. 화를 내는 유형은 대개 공격적이고 자신만만한 인상을 주지만, 멜랑꼴리한 유형은 더 소심하고 자신감이 떨어지는 듯한 인상을 주면서도 또 한편으론 더 따뜻하고 공감력 있고 호감 가는 사람으로 여겨지기도 한다.

슈바르츠뮐러와 그녀의 연구진은 이 결과를 바탕으로, 화내는 리더와 슬퍼하는 리더 사이의 차이점이 힘의 상대적 크기보다 행사하는 힘의 유형에 있다는 가설을 세웠다.[8] 그리고 이 가설을 증명하기 위해 연속 연구를 구상해 피험자들에게 비즈니스 리더처럼 차려입고 회사의 부실한 재정 성과를 발표하는 배우들의 영상을 보게 했다. '화내는' 역의 배우들은 인상을 쓰고 소리소리 지르며 눈을 가늘게 뜨고 주먹을 쥐었다. '슬퍼하는' 리더들은 두 팔을 옆으로 축 늘어뜨린 채 서서 느리고 침울한 어조로 말을 했다. 이 연구 결과, 화내는 리더는 부하 직원에게 보상을 주거나 처벌을 내리는 능력을 가진 사람으로 인식되는 경향이 더 높았다. 다시 말해 슬퍼하는 리더보다 '지위' 권력이 더 강했다. 반면에 멜랑꼴리한 리더는 개인적 권력이 더 강한 경향을 보였다. 가정상의 부하 직원 사이에 더 높은 충성심을 분발시켜 부하 직원들이 업무를 태만히 하고 싶어질 가능성은 낮았고 "인정받고 가치 있는 사람으로 느낄"[9] 가능성은 높았다.

이 연구는 실제 리더와 부하 직원들이 아닌 배우들로 진행되었지만 여러 의미를 함축하고 있다. 이를테면 멜랑꼴리한 리더에게는 진정성 느껴지는 특별한 유형의 권력이 있음을 시사해준다. 조직이 외부의 위협에 직면한 비상 상황 같은 경우에는 분노 표출이 더 효과적일 수 있다. 하지만 회사의 고객들에게 피해를 입히는 것으로 증명된 제품의 리콜 상황 같은 경우엔 달콤씁쓸한 방식이 더 적절할 수 있다(실제로 마데라와 스미스의 2009년도 연구에서 이런 상황을 조사해본 결과, 때로는 분노와 슬픔이 결합된 방식이 가장 좋다). 슈바르츠뮐러가 오지 미디어Ozy Media의 디지털 매거진을 통해 밝혔듯 "직원들이 중요한 프로젝트를 망치면 '이런 일이 일어나다니, 화가 나네'가 아니라 '이런 일이 일어나서 슬프군'이라고 생각하는 편이 나을지 모른다." 개인적 권력은 "직원들이 그 상사 밑에서 공동의 목표를 위해 일하고 싶도록 의욕을 북돋는다. 게다가 그렇게 의욕이 북돋워지는 이유도 상사를 좋아하기 때문이다."[10]

우리는 대체로 약점이 아니라 강점에 초점을 맞추도록 길들여진다. 하지만 달콤씁쓸한 기질이나 슬픔 같은 '부정적' 감정 상태를 약점으로 혼동해서는 안 된다. 실제로 자의식이 아주 강한 리더들은 종종 자신의 슬픔, 한계, 기질에 정면으로 마주하며, 그 감정들을 서로 융합시켜 더 충만한 자아로 거듭난다.

실리콘 밸리에서 가장 성공한 스타트업 몇 곳의 탄생에 일조한 벤처 캐피탈리스트 팀 창Tim Chang이 좋은 사례다. 나와의 인터뷰에서 팀은 자신이 수년에 걸쳐 몸 담아온 분야를 지켜본 바에 따르면, 사람들이 회사와 팀을 세울 때는 자신의 가치와 강점뿐만 아니라 그가 이름 붙인 이른바 '핵심적 상처'[11]까지 반영한다. 위대함이, 죽을 지경으로 힘든 타격에도 적응하는 슈퍼파워를 키운 결과로 탄생되는 경우가 많다고도 한다. 하지만 '패자'에서 승자로 전환하고픈 열망은 그 사람을 망가뜨릴 수도 있단다. "실리콘 밸리에는 과잉 보상(열등감·죄의식 등을 극복하려는 지나친 행동 - 옮긴이)이 넘쳐나요. 과잉 보상은 인간의 혁신을 유도할 진정한 원동력일 수도 있어요. 사람은 자신에게 가장 허락되지 않았던 것에 가장 열정적이고, 그런 일면은 실제로 여러 기업과 팀에서도 잘 나타나니까요. 과거에 괴롭힘을 당했다면 평생토록 자신을 괴롭혔던 또래나 가족의 잘못을 입증하려 애쓰게 됩니다. 심각한 불안감을 갖고 있다면 예스맨형 사람들을 많이 채용할 수도 있고요."[12]

팀은 코칭, 심리상담, 동료들에게 받은 가혹할 만큼 솔직한 360건의 평가를 통해 직접 자아 탐구를 해보기로 했다. 그 결과는 깨우침을 얻었다. 그는 "타이거 부모 밑에서 자랐다"고 한다. "이런 양육에서는 외부 검증을 전술로 삼아, 좋은 성적을 받으면 세상이 잘 보살펴줄 거라는 식으로 유도해요. 그래서 언제나 인정을 구해야 해요. 자기 가치의 원천이, 남들이 미리 정해놓은 점수 평가 체계에 따라 최고 점수를 얻는 것에서 나와요." 팀은 자라면서 부모님이 자신을 사랑한다는 걸 알았지만, 부모님은 사랑한다고 직접 말을 해준 적도 "선뜻 안아준 적도 없었다." 아들이 험난한 세상에 맞서서 더 강인해지길 바랐던 것이다. 팀이 스탠퍼드 대학교 경영대학원을 졸업하고 벤처캐피탈리스트가 되었을 때도, 못 미더워했다. 자기 수표장의 잔고도 맞출 줄 모르는 녀석이 어떻게 다른 사람들의 돈을 관리하겠냐며 못 미더워했다. "제가 《포브스》의 '미다스의 손' 리스트에 올랐던 그날이 기억나네요. 부모님이 그제야 '이 녀석이 이제야 제대로 하고 있구나' 하는 생각을 하시더라고요."

팀은 다정하고 창의적이며 감수성 풍부한 영혼이다. 한마디로 말해 달콤쌉쌀한 유형이다(달콤쌉쌀함 테스트에서 10점 만점에 6.5점이 나왔다). 학교 수업이 끝난 후 언덕에 누워 구름을 바라보며 삶의 의미를 곰곰이 생각해보던 아이였다. 배우나 뮤지션이 되고 싶었지만 그 길로 들어서는 일은 그의 집안에서는 불가능했다. 비즈니스 세계에 들어선 초반기에는 자신이 사칭자 같다는 느낌이 들기 일쑤였다.

팀 같은 기질과 팀이 받았던 양육 방식이 합쳐지면 창의성과 연민을 분출하여 "협력과 브레인스토밍을 통해 신속한 유대 관계를 아주 잘 이루어내는" 사람이 탄생된다. 즉, '개인적' 권력이 강한 사람이 된다. 또 한편으론 인정과 사랑에 배고픈 리더가 되기도 한다. 갈등을 피하고 어떻게든 조화를 이루려 하면서도 이해받는다고 느끼지 못하는 그런 사람이 된다. 기업가들이 팀과 일하길 아주 좋아하는 이유는 그의 뛰어난 재능 때문만이 아니다. 뛰어난 공감력과 도움을 주려는 의욕 때문이기도 하다. 하지만 팀은 자신이 아주 전도유망한 창업가들만이 아니라, 도움이 절실하거나 팀의 창의성에 반해서 그가 그토록 목말라하는 인정을 드러내주는 사람들에게도 강하게 끌린다는 사실을 깨달았다.

팀은 이런 패턴을 이해하고 나자 비로소 자신의 본성을 받아들이고, 자신의 세계를 융합하게 됐다. 그리하여 스스로에게 자신이 여전히 사랑하는 창의적 프로젝트를 펼칠 시간과 배출구를 마음껏 내줌으로써 더 진정성 있고 더 안목 있게 투자에 임할 수 있었다. 커리어 초반에는 남들이 '한창 뜨는' 부문이라 꼽는 분야와 거래를 추진해야 한다고 믿었지만, 이제는 자신이 개인적으로 큰 관심이 가는 분야에 투자를 검토하게 되었다. 특히 게임, 엔터테인먼트, 음악, 개인 바이오해킹biohacking(컴퓨터 해커들이 시스템을 해킹하듯이, 우리 몸을 구석구석 파악하고 면밀하게 분석하며 수치화하는 것 - 옮긴이) 같은 창의적 분야에 관심이 끌렸다. 차츰 자신의 창의적 관심사를 일의 세계와 결합시키기도 했다(그의 밴드 커버플로우Coverflow는 실리콘 밸리 회의 뒤풀이 공연의 고정 출연진이 되었을 뿐만 아니라 정상급 창업가들과 스타트업을 이어주는 그만의 독자적 수단이 되기도 했다고 한다). "전에는 언제나 남들 보기에 '옳은' 일을 하려 애쓰느라 매번 진정성 없이 수행했다. 그러다가 제 자신이 되면서 좀 더 평안을 얻게 되었죠."

러닝 애즈 리더십Learning as Leadership이라는 회사의 공동 설립자인 라라 뉴어Lara Nuer 역시 자신의 개인사와 힘든 감정을 정면으로 마주하고 서로 융합시켜 더 풍요로운 자아로 거듭난 리더다. 팀이 그랬듯 라라도 스스로를 사려 깊고 공감력 있는 리더라고 생각했고, 그것이 마음속 깊이에서 자신이 되고 싶은 리더상이기도 했다. 하지만 창업 몇 년째에 접어들었을 무렵 자신에게 문제가 있음을 깨달았다. 직원들에게 부정적 피드백을 줘야 할 경우가 생기면 시간을 끌며 자료를 더 수집할 시간이 필요하다고 스스로를 납득시키기 일쑤였다. 때로는 피드백을 아예 전해주지 않기도 했다. 하지만 결국엔 (진실이 언제나 그렇듯) 진실은 드러나게 마련인지라, 라라는 실적이 부진한 직원에게 쌀쌀하게 대하거나 아니면 속으로 몰래 화를 내기 시작했다. 그녀의 직원들로선 이런 행동이 난데없이 느껴졌다. 보스를 어떻게 생각해야 할지 분간이 서지 않았고 점점 불신이 생겼다. 당시에는 두 명의 라라가 존재해, 한 명의 라라는 사람들에게 최고이고 싶어 하며 격려하는 직장 문화를 원하는데, 또 다른 라라는 그와 반대되는 현실을 만들고 있던 셈이었으니 그럴 만했다.

공교롭게도 라라의 회사는 이런 류의 문제 해결 방법을 지도하는 곳이다. 말하자면 팀과 개개인들이 '저해적 행동'과 '고질적 역기능'을 해결하게 도와주는 일을 하고 있다. 결국 라라는 자사의 문제 해결 방법을 자신이 직접 따르며, 가장 먼저 자신의 유년기 초기를 짚어봤다. 라라는 4살 때 가족이 파리에서 몬트리올로 이주하면서 새로운 학교에 들어가게 되었다. 그때는 호감과 인정만 얻는다면 더 바랄 게 없었다. 하지만 라라는 숱 많은 곱슬머리인데다 평발이라 발목까지 올라오는 이상하게 생긴 신발을 신어야 했다. 결국 초등학교 위계 서열상 라라는 2등 시민에 머물게 되었다.

유년기의 경험이 성인기의 삶에 영향을 미친다는 점은 누구나 아는 사실이다. 하지만 정확히 어떤 영향을 미쳤는지에 대해 늘 의식하고 사는 건 아니다. 라라의 경우엔 오래전부터 자신의 고통스러운 학교 경험이 자신을 더 공감력 있는 리더로 만들었다는 점을 의식했다. 하지만 그 경험이 자신을 쌀쌀맞은 사람으로 만들기도 했다는 점은 훨씬 더 나중에야 깨닫고, 또 인정하게 되었다. 이 문제를 개선할 방법은 여전히 '부족한' 사람 같다고 느끼는 자아까지 포함해 온전한 자아와 마주하는 것뿐이었다. 깨닫고 보니 수년 동안 라라는 자신이 너무 '착해서' 가혹한 진실을 차마 말할 수 없는 사람이라는 생각을 해왔다. 하지만 사실은 착하기만 한 게 아니었다. 자신에게 비판을 당한 사람들이 자신을 싫어할까 봐, 그 이상한 소녀가 다시 나타날까 봐 두렵기도 했다.

"피드백을 주는 순간, 좋은 점만 말할 때는 호감을 얻고 인정받는 기분이 들어요. 정말로 그렇게 느껴요. 상대방이 저에게 정말로 더 호감을 갖는다는 얘기가 아니라 그냥 제 느낌이 그렇다는 거예요. 하지만 호감을 얻으려 하다 보니 거리감만 벌어지고 말았어요."[13] 그녀가 나에게 들려준 말이다.

라라는 다정한 리더가 되려면 직원들에게만이 아니라 그녀 자신에게도 솔직해져야 한다는 걸 알아야 했다. 하지만 훨씬 더 중요한 사실도 있었다. 자신이 더는 곱슬머리에 치료용 신발을 신고 다녔던 그

때의 어린애가 아니듯 이제는 자신이 '패자'가 아니라는 것도 알아야 했다.

경영지에는 직원들에게 피드백을 주는 가장 좋은 방법에 대한 조언이 수두룩하게 실린다. 그럴 만도 하지만 그 조언의 대다수는 피드백을 받는 사람의 마음 상태에 신경 써주어 그 사람을 위해 솔직하고 건설적으로 비판해줘야 한다는 식이다. 하지만 라라의 이야기가 우리에게 일깨워주는 점이 있다. 모든 교류가 그렇듯 '감정의 민첩성'은 양쪽 모두에게 보여줘야 한다는 것이다. 우리에겐 누구나 힘든 대화를 나누는 동안 우리의 반응을 장악해버릴 소지가 있는 개인사와 정서적 방아쇠가 있다. 자신의 기질을 인정할수록 그 기질을 잘 다룰 가능성도 개선된다. 피드백을 주는 사람은 받는 사람의 마음의 평정에 신경을 써줄 수가 없다. 마음의 평정은 스스로가 이루는 것이다.

## 직장에서 슬픈 감정이 필요한 이유

─────

이런 방법이 비교적 평온한 직장에서는 먹힐지 몰라도 해양 석유굴착시설 같이 소란스러운 문화에서는 어림없지 않겠냐고 생각할 수도 있다. 그렇다면 수년간 쉘 오일의 멕시코만 굴착시설에서 카리스마 넘치는 리더로 활약한 릭 폭스Rick Fox의 사례를 소개해주고 싶다. 이 굴착시설은 라디오 프로그램 〈인비저빌리아〉의 흥미진진한 한 코너에서 얘기된 바 있듯, 자신의 슬픔을 절대 입 밖에 내지 않는 마초 문화가 있었다.[14] 이해하지 못한 게 있어도 물어보려 하지 않았다. 약점을 보이려 하지 않았다.

나는 어느 날 릭과 전화로 이야기할 기회를 갖게 되었다. 그때 가장 먼저 든 생각은, 졸린 듯한 저음의 컨트리 뮤직 가수와 예언자의 목소리를 섞어놓은 목소리 같았다. 하지만 그는 굴착시설의 다른 사람들처럼 터프하고 과묵했다. 그리고 40대로 접어들면서 2가지 중대한 도전에 직면했다고 한다. 첫 번째는 직원들이 곧 급격히 규모도 커지고 수심의 깊이도 훨씬 더 위험천만한 굴착시설로 이동할 예정인데, 직원들의 안전을 어떻게 지킬지 난감하다는 문제였다. 두 번째는 10대 아들 로저가 더 이상 자신과 말을 하지 않는 문제였다. 부자가 '서로 앙숙이 되었는데' 릭도 그 이유를 잘 몰랐다.

그때 릭은 말 그대로 '큰 도약'을 위해, 클레어 뉴어라 컨설턴트에 상담을 의뢰했다. 그런데 이 컨설턴트가 우연히도 라라 뉴어의 어머니이자 현재 라라가 공동 리더로 있는 회사의 공동 설립자였다. 릭은 뉴어에게 시추 일정, 일일 원유 생산량과 함께 자신이 처리해야 할 문제점을 말했다. 뉴어는 그런 건 모두 잊어버리고 대신 현실적인 문제에 직시하라고 했다. 바로 두려움을 얘기한 것이다. 사실 그의 업종은 겁나는 일이었고, 수많은 사람들을 관리한다는 것도 겁나긴 마찬가지였으며, 무엇보다도 그 사람들을 안전하게 지키는 일이 가장 겁나는 일이었다. 뉴어는 그 점을 인정하는 순간 관리자로서의 문제점들을 더 잘 해결할 수 있을 거라고 말해주었다.

릭은 뉴어와의 상담을 연장하기로 계약했다. 그리고 그의 보스, 부하 직원들, 심지어 아들 로저까지도 데리고 왔다. 뉴어는 오전 9시부터 오후 11시까지 이어진 집중 상담 시간을 마련해 이 사내들이 서로 얘기를 나누도록 부추겨 주었다. 그러자 서로 고통스러운 유년기, 문제 많던 결혼 생활, 아픈 자식 얘기를 털어놓았다. 간혹 눈물까지 흘렸다. 상담받길 거부하거나 불쾌하게 여기는 사람도 몇 명 있었지만 상당수는 상담을 받고 안도를 얻었다.

릭의 경우엔, 자신이 모르는 게 없고 못하는 게 없는 리더이자 아버지라는 거짓된 자아상을 투영하면 할수록 그의 팀과 아들이 스스로를 불신하게 된다는 점을 깨달았다. 릭의 팀원들과 아들은 릭이 겉으로 보여준 것처럼 전지적이지도 약점이 없지도 않았기 때문에 '승자'인 릭과 비교해서 자신들을 '패자'로 단정했다. 릭은 그제야 자신이 완벽한 리더라는 거짓된 이미지에 싸여, 얼마나 고통에 둔감했는지를 알았다. 게다가 실제로는, 자신의 고통을 부하 직원들에게, 가족에게 전가하고 있었던 것도 깨달았다.

릭은 아버지가 누군지 모른 채로, 생활고에 허덕이던 홀어머니 밑에서 자랐다. 하지만 자신이 자라온 얘기는 절대 꺼내지 않았고 이런 극기적 자기 부정 방식은 무언의 방식으로 로저에게도 조금씩 전해졌다. 로저는 유년기에 약점이라곤 없어 보이는 아버지와 자신을 비교하며 자신의 마음속 불안감에서부터 기본적 지식 격차에 이르기까지 모든 것을 부끄러워했다. 로저는 〈인비저빌리아〉와의 인터뷰에서 "필립 헤드 드라이버라는 말을 처음 들었을 때가 기억난다"며 이렇게 말을 이었다. 아버지는 "가게에 가서 필립 헤드 좀 사오라는 식으로 툭 내뱉곤 하셨고 저는 속으로 생각했어요. '저기요, 아빠… 전 그게 뭔지도 모른다고요.' 그러면서도 무작정 가게에 가서 뭔지도 모르는 것을 찾으면서 갑갑해 했어요. 약한 모습을 보이고 싶지 않은 오기의 발동이었죠."

이윽고 슬픔을 정상으로 여기는 것이 효과를 나타냈다. 굴착시설의 사내들이 차츰 서로에게 진정한 유대감을 쌓아갔다. 직장에서 겪는 어려움을 더 편하게 인정하게 되었다. 서로 아이디어도 주고받기 시작했다. 이에 따라 아주 높은 생산성을 내기에 이르렀고 사고발생율도 무려 84퍼센트나 줄어들었다. 이들의 놀라운 사례는 하버드 대학교 경영대학원 교수 로빈 엘리Robin Ely와 스탠퍼드 대학교 교수 데브라 메이어슨Debra Meyerson의 유명한 사례 연구 대상이 되기도 했다.[15]

릭에게는 가정에서도 비슷한 기적이 일어나, 부자 관계가 치유되었다.[16] 릭과 로저는 이제 친구처럼 가까운 사이가 되었고, 릭이 〈인비저빌리아〉에 나와 말했듯, 현재 정신과 의사인 로저는 정말 다행히도 40살이 되어서야 자신이 실제로 느끼는 감정을 제대로 알게 되는 일을 겪지 않아도 되었다. "아들은 아름다운 사람이에요. 그리고 아무리 붙어 있어도 질리지 않아요."

## 달콤쓸쓸함은 성과에도 영향을 미친다

조용히 깨우치는 것과 자신의 깨우침을 대중이나 동료나 상사나 직속 부하 직원에게 알리는 것은 별개의 문제다. 사람에 따라 릭 폭스가 겪은 과정을 질색하기도 한다. 자칭 내성적인 사람인 나의 경우에도 본능적으로 이런 일을 꺼려 한다. 실제로 컴패션랩의 또 다른 일원인 뱁슨 대학교 조직심리학자 케리 깁슨Kerry Gibson이 진행한 '상처를 공유할 때When Sharing Hurts'라는 제목의 2018년도 연구에서는 관리자들이 부하 직원들에게 고민을 밝힐 경우 지위를 잃고 영향력이 실추될 가능성이 있는 것으로 밝혀졌다.[17] 다시 말해 '긍정의 횡포'에 도전하려 할 때는 자신의 역할, 개인적 성향, 자신이 속한 조직의 문화에 유의해야 한다는 얘기다.

하지만 암묵적으로 '긍정의 횡포'를 넘어서는 직장 문화를 만들어낸다는 게 가능할까? 직장 문화에 인간의 슬픔은 필연적이라는 개념을 넣어 연민 어린 반응의 가치를 서서히 불어넣을 수 있을까?

2011년에 컴패션랩에 속한 학자들은 인상적인 조직에 대한 연구 결과를 발표했다. 해당 조직은 미시간주 잭슨 지역의 빈곤층 동네에 자리한 지역 병원의 진료비 청구 팀이었다.[18] 이 팀의 직원들은 아픈 사람들이 내지 않은 진료비를 수금하는, 음울한 일을 맡고 있었다. 이보다 더 의욕 떨어지는 일이 또 있을까 싶은 직무고, 이 업종에서의 이직은 일상적이었다. 하지만 '미드웨스트 빌링Midwest Billing'이라는 팀명으로 불리는 이 팀은 개인적 고민을 모든 직원의 삶에서 정상 부분으로 여기는 문화를 만들었다. 개인적 고민들은 팀원의 내면적 가치에 대해 나쁜 인상을 주는 것이 아니라 팀원들이 서로에게 연민을 보여줄 기회였다. 이 미드웨스트 빌링 팀원들은 동료 팀원의 어머니가 돌아가시거나 이혼을 겪거나 가정 폭력을 당할 경우 서로서로 마음을 써주었다. 심지어 누가 감기라도 걸리면 일을 서로 거들어 주었다. 한 팀원의 말을 들어보자. "여기에 새로 근무하게 되면 온정적인 편이 아니어도, 그렇게 마음을 써주는 일이 사람을 얼마나 기분 좋게 하는지 깨닫게 될 거예요. 사람들을 위해주는 일이 얼마나 신나는 일인지를 알게 될 거예요. 그리고 전에는 그렇지 않았더라도, 당연한 일로 여기게 될 거예요. 정말 자꾸 하다 보면 어느새 예삿일이 된다니까요." 또 다른 팀원의 회고담도 이어서 들어보자.

미처 마음의 준비를 할 새도 없이 갑자기 어머니가 돌아가셨어요. 전부터 쭉 어머니와 같이 살았던 저에게 그때가 제 평생 최악의 시기였죠. 삼촌에게 이렇게 얘기했던 기억이 나요. "다시 출근해야겠어요. 지금의 이 모든 것을 잊어버리려면 그래야겠어요. 두 팔을 벌려 따뜻하게 안아주는 동료들과 함께 있고 싶기도 하고요." (중략) 지금도 여전히 래티샤를 보면 너무 힘들어요. (어머니가 돌아가신 뒤에) 출근했을 때 그녀의 얼굴 표정이 떠올라서요. 사실 그 정도의 연민과 공감과 사랑을 받게 될 줄은 기대도 못했어요. 동료들에게 그렇게 진실된 사랑을 받게 될 줄은요. 정말 기대도 못할 만한 그런 사랑이었어요.

고민을 공유하는 것은 정신 건강뿐만 아니라 업무에도 아주 유용한 것으로 밝혀졌다.[19] 연구가 진행되기 전인 5년 동안의 미드웨스트 빌링의 진료비 수금 속도는 예전보다 2배 이상 빨라졌고 업계 표준속도까지 넘어섰다. 이직율은 2퍼센트에 불과해, 미드웨스트 헬스 시스템Midwest Health System의 전체 평균 이직율 25퍼센트나 그보다 훨씬 높은 의료비 청구업 전체 이직률과 비교되었다.

수전 데이비드는 이런 연구들이 주는 교훈은 분명하다며 나에게 이렇게 말했다. "많은 기업들이 자사를 안전하고 혁신적이고 협력적이고 포용적인 곳으로 만들려고 애쓰고 있어요. 하지만 안전은 두려움과 서로 손을 잡고 있는 관계예요. 또 혁신은 실패와, 협력은 갈등과, 포용은 차이와 서로서로 손을 잡고 있어요. 사업의 성과는 달콤씁쓸함에 마음을 여느냐에 달려 있어요. 아니, 달콤씁쓸함을 정상으로 여기는 것이라고 말해야겠네요."[20]

하지만 미드웨스트 빌링의 문화 같은 곳에서 일하는 운 좋은 경우가 아니더라도 보다 개인적인 방법을 통해 '긍정의 횡포'를 넘어서서 슬픔과 갈망을 비롯한 모든 감정을 포용하는 온전한 정서적 삶을 누려볼 수도 있다. 텍사스 대학교 사회심리학자 제임스 페니베이커James Pennebaker는 1986년부터 수전 데이비드의 연구뿐만 아니라 그녀가 살아온 이야기까지 상기시키는 일련의 획기적 연구를 펼쳤다.[21] 페니베이커는 대학 졸업 후 바로 결혼했다. 하지만 아내와의 부부 싸움이 잦아지면서부터 술과 담배에 기대고 우울증까지 생겨 세상과 담을 쌓고 칩거하기에 이르렀다. 그러던 어느 날 글을 끄적이게 되었다. 수필이나 소논문이 아니었다. 수전이 강의 노트에 써내려갔던 그 글처럼 그냥 자신의 마음을 적었다. 그런데 글을 쓸수록 기분이 좋아졌다. 이후 다시 아내에게 마음을 열고 일도 다시 시작했다. 우울증도 털어냈다.[22]

페니베이커는 이런 현상을 연구해 보기로 마음먹었고 그 뒤로 40년간 연구를 이어갔다. 그의 연구 결과는 그야말로 놀라웠다. 한 예로, 사람들을 두 그룹으로 나눠 진행했던 한 연구 사례를 살펴보자. 이 연구에서 한 그룹은 3일 동안 매일 20분씩 힘든 일들을 적어달라는 지시에 따라 성적 학대, 이별, 부모로부터 버림받은 일, 병, 사망 등에 대해 썼고, 또 다른 그룹은 어떤 신발을 신었는지 등의 일상적인 일들을 적었다.

페니베이커의 이 연구 결과에서는 고민을 적은 사람들이 운동화 등에 대해 적은 사람들보다 확연히 더 차분하고 행복한 것으로 나타났다. 몇 달이 지난 후에도 신체적 건강 상태가 더 좋게 나타나 혈압도 낮아지고 병원 방문도 더 적었다.[23]

페니베이커는 댈러스의 한 컴퓨터 회사에서 4개월 전에 해고되어 풀이 죽어 있는 선임 엔지니어들을 대상으로 또 다른 연구를 진행했다. 실험 참가자는 대부분 50살 이상이었고 성인이 된 이후 평생을 이 회사에 몸담아온 사람들이었다. 새로운 직장을 구한 사람은 한 명도 없었다.

페니베이커는 이번에도 참가자들을 두 그룹으로 나눴다. 한 그룹은 분노, 굴욕감, 미래에 대한 두려움의 감정을 적었고, 다른 그룹은 감정을 드러내지 않는 글을 썼다. 그리고 이번에도 역시 믿기지 않을 정도로 놀라운 결과가 나왔다. 이후 몇 개월 내에 직장을 구한 확률에서 고민을 적은 사람들이 대조 그룹보다 3배나 높았다.[24]

나는 그 내용을 듣자마자 페니베이커의 연구가 마음에 와닿았다.

어쩌면 나 자신의 경험을 긴밀히 방증해주는 연구 같아서였다. 내가 10대 시절에 꾸준히 썼던 일기는 어머니와의 관계를 갈가리 찢어놓았다. 하지만 나를 구제해 주기도 했다. 일기는 그 당시의 나뿐만 아니라 미래에 되길 꿈꾸었고 마침내 그 꿈대로 된 나에 대해서까지도 이해하는 공간이었다.

대학 시절을 거쳐 사회생활 초반까지 나는 그 일기를 해진 붉은색 백팩에 넣어 지퍼에 다이얼 자물쇠를 채워놓았다. 그 시기엔 기숙사 방이나 공유 아파트 등 이곳저곳으로 이동이 잦았다. 나는 거처를 옮길 때마다 그 가방을 끌고 다녔다. 그렇게 이동하던 중 한번은 가방을 잃어버렸다. 어떤 아파트의 벽장에 놔두고 온 것이었다. 어쩌다 그렇게 두고 오게 된 것이었을까? 이유는 내가 원래 잘 잃어버리는 사람인 탓이었을 수도 있고, 아니면 일기가 이미 제 할일을 마쳐서 내가 더는 원하지 않았기 때문일 수도 있다.

페니베이커는 칼뱅주의와 칼뱅주의가 남긴 문화적 후유증(자신을 행복한 승자나 비참한 패자로 여기는 관점)까지 고려하면서 연구를 시작하진 않았을 것이다. 하지만 그의 연구는 암묵적으로 이런 관점을 일축하고 있다. "감정을 표현하는 글쓰기"는 우리의 불행이 우리를 세속적 성공에 (혹은 비세속적 천국에) 다다르기에 부적격한 사람으로 만드는 것이 아니라, 우리를 성장시켜줄 씨앗이 되도록 북돋아준다. 페니베이커가 밝혔듯, 글로 마음을 쏟아낸 후 잘된 작가들은 '나는 알게 되었다', '그것이 마음에 와닿았다', '이제는 깨달았다', '이제는 이해한다' 같은 문구를 잘 쓰는 경향이 있다. 그렇다고 이 작가들이 자신

의 불행을 즐기게 된 것은 아니다. 오히려 통찰력 있게 살 줄 알게 된 것이다.[25]

감정을 표현하는 글쓰기에 흥미가 끌린다면 새로운 일과를 가져보도록 권하고 싶다. 빈 공책을 준비해 그 공책을 펼치고 글을 써보자. 당신의 쓸쓸함이나 달콤함을 끌어내보자.

아주 기분 좋은 하루를 보냈는데 그 감정을 파고들고 싶다면 당신을 고양시켜 주는 뭔가를 적어보자. 나는 글을 쓰는 책상에 '어서 빨리 마법에 걸려보자'고 적은 포스트잇을 붙여놓았다. 포르투갈의 작가 발테르 우구 망이Valter Hugo Mãe의 시에서 발췌한 이 문구는 나를 경이로움에 집중하도록 상기시켜준다.

끔찍한 하루를 보냈다면, 정확히 뭐가 문제였고 기분이 어땠고 왜 그런 기분이 들었는지 글로 적어보자. 왜 실망스럽거나 배신당한 기분이 들고 뭐가 두려운지도 적어보자. 그 문제를 해결할 만한 방법에 대해 쓰고 싶다면 써도 괜찮다. 하지만 꼭 그럴 필요는 없다. 글을 잘 쓰려고 할 필요도 없다. 그냥 글을 쓰기만 하면 된다.

수전 데이비드가 아버지를 여의었던 15살 때 깨우쳤던 그 방식대로, 수전이 현재 사람들에게 지도해주고 있는 방식대로 말이다.


## 당신은 문제 있는 사람이 아니다
———

10월의 어느 날, 수전과 나는 'House of Beautiful Business'의 회의에 참석하기 위해 리스본에 가게 되었다. 독일계 미국인으로 포르투갈에서 작가 활동을 펼치고 있는 사상가이자 몽상가인 팀 레버레트Tim Leberecht가 공동 창설한 이 회의는 스마트 기기와 알고리즘 시대에는 "인간이 궁극적인 차별 요소"라는 개념에 전념하고 있다. 회의의 본거지로 쓰이는 19세기의 웅장한 주택은 그 주에 여러 방들에 새로운 이름이 붙여졌다. 'Chamber of Deep Emotion(깊은 감정의 방)', 'Bureau of Inquiry(질문국)', 'Office of Exponential Humanity(기하급수적인 인간성 사무소)' 등이었다. 수전이 이 회의에 온 목적은 그녀 특유 방식의 워크숍을 진행하기 위해서였다.

이 회의에는 '마돈나를 위한 12번의 건배', '장송곡', '침묵 파티' 같은 행사가 마련되어 있었고, 첫 개막 행사는 토요일 밤에 열린 '큰 열망, 작은 열쇠 : 우울증, 슬픔, 비애를 궁극적 금기에서 비즈니스의 놀라운 생산력으로서 바라보다'라는 제목의 토론 모임이었는데, 갈망 어린 포르투갈의 음악인, 파도 공연으로 그 막을 열었다.

직장에서 내향적인 사람들의 재능을 썩히고 있는 문제를 다루는 자리의 단골 기조 연설자로서 헤아릴 수 없이 많은 비즈니스 회의에 참석했던 나였지만, 우울증, 슬픔, 비애에 대한 탐색을 시작으로 개막하는 회의는 그때가 처음이었다. 하지만 인간의 창의력에서 달콤한 슬픔이 갖는 역할을 소개하는 회의를 열 생각이라면 리스본이야말로 이상적인 장소다. 자갈로 포장된 거리가 매력적이고, 공기에 바다의 소금기가 스며 있는 리스본에는 난파 사고를 당한 남편을 그리워하는 아낙들의 수백 년의 눈물이 서려 있다. 바다를 간절히 바라보는 여인의 상징은 바로 파도 음악의 중심이며, 파도는 (챕터 02에서도 살펴봤다시피) 기쁨과 달콤함이 가미된 깊고 멜랑꼴리한 갈망을 뜻하는 포르투갈만의 독특한 단어 '사우다드'의 음악적 표현이다. 사우다드는 리스본을 규정짓는 한 특징이기도 하다. 이곳엔 사우다드에서 이름을 딴 카페, 빵집, 뮤직 바들이 즐비할 뿐만 아니라, 사우다드가 곧 포르투갈의 영혼에 이르는 열쇠이기도 하다.

팀은 큰 키에 세련된 스타일이었고 성격이 다정다감했다. 그는 스스로 감정의 디폴트값이 '편안한 슬픔'이라고 밝혔다.[26] "얼마나 자주 행복을 느껴요? 슬픔은요?" 이렇게 물어놓고는 이어서 이렇게 말하기도 했다. "우리 대다수는 슬플 때가 훨씬 많죠."

미국에서 이런 식의 대화는 고백에 해당될 테지만, 팀의 말대로라면 유럽에서는 아니었다. 유럽에서는 "이런 관점을 길러줘요. 트뤼포 감독과 안토니오니 감독의 영화도 그런 경우죠. 제가 최근에 LA에 갔다가 고속도로에서 바흐를 들었는데 LA에서는 바흐를 듣는 게 별난 일이더라고요."

멜랑꼴리를 주제로 한 이 토론 모임은 팀이 '슬픔 쿠키'를 나눠주며 시작되었다. 모양은 보통의 포춘쿠키 같았지만 종이 한쪽 면에는 'House of Beautiful Business'라는 글이 찍혀 있고 반대편 면에는 슬픔의 운이 적혀 있었다.

내가 받은 쿠키의 글귀는 '눈을 적응시킨 사람들은 어둠 속에서도 잘 본다'였다.


수전은 그전까지 수차례의 워크숍을 진행했고 참가자들로부터 지금까지의 그 어떤 시간보다 귀한 시간이었다는 호평을 무수히 받았다. 워크숍 중에 일어나는 일은 극비로 지켜지지만 나는 꽤 많이 참석해본 터라 참석자 어느 누구의 비밀을 누설하지 않으면서도 워크숍이 어떻게 진행되는지 설명해줄 자신이 있다.

지금부터 어느 화려한 실리콘 밸리 회의에 IT 거물들이 모인 그런 자리를 상상해보자. 그곳에서 수전이 자주색 실크 상의에, 옷과 색깔을 맞춘 진자주색 립스틱을 바른 모습으로 회의장 한가운데에 서 있다. 수전은 자신의 이야기를 들려준 후 우리 자신의 삶에 대해 생각해 보도록 청한다. 여러 가지 실습 활동도 이끌어가는데 대부분이 노란색 포스트잇을 중심으로 진행된다.

모든 참가자들은 포스트잇을 받아 거기에 마음을 어지럽히는 기억이나 자아 개념을 바탕으로 자신에 대해 '나는'으로 시작하는 다음과 같은 글을 쓴다.

'나는 사기꾼이다.'

'나는 이기적이다.'

'나는 자신감이 없다.'

이때 수전은 회의장 안의 다른 사람과 편하게 공유할 만한 것으로 골라 써보라고 조언해주는 한편, 깊은 생각을 유도해 주기도 한다. "자신에게 무슨 문제가 있다고 여기지 마세요. 자신에게 병적 측면이 있다고도 여기지 말고요. 자신을 인간이라고 여기세요. 인간성을 기꺼이 받아들이세요."

수전은 우리에게 포스트잇을 가슴에 붙여달라고 한다. "이제 다 같이 여러분의 가슴에 붙인 그 힘든 문제를 가진 기분이 어떤지를 생각해 봅시다. 우리는 보통 이런 생각을 하지 않고 살아요. 그러기보단 대개 몸에 무기를 두르죠. 보석, 신발, 정장 재킷 같은 걸로요. 자, 생각해보니 어떤 기분이 드나요?"

사람들이 큰 소리로 대답한다. 여기저기에서 어서 빨리 말하고 싶다는 듯이 다급히 외친다.

"불편해요."

"흥미로워요."

"노출된 기분이에요."

"기분이 무거워요."

그러던 중 내가 평생 잊지 못할 만한 대답이 하나 나온다.

"진정성이요. 진짜 같은 느낌이요. 이 회의에서 제가 했던 다른 어떤 얘기들보다 더 술술 얘기할 수 있을 것 같아요."

수전은 우리에게 신발을 벗어서 앉은 자리 앞에 가지런히 놓고 포스트잇을 그 신발 옆에 놓아달라고 한다. 그런 다음 일어나서 다른 사람의 자리에 앉아 그 사람의 포스트잇을 읽고 그 신발을 신고 다니는 한 인간의 어려움을 생각해 보라며 수전이 말한다. "그 어려움은 자신을 무장하고 들어가야 할 회의가 될 수도 있고, 사랑하는 이들과의 대화 단절일 수도 있어요. 자리를 옮겨 앉아 그 앞의 신발과 함께 그 신발의 주인이 가장 가까운 사람들과도 공유하지 못할지도 모를 문제가 적힌 메모지를 봐보세요."

"보고 나면 그 메모지를 뒤집으세요. 그리고 이번엔 그 사람이 알았으면 하는 것을 적으세요."

회의장이 고요해진 가운데 우리는 자리를 바꿔 앉아 서로의 신발을 응시하다가 잘 안 쓰는 쪽 손으로 휘갈겨 쓴 내밀한 메모를 읽는다.

'나는 버림받았다.'

'나는 늘 초조하다.'

'나는 너무 심한 억압과 통제를 받고 있다.'

"메모를 읽을 때 어떤 느낌이 드세요?" 수전이 묻는다.

"읽고 있으니 눈물이 나려고 해요." 어떤 사람이 말한다.

"저만 힘든 게 아니라는 느낌이요. 우리 모두가 힘들어하며 살고 있구나 싶어요."

이 워크숍의 참석자는 대부분이 인상적 직함을 가진 성공한 사람들이다. 거짓말이 아니라 진짜로, 이 사람들은 이사회 자리에 성큼성큼 걸어 들어가는 모습을 보면 버림받았다거나 초조하다거나 억압받는다고 느낄 거라고는 여겨지지 않을 만한 그런 인물들이다.

수전은 이번엔 용기를 북돋워주고 힘이 나게 해주는 사람을 생각해 보라고 한다. 그 사람은 친구일 수도 있고, 부모나 파트너일 수도 있다. 더는 이 세상 사람이 아닌 누군가일 수도 있다. 하지만 수전의 물음처럼, 그 사람이 당신의 포스트잇에 적힌 고민에 대해 조언을 해줄 수 있는 상황이라면 그 사람은 여전히 당신을 사랑할 수 있을까? 뭐라고 얘기해줄까?

나는 내 기억을 쭉 훑다 어떤 옛 친구의 기억에서 멈춘다. 내가 갈등을 겪게 되면, 상대방이 옳고 내가 틀린 거라고 생각하는 경향이 있다는 걸 알아봐줬던 친구다.

"어떤 사람이 너와 반대 주장을 편다는 이유만으로 네가 틀린 거라고 보면 안 돼." 그 친구가 해줬던 말이다. 그때 그는 내가 수년 후에 참석한 이 워크숍을 예상하기라도 한듯, 노란색 포스트잇에 내가 맞을지도 모른다고 적어서 가지고 다니라는 조언도 해주었다.

이후로 그 조언이 생각날 때마다 웃음이 나왔다. 때로는 일리 있는 말이라는 생각도 들었다.

리스본을 곧 떠날 무렵, 수전과 나는 'House of Beautiful Business'에서 진행하는 또 다른 사업인 시티 투어에 함께 가기로 했다. 시티 투어는 리스본의 가장 유명한 (그리고 이루 말할 수 없이 달콤쌉쌀한) 시인 페르난두 페소아의 삶을 중심으로 짜여져 있었다. 이곳에서 시인들은 대단한 존재감을 차지한다. 관광기념품점에 가보면 다른 나라 수도들의 경우라면 계산대 옆에 지도와 키링이 있을 자리에 시선집들이 쌓여 있다. 중심지의 여러 광장에 세워진 대리석상의 인물도 군사 영웅이나 국가수반이 아닌 추앙받는 시인들이다. 그리고 그중에서도 가장 칭송받는 시인이 페소아인데, 이 시인도 부처나 부처의 겨자 씨 이야기와 다르지 않은 말을 한 바 있다. "배들은 수많은 항구로 항해해 가지만 배가 향하는 그 어디도 삶이 고통스럽지 않은 곳은 없다."[27]

이 책을 한창 집필하던 중 나는 이 시티 투어를 꼭 해봐야 할 것 같은 느낌이 들었다. 말하자면 시티 투어가 이 회의에 오게 된 하나의 계기였다.

　수전은 페소아에 별 관심이 없었는데도 같이 가주기로 했다. 투어 참가단은 리스본 어느 주소지에서 모이기로 되어 있었지만, 나와 수전은 수다 삼매경에 빠져 있느라 GPS가 오류난 줄도 몰랐다. 그리하여 모임 장소에 도착했을 때는 이미 30분이나 늦어, 투어 참가단은 우리를 빼놓고 떠나버린 뒤였다. 이 와중에 비까지 퍼붓기 시작했다. 우리는 우산은 없었지만 다행히 바깥 날씨는 따뜻했다. 주최진은 투어 노선 안내 지도를 건네주면서, 투어 참가단을 금방 따라잡을 거라며 이렇게 말했다. "오렌지색 우산을 쓴 사람들을 찾으세요! 그중 한 사람의 우산 밑으로 쓱 들어가서 같이 쓰면 돼요."

　수전과 나는 폭우 속에서 좁은 골목길과 대로를 이리저리 헤매며 다녔지만 오렌지색 우산을 쓴 무리는 어디에도 보이지 않았다. 안 되겠다 싶어 지도를 살펴보려고 걸음을 멈췄지만 지도가 비에 젖어 금세 너덜너덜해졌다. 수전이 갑자기 웃음을 터뜨렸고 나도 곧바로 그 웃음을 이해해, 흠뻑 젖은 길거리 한구석에서 둘 다 허리까지 숙이며 웃어댔다. 우리는 거의 1세기 전 포르투갈을 대표하는 시인들이 모여들었던 유명한 카페 '아 브라질레이라'에서 쉬었다 가기로 했다. 카페는 유화로 뒤덮인 높다란 천장, 대리석 바bar, 흑백 타일 바닥이 눈에 들어왔다. 그리고 입구 바로 바깥쪽에 페소아의 동상이 보였다. 페소아는 중산모자와 나비넥타이 차림으로 카페 탁자에 앉아 있었고 빗줄기가 쏟아지는데도 지나가던 사람들이 그와 함께 사진을 찍으려고 줄을 서 있었다.

우리는 그 동상 옆자리의 야외 파라솔 탁자에 앉아 김이 모락모락 올라오는 코코아를 마셨다. 나는 못 찾은 투어 참가단이 기적처럼 나타나길 여전히 기대하며 목을 빼고 두리번거렸다. 속으로 이런저런 생각이 들었다. '더 일찍 출발하기만 했어도, 길을 잃고 헤매지만 않았어도, 같이 있으면 정신이 나갈 만큼 유쾌해 내 정신을 빼놓는 수전 데이비드 없이 혼자 오기만 했어도 투어를 잘 했을 텐데. 비행기를 타고 이 먼 리스본까지 날아와서는 여기까지 온 목적도 이루지 못하고 가게 생겼네.' 그러다 그날 오후가 저물 무렵, 아니 오후가 거의 끝났을 때야 퍼뜩 깨달았다. 비록 페소아 투어를 놓쳤을지 몰라도 수전과 내가 그날 오후에 깊이 있는 대화를 나누며 '평생의 친구'로 들어서는 문턱을 넘어섰다는 것을.

수전은 핸드백처럼 예쁜데 크기가 2배여서 기내용으로 딱 좋은 가방을 잘도 구하고, 그런 가방은 어디에서 찾을 수 있는지도 알려주는 그런 친구다. 창피하기 짝이 없는 사회생활 속 실수나 도덕적 위반도 터놓고 말할 수 있는 상대고, 그 말을 들으면 짓궂으면서도 공감 어린 미소를 날려주며 와인 잔을 들어 보이는 그런 친구다. 혹시라도 1세기 전에 살았던 고독한 시인의 삶에 티끌만큼의 통찰이라도 던져줄지 모를 투어 가이드를 찾느라 비에 흠뻑 젖은 도시를 헤맬 때도 옆에서 같이 유쾌하게 동행해주는 그런 친구다.

자, 지금까지 사실상 수전의 세미나에 참석하는 시간을 가져봤으니 이제는 수전을 통해 얻은 통찰을 바탕으로 앞에서 얘기했던 감정을 표현하는 글쓰기 의식을 좀 더 해보자. 마음을 어지럽히는 기억이

나 자아 개념을 바탕으로 당신 자신에 대해 '나는'으로 시작하는 글을 써보자. '나는 집중을 못하고 직장에서는 형편없는 직원이다.' '나는 겁이 나서 내 생각을 잘 옹호하지 못한다.' '나는 남 얘기를 너무 많이 하고 다녀 사람들에게 상처를 준다.' 이어서 수전이 지금 당신 옆에 있다면 물을 만한 질문도 스스로에게 던져보자.

당신을 사랑하는 사람들이 방금 당신이 쓴 글을 본다면 그래도 여전히 당신을 사랑할 것 같은가? 당신은 여전히 당신을 사랑할 것 같은가? 여전히 당신을 사랑하는가?

부디 그 답이 '그렇다'이길 바란다. 하지만 잘 모르겠거나, 지금으로선 답이 '아니다'라면 수전의 다음 조언을 떠올려보자.

당신이 문제 있는 사람이라고는 여기지 마라. 당신에게 병적 측면이 있다고도 여기지 마라. 당신은 인간이다. 인간성을 기꺼이 받아들여라.

〈내 부모의 조부모님〉. 사진 촬영자는 미상

## PART 03

# 죽음과 애도

우리는 언젠가 죽는다는 사실을 알면서
어떻게 살아야 할까?

# CHAPTER 07

# 우리는 영생을
# 추구해야 하나?

언젠가 인류의 후손들이 별에서 별로 퍼져나가는 그날이 오면 사람들은 아이들이
그 얘기를 감당할 만큼 자랄 때까지 고대 지구의 역사를 이야기해 주지 않으려 할
것이며, 한때는 죽음이 존재했다는 얘기를 듣고 흐느껴 울기도 할 것이다. [1]

— 엘리저 유드코프스키 *Eliezer Yudkowsky*,
소설 《해리 포터와 합리적 사고의 구사법 *Harry Potter And the Methods of Rationality*》 중에서 발췌

2020년 4월, 뉴욕시의 마운트 시나이 병원에서 복부 방사선과 전문
의로 일하던 친오빠가 코로나 합병증으로 사망했다. 이후 며칠 동안
나는 거북한 울렁거림을 느꼈다. 내 오빠처럼 아주 오랜 시간을 각자
의 삶 때문에 멀리 떨어져 지낸 경우마저도, 왜 한 사람이 세상을 떠
나게 될 때면 이런 울렁거림이 느껴지는 걸까?

그것은 남편이 누웠던 침대의 빈자리와, 남편이 다 읽지 못하고 침

대맡 탁자에 올려놓은 책들을 쳐다보며 이제는 서로 이야기를 나누거나 품에 안길 수 없이 매일의 밤들을 외롭게 보낼 언니 때문은 아니었다. 오빠의 정곡을 찌르는 유머감각과 연로한 어머니가 먹기에 딱 좋은 바나나를 사다주기 위해 선뜻 3군데나 마트를 돌았던 그 마음씀씀이가 그리운 슬픔 때문도 아니었다. 평상시에 아주 의연하던 아버지가 나에게 전화로 오빠 소식을 전할 때 흐느껴 울던 그 울음소리가 잊히지 않아서도 아니었다(그해가 다 가기 전에 아버지도 코로나로 돌아가셨다).

이 울렁거림은 사별의 슬픔과 연관 있긴 하지만, 그 진정한 근원은 내 아들이 3학년 마지막 날 울었던 그 깨우침이 아닐까 싶다. 한번 가버리면 다시는 돌아오지 않는 것들에 대한 깨우침 말이다. 선생님, 반 친구들은 다시 돌아오지 못하고, (수학을 별로 좋아하지 않았더라도) 처음 긴 나눗셈을 배웠던 순간도 다시는 돌아오지 못한다.

내 오빠는 숨을 거둘 때 62살이었다. 오빠의 사랑 파울라를 만난 건 7년 전이었다. 두 사람은 처음 만났을 때부터 서로를 뜨겁게 사랑했고 팬데믹이 덮치기 몇 달 전에 결혼했다. 오빠의 첫 번째 결혼이었다. 결혼식에서 '늦더라도 안 하는 것보다 낫다'는 취지의 건배사가 몇 번 나왔지만 오빠는 '기다린 보람이 있다'는 것이 결혼에 담긴 진정한 메시지라고 했다.

오빠가 죽고 나서 며칠 동안 오빠의 병원 동료들에게 오빠 얘기를 들었다. 오빠는 한밤중에도 병실에 휴대용 초음파 장비를 가져가 까다로운 진단을 재확인하는 것으로 유명했다고 한다. 오빠에게는 시간이 중요하지 않았고 "오로지 환자에게만 관심이 있었다"고 한다. 얼마 전엔 우수 교원상과 학부 최고의 영예인 올해의 교수상을 받았다고도 했다. 오빠는 원래 겸손한 사람이라, 그런 상을 받고도 말하지 않았다는 사실이 놀랍진 않았다. 하지만 알았다면 축하해줬을 텐데 하는 아쉬움도 들었다.

오빠는 나보다 11살이 많았다. 나에게 자전거 타는 요령을 가르쳐주었고, 내가 이런저런 터무니없는 규칙을 깨면 '예의 바른 학교'에 가야 하는 게임을 만들기도 했다. 지금도 눈에 선하다. 주방 쪽 전화기를 들고 상상 속 학교를 운영하는 선생님들과 이야기하는 척하던 오빠의 모습이. 오빠가 죽은 후 며칠 동안 새벽 5시면 그 모든 기억이 내 머릿속으로 몰려들었다. 모두가 한번 가버리면 다시는 돌아오지 않는 아주 오래전의 일이었다.

모든 것은 지나간다는 생각도 익숙해질 수 있다. 죽음이 불가피하다는 사실을 받아들이도록 가르치는 스토아학파 철학자들의 글을 읽어볼 수도 있다. 이 철학자들의 조언에 따라 '메멘토 모리memento mori(삶의 가치를 제대로 느끼는 한 방법으로 죽음을 상기하기)'를 실행할 수도 있다. 비영속성에 대해 명상을 해볼 수도 있다. 나도 이런 일들을 자주 행하는데, 어느 정도 마음의 준비를 하게 해준다. 하지만 일시성의 가공할 만한 아름다움은 우리보다 훨씬 더 위대하다. 우리는 최고의 순간, 특히 숭고한 음악, 예술, 자연 앞에서 일시성의 장엄함을 포착한다. 그 외의 시간은 그저 한시적으로 살아야 하는 시간들이다.

문제는 방법이다. 그런 가공할 만한 일시성을 어떻게 살아야 할까?

이 문제를 살펴본 후, 이어서 다음 챕터에서는 삶의 가장 절박한 문제 중 하나에 대해 서로 대조적으로 느껴지는 답들도 비교해 탐색해보자.

## 죽음이 없다면 삶에 어떤 의미가 있는가

———

2017년 8월, 샌디에이고 타운 앤드 컨트리 호텔 앤드 컨벤션 센터San Diego Town and Country Hotel and Convention Center에서 이른바 '급진적 생명 연장의 우드스톡Woodstock of radical life extension(우드스톡은 1969년 8월 미국 뉴욕 우드스톡 인근에서 개최된 축제로, 평화와 반전을 외치는 젊은 히피족들이 중심이 되어 기성세대에 대한 반항 정신을 음악으로 표출한 문화운동 - 옮긴이)'인 라드 페스티벌RAADfest 연례 회의가 2회째 개회를 앞두고 있었다.[2] 이 명분의 지지자들은 반反죽음 운동가, 급진적 생명 연장 옹호자, 트랜스휴머니즘(과학 기술을 이용하여 인간의 신체적, 정신적 능력을 개선할 수 있다고 믿는 신념 혹은 운동 - 옮긴이) 지지자, 초장수 열광주의자 등 여러 이름으로 통하지만 나는 앞으로 '영생주의자'* 라고 부르려 한다. 당시에 라드 페스티벌 홈페이지에는 다음과 같은 선전 문구가 떠있었다. "노화와 죽음에 맞서는 혁명에 참여하세요. 세계적으로 명성 높

———

* 최근에 일각에서는 이 운동이 '자연사'에 의한 죽음에만 초점을 맞추면서 이를테면 쓰나미나 버스 추돌 사고에 의한 죽음은 논외로 치고 있다는 점을 들어 이 영생주의자라는 용어를 쓰지 않기로 했다. '생명 연장 옹호자'가 더 정확한 용어일 수도 있지만 이 용어는 이 책의 목적을 감안하면 다루기에 너무 비대한 측면이 있다.

은 과학자, 선구적 사상가, 공상가들이 급진적 생명 연장에 대해 강연을 펼칩니다. (중략) 이들이야말로 스타들입니다. 우리 시대의 진정한 슈퍼 히어로들입니다."[3]

영생주의는 우리가 영원히 살 수 있고, 또 그래야 한다고 믿는 사람들의 운동으로, 그 수가 점점 늘고 있다. 과학 기술자이자 카리스마 넘치는 괴짜 영생주의 리더며 므두셀라(성서에 나오는 인물 중 최고령인 969세까지 산 유대의 족장 - 옮긴이)가 연상되는 턱수염을 배꼽까지 기른 오브리 드 그레이Aubrey de Grey[**]는 '장수 탈출 속도longevity escape velocity'에 도달하면 현재 50살인 사람들조차 건강한 수명을 아주 오래까지 연장시킬 기회를 얻게 된다고 했다.[4] 그 이후엔 200년이나 300년을 더 늘릴 수 있게 되고, 그러다 종국엔 아예 죽지 않아도 될 것이란다. 그는 알츠하이머 같은 노년의 특정 질병을 논하는 대신, 노화 과정 자체가 적이라고 말했다.

내가 라드 페스티벌에 간 것은 죽음을 거스르려는 인간의 열의를 탐색하기 위해서였다. 그런 열의를 통해 아주 달콤쌉쌀한 다음의 의문들에 대한 답을 헤아려보고 싶었다. 우리가 언젠가는 죽는다는 것을 아는 상태에서 어떻게 살아야 할까? 사람들이 영생을 바랄 때 정말로 추구하는 것은 무엇일까? 그 사람들이 진짜로 원하는 것은 영원한 삶일까, 아니면 다른 뭔가 일까? 철학자들의 말처럼, 정말로 죽

---

[**] 말이 나온 김에 덧붙이자면, 이 책이 편집을 마쳤을 무렵 드 그레이는 성희롱 혐의를 받았는데, 본인은 이 혐의를 부인했다.

음이 삶에 의미를 부여해주는 걸까? 정말로 그렇다면, 죽음이 없다면 삶에 어떤 의미가 있을까? 나는 수년 동안 이와 관련된 생각을 해온 사람들 속에서 이 의문들을 파헤쳐보고 싶었다.

내가 샌디에이고 공항에서 럿거스 대학교 뉴어크 캠퍼스의 철학부 학과장으로 있는 내 친구 라파엘라 드 로사 박사에게 문자를 보냈을 때 그녀는 그 회의에 대해 회의적 반응을 보였다. 짧고 뾰족뾰족한 금발 머리에, 관능적인 패션, 삶을 열정적으로 포용하려는 여성 특유의 태도를 당당하게 소화해내는 라파엘라가 보내온 답문은 이랬다. "나는 노년을 고통 없이 보내는 것에는 대찬성이에요. 우리는 누구나 노년의 고통으로 향해가고 있고 그건 겁나는 일이니까요! 하지만 죽음을 거부하다니, 그건 말도 안 돼요! 하이데거는 죽음이 우리의 삶을 결정한다고 말했어요! 죽음이 절박감을 일으켜 준다고요. 그 사람들은 자기들이 하는 설교를 정말로 믿는 걸까요?"

그 뒤에 또 다른 문자도 보냈다. "당신이랑 같이 그 사람들이 도대체 어떤 논쟁을 펴는지 들어보지 못하는 게 아쉽네요."

하지만 라드 페스티벌에 도착하자마자 내가 가장 먼저 주목하게 된 점은, 그곳에는 그런 논쟁들이 아예 없었다는 것이다. 그곳에 온 사람들은 의혹을 받아들이지 못하는 사람들이었다. '죽음이 쓸모없다는 것을 아는 비슷한 사람들끼리 모이다니 다행'이라고 여기는 듯한 분위기였다. 예전에 어떤 사람은 스탠퍼드 트랜스휴머니스트 협회 페이스북 페이지에 다음과 같은 글을 올리기도 했다. "삶에서 부여되는 죽음의 의미는, 뜯기는 듯한 위경련을 통해 위가 있다는 것을 의미하는 것과 같다."[5]

라드 페스티벌 참석자들은 철학 문제를 곰곰이 생각할 게 아니라 21세기의 기술과 건강한 생활에 전념해야 한다는 식의 말들을 했다. 커피 머신 앞에서 만난 어떤 사람은 이 회의에 와서 누가 담배를 피우면 그건 자신들의 숨을 왕창 빼앗아가는 짓이라는 농담도 했다. 갑자기 라테에 쿠키를 곁들여 먹던 나 자신이 무안해졌다. 면역체계와 장수의 연관성 때문에 라드 페스티벌에서 자주 거론되는 주제인 자기 면역이 지극히 관리 가능한 문제라는 생각에, 양심의 가책이 느껴지기도 했다. 초콜릿을 너무 좋아하는 내 입맛이 어떤 식으로든 내 건강에 문제를 일으켰을까? 그런 입맛이 내 책《콰이어트》의 북 투어로 인한 스트레스 때문일까? 책의 주제 선정도 관련이 있을까? 지금 이 책을 읽으며 느꼈을 테지만 나는 명랑함에 끌리는 사람이 아니다. 하지만 갈망과 사무침, 기쁨과 슬픔 같은 주제는 그 회의 자리에서는 별 주목을 끌 만한 주제가 아니었다. 어느 누가 달콤쌉쌀함을 필요로 하겠는가? 그곳에서 삶의 덧없음은 소중한 것이나 신비로운 아름다움이 아니라, 오히려 명랑한 정신과 눈부신 기술을 통해 해결해야 할 문제다.

앞으로 3일 동안 모임을 갖게 될 장소인 호텔 연회장에 들어서는 순간, 스피커에서 1980년도 뮤지컬 영화 〈페임Fame〉의 음악이 쾅쾅 울렸다.

난 영원히 살 거야.

난 (높이) 나는 법을 배울 거야. (중략)

라드 페스티벌은 생명 연장 커뮤니티에서 호불호가 갈리는 평판을 얻고 있다. 나는 그 평판에 따라, 그곳에서 혁신적 과학자, 투자자, 크리스털 애호가, 가짜 만능약 세일즈맨, 몇 년 더 살기 위해 필사적인 고령자들을 보게 될 줄로 예상했다. 실제로 보니 모인 사람들 대부분은 백인 남자였고, 간간이 나이든 히피들과 이슬같이 청순하고 갸름한 모델 같은 외모의 사람들이 눈에 띄었다. 과학자들은 딱 보면 쉽게 분간이 되었는데 꾀죄죄한 옷차림을 한 몇몇을 제외하면 남자들은 치노 바지에 옥스퍼드 셔츠를 받쳐 입은 간편한 복장이었고 여자들은 세련된 블라우스 차림이었다.

나는 내 왼쪽에 앉은 고령의 부부에게 이곳에 오게 된 이유를 물어봤다. "그냥 더 살아보고 싶어서요." 부부는 잡지 《라이프 익스텐션Life Extension》을 보고 이 회의에 대해 알았다고 했다. "그쪽은 어떻게 오게 됐어요? 생명 연장 분야에서 일하세요?" 부인이 나에게 물었다. 내가 아니라고, 작가라고 대답하자 부부는 흥미가 시들해졌다.

중년의 기타리스트 3명과 고령의 키보드 연주자 1명으로 구성된 리빙 프루프Living Proof라는 밴드가 무대에 올라오더니 영생을 얘기하는 노래를 불렀다. 밴드가 "잿더미에서 나와, 쭉 살게 되리라!"고 큰소리로 우렁차게 부르자 기립박수가 쏟아졌다. "오늘 밤 공연 정말 멋지지 않아요." 내 뒤에 앉은 여성이 옆자리 사람에게 말했다. 좋아하는 고향 밴드에 환호하는 듯한 반응이었다. 아무래도 두 사람은 다른 행사 자리에서 서로 알게 된 사이인 듯했다. 다시 만나서 반가워하는 눈치였고, 그곳에 모인 사람들 사이에서 느껴지는 명랑하고 낙관적인 분위기를 똑같이 뿜고 있었다. 하지만 70대의 은퇴한 영어 교수라는 오른쪽의 노신사에게 라드 페스티벌에 온 이유를 물었을 때는 다른 분위기도 느꼈다.

"두려움 때문예요." 노신사가 음울하게 대답했다.


이제 페스티벌의 프로그램이 본격적으로 개시되었다. 우리는 그레그 파히Greg Fahy라는 저온 생물학자이자 생물노인학자 같은 사람들의 발표를 들었다. 그레그 파히 박사는 흉선(가슴샘)을 재생하는 인간의 성장호르몬을 면역체계의 핵심 요소로 봤다. 수크딥 싱 대드워Sukhdeep Singh Dhadwar라는 하버드 의과대학 유전학자는 멸종한 매머드를 되살리려는 시도와 함께 알츠하이머를 유발하는 유전자를 찾고 있다고 했다. 마이크 웨스트Mike West 박사는 박식하기로 유명한 인물로, 인간의 배아줄기세포를 분리한 최초의 과학자 중 한 명이었고, 나이와 관련된 퇴행성 질환의 치료를 목표로 생명 공학 회사를 운영하고 있다고도 했다.

하지만 가장 먼저 발표한 사람은 성 없이 단일 이름을 쓰는 버나딘Bernadeane이라는 여성이었다. 그녀는 왕년에는 로맨틱했다는 파트너 제임스 스트롤과 피플 언리미티드People Unlimited를 공동 설립한 사람이다. 애리조나에 본부를 둔 피플 언리미티드는 바로 라드 페스티벌의 프로듀서이자 후원사다. 그녀의 애칭으로 불러, 버니는 이날 검은

색의 긴 원피스 차림에 루이스 브룩스 스타일의 짧은 보브헤어에 검은색 베레모를 쓰고 입술에는 붉은색 립스틱을 바르고 나왔다. 나이가 80대였는데 젊은 여성들의 기준으로 봐도 세련된 사람이었고, 심지어 매혹적으로 볼만 했다(그다음 날에는 앵클부츠에 미니스커트 차림으로 무대에 서서 늘씬한 허벅지를 과시했다).

본인이 들려준 바로는, 버니는 1937년에 태어났지만 23살이던 1960년에 "라디오에서 어떤 사람의 말을 듣게 되었다"며 이렇게 말을 이었다. "그 남자는 육신은 죽을 필요가 없다는 말을 했어요. 그리고 그 이후로 저는 노화와 죽음에 맞서는 운동을 펼쳐왔어요. 그래서 저는 죽음을 준비하고 있지 않아요. 그 이전과는 다르게 살 준비를 하고 있어요. 죽음은 악취가 진동하는 것이라고 생각해요. 그리고 누구도 그런 악취를 풍겨서는 안 된다고 봐요. 저는 영원을 가진 것에 감사해요. 저는 제가 죽지 않아도 된다는 것을 제 몸으로 느끼고 있어요. 저는 부끄럽지 않아요. 감옥을 나오는 것처럼 죽음 밖으로 걸어나오고 있으니까요."

듣다 보니 버니는 어느 정도는 동기부여 강사였고 또 어느 정도는 선동자였다. "폐경이 왔다고 해서 삶이 끝나는 건 아니에요. 그것은 시작일 뿐이에요. 제 말을 믿으세요! 우리는 죽음에서 자유로운 삶을 살 권리를 주장해야 해요. 저는 우리에게 끝이 없다는 걸 알게 되어 너무 가슴 설레요. 우리는 죽음에서 자유로울 권리를 느껴야 해요. 그럴 권리를 만들어내야 해요. 저는 이전까지 없었던 즐거움을 누리고 있어요. 정말 경이로운 세계예요. (중략) 저는 이제 81살이 되었어요."이 대목에서 사람들이 갈채를 보냈다. "그리고 이것이 저의 끝이 아니라는 것을 알아요. 80대가 되었어도 저는 무너지지 않을 거예요. 떨치고 일어날 거예요! 제 눈에는 인간에게서 우리가 이전까지 본 적이 없는 뭔가가 보여요."

나는 전부터 내가 80대까지 산다면 그 80대가 아주 암울할지도 모른다는 생각을 해왔다. 하지만 버니의 말대로라면 그런 생각은 그저 우리의 생각일 뿐이다. 잘못된 생각이다.

"새로운 세상이 나타나고 있어요! 저는 멈추지 않을 겁니다! 여러분도 멈추지 마세요! 쭉 사세요!"

"옳소!" "와~" "지당한 말씀이에요, 버니!" 청중 사이에서 환호성이 터져 나왔다.

저 사람들 정체가 뭐지? 사기꾼들 아니야? 선견지명이 있는 탁월한 사람들인가? 현실을 받아들이지 못하는 상태인 건가? 아니면 승자와 패자로 구분하는 미국 문화가 빚어낸 필연적 산물은 아닐까? 죽어야 하는 운명과 싸워 '이기려'고 작심이라도 한 건가? 정말로 죽음을 해소하거나 크게 지체시키게 될 거라고 생각하는 걸까? 혹시 사이비 종교 집단은 아닐까? 적어도 한 사이비 종교 교육 웹사이트에서, 제임스와 버니의 활동을 추적해 이들이 세미나 참가비로 거두어들인 금액에 대해 상세히 보도한 적도 있잖아. 이에 당사자인 버니와 제임스는 자신들이 생명을 팔아 돈을 벌고 있는데 그게 무슨 잘못이냐고 말하기도 했다.

확실히 그 자리에 온 일부 과학자는 므두셀라 같은 턱수염을 기른 과학 기술자 드 그레이의 말대로 '프로에이징(어려 보이려고 애쓰기보다 나이 드는 모습 그대로에서 아름다움을 찾고자 하는 움직임 - 옮긴이) 최면'에서 사람들을 깨어나게 하는 일을 자신들의 진지한 임무로 여기는 듯했다. 드 그레이는 이렇게 말했다. "사람들은 일어나지 않길 바라는 죽음을 마치 일어나지 않을 것처럼 가장하면서, 비참하도록 짧은 삶을 잘 살아갈 수 있도록 하고 싶어 해요. 그런 허세에서 깨어나야 해요. 겁쟁이에서 탈피해야 해요. 사람들은 죽음이 '변장하고 찾아온 축복'이라고 말하면서 나이 드는 것과 화해해요. 문제는 그 끔찍한 일이 먼 미래에 일어날 일이니 선택권이 있다고 여길 때 일어납니다. 죽음에 매달려 삶을 보내든가 죽음을 신경 쓰지 않고 최선을 다할 방법을 찾거나, 둘 중 하나를 선택하면 된다고 여기는 게 문제예요. 그러다 실제로 아무 일도 일어나지 않으면 죽음이 변장하고 찾아온 축복이니 스트레스 받지 말자고 스스로를 속이는 일을 타당하게 여기죠."

나는 이런 관점을 듣다 퍼뜩 생각이 들었다. 나는 언제나 내가 죽음을 딱히 두려워하지 않고, 나의 죽음보다는 사별을 생각할 때 더 크게 감응해 왔다고 생각해왔다. 하지만 근래에 유방암에 걸린 줄 알고 겁먹은 적이 있었다. 암이 아닌 것으로 판명났지만 검사 결과를 기다리는 동안의 그 공포는 생각보다 끔찍했다.

따라서 영생주의자들과 다른 사람들을 구별하는 차이점은 단지 기술 낙관주의만은 아닐 수도 있다. 영생주의자들은 죽음을 정면으로 바라보려는 의지에서도 다를지 모른다. 우리 대다수는 죽음이 자신에게 일어나지 않을 거라 여기며 죽을 운명에 대처한다. 하지만 영생주의자들은 그렇게 할 수도, 그럴 생각도 없다. 비영속성을 세상의 큰 상처로 여기고 그 상처를 고치기 위해 힘닿는 데까지 뭐든 하려 한다. 이 대목에서 작가이자 인공지능 이론가 엘리저 유드코프스키가 쓴 해리 포터 팬픽의 다음 구절이 떠오른다. "언젠가 인류의 후손들이 별에서 별로 퍼져나가는 그날이 오면 사람들은 아이들이 그 얘기를 감당할 만큼 자랄 때까지 고대 지구의 역사를 이야기해 주지 않으려 할 것이며, 한때는 죽음이 존재했다는 얘기를 듣고 흐느껴 울기도 할 것이다." 공상 과학의 허세에 가려진 여린 감정이 느껴져 내가 읽을 때마다 놀라게 되는 구절이다.[*]

실제로 라드 페스티벌의 과학자들 가운데 상당수가, 사랑하는 이의 시신 앞에서 흐느끼는 사람의 가슴 뭉클한 이미지로 강연을 열었다. 세상을 떠난 자신들의 어머니, 아버지, 자식에 대한 사별의 슬픔을 이야기했다. 또한 '노인들을 구하자'고 열렬히 호소하면서, 아예 그 구호를 슬로건으로 삼았다. 강연자들은 사별의 슬픔을 직접 접했다가 그 슬픔을 치료하기 위해 애쓰다 희열과 마주하게 된 이야기를 했다. 인간 줄기세포를 처음으로 분리한 박식가 마이크 웨스트에게는, 그런 각성의 순간이 27살 때 찾아왔다고 한다. 미시간주의 고향에서 공동묘지 건너편에서 햄버거를 먹다 "갑자기 부처의 경험 비슷한 일을 겪었어요. 퍼뜩 깨달음을 얻은 겁니다. 죽은 연도와 날짜가 새겨진 제 친구들과 사랑하는 사람들 모두의 무덤이 보였고, 그날 떠

[*] 본문만이 아니라 이번 챕터 도입부의 인용문으로도 실은 이유가 그 때문이다.

오르는 태양을 보는 기분을 느끼며 이렇게 혼잣말을 했어요. '이런 일은 일어나면 안 돼.' 어떻게 해야 그렇게 할 수 있을지는 막연했지만 남은 평생을 인간은 죽을 운명이라는 이 중대한 문제를 해결하는 일에 바치기로 마음먹었어요."[6]

## 《길가메시 서사시》속 영생은 가능한가

내가 영생주의자들을 처음 만나본 것은 라드 페스티벌 몇 달 전이었고, 이들 모두 나름의 사연을 가지고 있었다. 키스 코미토Keith Comito는 컴퓨터 프로그래머이자 수학자이자 기술 개척자며, 수명 연장 지지협회Lifespan Extension Advocacy Foundation의 회장이었다. 갸름한 얼굴에서는 친근한 인상이 풍기고 갈색 눈동자의 눈가에는 주름이 자글자글한 남자였다. 나는 그가 즐겨 찾는 그리니치빌리지의 커피 전문점에서 그를 만나기로 했고, 그날 그는 마블 캐릭터의 화학 주기표가 찍힌 티셔츠를 입고 나왔다. 먼저 와서 녹차를 마시며 나를 기다리고 있었다. 얘길 들어보니 대학생 때부터 몸에 해로울 것 같아 커피를 끊었다고 했다. 물론 여러 가지 프로젝트를 마치기 위해 새벽 3시까지 밤을 새우는 일도 장수에 안 좋긴 마찬가지임을 본인도 인정했으나 보조개가 패이도록 방긋 웃더니 아직 살아 있는 동안 이루고 싶은 일이 너무 많고, 그중 장수는 자신에게 성배와도 같다고 말했다.

키스는 세계 최초의 명작 문학 작품이자, 영생을 갈망한 왕의 이야기가 그려진 《길가메시 서사시The Epic of Gilgamesh》[7]에 대한 경의를 작정하고 드러냈다. 말 그대로 공중으로 붕붕 뜨듯 앉은 자리에서 몸을 튕겨가며 이 유명한 이야기를 풀어놓았다. 왕이 애써 찾아 나선 끝에 영생의 꽃을 찾은 후 백성들에게 가져다주려 했으나 돌아오던 길에 깜빡 잠이 들어 뱀이 그 꽃을 먹어버리게 되었다는 이야기였다. 키스는 영생이 모든 영웅들의 여정 속에 깃든 실질적 목표라며 〈스타워즈〉와 《오디세이》도 영생을 누리고픈 오래전부터의 열망이 승화된 이야기라고 말했다. 자신도 그런 이야기의 주인공이지만 승화된 일면이 없을 뿐이라고도 했다.

키스는 술수를 쓰거나 가식적으로 행동하려는 마음 없이, 있는 그대로의 자신을 보여주는 사람이었다. 왕의 탐색 여정을 언급하던 중에는 감탄에 겨워 이렇게 외치기도 했다. "저는 바로 이 대목에서 소름이 끼쳐요!"[8] 함께 이야기를 나눈 2시간 동안 영생에 대한 개념을 말하며 소름이 돋는다는 말을 3번 더 했다. 그는 자신이 죽게 되리라는 것을 알았더라도 극단적 장수 연구에 지금처럼 의욕을 자극받았을 것이라는 말도 했다. 자신의 기운을 북돋는 것은 "마침내 정말로 의미 있으면서 인류를 치유해줄 어떤 일을 할 수 있게 된 그런 기분"이라고 했다. "최초의 영웅이 펼친 여정을 완수하게 될 만한 잠재성이 갖춰진 지금 이 시대에 살고 있다니 너무 흥분돼요. 그 꽃을 되찾게 된다니 가슴이 설레요! 최초의 이야기가 돌에 새겨진 이후부터 쭉 이어져온 첫 의미가 완수하는 거잖아요." 어찌나 흥분한 몸짓을 하던지 중간중간 내 노트북과 손이 부딪칠 정도였는데 그럴 때마다 손짓을 멈추고 진심으로 사과했다. 내 생각이지만, 키스는 고등학생 때 숙

맥 같은 범생이 스타일이긴 했으나 억누르지 못하는 열정을 분출해 많은 사람들이 좋아했을 것 같다. "그 꽃을 되찾게 되는 거라고요!"

하지만 《길가메시 서사시》를 비롯해, 영생을 다룬 그 외의 문헌들(《걸리버 여행기》에서부터 전설 속 '플라잉 더치맨Flying Dutchman[유럽 어부들에게 전해지는 유령선 – 옮긴이]에 이르기까지 영생이라는 주제는 언제나 작가들의 상상력을 붙잡아왔다)을 더 유심히 살펴보면 그 이야기꾼들 대부분이 우리에게 영원히 사는 일은 (뱀이 꽃을 먹는다거나 해서) 불가능할 뿐만 아니라 어리석은 일이라고, 우리 인간이 공간을 너무 많이 차지하게 될 거라고, 또 수백 년쯤 살고 나면 따분해지면서 삶의 의미를 잃어버릴 거라고 경고를 보내고 있다.

나는 키스에게 이런 반대 근거를 어떻게 생각하는지 물었다. 라드 페스티벌 참석자들과는 달리 키스는 철학적 논쟁을 좋아해, 사고 실험(머릿속에서 생각으로 진행하는 실험 – 옮긴이)으로 받아쳤다.

"내일 죽고 싶으세요?" 키스가 물었고 나는 당연히 아니라고 대답했다. "그럼 모레는요? 여전히 아닌가요? 그다음 날은요? 그다음 다음 다음 다음 다음 날은요?"

나는 모든 질문에 아니오라고 대답했다. 그러다 보니 네라고 대답할 만한 날을 상상할 수가 없었다. 오늘을 다시는 가족을 볼 수 없는 날로 고를 수 없었다. 오늘을 더는 일몰도, 에스프레소 마티니도, 카페 창가에서 맞는 찬란한 아침 햇살도 느끼지 못하는 날로 고를 수 없다. 또한 오랜 친구들과 16살 때 같이 들었던 여행 노래들을 신나게 같이 부르며 추억하는 순간도 느끼지 못하는 날로 고를 수 없다.

계속 죽 살되 점점 허약해지는 것이 합의 조건이라면 확실히 우리 대다수는 이제 가야할 때라고 말할 것이다. 하지만 영생주의자들이 얻기 위해 싸우는 것은 그런 조건이 아니다. 영생주의자들은 죽음만이 아니라 병과 노쇠함도 없는 삶을 원한다. 우리 모두를 치유해주고 싶어 한다.

내가 라드 페스티벌에서 만났던 영생주의자들처럼 키스도, 자신이 영생주의자가 아닌 사람들과 마찬가지로 죽음에 대한 생각을 억누를 수 없는 이유를 잘 알았다. 그의 친부모는 보호시설에서 만났다. 두 사람은 약물중독과 정신병에 시달리고 있었다. 키스는 태어난 날부터 양부모와 살았다. 나중에 입양해 키워주고 그가 현재 "모든 면에서 진짜 부모"라고 말하는 그런 부모다. 친부모와 양부모는 치열한 양육권 분쟁을 벌였다. 분쟁에서 결국 양부모가 이겼고 친부모는 키스가 초등학교에 다닐 무렵 세상을 떠났다. 어머니는 굶어 죽고, 아버지는 약물 과다 복용으로 자살했다. 키스는 엄청난 충격을 받았지만 사별의 슬픔을 어떻게 해야 할지 몰라 막막했다. 그런 감정을 느끼는 것이 맞는지도 확신이 서질 않았다. 사랑하는 가족과 잘 살고 있는 것을 행운으로 여겨야 하는 게 아닐까 싶었다. 하지만 키스는 자신이 그의 친구들은 따라올 수 없는 세계로 건너갔다는 것을 알았다. 죽음이 현실인 세계로.

《반지의 제왕》에는 마법의 반지가 나오잖아요. 등장인물들이 그 반지를 끼면 그림자 차원으로 옮겨가고, 그러면 나쁜 자들의 부하들이 그들을 볼 수 있게 돼요. 그들은 현실의 차원으로 건너간 거예요.

그것이 제가 경험한 죽음이었어요. 보통의 아이일 때는 죽음을 생각하지 않아요. 부모님이 죽지 않는다고 생각하고 그 연장으로 자신도 그렇다고 생각하죠. 부모가 완충 역할을 해주는 겁니다. 하지만 어릴 때 자신을 태어나게 해준 존재가 죽었다는 것을 알면 완충 역할을 해주는 벽이 사라져요. 당신과 죽음이 직접 연결되는 겁니다."

키스는 이런 상황에 대처하기 위해 온갖 방법을 찾아냈다. 처음엔 성직자가 되고 싶었다(현재는 불가지론자로 자인하고 있지만 "종교적 끌림에 아주 민감해" 지금까지도 여전히 십자가상을 몇 시간씩이고 응시할 수 있다고 한다). 그다음엔 자기 효능감, 과학, 운동 분야에서 할 수 있는 한 모든 것을 배웠다. 요가, 무예, 체조, 생명 공학을 배웠다. 키스는 말랐지만 강인한 자신의 팔을 내려다보며 말을 이었다. "하지만 제가 나이를 먹으면 시간이 이런 것들을 앗아가겠죠. 그렇다면 제 모든 시간을 생명 연장의 연구에만 쏟아서는 안 되지 않을까요? 관심사가 아주 많은데 그중 하나가 건강한 삶을 연장시키는 것이라면 그것부터 먼저 다루고 싶지 않을까요?"

## 인간 조건의 달콤쌉쌀한 본성을 거부하지 말자

영생주의 프로젝트에 대해 제기되는 가장 흔한 반대 이유는 영생이 망상이라는 것이다. 말하자면 기술이 아무리 진보해도 언제나 뱀이 길가메시의 꽃을 먹어치울 것이라는 반박이다(개인적으로 나는 우리가 죽음을 치유하게 되리라는 것은 믿지 않지만, 종국엔 '건강 수명healthspan'이 우리 조부모님 시대의 가장 허황된 상상 수명을 넘어설 정도까지는 연장될 것이라는 낙관론을 갖고 있다).

하지만 더 깊숙이 파고들면, 인간은 신이 될 수 없다는 우려가 자리해 있다. 어떤 사람들은 이런 의문들을 제기하며 불안해한다. 우리가 영원히 산다면 그래도 여전히 인간일까? 챕터 01에서 봤듯 우리 인간의 사랑과 결속의 능력이 우는 아기들을 돌봐주려는 충동에서 비롯되는 것이라면 취약성을 잃을 경우 어떻게 될까? 우리는 여전히 사랑하고 사랑받을 수 있을까? 플라톤이 한 말처럼 우리가 죽음을 생각하지 않고는 현실을 이해할 수 없다면, 죽음을 아예 뛰어넘을 경우엔 어떻게 될까? 더군다나 실질적 걱정들도 있다. 살기에 알맞은 다른 행성들을 찾기 전에 죽음을 정복한다면 모든 사람이 살 만한 공간이 있을까?

일부 영생주의자에게는 이런 비난들에 대해 준비된 대답들이 있다. 죽음의 치료만이 아니라 인간의 조건을 잃지 않는 문제와 사랑의 고양에도 나름 신경 쓰며 우리가 죽을 운명을 해결할 수 있다면, 우울증을 치료하고 빈곤을 종식하고 전쟁을 멈출 방법도 알아낼 수 있다는 논리를 내세우고 있다. 라드 페스티벌에 참석했던 과학자 중 한 명은 나에게 이렇게 말했다. "제가 생각하는 절대적 진실을 말해주죠. 인류가 직면한 핵심 문제들 중 한 가지(즉, 죽음)를 해결하면 다른 문제들의 해결을 시도할 만한 힘도 어떻게든 갖추어질 겁니다. 죽을 운명이라는 이 문제가 문명의 여명기 이후로 오랫동안 고통을 주었던 문제라는 점을 감안하면 더더욱 그럴 거예요. 그런 문제를 해결할 수 있다면 뭐든 할 수 있지 않을까요?"[9]

이런 유토피아적 이상의 일부, 즉 적어도 세계 평화와 관련된 부분은 '공포 관리 이론terror management theory'이라는 사회심리학 분야에서 파생된 것이다. 이 이론에 따르면 죽음에 대한 두려움은 우리를 더 오래 살게 해줄 듯한 집단 정체성에 속하게 함으로써 부족주의를 자극한다. 여러 연구를 통해 증명되었다시피 죽을지도 모를 위협을 느끼면 외부자들에게 국수적이고 적대적이 되어 외부 집단에 대해 안 좋게 보는 편견을 갖게 된다. 실제로 관련 연구의 한 실험에서, 죽음을 상기하게 한 피험자들이 정치적 대립자들에게 입에 불이 나도록 많은 양의 핫소스를 주는 확률이 대조 그룹보다 높게 나타났다.[10] 또 다른 연구에서도 정치적으로 보수적이고, 죽으면 신체가 어떻게 될 것 같냐는 질문을 받았던 학생들이, 위협이 되는 외국에 대한 극단적 군사 공격을 지지하는 확률이 대조 그룹보다 높았다.[11] 그렇다면 이를 바탕으로, 영생을 통해 우리가 죽음에 대한 공포로부터 자유로워질 경우, 외부자들에게 더 우호적이고, 덜 국수주의적이고, 더 마음을 열게 된다는 생각으로 이어질 만도 하다.

피플 언리미티드의 창설자들은 이런 관점을 노골적으로 채택하고 있다. 다음은 피플 언리미티드 웹사이트에 올라온 글이다. "전체 그림을 보게 해주는 다음의 메시지를 꼭 전하고 싶다. 영생은 할리우드의 뱀파이어 이야기처럼 인간성을 잃게 하는 요소라기보다, 사실은 우리 인류의 가장 좋은 점을 끌어내주는 요소다. 단지 죽음을 끝내는 것만이 아니라 사람들 사이의 단절도 끝내준다. 영생은 죽음에 대한 내재적 두려움을 불식시킴으로써 우리가 그 이전과는 달리 사람들에게 마음을 열 힘을 키워준다. 현시대 삶의 독성은 우리의 건강에 심각한 위협이 되며 그중에서 가장 치명적인 독성은 사람들에게서 나오는 것일지 모른다. 이런 불멸의 열정은 사람들에 의해 무너뜨려지기보다는 북돋워지는 완전히 새로운 차원의 화합을 일으킨다."[12]

발상은 좋지만 독성과 갈등이 간단히 해소될 가능성은 희박하다. 실제로 우리가 처한 진짜 난관은 이 논의가 암시하듯 죽음이 아니라 (혹은 죽음만이 아니라) 살아 있음의 슬픔과 갈망일지 모른다. 우리는 영원한 삶을 갈망한다고 생각하지만 우리가 정말로 갈망하는 것은 완벽하고 무조건적인 사랑일 수도 있다. 사실상 사자들이 양들과 같이 누워 있는 세상, 굶주림과 홍수가 없는 세상, 우리가 한때 부모를 사랑했던 방식 그대로 주체할 수 없이 넘치도록 남들을 사랑하도록 키워지는 세상, 우리가 영원토록 소중한 아기처럼 사랑받는 세상, 현재 우리의 논리와 완전히 다른 논리로 세워져 살아남기 위해 삶을 좀먹지 않아도 되는 세상이다. 우리의 팔다리가 강철같이 단단하더라도, 지구처럼 멋지고 살기 알맞은 행성이 있는 은하계를 식민지화하더라도, 우리는 여전히 좌절과 비통함, 불화와 단절에 마주하게 될 것이다. 그리고 이런 상태들은 아무리 불사의 존재라도 해결책이 없다.

그것이 불교와 힌두교의 포상이 윤회의 굴레에서 벗어나는 이유일지 모른다. 기독교에서의 꿈이 죽음의 치유가 아니라 천국에 들어가는 이유일지 모른다. 우리는 (챕터 02에서 만났던 수피교 스승) 르웰린 본리를 비롯한 여러 신비주의자들의 말처럼, 사랑의 근원 자체와 재결합하길 갈망하고 있다. 완벽하고 아름다운 세상을, "저 무지개 너머 어딘가"를, C. S. 루이스가 말한 "모든 아름다움이 비롯된 곳"[13]을 열망한다. 그리고 에덴동산을 향한 이런 갈망은 루이스의 벗인 J.R.R. 톨킨의 말처럼 "최상이자 가장 타락하지 않은 형태의, 가장 온화하고 가장 인간적인 우리의 온전한 본성"[14]이다. 어쩌면 영생주의자들도 영원히 살며 '사람들 사이의 단절을 끝내길' 바라는 추구 속에서 단지 표현 방식이 다를 뿐 이런 것을 갈망할지 모른다.

하지만 가리키는 방향은 다르다고도 본다. 물론 나도 내 손자의 아들의 아들의 아들을 볼 만큼 오래 살고 싶고, 그럴 수 없다면 내 아이들이라도 그때까지 살았으면 좋겠다. 하지만 그렇게 된다 해도 그들이, 우리가 인간 조건의 달콤쌉쌀한 본성을 거부하지 않았으면 한다. 라드 페스티벌 참석자들은 죽음을 물리치는 것이 평화와 화합에 이르는 길이라고 믿는다. 나는 그 정반대라고 믿는다. 슬픔과 갈망이, 심지어 죽을 운명 자체가 통합을 이끄는 힘이자, 사랑에 이르는 길이고, 우리의 가장 중요하고 가장 힘든 과업은 그 길로 걸을 방법을 배우는 것이라고 말이다.

# CHAPTER 08

# 우리는 사별의 슬픔과
# 비영속성을 극복해야 하나?

*(중략) 그리고 때가 되면 놔주기, 가도록 놓아주기.*[1]

– 메리 올리버*Mary oliver*의 시,
'블랙워터 숲에서*In Blackwater Woods*' 중에서 발췌

내 오빠처럼 일본의 불교신자 시인 이사도 1814년에 51살의 나이로 늦깎이 결혼을 했다. 그는 파란만장한 삶을 살았다. 2살 때 어머니가 돌아가셨고, 그의 말대로 그는 계모에게 매일 100대씩 맞으며 컸다. 이후엔 장티푸스를 앓는 아버지가 돌아가실 때까지 병수발을 했다. 이사의 아내는 2명의 아들을 낳았는데 둘 다 태어난 지 한 달 만에 죽고 말았다. 하지만 그 뒤에 부부는 딸을 얻었다. 건강하고 예쁜

딸 사토였다. 마침내 행복이 찾아왔다. 그런데 사토마저 천연두에 걸려 두 번째 생일을 맞기도 전에 죽었다.

이사는 일본의 '4대' 하이쿠 대가로 꼽혔다. 비통함에 잠긴 이 시인은 비영속성을 받아들일 수 없는 심정을 글로 담았다. "물이 처음 흘러나온 곳으로 되돌아갈 수 없고, 흩어진 꽃이 가지로 되돌아갈 수 없다는 건 인정하지만 아무리 그래도 집착의 끈은 끊어내기가 힘들어요."[2] 그는 이 점을 다음의 하이쿠에서도 다시 다뤘다.

이슬의 세상은
이슬의 세상.
하지만 그래도…[3]

흥미로운 시다. 너무 온순한 어조여서 그 안에 담긴 깊은 반항이 거의 감지되지 않는다. 우리의 삶이 이슬방울처럼 덧없다는, 불교의 중요한 개념을 표현한 것처럼 다가온다.

우리가 죽는다는 것을 아는 상태에서 어떻게 살아야 할 것인가에 대한 불교의 대답은, 집착을 놓는 것이다(이 점에서는 힌두교와 자이나교의 대답도 같다). 사랑해야 하지만 열망(이사의 경우엔 딸이 살아 있길 바라는 마음)이나 회피(이 경우엔 천연두로 인한 딸의 죽음)에 집착해서는 안 된다. 인간 고통의 핵심에는 비영속성을 받아들이기 힘든 집착이 있다. 이런 이유로 훌륭한 명상가들은 취침 시에 난로의 잔불이 아침까지 타게 두지 않고 꺼버리는 방식으로 끊임없이 죽음을 상기한다. 자신들이 아침까지 살아 있을지 어찌 알겠는가를 그렇게 상기시키는 것이다.

하지만 의식하는 것과 수용하는 것은 서로 크게 다르다. "이슬의 세상은 이슬의 세상"인 것이 이사의 시에서 핵심이 아닌 이유다. 이 시에서 진짜 울림을 일으키는 대목은 그다음 구절 "하지만 그래도…"이다.

이사는 이렇게 말하고 싶은 것이다. 하지만 그래도, 나는 딸을 영원히 그리워하리라. 하지만 그래도, 나는 다시는 온전해지지 못하리라. 하지만 그래도, 나는 받아들일 수 없고 받아들이지도 않으리라. 이것은 내가 이 아름다운 행성에서의 삶과 죽음의 가혹한 조건을 받아들이지 않겠다는 나의 속삭임이다. 하지만 그래도, 하지만 그래도, 하지만 그래도.

## 죽을 운명에 대한 시인 이사의 심경

———

우리는 자신과 사랑하는 모든 이들이 언젠가 죽는다는 것을 아는 상태에서 어떻게 살아야 할까? 이사는 여기에 그만의 달콤쌉쌀한 답인 비영속성을 받아들이지 않아도 된다고 제시한다. 나는 이것이 이사가 우리에게 의식하고, 그 고통을 느끼는 것으로도 충분하다고 전하는 메시지라고 믿는다. 그것이 결국엔 우리 모두를 하나로 이어주기 때문이다.

이사가 시로 읊은 심경을 짚어보자. 그는 자신이, 자신만이 집착을 잘 놓지 못한다고 믿었을까? 아니다. 우리 모두가 그렇게 느낀다는 것을 알았다. 그의 시는 나도 세상이 이슬방울 같다는 건 아는데, 그래도 상관없어. 내 딸이 다시 돌아왔으면 좋겠다고 말하는 자신과 같은 모든 인간들에게 전하는 글이었다.

이사가 애초에 하이쿠를 쓰려 했던 이유는 뭐고, 200년이 흐른 지금까지 우리가 여전히 그의 시를 읽는 이유는 뭘까? 우리가 이사의 심경을 이해하고 있고, 그도 우리가 이해하리라는 것을 알았고, 우리가 지금부터 200년이 더 지난 후에 (영생주의자들이 그들의 프로젝트에 성공하지 못한다면) 그의 시를 읽는 이들 역시 이해하리라는 것을 알기 때문이다. 이사는 자신의 경험을 시로 옮김으로써 우리를 죽어야 할 같은 운명의 슬픔으로, 인간으로 존재하는 것에서 비롯된 공동의 갈망으로 유도해준다. 알쏭달쏭한 이유로 우리의 플레이리스트를 채워온 모든 슬픈 노래들의 보이지 않는 힘의 원천이라고 내가 예전부터 믿어온, 그 사랑으로 이끌어준다.

이는 궁극적으로 하나의 역설을 낳기도 한다. 다른 모든 사람들도, 우리처럼 언제나 '하지만 그래도, 하지만 그래도'를 말하며 사별의 슬픔을 넘어서지 못한다는 점에서, 우리가 다른 모든 인간들과 하나로 이어져 있음을 깨달을 때라야 비로소 사별의 슬픔을 넘어설 수 있다고.

살면서 죽을 운명에 대한 반항을 조용히 마음에 새겨본 적이 있지 않은가? 혹은 지금 이별의 고통을 사무치게 느끼고 있진 않은가? 그런 적이 있다면 혼자만 알면서 막연히 부끄럽게 여겼을 것이다. 그런 느낌은 미국 문화의 프로그래밍에 크게 어긋난다. 우리에겐 일상에서 잘 쓰는 특정의 말이 있다. '극복하고 훌훌 털어버려.' 사별을 겪을 때는 여기에 더 온화하게 윤색한 말을 쓴다. '이제 그만 놓아(그만 잊어).' 구글 북스 앤그램 뷰어에 따르면 그만 놓으라는 이 말('let it go')은 지난 20년 사이에 사용 빈도가 천문학적으로 늘기도 했다. 그렇다고 내 말을 오해하진 말자. 이 말은 현명한 원칙이고, 자유롭게 해주는 개념이다. 나도 글을 쓰는 책상 위쪽에 메리 올리버의 시(이번 챕터의 도입부에서 인용한 시)를 테이프로 붙여놓았다. 그리고 지난 몇 년 동안 놓아주는 것을 아주 잘하게 되었다.

하지만 현대 문화에서는 이 말이 특정의 강요된 순종을 암시한다. 서양에서는 한때 '죽음의 기술'을 뜻하는 '아르스 모리엔디ars moriendi'라는 전통이 있었다.[4] 이 전통은 말하자면 죽는 방법의 안내로, 대체로 인쇄된 소책자의 형태를 취했고, 1415년의 한 라틴어판은 유럽 전역에서 100쇄 이상 인쇄되었다.

하지만 1930년대에 이르면서 임종의 자리가 가정에서 병원으로 바뀌었다. 과거엔 사람들이 출산을 하거나 독감에 걸리거나 암에 걸려 누워 있던 침실에서 숨을 거두었으나 이제는 보이지 않는 곳에서 안전히 죽었다. 1세기에 걸쳐 이어진 공모가, 우리는 여전히 살아 있고 죽음은 다른 사람들에게만 일어난다고 가장하는 그런 공모가 개시되었다.

필립 아리에스Philippe Ariès가 《죽음을 대하는 서양의 태도Western Attitudes Toward Death》에서 서술했듯 이제는 죽음이 "부끄럽고 금기시되는" 문제가 되어 "단 한 사람을 잃어도 온 세상이 텅 빈 듯 가슴 시린데 더는 그 아픔을 소리 내서 말할 권리가 없어졌다."[5] 인류학자 제프리 고러Geoffrey Gorer도 《죽음, 슬픔, 애도Death, Grief, and Mourning》에서, 조문객들이 "즐거운 시간을 보내야 하는 윤리적 의무"와 "다른 사람들의 즐거움에 찬물을 끼얹을 만한 짓을 해서는 안 될 의무"를 짊어지기 시작했다고 피력했다.[6] "애도를 병적인 방종으로 취급해야 했고" 유족 외의 사람들은 "아무도 무슨 일이 생긴 줄 가늠하지 못할 만큼 슬픔을 전혀 내색하지 않는 유족에게 사회적 존경을 보내야 했다"고 한다.

이번 챕터를 통해 나는 다른 관점을 제시하려 한다. 삶의 덧없음과 이별의 고통을 사무치게 의식하며 달콤쌉쌀한 상태에서 살아가는 것이야말로 저평가받고 있는 힘이자 지혜와 기쁨, 그리고 특히 교감으로 이르는 뜻밖의 길인 이유를 보여주고 싶다.

## 인간이 태어난 것은 시들기 위해서다

우리 가족은 두 아들이 6살과 8살 때 10일간 시골의 여름 별장을 대여했다. 아들들은 수영도 하고 바깥에서 뛰어놀기도 하고 아이스크림도 먹으며 신나 했다. 또 울타리를 두른 옆집 풀밭에서 지내는 럭키와 노먼이라는 이름의 당나귀 한 쌍을 보고 푹 빠져버려 날마다 당나귀에게 사과와 당근을 가져다주었다. 두 당나귀는 처음엔 너무 조심스러워하며 선물을 받으려 하지 않았다. 하지만 며칠이 지나자 아이들만 보면 후다닥 풀밭을 가로질러 왔고 아이들은 당나귀들이 자신들의 선물을 입안에 넣고 과일 즙을 뿜어대며 으깨 먹는 모습을 넋을 잃고 쳐다봤다.

정겨운 여름날의 낭만이었다. 하지만 그런 낭만이 으레 그렇듯 끝이 오고야 말았다. 집에 돌아가기 이틀을 남겨둔 밤부터, 평상시에는 유쾌하기만 하던 두 아들이 당나귀들을 떠나는 게 슬퍼 훌쩍이다 잠이 들었다. 우리는 아이들에게 럭키와 노먼은 우리가 없어도 괜찮을 거라고, 다른 가족들이 놀러 와도 먹이를 챙겨줄 거라고 달래주었다. 내년 여름에 이곳에 또 오게 될지 어떻게 알겠냐며, 그러면 럭키와 노먼을 또 보게 될 거라고도 말해주었다.

하지만 아이들에게 위안을 준 말은 따로 있었다. 작별의 고통이 삶의 일부라고 말해주며 누구나 그런 고통을 느끼고, 너희에게 앞으로도 그런 고통이 또 찾아올 거라고 일러주자 수긍했다. 이런 사실을 상기시켜봐야 괜히 울적해지는 게 아닐까 싶겠지만, 그 반대의 효과를 내줬다. 아이들이 (특히 비교적 안락한 환경에서 자라는 아이들일수록) 상실의 슬픔에 잠길 때 우는 이유는, 우리가 무의식적으로 기만을 가르쳐왔기 때문이다. 상황이 온전한 게 정상이고, 상황이 잘 되어 가는 것이 진짜 삶이며, 낙담, 병, 피크닉의 파리 떼는 정상 범주를 벗어난 잘못된 생각이라고 여기게 했다.

시인 제라드 맨리 홉킨스Gerard Manley Hopkins는 '황금빛 숲 Goldengrove' 나무에서 잎사귀가 떨어지는 것에 속상해하는 어린 소녀에게 전하는 시, '봄과 가을Spring and Fall'에서 이렇게 읊는다.

마거릿, 황금빛 숲에 잎이

떨어지는 걸 보고 슬픔에 잠겨 있니?


그는 소녀에게 눈물을 그치라고 달래주지도, 겨울이 아름다운 계절이라고도 말해주지 않는다(겨울이 아름다운 계절인데도). 다음과 같이 죽을 운명에 대한 진실을 말해준다.


인간이 태어난 것은 시들기 위해서란다.

네가 슬퍼하는 것도 마거릿, 너 자신인 거야.[7]


그렇다고 아이들이 다시는 천진하게 놀며 신나 하는 생활로 되돌아가서는 안 된다는 얘기는 아니다. 덧없음에 대해 알려주는 것이 어른들뿐만 아니라 아이들에게도 위안이 되고, 가스라이팅의 종식이 된다는 얘기일 뿐이다. 아이들이 눈부시게 아름다운 지평선에서 보는 슬픔은 현실이다. 아이만이 아니라 누구나 그런 슬픔을 인식한다.

하지만 그래도 어른들뿐만 아니라 아이들에게도, 이 두 단어는 지금까지 살아온 모든 사람들과 하나가 되게 해주는 말이다.


이 두 단어에 심어진 태도는 말로 형언할 수 없는 방법으로 우리를 이어주는 것에 그치지 않는다. 스탠퍼드 대학교 수명 개발 연구소 Stanford Life-span Development Laboratory와 스탠퍼드 대학교 장수 센터 Stanford Center on Longevity를 운영하는 영향력 쟁쟁한 심리학 교수 로라 카스텐슨Laura Carstensen 박사에 따르면, 우리가 현재를 살고, 더 쉽게 용서하고, 더 깊이 사랑하고, 감사함과 만족을 높이고 스트레스와 분노는 낮추도록 유도해주는 힘도 있다.[8]

나이가 60대인 희끗희끗한 단발머리에, 뿔테 안경, 겸허함과 위엄을 동시에 발산하는 품행이 인상적인 카스텐슨은 '노인들이 더 행복하다'는 제목의 2012년도 인기 TED 강연에서 나이 많은 사람들이 대체로 내가 방금 말한 것들을 누리는 편이라는 의외의 연구 결과를 밝힌 바 있다. 물론 예전부터 민간 속설에서는 나이가 들수록 지혜가 는다고 여겨왔으니 그럴 만하다.

하지만 카스텐슨은 지혜가 늘어날 수도 있는 이유에 대한 수 세대의 통념을 뒤엎었다. 아툴 가완디Atul Gawande의 통찰력 있는 저서《어떻게 죽을 것인가》에서 소개하고 있듯, 카스텐슨은 지혜가 느는 열쇠는 나이 그 자체나 연륜이 아니라 비영속성의 의식임을 밝혀냈다.[9] 말하자면 지혜의 열쇠는 시간이 한정되어 있음을 아는 것이다. '하지만 그래도'에 대한 의식이다.

카스텐슨은 동료 연구진과 함께 18~94살 연령대로 구성된 그룹을 10년간 추적 조사했다. '경험 표집법(휴대전화와 같은 통신기기를 통해 응답 신호가 전달되면 참가자는 즉시 현재의 행위, 환경, 정서 상태 등을 기록하여 응답하는 방법 - 옮긴이)'을 활용해 피험자들에게 삐삐를 가지고 다니며 낮과 밤 무작위로 정서 상태를 보고하게 했다. 그 결과, 어린 층과 중년층보다 노년층이 더 낮은 스트레스, 분노, 걱정, 괴로움을 나타냈다. 나이가 많을수록 그녀와 동료 연구진이 명명한 '긍정성 효과positivity effect'가 발견되기도 했다. 성인 초반기 연령대에서는 대체로 '부정성 편향negativity bias'을 나타내 불쾌하거나 위협적인 신호에 주목하는 경향이 있었던 반면, 노년층은 긍정적인 것을 주목하고 기억하는 경향이 더 높은 것으로 나왔다. 대체로 웃는 얼굴에 주목하며 찡그리고 화나 있는 얼굴은 무시했다.[10]

처음에 다른 사회과학자들은 연구에서 밝혀진 이런 현상을 '노화의 역설'로 여기며 의아해했다. 어쨌든 아무리 현명해진다 한들, 쇠약해지는 몸으로 사는 일이나 친구들과 가족이 하나둘 세상을 뜨면서 장례식에 가는 날이 많아지는 일은 여전히 즐거운 일이 아니다. 그러니 노년층이 더 행복해야 할 이유가 있을까? 더 의연함을 가져서, 울적한 현실 속에서도 무덤덤한 미소를 더 잘 짓는 것일까? 카스텐슨이 연구한 그룹이 이른바 가장 위대한 세대(1901~1924년에 태어나 대공황 중 성년이 되면서 온갖 고생을 다하고, 제2차 세계대전에 참전해 전쟁 참화까지 겪은 세대 - 옮긴이)에 속한 사람들이라 문화적으로 의연함에 잘 길들여져서 그런 게 아닐까? 하지만 자료 조사 결과, 제2차 세계대전 참전 세대든 베이비부머 세대든 모든 세대에 해당되어, 나이가 들수록 더 차분해지고 만족감도 커졌다.

카스텐슨은 정말로 어떻게 된 일인지를 직감적으로 알았다. 진짜 답은, 노년층이 젊은 층보다 훨씬 많이 접하게 되는 감정인 (그리고 알다시피 달콤쌉쌀함의 핵심이기도 한) 사무침이라는 생각이 들었다. 그녀가 나와의 인터뷰에서 들려준 말처럼, 사무침은 인간이 경험하는 가장 풍부한 감정이자 삶에 의미를 부여하는 감정이다. 그리고 행복과 슬품을 동시에 느낄 때 일어나는 감정이기도 하다. 사무침은 기쁨의 눈물을 흘릴 때 드는 감정 상태며, 대체로 끝이 임박하면서 감정이 충만해지는 소중한 순간에 일어난다. 카스텐슨은 사랑하는 아이가 빗물 웅덩이에서 물을 튀기며 뛰어노는 모습에 눈물이 울컥할 때는 그냥 행복한 것이 아니라며 이렇게 말했다. "그것을 말로 명확히 설명할 수 없더라도 우리는 인식하는 거예요. 생의 이 시기가 언젠가는 끝날 것을, 안 좋은 때뿐만 아니라 좋은 때도 지나가는 것을, 우리 모두 결국엔 죽는다는 것을. 저는 이런 인식에 편안해지는 일도 적응이 가능하다고 봐요. 말하자면 정서적 발전인 거죠."[11]

우리는 누구나 이런 감정 상태에 들어설 수 있지만 이런 감정 상태는 노년층에게 더 자주 일어난다. 카스텐슨은 그 이유를 살 날이 얼마 남지 않은 시간 때문이라고 가정했다. 젊은 사람들은 살 날들이 무한정 남아 있는 줄로 착각한다. 그래서 음미하기보다 탐색하기를 타당하게 여긴다. 가장 가깝고 애틋한 이들에게 시간을 쏟기보다 새로운 사람들을 만나는 것이, 모든 것의 의미를 깊이 생각하기보다는 새로운 기술을 배우고 정보를 체득하는 것이, 현재에 머물기보다는 미래에 관심을 갖는 것이 더 마음에 와닿는다. 젊은 사람들에게는 사무침이 가슴 뭉클하게 다가온다 해도 생활 속 일상과는 무관하게 느껴질 수 있다.

물론 젊은이들의 이런 활동들은 확장적이고 인생을 구축하는 측면에서 훌륭한 일이다. 하지만 그다지 오래 살지 못한다는 것을 알면, 정말로 절감하게 되며 관점이 좁아진다. 그리고 깊어진다. 가장 중요한 것에 집중하면서 더는 야망과 지위, 남들을 앞서가는 문제에 관심이 쏠리지 않게 된다. 자신에게 남겨진 시간을 사랑과 의미로 채우고 싶어 한다. 자신의 유산을 생각하고, 산다는 것 자체를 음미하게 된다.

카스텐슨의 말처럼, 노년층의 만족감은 더없이 타당한 것이다. 이 점에 대해서는 죽음을 상기하기 위해 (글을 쓰는 탁자에 해골을 놓아두는 등의) 온갖 방법을 생각해낸 현자들과 철학자들도 타당하게 여겨왔다.

21세기의 서양 사회에서, 카스텐슨의 동료 과학자들은 그녀의 생각에 대해 처음엔 회의적이었다. 그러나 카스텐슨은 다른 연구자들이 보지 못한 것을 볼 수 있었다. 그 이유는 그녀가 신비주의자나 수도사였기 때문이 아니라, 22살 때 그녀 자신도 죽음을 가까이 접했기 때문이다.

당시에 카스텐슨은 끔찍한 자동차 사고로 정형외과 병동에 입원해 있던 중 고관절 골절로 입원한 여러 80대 환자와 잇달아 같은 병실을 쓰게 되었다. 그리고 삶과 죽음 사이에서 배회하던 암울한 몇 주 동안 같은 병실의 고령 환자들과 우선순위가 같아졌다. 그녀 역시 사회적 초점이 좁아지고 삶의 의미에 대한 갈망이 깊어졌다. 가장 사랑하는 사람들과 시간을 함께 하고픈 갈망이 생겨났다.

이후 회복을 위해 병원에서 4개월을 더 입원해 있었다. 지루했고 움직일 수도 없었다. 한쪽 다리가 천장에 매달린 끈으로 고정된 채 누워 꼼짝 못하는 모습이 어느 만화 속의 환자 같았다. 이때 매일 병문안을 오던 아버지가 자신이 교수로 있는 로체스터 대학교의 강의를 뭐든 원하는 분야를 고르면 자신이 대신 수업을 들어 강의를 녹음해 주겠다고 수강해 보라고 권했다. 그녀는 심리학을 골랐다. 그 당시까지만 해도 노화 과정에는 별 관심이 없었다. 그러다 커리어 후반에, 노인들이 더 작은 인맥을 유지하고 있고, 점심을 먹거나 그 외의 유익할 만한 여러 사회적 프로그램에 참여하기 위해 노인센터에 나오는 경향이 낮은 편이라는 글을 읽으며 그럴 만하다고 이해가 되었다. 예전에 병원에 입원해 있던 때의 기분이 기억났다. 살 날이 얼마 남지 않았다면 새로운 친구를 사귀는 데 시간을 쏟을 이유가 있을까? 차라리 이미 친숙한 순간과 관계 속에서 의미를 구하는 것이 낫지 않을까?

가완디의 설명처럼, 당시에는 삶의 끝에 다가갈수록 차츰 관계를 끊게 된다는 이론이 지배적이었다. 하지만 카스텐슨은 이 이론이 틀린 것 같다는 의혹이 들었다. 경로당에서 아무 사람과 이야기하고 싶지 않을 뿐 관계를 끊고 싶은 건 아니지 않을까? 오히려 끝이 가까워짐에 따라 교감과 의미를 위해 확장을 단념하는 게 아닐까?

카스텐슨은 18~94살 연령대의 피험자들을 10년간 추적 조사한 이후로도 점점 더 획기적인 연구를 이어가며 자신의 가정대로 나이 자체보다 비영속성의 의식이 나이가 들면서 더 현명해지는 사람으로 사는 삶을 선택하게 되는 원인이 맞는지를 확인했다. 이어서 노년층이 새로운 사람을 만나는 것보다 가까운 친구들이나 가족과 보내는 시간을 소중히 여기는 경향도 발견했다.

하지만 의학의 진전으로 20년을 더 살게 된다고 상상하게 한 경우, 노년층은 젊은 층과 같은 선택을 했다. 반대로 에이즈로 위독한 상태에 있는 젊은이들은 80대 노인들과 같은 선택을 했다. 아픈 곳 없이 건강한 젊은이들에게도 사랑하는 사람들을 멀리 떠날 시간이 눈앞에 닥친 상황이라고 상상하게 하는 등, 비영속성에 미리 준비시켜 봤더니 역시 같은 선택을 했다.

카스텐슨은 몸은 건강하지만 사회적 불안에 직면해 있는 사람들 사이에서도 이런 패턴을 발견했다. 1997년에는 중국 법으로, 그 이후엔 사스 유행 때문에 걱정에 휩싸였던 젊고 건강한 홍콩 주민들도 노인들과 같은 사회적 선택을 내렸다. 하지만 정치적 과도기가 지나고 사스의 위협이 가라앉으면서 삶의 여건이 안정된 듯하자 젊은 층은 다시 '그들 특유의' 방식으로 돌아왔다. 카스텐슨의 수차례 연구에서 거듭 보여주고 있다시피, 중요한 변수는 몇 살인지가 아니라 이제 자신에게 좋은 시절이 얼마 남지 않았다는 느낌이다.[12]

이는 당신이 80살이라면 정말 기분 좋을 만한 소식이다. 하지만 그 외의 사람들에게도 시사하는 바가 크다. 카스텐슨의 말대로 지혜가 경험을 통해서만이 아니라, "삶의 취약성"에 미리 준비해보는 방법으로도 얻게 된다면, 이런 상태에 이르는 방법을 많이 찾아야 한다. 어쨌든 마음대로 30살이나 50살이 될 수는 없지만 (또 그러길 원하지도 않을 테지만) 관점은 언제든 바꿀 수 있지 않은가.

## 당신도 필멸의 존재라는 것을 명심하자

———

원래 달콤쌉쌀한 유형이라면, 기질적으로 비영속성에 강한 끌림을 느낀다는 점에서 유리한 출발점에 선 셈이다. 비영속성을 느낄 또 다른 방법으로는 그저 중년이 되길 기다리는 것도 있다. 중년의 나이는 몸이 무너지는 불리함 없이 나이를 먹게 된다는 점에서 어느 정도 심리적 이점을 갖는다. 카스텐슨은 '미래 시간 조망'이라는 척도를 평가하는 짧은 테스트를 개발해 그녀의 웹사이트lifespan.stanford.edu에 올렸는데, 이 테스트의 문항은 두 가지 유형으로 나뉘어 자신의 가능성에 대한 의식과 언젠가 죽을 것이라는 사실을 의식하는 정도를 평가한다.[13]

내 경우엔 50살에 이 테스트를 받아봤을 때 첫 번째 유형(희망에 찬 미래에 대한 기대치 평가)에서는 젊은 층과 같은 답을 했고, 두 번째 유형(시간이 얼마 없다고 느끼는 인식도 평가)에서는 80대 노년층과 같은 답을 했다. 나는 여전히 21살과 똑같이 계획과 아이디어가 충만하고 열정이 넘친다. 하지만 15년 전까지만 해도 그런 의식이 없었는데 이젠 시간이 한정되어 있다는 것을 통렬히 의식하고 있다. 그래도 아직은 불안함 같은 건 없다. 다만, 아직 할 수 있을 때 삶을 한껏 만끽해야 할 것 같은 절박함은 든다. 카스텐슨은 이것이 중년의 전형적인 특징이라고 했다.

하지만 카스텐슨의 신념에 따르면 당신이 현재 22살이거나 기질적으로 달콤쓸쓸한 유형이 아니더라도, 노인들의 지혜에 이를 다른 방법이 여러 가지 있다. 그녀가 해주는 조언은 놀랍게도, 달콤쓸쓸한 단조 음악 듣기다(www.susancain.net에 내 추천 플레이리스트와 함께 내 나름대로 엄선한 달콤쓸쓸한 시와 미술 작품을 올려 놓았으니 참고 바란다).

죽음에 대해 명상하기를 추천하기도 한다. 가을의 화려함, 진입로에 떨어진 아기 참새 등 자연의 비영속성을 생각하며 명상을 해보자. 연로한 가족과 시간을 보내며 어른의 인생 이야기를 기록해 두어도 괜찮겠는지 물어보는 것도 좋다. 지금은 믿기 힘들겠지만 그 어른이 언제까지나 곁에 머물며 그런 이야기를 들려주는 것은 아니다. 언젠가는 그런 이야기들이 디지털 데이터로만 살아 있게 되리라는 것을 인식해보자.

어릴 때 따랐던 종교 전통을 따라보는 것도 괜찮다. 예를 들어 기독교의 재의 수요일, 유대교의 속죄의 날, 불교의 비영속성에 대한 명상 같이 죽을 운명을 상기시키는 전통을 수행하면 된다.[14] 권위 있는 기독교 서적《그리스도를 본받아》에서 중세의 학자 토마스 아 켐피스 Thomas a Kempis는 언제든 죽을 수 있다는 자세로 살도록 권장했다. 스토아 철학자들도 이와 비슷한 지혜를 설파해, 자신이 그야말로 천하무적처럼 느껴지는 순간에 죽음을 기억하라고 조언했다.

스토아 철학 분야의 유력 작가 라이언 홀리데이Ryan Holiday의 글에 따르면, 로마인들은 승리를 거두었을 때, 환호하는 군중에게 가장 잘 보이도록 승전 사령관을 상석에 앉힌다. 하지만 영광에만 푹 빠져 있던 게 아니라, 따라다니는 참모에게 귓속말로 "당신도 필멸의 존재라는 점을 명심하세요"라는 말을 듣기도 했다.[15] 마르쿠스 아우렐리우스는《명상록》에서 이렇게 썼다. "당신은 지금이라도 당장 생을 마감할 수 있다. 이 점을 명심하면서 그에 따라 행하고 말하고 생각하라." 세네카는 매일 밤 "내일 눈을 뜨지 못할 수도 있음을" 상기하고 아침을 맞을 때마다 "다시 잠에 들지 못할 수도 있음을" 떠올리라고 권했다. 이 모두에 담긴 의도는 우리가 자신의 삶과 서로서로를 귀한 선물처럼 대하도록 유도하려는 것이다.

앞에서도 말했듯 내가 직접 실천해봐서 하는 말이지만, 해보면 정말 유용할 수 있다. 나는 밤에 아이들에게 잘 자라고 입맞춤을 해줄 때 가끔씩 아이들이나 내가 내일 이곳에 없을지도 모른다는 생각을 한다. 이런 생각을 하면 우울해질 수도 있지만 바로 당장 스마트폰을 내려놓거나, 다른 방에 놓아두게 된다.

하지만 때로는 '메멘토 모리'가 우연히 일어나기도 한다. 나는 10대 때 아버지를 통해 벨기에의 뛰어난 싱어송라이터 자크 브렐Jacques Brel의 음악을 처음 접하게 되었다. 아버지와 나는 그의 노래를 아주 좋아했다. 그의 탁월한 음악성과 비애감에 끌렸다. 브렐을 비롯해, 전반적으로 음악에 대한 애착은 아버지가 나에게 선사해준 수많은 선물 중 하나였다. 아버지가 코로나로 병원에 입원하면서 아버지의 차도 소식을 기다리고 있던 몇 주 동안 나는 브렐의 노래를 다시 듣기 시작했다. 그 노래들을 마지막으로 들은 지 수십 년이 지나 훌쩍 중년이 되어 들으니 그의 곡들에 담긴 큰 주제가 시간의 흐름이었다는 것을 깨달았다. 그것을 깨닫고 슬퍼졌을 수도 있는데, 나는 오히려 사랑받는 느낌이 들었다. 브렐은 이런 순간을 예견했고, 아버지도 수년 전 나에게 그의 노래를 들려주면서 이런 순간이 올 줄 이미 알고 있었다. 그리고 이제는 나도 알게 되었다. 자크 브렐, 아버지, 나 모두가 깨달았다. 그리고 당신도.

# 자식을 먼저 떠나 보낸 자들의 자세

———

나는 카스텐슨의 연구에 대해 곰곰이 짚어나가던 어느 순간부터 그녀가 과학자의 옷을 입은 종교적 인물처럼 상상되었다. 이 얘기를 하자 그녀는 깔깔 웃었지만 자신이 랍비가 나오는 유명한 이야기 한 편을 좋아하긴 한다고 말했다. 다음과 같은 이야기다.

한 랍비가 어린 소년과 길을 걸어가다 죽은 새를 보게 된다.

소년이 새는 왜 죽어야 하느냐고 묻는다.

"모든 생명체는 죽는단다." 랍비가 설명해준다.

"랍비님도요?" 소년이 묻는다.

"그럼." 랍비가 대답해준다.

"저도요?"

"그래."

소년은 슬픈 표정이 된다.

"왜요?" 소년이 계속 캐묻는다.

"죽음이 삶을 소중히 여기게 해주기 때문이란다."

랍비가 말해준다.

나는 카스텐슨에게 이 이야기가 왜 그렇게 좋냐고 물었다. 그녀는 감정에 겨워 목이 메어 말했다. "내 연구 자료에서도 같은 이야기를 들려주고 있으니까요."

카스텐슨의 연구가 우리 자신의 죽을 운명에 대한 대응 방식에 초점이 맞춰졌다면, 사별을 어떻게 대응할 것인가의 문제는 여전히 풀어야 할 숙제다. 이사가 시 속에 자식의 죽음에 대한 심경을 담은 것은 그저 우연이 아니다. 수많은 이들에게 자식의 죽음은 세상 모든 심적 고통 중에서도 가장 괴로운 일이다.

이사는 집착을 놓는 이상적 상태에 이르려고 안간힘을 썼다. 집착을 놓으려는 이런 자세는 서양의 애도 자세와 아주 대조적으로 느껴진다. 예를 들어 프로이트는 예방적으로 미리 집착을 놓기보다는, 죽음을 맞고 나서 집착을 끊으라고, 사랑했던 사람에게 쏟았던 마음을 점차 거두라고 조언했다. 감정적 유대를 끊는 이런 고통스럽고 힘든 과정을 프로이트는 '애도 작업grief work'이라고 이름 붙였다.

컬럼비아 대학교 임상심리학 교수이자 유력 저서《슬픔 뒤에 오는 것들》의 저자인 조지 보나노George Bonanno 등의 현대 서양 학자들이 지지하는 최근의 견해에서는, 사별의 슬픔을 다룰 때 '놓는 것'이 아니라 우리의 타고난 회복력에 초점을 맞춘다. 보나노에 따르면, 우리는 사랑하는 사람을 잃으면 털썩 주저앉아 하늘을 원망할 수도 있다. 하지만 우리 인간은 슬픔을 견디도록 프로그램되어 있고, 인간으로 태어난 이상 사랑의 상실은 피할 수 없다. 사별을 겪으면 만성적 슬픔이나 정신적 고통으로 오랜 시간 힘들어하는 경우도 더러 있지만, 대다수는 우리의 생각보다 회복력이 높다.[16]

우리는 사별을 겪고 나면 오랜 시간 고통스러워하다 힘들게 서서히 회복하는 것이 보통이라고 여기지만, 보나노는 현실은 이보다 더 복잡하다고 지적한다. 딸이 죽은 며칠 후에 농담을 하며 웃을 수도 있고, 50년이 지난 어느 날 죽은 딸을 떠올리며 흐느낄 수도 있다.

사별 직후에는 행복과 슬픔의 격한 감정 사이를 오가는 것이 보통이다. 작가 치마만다 응고지 아디치에Chimamanda Ngozi Adichie도 그녀의 아버지가 돌아가신 직후《더 뉴요커》에 게재한 글에서 이렇게 설명했다. "뜻밖의 새로운 사실을 발견하게 되었다. 슬픈 와중에도 얼마나 많이 웃게 되는지를. 그 웃음은 우리 가족끼리만 통하는 말과 단단히 엮여 있다. 이제 우리는 웃으면서 아버지를 기억하지만 그 웃음의 이면 어딘가에는 희미하게 이 상황이 거짓말 같다는 느낌이 깃들어 있다. 그러면 웃음소리가 점점 잦아진다."[17]

이어서 보나노가 데이비드 밴 나이스David Van Nuys 박사와의 팟캐스트 인터뷰에서 들려준 설명도 들어보자. "슬픔이 지배적인 경험이고 여기에 다른 감정들도 끼어들어요. (중략) 온갖 기억이나 그동안 힘들었던 일들과 섞여 분노가 치밀기도 하고, 때때로 경멸이나 부끄러움도 일어나죠. (중략) 따라서 몇 달 동안 철저하고 꾸준히 깊은 슬픔이 이어지기보다 일종의 동요 상태에 들어갔다 나왔다 할 때가 더 빈번해요. 슬퍼하는 사이사이에 때때로 긍정적 감정 상태에서 미소 짓고 웃으며 다른 사람들과 유대하기도 해요." 많은 사람들의 경우 "슬픔에 잠기는 중에도 (중략) 그 강도가 점차 약해진다"고 한다.[18]

그렇다고 해도 누구보다 회복력이 강한 사람들조차 완전히 회복되는 것은 아니다. 보나노의 말처럼 "상실감을 해소할 순 있어도 고통을 완전히 밀어낼 수는 없겠지만, 그래도 다시 제 역할을 하며 잘 살아갈 수 있다." 우리는 사랑과 상실, 쓸쓸함과 달콤함을 동시에 살아가도록 설계되어 있다.

집착을 놓길 강조하는 동양의 자세는 사별을 다른 관점에서 보게 해준다. 이런 자세에서는 사별의 슬픔을 억누르지 않는다. 달라이 라마조차 어머니가 돌아가셨을 때 한탄했다고 한다. 확실히 사랑을 억누르지도 않는다. 힌두교의 영적 지도자 스리 스리 라비 샹카르의 말대로라면, "집착을 놓는다는 것은 사람들의 흔한 통념처럼, 사랑하지 않는 것이 아니다. 오히려 더 고차원적인 사랑이다."[19] 집착하지 않으면서 사랑하라는 조언이다.

나는 이런 관점에 지혜가 담겨 있다고 느낀다. 그래도 여전히 풀리지 않는 의문도 있다. 집착을 놓는 원칙이 이사처럼 자식을 잃은 부모에게도 적용할 수 있고, 적용되어야 할까? 아니면 자식을 잃은 어머니나 아버지의 걷잡을 수 없는 정신적 고통의 파도 앞에서는 휩쓸려가 버리는 걸까?

나는 그 답을 얻기 위해 비공식적 조사를 하기로 마음먹었고, 그 첫 대상은 스리 스리로, 운 좋게도 예일 대학교 포럼에서 하루 정도 인터뷰할 시간을 잡게 됐다. 그는 망설임 없이 여전히 적용된다고 대답했다. 부모라면 당연히 한탄하기 마련이지만 "누군가의 죽음이나 병으로 슬픔에 빠지는 이유는 그 사람이 당신에게 속한 사람이기 때문만이 아니에요. 자식에게 느끼는 주체할 수 없는 사랑조차 집착하는 사랑이나 집착하지 않는 사랑이 있어요. 자식을 있는 그대로 사랑하는 것과 당신의 자식이기 때문에 사랑하는 것은 서로 달라요. 집착이 없는 사랑은 자식의 있는 그대로를 사랑하는 거예요. 당신의 자식이기 때문에 사랑하는 것은 집착하는 사랑이에요."

물론, 부모에게는 새로운 현실에 적응할 시간이 필요하다고도 했다. "인간은 차차 적응하게 되어 있어요. 그래도 어머니에게는 금방 적응하기가 힘들겠지요."[20]

그다음에 찾아간 사람은 스티븐 하프라는 동료였다. 스리 스리는 어린 아들들을 둔 나에게 어머니로서의 조언도 해주었다. 모성애의 폭을 확장시켜 집착의 끈을 느슨하게 풀라며, 샤론 잘츠버그에게 배운 자애로움의 전통을 상기시켰다. "더 많은 아이들을 당신의 자식처럼 사랑해야 해요. 당신의 아들들을 사랑하는 것처럼 똑같이요. 집착을 넓히면 초연함을 얻게 돼요. 당신의 삶 속으로 더 넓은 의미의 지혜가 들어옵니다."

마침 스티븐은 스리 스리가 말한 삶을 사는 사람이었다. 그는 부스스한 엷은 갈색 머리에 열성적이고 재능 있는 연극 학교 졸업생으로, 소외 계층 아이들을 가르치는 일에 전념하고 있다. 브루클린 부시윅의 길가 점포에서 아주 적은 예산으로 운영하는 방 한 칸짜리 교사校舍지만 그 안에는 유쾌함이 흐른다. 일명 '폭풍 속의 잔잔한 물Still Waters in a Storm'로 불리는 이곳은, 대부분 멕시코계 이민자들인 10대 아이들이 방과 후 안식처로 삼아 읽고 쓰기를 공부하며 문학과 연극에 몰입하고 있다. 아이들은 시, 소설, 회고록을 써서 돌아가며 자기가 쓴 글을 소리 내어 읽고, 이때 다른 아이들은 스티븐의 말처럼 '성스러운 정숙' 속에서 경청한다.[21]

스티븐은 이 학교에서 일주일에 60시간을 보내며 자신의 가족이 사는 집세도 겨우겨우 내고 있다. 그의 말을 들어보니, 다른 사람들은 '별 인연도 없는 아이들에게 쏟는 사랑이' 솔직히 이해가 안 된다는 말들을 한다며 이렇게 말했다. "나는 교실에 들어오는 아이들 모두와 사랑에 빠져요. 아이들을 위해 할 수 있는 일이 있다면 뭐든 해요. 모든 아이들의 목소리를 듣고 싶어요."

하지만 스티븐은 스리 스리의 조언에 대해 묻자 호주머니에서 접힌 종이 하나를 꺼냈다. 항상 가지고 다닌다는 그 종이에는 인용문이 적혀 있었는데 (모퉁이마다 요가 학원이 있기 한참 전인 1949년에) 조지 오웰이 쓴 글이었다. "요가 수행자들로 우글거리는 이 시대에는 자칫 '비집착'이 더 좋은 것이라거나 (중략) 보통 사람이 비집착에 거부 반응을 보이는 이유는 단지 그렇게 하기가 너무 어렵기 때문이라고 넘겨짚기 십상이다. (중략) 내 생각엔, 심리적 뿌리로 거슬러가 볼 수 있다면 '비집착'의 주된 동기가 삶의 고통으로부터, 그중에서도 특히 성적이든 비성적이든 간에 힘든 일인, 사랑으로부터 벗어나고픈 열망이라고 본다."[22]

스티븐이 고개를 돌려 내 눈을 들여다보며 말했다. "누군가를 사랑한다는 것은, 그 사람을 다른 사람들보다 더 사랑하지 않는다면 아무의미가 없어요. 상대를 이해하면서 더 잘 사랑해야 하는 것도 중요하고요. 저는 사랑에도 서열이 있다고 봐요. 나는 학생들을 사랑하긴 하지만 당연히 제 아이들을 더 많이 사랑하고, 그러지 않기 위해 스스로를 단련하고 싶지도 않아요. 그건 너무 독한 일이에요. 자연스러운 마음과 거리가 너무 멀어요. 저는 자연스러운 마음을 전적으로 느끼고 싶어요. 불교 사상에 감탄할 때가 많지만 또 한편으론 그 사상에 담긴 진짜 의미에 의문이 들기도 해요. 궁극적으로 따지면 사실상 비정한 거 아닌가요? 오웰의 이 글을 처음 읽었을 때 사람으로 살아도 된다고 허가받는 기분이었어요."

나는 스티븐에게 최대한 조심스럽게 스티븐 '자신의' 아이들, 그러니까 스티븐과 그의 아내가 키우는 아이들에게 무슨 일이 생기면 어떻게 될 것 같냐고 물었다.

그는 망설임 없이 대답했다. "아이들을 잃게 된다면 저는 무너질 겁니다. 다른 사람들을 잃게 되어도 형편없이 무너지겠지만 제 아이들을 잃으면 아주 폐인이 될 것 같아요."

마지막으로 나는 또 한 명의 친구인 애미 바이디아Ami Vaidya 박사와도 이야기를 나누었다. HMH 헤켄섹 대학병원의 부인종양과 공동 과장을 맡고 있는 애미는 분만 처치로 수련 과정을 시작했고, 현재는 진료 중 종종 난소암 말기 진단을 받은 어머니들을 실력 있고 공감력 있게 치료해주고 있다. 애미는 힌두교도여서 그녀의 말 그대로 "삶과 죽음 사이를 순환하는 패턴"[23]인 윤회를 믿는다. 어렸을 때 할머니가 엄지손가락을 올려 보이며, 애미의 마음속에는 그녀의 엄지손가락 크기만 한 작은 애미가 살고 있다고 설명해 주었다고 한다. "할머니는 우리의 몸은 영원히 살 수 없어서 죽으면 그 영혼이 깃들어 살아갈 새 몸을 찾는다고 하셨어요. 그리고 그 영혼은 계속 몸을 바꾸어 가며 살아가요. 절대 죽지 않아요. 그러다 종국에 탄생과 죽음의 사이클을 깨면 우주와 하나가 될 수 있어요. 그게 바로 옴의 개념이에요."

이런 믿음 체계는 애미에게 죽음을 더 견디기 쉽게 해준다. 의료에 대한 그녀의 사고방식에도 영향을 미친다. "육신은 아무 의미가 없어요. 힌두교에서는 시신을 화장하고 그 재를 보관하지도 않아요. 모든 육신은 사실상 일시적인 것에 불과해요. 그래서 힌두교도들은 상실을 받아들이고 이번 생을 아주아주 한정된 생으로 볼 수 있어요."

애미는 환자들에게 전방위적인 치료 선택지를 내주며 환자들의 존엄을 지키면서 스스로의 진로를 정할 수 있게 해주는 것에 열성적이다. 애미의 말대로 서양의 암 환자들은 모든 시도를 다 해보고 싶어 하는 경향이 있다. "심지어 병을 치료해주는 것도 아니고 진행을 안정시켜줄 가능성이 3퍼센트에 불과해도 그래요! 그리고 병세가 더 심해지거나 재발한 불운한 환자들의 경우엔 대체로 가혹한 증상을 겪을 수 있어요. 삶의 질이 심각하게 손상되기도 해요. 침대에서 일어날 기운도 없고, 제대로 먹거나 마시지도 못할 정도로요. 이런 환자들은 안정병변을 보인다고 해도 대단한 삶을 살게 되는 게 아니에요. 하지만 우리는 단지 상실을 직면하고 싶지 않아서 어떤 기회든 있으면 붙잡고 매달려요. 힌두교 환자들은 3퍼센트 확률의 치료까지 필사적으로 받으려 하지 않는 편이에요. 일반적으로 그래요. 물론 예외는 있지만 이렇게 말하는 경향이 더 높아요. '이제 때가 되었군요.'"

애미는 서둘러 설명을 덧붙였다. "그렇다고 힌두교도들이 죽음에 대해 행복해한다는 얘긴 아니에요. 힌두교도들도 큰 상실감을 느껴요. 하지만 죽음이 삶의 일부라는 의식이 더 강해요. 운명론에 따라 죽을 운명을 바꿀 수는 없다고 의식해요. 우리 자신보다 더 위대한 힘이 있고, 심지어 치료법을 찾아내는 과학의 능력보다 더 위대한 힘이 있다고요. 일이 일어나는 데는 이유가 있다고 봐요. 때가 되었다면 때가 된 거예요."

설득력 있는 관점이었다. 하지만 아직 물을 게 남아 있었다. 내가 이사의 경우(자식의 죽음)에 대해 묻자 애미는 갑자기 말을 뚝 멈췄다. 애미는 굉장히 기운 넘치고 비상한 머리와 탁월한 재능을 갖춘 의사다. 함께 대화를 나누면 말과 생각을 청산유수처럼 술술 풀어낸다. 그런데 이 대목에서 말을 멈칫거리더니 느릿느릿 말을 이어갔다. "아이들의 문제가 가장 힘든 것 같아요. 아이들 문제에서는 받아들이라고 말하기가 너무 힘들 것 같아요. 제가 소아종양과가 아닌 게 정말 다행스러워요. 그런 일은 정말 못할 것 같아요. 내 아이들이 생긴 이후로 특히 더 그래요. 하루하루, 나도 내가 가진 모든 것으로 아이들을 안전하게 지키려고 하는데. 자식을 잃은 가족에게 상실감을 어떤 말로 위로해줄 수 있을지 막막해요. 자식을 잃는 일은 그 무엇보다도 심각하고 극심한 상실이에요. 자식을 잃는다는 건 어떤 말로도 표현할 수가 없는 일 같아요. 견뎌낼 수밖에 없는 고통이라는 말밖에는요."

처음엔 당혹스러웠다. 진짜로 영혼이 계속 살아간다고 믿는다면 무제한에 가까운 환생을 이어간다는 얘긴데, 이런 믿음이 있다면 가장 비통한 상실감조차 덜어줘야 하는 게 아닐까 싶어서였다.

하지만 애미는 윤회의 신조가 애착을 가진 두 영혼이 갈라지는 고통을 해소해주진 않는다고 설명했다. "두 영혼이 다시 만날 가능성은 희박해요. 두 영혼이 각각 어디에서 환생할지도 모르는 일이고요. 그러니 진정한 상실이죠."

다시 가장 오래된 난문제며 가장 깊은 꿈인, 이별의 고통과 재회의 열망 이야기로 돌아왔다. 이런 고통과 열망은 종교, 태어난 나라, 성격을 막론한 인간의 심적 고통과 열망의 핵심이다. 이사가 우리에게 전하려 했던 메시지며 누구나가 내내 익히 느껴왔던 것이다.

불교와 힌두교는 집착이 사라지면 열반(해탈)에 이르게 된다고 가르친다. 열반은 하늘 위나 저 멀리의 어느 공상적 장소에 있는 것이 아니라, 지상에서 누구든 이를 수 있는 깨달음의 경지다. 이 경지에 이르면 위안과 유대뿐만 아니라 고통과 상실을 평정과 연민으로 마주하게 된다.

따라서 내가 방금 얘기한 사람들 중 아무도 깨달음에 이르지 못했을지 모른다. 스티븐도, 애미도, 심지어 이사조차. 확실히 이사는 아니다. 완전한 깨달음에 이르면 달콤씁쓸함은 그 핵심에서 벗어나게 될지 모르니 나는 그런 경지를 알 턱이 없을 것이다(혹시 당신은 알 것 같다면, 자신이 깨우침을 얻었다고 생각한다면 추수감사절에 가족과 일주일을 보내봐야 한다고 밝힌 영적 지도자 람 다스Ram Dass의 견해를 곰곰이 생각해보길).[24]

하지만 우리 모두가 추구하는 평안에 이르는 길에는 여러 갈래가 있다. '놓아주기'가 그중 하나의 길이며, 우리를 어느 정도 멀리까지 데려다준다. '자신의 회복력 깨닫기'도 또 하나의 길이며 우리에게 위안과 용기를 준다. '집착 놓기'도 또 하나의 길로, 소유 관계가 없는 확장적 사랑을 열망하게 해준다. 그런가 하면 하늘에서 사랑하는 사람들과 재회하리라는 믿음으로 위안을 얻는 사람들도 있다.

하지만 이사의 방식(하지만 그래도)은 또 다른 지혜를 전해준다. 우리 대다수가 느끼는 갈망이 우리를 고향으로 데려다줄 힘임을 드러내준다. '하지만 그래도'는 사랑하는 이들이 우리를 떠날 때 세상의 가슴을 꼭 껴안듯 두 팔을 활짝 펼치게 한다. '하지만 그래도'는 우리를 사별의 슬픔에 잠겨본 적 있는 사람 누구나와, 다시 말해 모든 사람과 하나로 이어준다.

## 슬픔이 사라진 척하지 말자

―――

로이스 슈니퍼의 외동딸 웬디가 난소암 진단을 받았을 때 그녀의 나이는 38살이었다. 종양과 의사들은 그 병을 만성 질환으로 치료하겠다고 했다. 그렇게 웬디의 10년 투병 기간 동안 로이스는 그 당시 난소암 치료의 잔혹한 예후에도 불구하고 웬디가 살게 될 거라고 믿었다. 로이스는 기질적으로 낙천주의자였다. 그것은 딸 웬디도 마찬가지여서 그녀는 할 수 있는 한 전처럼 남편, 딸들과 함께 정상적인 삶을 이어가며 학예회와 축구 경기를 보러 가고 가족 휴가도 다녔다. 그 몇 년의 시간 동안 찍었던 사진을 보면 웬디의 헤어스타일은 일정하지 않았다. 어떤 때는 머리에 스카프를 칭칭 둘렀고, 또 어떤 때는 항암화학요법으로 그녀의 갈색 스트레이트 생머리가 다시 곱슬기가 생겼지만, 얼굴에는 언제나 밝은 미소를 띠고 있었다. 잇달아 위독한 증세가 나타나 병원을 자주 드나들 때는 가족이 다시 대기실에서 초조하게 기다리고 웬디는 괴로운 치료를 견뎌야 했다. 그때마다 위독한 상태를 넘겼고 그때마다 로이스는 웬디가 자신보다 오래 살 거라는 믿음을 버리지 않았다.

반면 로이스의 남편 머리는 원래 낙천적이지 않은 편인데다 16살 때 아버지를 여읜 적이 있기도 해서, 최악의 경우를 대비하고 있었다. 웬디의 10년 투병 기간 동안 딸과 함께 즐겁게 보냈지만 방어적으로 잔뜩 웅크려 있기도 했다. 다시 말해 웬디가 끝내 숨을 거두었을 때 머리는 (가능한 정도 내에서나마) 준비가 되어 있었지만 로이스는 무너졌다. 2년이 지나도록 집 밖으로 거의 나오지 않고 매일 눈물로 눈을 뜨며 4킬로그램이 넘게 체중이 늘었다. 남편 머리와 함께 웬디를 키웠던 그 집 안의 벽 곳곳을 웬디의 사진으로 도배하는 지경까지 갔다. 그녀의 쾌활하고 유능한 자아는 영영 사라졌다. 아니 그런 것 같았다.

마침내 머리가 옆에서 힘을 주며, 웬디의 사당을 만드는 일이 누구에게도 도움이 되지 않는다고 조심스레 타일러서 로이스는 예전의 자신을 찾게 되었다. 그제야 깨닫고 보니, 자신에게는 자신을 필요로 하는 다른 자식들과 손주들도 있었다. 슬픔의 늪에 빠져 있는 것은 그런 자식들과 손주들을 밀어내며, 중요하지 않은 존재라고 말해주는 격이었다. 앞으로도 평생을 배척당한 채 지내야 한다는 신호나 다름없었다. 또 그녀의 곁에는 여전히 아끼고 사랑하는 남편 머리가 있었다. 그리고 그녀는 여전히 삶을 사랑했다. "저는 사람들과 어울려 여기저기 돌아다니는 걸 좋아해요. 그런 일이 여전히 신나요."[25]

지금 와서 돌이켜보면 예후에 대한 보다 현실적 전망으로 웬디와의 마지막 10년간의 즐거움을 감소시키지 않았던 것이 다행스러웠다. 딸의 죽음을 더 순순히 받아들였다면 그 좋았던 시간이 없었을 텐데, 그건 싫었다.

로이스는 내 언니의 시어머님으로, 나와 가까운 지인이다. 그리고 이 모든 얘기를 맨해튼 어퍼 웨스트사이드의 아늑한 레스토랑에서 브런치를 먹으며 차분하게 들려주었고, 그때 옆에는 머리가 있었다. 나와 대화를 나누었던 당시에 로이스는 82살이었다. 그녀의 경험담을 들으며 나는 그녀에게 애정과 함께 공경심이 일었고, 큰 불행이 닥쳤을 때 어떻게 하면 좋을지를 머릿속에 새겨두기도 했다. 하지만 굉장히 낙관적인 로이스를 보며 나와 판이하게 다르다는 느낌도 받았다. 나는 머리와 더 가까웠다. 나라면 그 진단을 명확히 인식하고 불행에 대비했을 것이다. 좋든 싫든, 그게 나다. 심리학계에서는 '방어적 비관주의defensive pessimism'라는 말로 이런 성향을 따로 분류하기도 한다. 생각해보면 그 무수한 시간에 걸쳐 인간이 그토록 다양한 유형으로 분화한 것이 인상적이기도 하다.

하지만 그때 로이스가 나에게 해준 말은, 그녀도 나와 전혀 다르지 않다는 것을 느끼게 했다. 그 말을 듣는 순간 돌연 우리 두 사람은 고통을 일으키는 불완전한 근원 속에서 최선을 다한다는 면이 닮았다고 느끼며, 기묘하고 아름다운 인간끼리의 결속을 이루게 되었다.

"마치 금이 간 거울 같아요. 항상 뭔가를 잃은 기분이에요. 그 거울은 이제 예전 상태로 돌아가지 못하지만 노력하면 일부나마 다시 찾을 수도 있어요."*

로이스가 잠시 말을 끊었다가 나직이 덧붙였다.

"하지만 어느 정도의 의지가 필요해요."

나중에 생각난 말인 듯 아주 낮게 그 말을 했다.

"하지만 어느 정도의 의지가 필요해요."

이사가 하이쿠를 쓴 후 200년이 흐른 2016년 그날, 로이스는 시금치 오믈렛과 딸기 스무디가 놓인 유쾌한 탁자 너머로 나를 바라보며 인간들이 어느 시대건 말할 수밖에 없는 그 말을 한 것이었다. 하지만 그래도. 하지만 그래도. 하지만 그래도.


200년 전, 이사는 비영속성을 의식해야 한다는 가르침을 전했다. 이슬방울이 얼마나 덧없는지 주목해야 하지만 그렇다고 슬픔이 사라진 척해서는 안 된다고. 당신이 속한 문화가 미소를 얼마나 강요하든 그저 훌훌 털고 나아가는 건 인간적이지 않다. 그렇다고 앞으로 나아갈 수 없는 건 아니다.

훌훌 털고 나아가는 것과 앞으로 나아가는 것의 차이는 작가 노라 맥키너니Nora McInerny의 TED 강연에서 핵심 주제였고,[26] 내가 우리

---

* 로이스는 이런 이미지를 저자의 이름이 기억나지 않는 어떤 책에서 읽었다고 한다. 저자를 알려주지 못하는 점에 대해 미안하게 생각한다!

모두를 결속시키는 존재론적 본성인 달콤씁쓸함을 포용하기 위해 발견한 틀 중 가장 설득력 있는 틀이기도 하다. 맥키너니는 남편 아론을 뇌종양으로 잃은 후 배우자와 사별한 다른 사람들에게 슬픔을 위로해준 조언 중 가장 싫었던 말이 뭐였는지 물었다. 가장 많이 나온 대답은 '훌훌 털고 나아가'라는 말이었다.

맥키너니는 이후에 재혼했다. 그녀와 새로운 남편은 재혼 전 각자의 자녀 4명과 교외의 집에서 가정을 꾸리고 구조견도 입양해 키우며 단란하게 살아갔다. 하지만 그녀의 삶 속에는 여전히 아론이 함께했다고 한다. "예전처럼은 아니지만 훨씬 더 좋은 방식으로 함께했어요. (중략) 아론을 잊을 수 없어서 아론이 제 곁에 여전히 머물고 있어요." 아론은 그녀의 일을 통해, 함께 낳았던 아이를 통해, 자신이 거듭나게 된 사람(그녀의 두 번째 남편으로 사랑에 빠졌던 그 사람)을 통해 존재했다. 맥키너니의 말대로 그녀는 아론을 훌훌 털고 나아간 게 아니라 "아론과 함께 앞으로 나아갔다."

맥키너니의 이런 견해는 이사의 유산을 잇는 것이자, 우리에게 어떻게 살아야 할지를 보여주는 것이기도 하다.

그녀는 이렇게 말을 이었다. "언제까지나 그 자리에 있을 수 없는 것들도 있으며 모든 상처가 다 치유되어야 하는 건 아님을 서로에게 상기시켜 주는 것 말고 우리가 뭘 할 수 있을까요? 우리는 서로서로 기억해줘야 해요. 사별의 슬픔이 여러 가지 감정을 일으킨다고요. 슬플 수도 행복할 수도 있고, 또 그러기 마련이라고요. 같은 해나 같은 주에, 심지어 같은 숨을 내쉬는 순간에도 슬픔과 사랑을 동시에 느낄 수도 있다고요. 우리는 기억해야 해요. 사별의 슬픔을 겪는 사람이 다시 웃고, 다시 미소 짓게 될 거라는 걸요. (중략) 앞으로 나아갈 테지만 그렇다고 훌훌 털고 나아간다는 얘기는 아니라는 걸요."

# CHAPTER 09

# 고통이 대물림된다면
# 어떻게 그것을 탈바꿈할 수 있는가?

*앞 세대의 침묵은 다음 세대로 체화되어 전해진다.*[1]

*– 프랑수아즈 돌토Françoise Dolto, 아동정신분석*

내가 이 책을 쓰기 시작한 계기는 달콤쌉쌀한 음악의 미스터리를 풀기 위해서였다. 우리는 왜 달콤쌉쌀한 음악을 듣고, 왜 많은 사람들이 그런 음악에서 고양감과 숭고함을 느끼는지 그 이유를 풀고 싶었다. 하지만 챕터 04에서 말했던 문제 역시 또 하나의 계기였다. 내가 왜 눈물 없이는 어머니 얘기를 할 수 없는지, 어떻게 하면 그러지 않을 수 있는지 알고 싶었다. 그전까지 이 문제에 대해 내가 찾아낸 해법은 어머니 얘기를 아예 하지 않는 것이었다. 적어도 맨해튼 중심부의 오픈 센터Open Center에서 맞았던 어느 10월 아침까지는 그랬다.

나는 죽을 운명을 이해하기 위한 탐색을 벌이던 중 죽어가는 이들과 유족들을 도와주는 사회복지사, 사제, 심리학자들을 대상으로 하는 한 워크숍에 참가 신청을 했다. 내가 관련 직업군은 아니었지만 이런 책을 쓰고 있는 점에서 참가 자격이 되길 희망했다. 결국 희망대로 참가하게 되었을 때는 침착하면서도 살짝 초연한 느낌이었다. 전에 레너드 코헨 추모 콘서트에서 느꼈던 느낌과 다르지 않았다. 그 순간에는 미처 몰랐지만, 이 자리에서 얼마 후 나는 어머니에 대해 품었던 수십 년 동안의 의문만이 아니라 달콤쓸쓸함이라는 훨씬 더 큰 문제에 대한 답까지 얻게 된다. 이전 세대들로부터 물려받은 슬픔과 갈망을 변화시킬 방법도 배우게 된다.

## 슬픔을 짊어지고 사는 사람들

참가자들은 밝고 바람 잘 통하는 방에 모였다. 요가 수강실로도 쓰이는 곳이라 선반에는 접힌 담요와 폼블록들이 놓여 있었지만, 그날은 앞쪽에 전신 해골 모형이 세워져 있었고 그 옆에 놓인 작은 목제 테이블 위에는 봉헌 양초 하나와 '죽음을 이해하는 것이 곧 삶을 이해하는 것'이라고 적힌 화이트보드가 보였다.

심리치료사이자 '죽음 인식 교육자'며 죽음 인식·옹호·훈련 연구소 Institute for Death Awareness, Advocacy and Training 창설 관장인 심카 라파엘Simcha Raphael 박사[2]는 해골 모형 옆에 앉아 기대에 찬 표정으로 있었다. 심카는 우리에게 자신을 이름으로 불러달라고 했고, 정통파 랍비와 예전의 캘리포니아 히피를 섞어놓은 듯한 인상을 풍겼다. 희끗희끗한 턱수염을 기르고, 짙은 남색 정장과 스컬캡(유태인, 기독교 사제 등이 주로 쓰는 테두리 없는 작은 모자 - 옮긴이)을 쓴 차림에 스터드 이어링, 실버 펜던트, 카우보이 부츠로 멋을 부렸다. 그의 강연 어조는 탈무드 낭독의 운율과 보르쉬 벨트(미국 뉴욕주의 캐츠킬산맥에 있는 유대인의 피서용 극장 - 옮긴이) 코미디언의 재치 넘치는 속사포 만담이 섞인 듯한 느낌이 들었다. 그는 자신이 어릴 때 가까운 친구들과 가족들의 죽음을 숱하게 견뎌내며 "슬픔의 소금물에 절여져" 있었다고 말했다. 하지만 이어서 이승과 저승 사이에 벽이 아니라 창문이 있는데 '죽음 공포증' 사회가 이 창문을 못 보게 막고 있다는 신념도 밝혔다.

심카는 빙 둘러앉은 8명의 워크숍 참가자들에게 죽음과 관련된 개인적 경험담을 털어놓아 보라고 했다. 처음 얘기한 사람 중 모린은 그녀 자신을 '억척스러운 아일랜드인'이라고 소개했다. 인상은 능력 있고 합리적이고 유쾌한 사람 같아 보였다. 딸과 남편 얘기를 할 때는 얼굴에 화색이 돌았고, 그날 밤에 남편과 결혼 15주년을 축하하기로 했다고도 말했다. 짧은 생머리 스타일에 안경을 끼고 운동화 차림이었고, 이름표에는 웃은 얼굴 그림도 그려져 있었다. 그녀는 두 손을 옆으로 편히 내려놓은 자세에서 또랑또랑하고 당찬 목소리로 자신의 이야기를 풀어냈다.

"저는 얘기할 때 언제나 제가 하는 일부터 말해요. 제 일이 저에겐 가장 안전지대거든요. 저는 의료 관련 사회복지사로 일하고 있어요. 사람들이 자신의 죽음을 더 잘 받아들이게 돕는 일인데, 거북함은 느끼지 않아요. 오히려 제 자신의 죽음이 두려워요. 제가 14살 때 아버지가 돌아가셨는데 그때 어머닌 저희에게 제대로 슬퍼지도 못 하게 했어요. 제가 장례식에서 울음을 터뜨렸을 때도 화난 얼굴로 절 쳐다보셨어요." 모린은 입꼬리를 내린 못마땅해하는 엄한 표정까지 지어보였는데, 그때 어머니의 얼굴이 정말 그랬을 것 같았다.

"제 언니는 슬픔을 못 이겨 머리가 다 빠졌어요. 저는 많이 울었지만 슬픔을 제대로 다룬 적이 없었어요. 아버지 같은 친구를 만나게 되었지만 그 친구가 자살을 하기도 했어요. 이후에 저는 알코올중독자가 되었고 자꾸 학대를 일삼는 남자들과 사귀게 되었어요. 몇 번이나 낙태를 해서 지옥에 갈 거라는 자책에 빠지기도 했죠. 지금까지 저는 14년째 금주를 하고 있어요. 제가 앗아간 생명에 대해 보상하려고 제 일에 전념해 왔고요. 덕분에 어떤 식으로든 다른 사람들에게 도움을 줄 수 있었지만, 정작 제 자신은 그런 도움을 받지 못했어요."

모린은 나직이 뒷말을 이었다. "제 자신이 저지른 끔찍한 실수들에 슬퍼하고 싶어요. 그 고통을 치유하고 용서를 구하는 법을 배우고 싶어요. 어떻게 하면 제 자신을 용서할 수 있을까요? 그렇게 할 수 있다면 자유로운 마음으로 남들을 돕게 될 것 같아요."

심카는 내내 주의 깊게 경청하다 온화하게 말했다. "들어보니 두 가지를 알겠군요. 하나는 당신의 어머니가 당신에게 감정을 숨기도록 아주 잘 가르쳐 주셨다는 거예요. 지금 털어놓은 그 얘기는 아주 고

통스럽지만, 내가 당신이 그 얘기를 했던 영상을 무음 상태로 재생시
킨다면 당신이 카리브해 여행이나 아까 먹은 식사 얘기를 하는 것으로
로 생각할 수도 있어요. 그러니 어머니에게 그런 가르침은 감사하지
만 돌려드리겠다고 하세요. 또 하나는 당신에게서 치유받고 싶고, 자
책을 버리고 싶은 열망이 느껴진다는 거예요. 내 끔찍한 실수라는 그
세 단어의 말부터 버려야 해요."

심카는 모린 외의 참가자들에게 누군가의 고통스러운 이야기를 들
을 때 어떤 일이 일어나는지에 주목해 보라고 청했다. 자신의 얘기처
럼 들리는지 생각해 보라고 했는데, 나에겐 정말 내 얘기처럼 들렸다.
내 초연함은 어느새 허물어지고 있었다. 모린의 얘길 들으면서 뭔가
가 풀리는 기분이 들었다.

잠시 후 심카는 우리에게 자책감을 갖고 있는지에 대해 물으며 이
렇게 말했다. "저 여자 얘기는 티슈 4장은 적셔야 들을 수 있는 이야
기고 내 얘기는 고작 티슈 2장짜리 얘기밖에 안 되겠는데'라는 생각
이 드나요?" 그 질문에 대해서도 내 답은 '네'였다. 다른 사람들이 심
카의 그 질문에 안도의 웃음을 짓는 것을 보며 마음이 놓이기도 했
다. 나는 내 얘기를 할 필요가 없기를 바랐다. 내 이야기는 모린에 비
하면 아주 약과인 것 같았다.

하지만 얘기를 하지 않는 건 부적절하고 야박한 일 같았다. 내 차례
가 돌아왔을 때 나는 어머니 얘기를 꺼냈다. 내 10대 시절 우리 모녀
사이의 큰 불화에 대해, 그 당시에 내가 어머니의 정신을 죽였던 느
낌에 대해 다 얘기했다. 어머니 본인이 외할머니 그늘 속에서 자랐던

사정과 바다 건너편에서 온 외할아버지가 고향의 가족이 학살당하는 것을 실시간으로 겪어야 했던 이야기도 했다.

그리고 그 이야기를 할 때 오래 묵은 눈물이 터져 나왔다. 그렇게 될 줄 알았어야 했다. 나는 내 얘기가 티슈 4장짜리 이야기인 것처럼, 아니 티슈 7장짜리 이야기인 것처럼 울었다. 티슈 수천 장을 써도 여전히 눈물이 그치지 않을 이야기인 것처럼 펑펑 눈물을 쏟았다. 정작 10대 시절에 아버지를 여의고 그 뒤로 삶이 무너져 내렸던 모린을 앞에 두고 그녀보다 더 많이 울었다. 심카는 우리가 슬픔을 비교하길 원치 않았을 테지만 그래도 나는 그런 내가 어처구니없게 느껴졌다.

하지만 심카는 나를 책잡지 않았다. 내 감정으로 느껴지는 한, 그것은 다른 참가자들도 마찬가지였다. "들어보니 당신은 온전하고 건강한 개별적 존재로 살아온 적이 없는 거 같군요. 당신 자아의 일부는 여전히 16살에 꼼짝없이 매어 있어요. 여전히 어머니와 연결되어 있길 원하고 있어요. 개별적 존재가 될 수 있거나 사랑받는다고 느낄 수 있지만 그 둘 다는 안 된다고 여기는 상황에 놓여 있어요."

물론 그의 말이 맞았다. 그 점은 나도 오래전부터 알고 있었다. 하지만 심카는 이어서 다른 말도 해주었다. 내가 나 자신의 슬픔뿐만 아니라 내 어머니의 슬픔까지 짊어지고 있고, 어머니의 어머니와 아버지, 또 그 어머니와 아버지의 슬픔까지도 짊어지고 있다고. 내가 수 세대의 슬픔을 짊어지고 있다고.

심카는 나에게 내 별자리를 물었다. 나는 점성술을 믿는 사람이 아니지만 순순히 물고기자리라고 대답했다. 그러자 그가 고개를 끄덕이며 말했다. "침투성이 있군요. 당신은 당신의 것과 다른 사람의 것, 그러니까 이전 세대 사람들의 것을 구별짓기 힘들어하는 사람이에요. 하지만 현재 살아 있는 세대들과는, 그 사람들의 고통에 매달리지 않고도 이어갈 수도 있어요."

나는 그 사실을 인식하고 충격을 받았다. 그리고 길모퉁이에서 만난 강도처럼 난데없이 나타나는 그 기묘한 눈물은, 어머니와 갈등이 생기기 한참 전부터 내 평생에 걸쳐 있었다는 것을 깨달았다. 10살 때 여름캠프에 가서 마지막 날 겪은 작별의 순간에도 나는 그런 눈물을 흘렸었다. 캠프에 대해 상반된 감정을 느끼고 있었던 데다 집에 가는 게 좋아서도 그랬고, 그때도 그런 내 감정이 당혹스러웠던 기억이 난다. 상황과 잘 맞지 않아, 어떤 우주적 방식 말고는 이유를 정확히 꼬집어낼 수 없는 그런 눈물이었다.

우리 가족은 이모와 고모, 삼촌과 외삼촌, 사촌이 거의 없다. 어머니와 아버지의 양가 친척 거의 모두가 홀로코스트(유대인 대학살)로 사망했다. 어렸을 때부터 궁금했던 사라진 친척들의 빈자리는 100년 된 암갈색 사진이 대신 채워주었고, 그 사진 속의 남자, 여자, 노인, 아이들은 침울하게 카메라를 응시하고 있었다. 그렇게 웃지 않는 표정은 사진을 찍던 그 당시 1920년대 유럽에서 유행하던 사진 스타일이었지만 나는 늘 그 사람들이 자신의 운명을 예상했던 것 같은 느낌이 들었다. 그리고 그중 일부는 실제로 그런 운명을 맞았다.

17살의 촉망받는 랍비 문하생이었던 할아버지는 1926년, 할아버지의 아버지와 함께 가진 돈을 모두 모아 기차표를 샀다. 폴란드의 작은 마을 프추흐에서 스타니슬라브라는 도시로 가는 기차표는, 어떤 선도적 사상가가 앞으로 닥칠 일을 예견하는 강연을 듣기 위해 끊은 것이었다. 그 강연자는 "폴란드계 유대인 여러분, 지금 세상에는 두 강대국이 있어요. 러시아와 독일입니다. 이 두 강대국은 주도권을 잡고 세계를 정복하기 위해 서로 경쟁을 벌이고 있습니다. 용광로에 계속 불을 지피며 탄약과 총알과 온갖 파괴 도구를 준비하고 있어 종국엔 서로 충돌하게 될 겁니다. 그리고 여러분, 폴란드계 유대인들이 그 와중에 휘말린 것입니다. 재로 변하게 될 거예요. 그래서 제가 한마디 조언을 해드리려 합니다. 피신하세요. 가능한 한 빨리 도망가세요. 제 온 목청을 다해, 온 마음을 다해 강력히 촉구합니다. 어서 피신하세요. 그렇지 않으면 재로 변하고 말 테니 여기에서 도망치세요."

그 이듬해, 할아버지는 한 번도 만난 적 없는 신부, 그러니까 내 외할머니의 부모님에게 후원을 받아 혼자 미국으로 떠났다. 할 수 있는 한 빨리 가족을 데려오려 했지만 브루클린의 비좁은 아파트에서 가난하게 사는 처지라 부양할 여력도, 거처할 곳을 마련해줄 형편도 안 되었다. 스타니슬라브의 그 예언이 내내 뇌리를 떠나지 않았지만 그 위협이 실제고, 또 얼마나 임박해 있었는지를 어느 누가 알았겠는가? 할아버지는 조금만 더, 조금만 더 있다 데려오자고 미뤘고 그러다 그만 강연자가 예언한 그대로 할아버지의 가족은 재로 변하고 말았다.

할아버지는 50년 동안 봉사해온 신자들에게, 반짝이는 눈과 쾌활한 목소리, 기분 좋은 웃음과 공감력을 뿜어내며 철학적 소질까지 갖춘 랍비였다. 할아버지는 탈무드를 외워서 꿰고 있었고, 기도를 이끌며 영혼들을 인도해 주기도 했다. 어머니에게 할아버지는 이 모든 존재감을 지녔을 뿐만 아니라, 아주 헌신적인 아버지이기도 했다. 나에게 할아버지는 이 세상 사람 같으면서도 아니기도 한 존재였다. 실제와 환상이 뒤섞인 인물 같았다. 할아버지에게선 오래된 도서관에서 풍기는 냄새가 전해졌다. 할아버지의 작은 아파트를 채웠던 오래된 책 무더기 속에서 지니처럼 짠하고 나타난 사람 같았다. 할아버지는 내가 이 세상에서 가장 좋아하는 사람 중 한 명이었다.

하지만 할아버지는 그의 가족이 몰살당한 일에 대해 끝내 자신을 용서하지 못한 사람이기도 했다. 할아버지는 오후가 되면 한숨으로 보냈고, 기차로 스타니슬라브를 방문했던 날 이후 거의 100년 후인 임종의 자리에서도 당신이 남겨두고 온 부모 형제 생각에 눈물을 흘렸다. 할아버지는 그가 속한 지역사회의 지배층에게 존경도 받았지만 할아버지의 마음은 길 잃은 영혼들과 함께했다. 그런 영혼들이 할아버지의 거실로 모여들어, 할아버지를 따라 예배당에 갔다. "오이, 네바흐Oy, nebach." 할아버지는 어머니에게 신도들 중 누군가의 불행을 이야기해 주면서 큰 한숨과 함께 자주 이 이디시어를 말했다. '오이, 네바흐'는 '그 가여운 영혼'이라는 뜻이다. 이 말은 내가 아는 몇 안 되는 이디시어 중 하나다. 어린 시절, 할아버지가 어머니와 이야기를 나눌 때 주방에서 놀다가 할아버지가 대화를 할 때마다 그 말을 해서 얻어들은 말이었다. '오이, 네바흐'는 내 유년기의 삽화 캡션 같은 말이었다.

# 고통은 수 세대로 이어질 수 있다

―――

심카의 말처럼, 할아버지의 역사적 사건들이 어떤 식으로든 나에게 전해져, 내 기묘한 눈물에 일조했던 것일까? 그렇다면 어떤 메커니즘에 따른 것일까? 문화적 메커니즘? 아니면 가족적이거나 유전적 메커니즘? 그것도 아니면 3가지 다일까? 이번 챕터에서는 바로 이 의문을 탐색해보려 한다. 더불어 다음의 의문도 풀어보려 한다. 달콤쌉쌀한 전통이 가르쳐주고 있듯 우리의 과제가 고통을 아름다움으로 탈바꿈시키는 것이라면 우리는 현재의 고통과 자신의 개인적 과거의 고통뿐만 아니라 여러 시대의 고통까지 탈바꿈시킬 수 있을까?

당신에게는 대대로 내려오는 슬픈 이야기가 없을 수도 있다. 당신의 가족사는 지난 몇 세기의 잘 알려진 대참사에 결부되지 않을 수도 있다. 하지만 경우에 따라 선조들이 농노나 노예였던 경우도 있을 것이다. 선조들이 왕이나 여왕이었더라도 전쟁이나 기근, 전염병이나 알코올중독, 학대를 비롯해, 종국엔 에덴동산에서 우리를 쫓아낸 그밖의 혼돈 사태로 이별의 고통을 맞았을 수도 있다. 우리는 누구나 뼛속 깊이에서, 달콤쌉쌀함의 쌉쌀한 면을 안다.

심카의 워크숍에 다녀온 후 얼마 지나지 않아 나는 팟캐스트 〈온빙On Being〉의 진행자 크리스타 티펫Krista Tippett이 마운트 시나이 의과대학교의 정신의학 및 신경과학 교수이자 외상 후 스트레스 연구분과Traumatic Stress Studies Division 과장인 레이첼 예후다Rachel Yehuda 박사와 나누는 인터뷰를 들었다. 늦은 밤 시간이라 슬슬 자러 가려던

참이었다가, 예후다의 어떤 말에 나는 앉은 자리에서 허리를 꼿꼿이
펴게 되었다.

예후다는 후성유전학이라는 떠오르는 분야에 몸담고 있는 사람이
었고, 후성유전학은 유전자가 역경 등의 환경 변화에 따라 어떻게 켜
졌다 꺼졌다 하는지를 연구하는 분야다. 그녀가 자신의 커리어 내내
검증해온 가설은, 고통이 우리의 신체에 세포 단위로 영향을 미치면
서 한 세대에서 다음 세대로 전해질 가능성이 있다. 그녀는 티펫에게
다음과 같이 말했다. "사람들은 격변적인 어떤 일이 생기면 '나는 예
전과 같은 사람이 아니야. 이제 변했어. 예전의 내가 아니야'라고들
말해요. 그런데 이 말에 대해 의문이 들만도 해요. '글쎄, 그게 대체
무슨 뜻이지? 당연히 같은 사람 아니야? 똑같은 DNA를 가지고 있는
데, 안 그래?' 정말로 그렇긴 하죠. 그런데 저는 그 말의 뜻을, 환경적
영향이 너무 위압적이어서 어쩔 수 없이 체질상에 큰 변화가 일어나,
그 변화가 지속적으로 이어져온 것이라는 의미로 봐요."[3]

예후다는 커리어 초반에 외상 후 스트레스 장애PTSD를 연구할 때
동료들과 함께 뉴욕시의 마운트 시나이 병원에 홀로코스트 생존자들
을 위한 진료소를 열었다. 생존자들 당사자에게 도움을 주려는 의도였
지만 막상 해보니 의도와는 다른 결과가 나타났다. 생존자들은 대체로
임상의들 아무도 자신들이 겪은 일을 이해하지 못한다고 여겨 진료소
에 오지 않았다. 진료소를 찾은 것은 오히려 그들의 자녀들이었다.

당시에 대다수가 중년이었던 이 자녀들의 삶은 독특한 패턴을 띠
는 것으로 밝혀졌다. 이 자녀들은 수십 년이 지났는데도 부모님의 슬

품을 지켜보며 여전히 괴로움을 느꼈다. 죽은 이들을 위해 살아야 한다는 압박이 버거울 정도로 높았다. 분리, 특히 부모와의 분리에 어려움을 겪기도 했다. 40대와 50대인 사람들 대부분은 자신을 누군가의 파트너나 누군가의 부모로 밝혔다. 하지만 여전히 자신을 누구누구의 아들이나 딸로 칭하기도 했다. 어머니와 아버지의 그늘 속에 살았다.

이 외에 더 가시적인 표식들도 나타났다. 생존자의 자녀들은 인구통계학적으로 비슷한 유형이지만 생존자 부모를 두지 않은 다른 유대인들에 비해, 트라우마적 상황에 노출될 경우 PTSD에 걸릴 가능성이 3배나 높았다. 임상적 우울증과 불안증에 더 취약했다. 게다가 혈액 검사에서 생존자들과 똑같은 신경 내분비계 및 호르몬 이상이 발견되기도 했다.[4]

이런 자녀군에서 확실히 두드러지는 특정의 정서적 유전 형질은 대체 어떻게 전해졌을까? 주로 양육 방식과 부모와의 관계가 관련된 것이었을까? 아니면 이런 형질이 어떤 식으로든 DNA에 새겨져 있었던 것일까?

예후다와 동료들은 이런 의문의 답을 찾기 위해 홀로코스트 생존자 32명과 그들의 자녀 22명을 대상으로 스트레스와 연관된 특정 유전자를 연구했다. 그 결과 부모군과 자녀군 모두 이 유전자에서 일명 메틸화라는 후성적 변화가 발견되었다. 이는 '부모의 트라우마'가 다음 세대로 대물림될 수도 있다는 주목할 만한 증거였다.[5]

2015년에 연구진은 이런 연구 결과를 국제학술지 《생물정신의학 Biological Psychiatry》에 발표했다. 이 연구는 곧바로 선풍적 반응을 일으켜 예후다의 활동과 후성유전학 전반의 눈부신 가망성에 주목하는 주류 언론 기사들이 쏟아졌다. 반응이 빠르기로는 예후다의 연구에 대한 비난 역시 마찬가지였다. 그 분야 사람들 사이에서 표본 집단의 크기가 작다거나, 생존자의 손주와 증손주 세대가 빠졌다는 점 등을 문제 삼았다.[6] 예후다 본인도 학술지《인바이런멘탈 에피제네틱스 Environmental Epigenetics》에 발표한 2018년도 논문에서 '환원주의 생물학적 결정론'에 대해 경계할 것을 주의한 바 있다.[7] 후성유전학이 신생 분야라 연구 결과들이 아직은 많지 않은 편이라고 밝히기도 했다. 그런데 예후다의 연구 결과는 이후 더 큰 표본 집단을 대상으로 삼고《미국정신의학회지American Journal of Psychiatry》에 그 결과가 게재된 2020년의 한 연구를 통해서도 재연되었다.[8]

하지만 이런 논쟁에서 빠져 있는 논점이 있다. 언론이 소규모 연구에 빠르게 보도한 이유와 과학적 탐구가 우리에게 그토록 흥미롭게 느껴지는 이유다. 내가 생각하는 답은 간단하다. 이 연구가 우리 내면 가장 깊은 곳의 직관 한 가지를 입증해주고 있기 때문이다. 이 연구에 따르면 심카가 사별에 대해 다룬 그날의 세미나에서 나에게 들려준 말대로, 고통은 평생 동안 이어질 수 있을 뿐만 아니라 수 세대의 평생까지도 이어질 수 있다는 그 직관이 맞을 수도 있다.

그전까지 한동안은 트라우마의 영향이 때때로 심리학적으로나 생리학적으로 양면에서 오래 지속되며 한 사람의 평생에 걸쳐 이어진다는 증거가 나와 있었다. 이런 영향이 PTSD 진단의 기초였고, 1980년에《정신질환 진단 및 통계 편람Diagnostic and Statistical Manual of

Mental Disorders, DSM-III》에 그 내용이 추가되었다. 당시엔 이런 진단에 대해 논쟁의 여지가 있었다. 스트레스는 대체로 단기적 '투쟁/도피' 반응(위협을 감지할 때 맞서 싸우거나 도망칠 준비를 하며 거기에 맞게 몸을 최적화시키는 반응 – 옮긴이)을 일으키고, 일단 위협이 지나가면 몸은 균형을 되찾는 경향 때문이었다. 하지만 트라우마가 뇌 신경회로, 교감 신경계, 면역체계, 시상하부-뇌하수체-부신 축 등에 장기적으로 지속되는 신체 변화를 일으킬 수도 있다는 증거가 차츰 쌓여가기 시작했다.

그리고 현재는 그런 신체적 영향이 여러 세대의 평생에 걸쳐 지속될 수도 있다는 증거가 드러나기 시작했다. 예후다의 예비 연구 결과들은 점점 동물 연구 영역을 통해서도 확인되고, 그중 한 연구에 따르면 포식자의 냄새로 인해 안 좋은 경험을 한 물벼룩은 뾰족한 투구형 머리를 가진 새끼를 낳는다.[9] 또 다른 연구 결과에서도 고통스러운 전기 충격과 함께 무해한 냄새에 노출되었던 쥐들은 그다음과 다다음 세대 후손의 쥐들까지도 전기 충격이 없는 상태에서 같은 냄새가 나면 두려워했다.[10] 취리히 대학교 후성유전학 교수 이사벨 만수이Isabelle Mansuy는 흥미진진한 (그리고 아주 슬픈) 연구를 통해 새끼 쥐들에게 어미 쥐들로부터 분리되는 등의 여러 가지 시련에 노출시켜봤다. 그 결과, 새끼 쥐들은 자라서 대조군의 쥐들보다 더 난폭하고 우울한 성향을 나타내며 이상 행동을 보였다. 예를 들어 물속에 떨어뜨려지면 무기력한 반응을 보이며 수영을 멈추는 식이었다. 이 쥐들의 후손들 역시 똑같은 이상 행동을 보였다.

이 새끼 쥐들이 시련에 노출되어 기능이 제대로 발휘되지 못하는 부모에게 키워졌다는 점을 감안하면 이것은 그리 놀라운 결과가 아닐지도 모른다. 하지만 이 대목에서 만수이의 또 다른 연구는 주목할 만하다. 만수이는 트라우마를 입은 수컷 쥐와 트라우마가 없는 암컷 쥐를 수정시킨 후 아비 쥐들의 이상 행동이 자손에게 영향을 미치지 못하도록 새끼 쥐가 태어나기 전에 암컷 쥐들만 남겨놓고 수컷 쥐들은 다른 곳으로 옮겼다. 그 이후 새끼 쥐들이 젖을 떼자 한 배의 새끼들끼리 서로 영향을 미치지 못하도록 쥐들을 그룹으로 분리해 키워봤다. 이런 실험 과정을 최대 6세대까지 이어서 진행했다. 그리고 이런 실험 계획이 "바로 그 결과를 드러내" 트라우마를 입은 쥐들의 후손들이 선조 쥐들과 같은 이상 행동을 보이는 것으로 나타났다.[11]

뿐만 아니라 인간 사이에서도 관련된 역학적疫學的 증거들이 나왔다. 이를테면 미국 남북전쟁에서 전쟁 포로로 잡혔다 석방된 이들의 아들들은 다른 참전용사들의 아들들보다 더 빨리 죽는 경향을 나타냈다.[12] 제2차 세계대전 중의 기근 시기에 임신한 네덜란드 여성들의 자녀들은 인생 후반에 비만, 당뇨, 정신분열증에 걸리는 비율이 비정상적으로 높았다.[13] 그리고 2018년에 예일 대학교 간호대학원의 교수 베로니카 바르셀로나 디 멘도사Veronica Barcelona di Mendoza 박사의 주도하에 아프리카계 미국인 여성들을 대상으로 진행한 연구를 통해 인종 차별이 정신분열증, 조울증, 천식에 영향을 미치는 유전자에 후성유전학적 변화를 일으킬 가능성이 밝혀지기도 했다.[14]

물론, 생존자, 미국 남북전쟁의 전쟁 포로, 굶주리던 네덜란드 여성, 아프리카계 미국인 여성들의 자녀들에게 나타난 이런 초세대적 영향은 여러 가지 다양한 원인에 따른 결과일 수도 있다. 고통이 우리의 DNA를 변화시킨다는 솔깃한 과학적 발상과는 연관성이 거의 없거나 아예 없을지도 모른다(과학 학술지《사이언스》의 한 기사에서는 "이런 반론에 대한 대답이 바로 쥐 모델"이라고 밝힌 바 있다[15]).

하지만 쥐 모델이 그 답이든 아니든, 이런 역학적 사례들에는 후성유전학의 분파에 흥미가 끌리는 또 다른 이유가 숨겨져 있다. 나는 고통이 초세대적으로 이어진다면 치유 역시 그럴 수 있음을 우리가 직감적으로 알고 있기 때문에 그렇게 끌리는 것이라고 본다. 터프츠 대학교 생물학자 래리 페이그Larry Feig의 말처럼 "그것이 후성유전학적인 것이라면, 이는 환경에 대한 반응이다. 그렇다면 환경의 부정적 영향을 뒤집을 수도 있다는 얘기가 된다."[16] 다시 말해 몇 세대 이후라도 슬픔을 아름다움으로, 쓸쓸함을 달콤함으로 변화시킬 방법이 정말로 있을지 모른다는 얘기다.

예후다는 처음부터 이 점을 간파했다. 실제로 자신의 연구에 대해 "나는 이런 사실이 무력화시키는 것이 아닌 힘을 북돋워주는 요소일 수도 있다는 생각에 의욕을 자극받았다"고 밝혔다.《인바이런멘탈 에피제네틱스》에 게재한 글에서 다음과 같이 쓰기도 했다. "이 연구가 의도와는 달리, 스트레스에 영향받는 생물학적 체계의 잠재적 회복성, 적응성, 가변성에 대한 논의에 일조하기보다, 후손에게 미치는 영구적이고 심각한 손상에 대해 뒷받침해 주는 근거로 받아들여질 우려도 있다."[17]

# 과거의 상처를 현재에서 치유하는 법

———

초세대적 치유는 여러 형태를 취하며, 모두 다 선조들과의 건강한 관계를 만드는 과정이 수반된다. 그 한 방법은 예후다가 학술지《정신의학 최신연구Frontiers in Psychiatry》에 발표한 2013년 연구를 통해 발견한 정신요법으로, 측정 가능한 후성유전학적 변화를 유발하는 것으로 추산되고 있다.[18] 이사벨 만수이의 쥐 모델에서도 트라우마를 입은 쥐를 치료에 도움이 되는 환경에서 키울 경우 후손들을 정서적 상처에서 해방시켜 줄 정도의 치료 효과가 있는 것으로 증명되었다. 만수이는 2016년도 연구에서, 트라우마 입은 쥐를 달리기용 쳇바퀴와 미로가 풍족히 설치된 우리에서 자라게 한 결과, 자손들에게 고통의 징후를 물려주지 않는다는 사실을 발견했다.[19]

물론 치료가 여러 가지 다양한 방법으로 일어나는 만큼 이 책에서 그 모두를 다 살펴보기엔 무리다. 다만, 이런 치료의 목적 한 가지는 자신의 패턴에 주목하도록, 또 그 패턴에 적응하도록 도와주는 것이다. 예후다는 〈온 빙〉과의 인터뷰에서, 집단 심리 요법 중에 홀로코스트 생존자의 한 딸이 직장에서의 속상했던 사건을 털어놓은 일에 대해 말했다. 그 여성은 이렇게 말했다고 한다. "그러다 예후다 박사님이 해주셨던 말이 기억났어요. 박사님은 제가 충격 완충 장치가 빈약하니 충격이 그냥 지나가게 돼야 한다고 얘기해 주셨어요. 제 생태상 극단적 반응을 나타내고서야 충격이 가라앉기 때문에 그래야 한다고요. 그래서 그 말대로 해봤더니 정말 효과가 있었어요."[20] 하지만 충격 완충 장치라는 비유는 예후다가 해준 말이 아니라, 그 내담자가 치료에 도움을 받으면서 스스로 만들어낸 말이었다.

정신요법을 통해서든 스스로 진실을 발견해내는 과정을 통해서든, 우리 선조들을 이해하는 방식의 치유법도 있다. 선조들을 진정으로 이해하고 사랑하며, 그로써 우리 자신을 사랑하게 되는 치유법이다. 한 예로 싱어송라이터 다 윌리엄스의 명곡 'After All'을 보자. 그녀는 선조들이 겪은 고통을 마주함으로써 자살 충동까지 느끼는 우울증을 고치게 된 이야기를 담은 이 곡에서 "나는 내 가족이 들려줄 진실이 더 있다는 걸 알아" 시간을 거슬러 올라가 부모님의 힘겨운 유년기를 탐구하며 "부모님을 통해 자신을 알게" 되었다고 노래한다.

하지만 때로는 탐구만이 아니라 가족과의 대화도 시간을 거슬러가는 방법이 되어준다. 고통이 비롯된 곳으로 물리적 여행을 가보는 것 역시 때때로 도움이 된다. 후손들에게까지 나타나는 노예의 트라우마를 예로 들어보자. 나는 이번 챕터를 쓰고 있던 중에 친구 제리 빙엄에게 이메일을 받았다. 내향성에 주력하는 팟캐스트 〈허쉬 라우들리Hush Loudly〉의 개설자이자 진행자인 그녀는 시카고에 살지만 당시에는 뜻하지 않게 출장을 가게 되어 세네갈에서 이메일을 보내왔다. 아프리카계 미국인인 제리는 세네갈에서 "우리 선조들이 미국으로 보내지기 전에 붙잡혀 있던 최종 장소"[21]인 고레섬[22]에 가게 되었다고 했다. "투어 가이드에게 들어보니 그 섬은 포르투갈인, 네덜란드인, 영국인에게 점령되어 대서양을 횡단하기 위한 최종 항구로 이용되었다고 해요. 이곳의 여러 방에 남자들과 여자들을 쌓아 놓고 목숨이 붙어 있도록 하루에 한 번만 먹을 것을 주었대요. 죽으면 그 시체를 바다에 내던졌고요."

그녀의 이메일에는 사진도 첨부되어 있었다. 어둡고 눅눅해 보이는 방의 좁은 은빛 창문 밖으로 노예로 잡혀 온 이들을 영영 데리고 갈 바다가 보이는 사진부터, 제리가 일명 '돌아올 수 없는 문'에 서 있는 사진, 억류 장소가 두 공간으로 분리되어 한쪽은 '여자들Femmes'로, 또 다른 한쪽은 '아이들Enfants'로 표시되어 있어, 어머니들과 그들의 아이들을 떨어뜨려 놓았음을 상기시키는 구역질 나는 사진까지 모두 보고 나면 쉬이 잊히지 않는 장면들이 담겨 있었다. 그런 끔찍한 생이별의 고통을 주다니 정말 너무했다.

그런데 제리는 뜻밖의 놀라운 얘기를 덧붙였다. "나에겐 이곳이 신성한 땅처럼 느껴져요."

그토록 고통스럽고 슬픈 곳을 '신성한' 곳으로 표현한 것에 나는 감동했다. 희생sacrifice이라는 말이 '신성하게 만들다to make sacred'는 의미의 라틴어에서 유래되었다는 것이 떠올라, 제리가 그 어원을 좋게 잘 쓰고 있다는 느낌도 들었다. 나는 제리에게 괜찮다면 그 말의 의미를 설명해 달라고 부탁했다. 그녀의 대답은 예후다를 상기시켰다. 과거의 상처를 현재의 치유로, 즉 씁쓸함을 달콤함으로 탈바꿈시키는 것과 맞닿아 있는 대답이었다.

"그렇게 신성하게 느껴진 이유는, 수백만 명에 이르렀을지 모를 노예들이, 내 선조들이 그리 오래전도 아닌 시대에 서 있었던 그 땅을 내가 밟고 서 있다는 생각 때문이었어요."

선조들의 영혼이 느껴졌어요. 선조들의 정신이 느껴졌어요. 안으로 걸어 들어갔을 때는 두려움, 불안, 아픔, 비통함, 분노, 공포와 함께 뭔지 알 수 없는 감정이 느껴졌어요. 그 감정들은 나의 것이 아니었어요. 선조들의 감정이었어요. 선조들의 슬픔, 침울함 그리고 다른 사람들과 같이 족쇄가 채워져 있는데도 느껴지는 외로움까지 다요. 자신들은 고향에서 가족들과 함께하지 못한 채로 익숙한 모든 것으로부터 멀리 끌려가 강제로 노예가 되고, 다른 자들은 자신들의 '주인'이라고 자처하며 이득을 챙기는 상황이었으니 그럴 만도 했겠지요. 그곳에서 선조들의 모습을 상상해 봤어요. 발가벗겨지거나 어쩌면 거의 발가벗겨진 채로 같이 쇠사슬에 매어 자신들의 대소변을 깔고 앉고 누우면서 앞으로 무슨 일이 벌어질지 깜깜하기만 했을 그 모습들을요.

그곳에 서서 선조들의 감정이라고 여겨지는 감정들을 느끼고 있는 사이에 기쁨, 자부심, 힘, 권능이 실린 나의 감정들도 함께 다가왔어요. 나에게 드는 생각들은 오로지… 우리 민족이 정말 큰 진전을 이루었다는 사실이었어요. 선조들이 겪었던 일들을 생각하면 정말 싫어요. 선조들이 살았던 삶은 정말 싫지만 선조들도 우리가 이룬 진전을 보면 분명 자랑스러워할 거예요. 이제는 할 수 있는 한 최고의 사람이 되어야 한다는 책임감이 더 많이 들어요. 내가 받아온 것들을 하나라도 당연한 것으로 여기지 않아야겠다는 책임감도요. 태어나 지금과 같은 삶을 누리며 필요한 것을 모두 가지고 있거나 받으면서, 나를 최우선시하며 나를 위해서라면 어떤 일도 서슴지 않는 부모님 밑에서 자랐으니 나는 축복받은 사람이에요. 그곳을 떠나올 때는 우리 인종과 문화에 대한 책임감을 생각했어요. 우리의 근원이 어디고, 우리가 과거에 어떤 대우를 받았고, 그 속에서도 살아남아 수 세대 후에 어떤 번영을 이루어 냈는지를 이해하게 되어 너무나 감동적이에요. 나 자신이 선조들의 비극과 슬픔의 발현이라는 것에 감사하고 겸허한 마음이 들어요.

제리가 세네갈에서 그 사진을 보내주었을 때 그녀는 내가 슬픔의 대물림에 대한 글을 쓰고 있다는 것을 몰랐다. 하지만 그런 개념에 대해 얘기하자 깜짝 놀랐다. 그 개념을 들으니 자신의 영혼이 뭉클해지는 느낌이었다며 이렇게 설명했다. "흑인들은 때때로 강해지거나, 흔들리지 않거나, 괴로워하지 않기 위해 그런 슬픔을 모두 마음속으로만 담아둬요. 그래서 흑인이 아닌 사람들에겐 분노나 무관심으로 비쳐질 수도 있어요." 하지만 노예로 붙잡힌 제리의 선조들은 슬퍼할 겨를이 없었다. "고국에서 끌려와 생활방식과 문화가 익숙하던 것과 정반대인 타향 땅에 내던져져 슬퍼할 시간이나 기회가 없었어요. 슬퍼하는 대신 끈기 있게 버텨냈죠. 자식들을 키우며 받은 패로 게임을 해나갔어요. 하지만 그렇다고 슬픔이 사라진 건 아니었어요."[23]

## 비슷한 고통에 처한 사람들을 돕자

————

예후다는 대물림된 고통을 치유할 또 다른 방법을 말해주었다. 현재 비슷한 고통에 처해 있는 다른 사람들을 돕는 것이다.

내가 갈망과 초월을 주제로 TED 강연을 마치고 강당 밖에 있을 때 파라 카티브Farah Khatib라는 젊은 여성이 나에게 다가왔다. 길게 기른 검은 머리에 짙은 갈색 눈을 하고 있었고 껴안을 때 그러듯 고개를 한쪽으로 치켜드는 무의식적 버릇이 있었다. "갈망, 저도 그걸 가지고 있어요. 그 이유를 잘 모르겠지만 온전하고픈 갈망이 있어요."[24] 하지만 그녀가 털어놓는 이야기를 들어보니 그녀는 이유를 알고 있었다. 그리고 그것은 파라만의 이야기가 아니었다. 그녀의 자매 이야기자, 어머니의 이야기자, 여성 선조들의 이야기였다.

파라는 요르단에서 나고 자랐다. 진보적이라고 자처하지만 실상은 "그렇지 않은" 가정에서 컸다. 여자는 "조신하게 굴어야 하고, 연약해야 하며, 기분을 잘 맞춰줘야" 한다고 배우면서 자랐다. 파라에겐 자매가 있었는데 어린 나이에 세상을 떠났다. 그 당시 어린 나이였던 파라는 트라우마가 너무 심해 어쩌다 그런 일이 일어났고, 죽었을 때의 나이가 몇 살이었는지도 기억을 못했다. 그녀의 부모님은 슬퍼하지 않았다. 적어도 공개적으로는 그랬다. 죽은 딸 얘기를 다시는 입밖에 꺼내지 않았고 사진 한 장도 간직해두지 않았다. 이후 부모님은 이혼을 했다. 어머니는 자신의 고통과 슬픔을 못견뎌하며 파라를 유모의 손에 맡기고 가족을 떠나버렸다. 이후 유모는 파라를 보살피기는커녕 학대를 했고, 파라는 살아남기 위해 최대한 수동적으로 행동하며 있는 듯 없는 듯 숨죽여 살았다. 청소년기가 되자 급기야 마음속으로 자신을 죽은 사람처럼 여겼다.

파라는 싱가포르의 다국적 기업에 취업해 헤어용품 마케팅 일을 하게 되었다. 그 일은 그저 직업이었다. 넋 나간 듯 멍한 자신의 상태에 무슨 도움이 되어 주리라고는 별로 기대하지도 않았다. 하지만 소비자 조사팀에서 여성 소비자들과 심층 인터뷰를 나누게 되면서 마음에 동요가 일었다. 부끄러움을 의식하며 있는 듯 없는 듯 존재를 드러내지 않고 살아가는 여성들의 이야기가 왠지 친숙하게 느껴졌다. 더 많은 이야기를 들어보고 싶었다. 그래서 회사를 그만두고 요르단으로 돌아갔다. 하지만 집으로는 돌아가지 않았다. 이전에 감금당한 경험이 있는 여성들과 합세해 일을 시작했다. 자신이 왜 그런 일을 하고 있는지는 정확히 감이 잡히지 않았지만 여자들의 이야기에 귀 기울여 들어주고 싶은 마음만큼은 확실했다. 들어보니 그 여자들도 이야기를 하고 싶어 했다. 여자들은 파라에게 자신의 이야기만이 아니라 어머니, 할머니, 증조할머니의 이야기도 털어놓았다. 다음은 파라가 나에게 해준 말이다. "여자들이 겪은 일은 남자들과 달라도 너무 달라요. 남자는 감금당했다가도 마을로 돌아가면 마치 통과의례처럼 여겨지죠. 여자는 취업도 못 해요. 그랬다간 가족들에게 수치가 될 테니까요. 어쩌면 어릴 때 결혼하면서 취업을 하는 것일지도 모르죠. 그것도 여자에겐 아무 선택권이 없어요. 남편은 아버지뻘의 나이이고, 그런 남편에게 강간당하며 결혼을 하지요. 하지만 우리는 그런 문제에 입을 다물고 살도록 배워요. 사회적으로 그런 사람들이 겪는 일들에 대해서는 얘기하지 않아요. 얘기하길 부끄럽게 여겨요. 저희 앞에서 눈물을 보이려 하지 않았던 저희 엄마처럼요. 저희 집에는 죽은 제 자매의 사진이 한 장도 없어요. 얘기도 안 해요. 이제 우리는 아이들에게 슬픔을 가르쳐야 해요. 이전 세대들의 슬픔을요. 강요받은 자아 때문에 하지 못한 자신의 슬픔에 대해서요."

그렇게 파라와 이야기를 나눈 때가 2009년이었다. 이후 2013년에 파라는 시리아의 여성 난민들에게 생활력, 재정 문제, 치유를 가르치기 위한 비영리 단체를 열었다. 이런 일로 파라의 갈망이 사라진 건 아니었으나 (나에게 영향받아 한 말이 아니라) 자신이 직접 표현한 말대로 "생명애와 이어진, 달콤씁쓸한 느낌"으로 채워지게 되었다. "처음으로 온전하게 느껴지기 시작했어요. 사람들은 저에게 너무 열심히 한다며 좀 느긋하게 재미도 즐겨야 한다고 말하지만 제가 관심을 갖는 건 재미가 아니에요. 느낌이죠."

파라는 자신이 이런 일에 끌리는 이유도 차츰 이해하고 있다. 슬픔의 띠를 풀어 그녀 가족의 여자들과 난민 캠프 여자들을 함께 감싸고 싶어서였다. "이전 세대들로부터 막중한 책임을 전해받은 느낌이에요. 저에겐 어머니의 슬픔이 짊어져 있어요. 제 몸으로 그 슬픔을 짊어지고 있어요. 제 자매도 짊어져야 해요. 그들을 위해, 또 그들의 세대와 이전 세대들을 위해 아주 막중한 책임을 짊어지고 있어요. 사회적으로 우리는 이들이 겪는 일들에 대해 얘기하지 않아요. 얘기하길 부끄러워해요. 하지만 우리의 있는 그대로를 얘기해야 해요. 제가 하는 모든 일은 정체성과 관련된 거예요. 그것도 여러 세대로부터 전해지고 있는 정체성이요."

파라의 경우엔 자신의 단체를 통해 변화시키려 애쓰는 타인의 슬픔이, 자신의 선조들이 시달려온 슬픔과 비슷했다. 하지만 적어도 표면적으로는 자신의 선조가 겪은 것과 사뭇 달라 보이는 상처의 치유에 마음이 끌리는 경우도 있다.

윌리엄 브레이트바트William Breitbart 박사는 뉴욕 소재 메모리얼 슬론 케터링 암 센터Memorial Sloan Kettering Cancer Center의 정신의학 및 행동과학과의 과장으로 있다. 이곳에서 죽어가는 암 환자들을 돕고 있는 그가 맡은 일은 치료를 해주거나, 생명을 연장해주는 일이 아니다. 심지어 신체적 고통을 완화해주는 일도 아니다. 자신이 개발한 일명 의미 중심 집단정신치료 프로그램을 통해 환자들이 남은 시간 속에서 의미감을 갖게 해주고 있다.[25] 이 프로그램이 지금까지 고무적인 효과를 이끌어냄에 따라, 브레이트바트의 환자들은 대조군에 비해 '영적 건강과 삶의 질'은 월등히 높고 신체적 고통과 증상은 월등히 낮은 수준이다.[26]

브레이트바트는 정신과 의사 초년 시절에 에이즈 환자를 돕다 이후 중증 암 환자들도 보살피며, 어떤 일관적인 경향에 주목했다. 환자들이 죽길 원하는 경향이었다. 살날이 3개월이나, 6개월 남았는데도 당장 끝내고 싶어 했다. 가장 초창기에 돌봤던 환자 중 한 명인 65살의 화학자는 첫 내담에서 이 말부터 꺼냈다. "저를 도와줄 방법을 알고 싶으세요? 저는 이제 살날이 3개월 남았어요. 그 3개월이 가치 없는 시간으로 느껴져요. 절 도와주고 싶다면 죽여주세요."

당시에는 대다수 임상의가 이런 감정에 놀라지 않았다. 어쨌든 환자들은 극심한 고통이나 우울증, 또는 그 둘 모두를 겪고 있었으니 그렇게 느낄만 하다고 봤다. 이런 환자들은 우울증 치료를 받으면 그 절반 정도가 죽고 싶다는 마음이 누그러졌다. 그 외의 10퍼센트 환자는 진통제가 도움이 되었다. 하지만 나머지 40퍼센트는 여전히 죽고 싶어 했다.

브레이트바트가 생각하기에, 아무래도 의미감의 상실이 문제인 것 같았는데, 그런 문제에는 변변한 치료약이 없었다. 다른 방법을 찾아야 했다. 브레이트바트에게는 의미감이 사소한 철학적 문제가 아니었다. 의미를 만드는 것이 곧 인간성의 심장이요, 고통을 초월할 힘을 주는 것이라고 믿었다. 예전에 읽었던 글에서, 니체는 "살 이유를 가진 사람은 거의 어떠한 일도 견뎌낼 수 있다"고도 했다. 그래서 환자들에게 그 '이유'를 찾도록 도와줄 수 있다면 암이 다른 많은 것을 빼앗아 간 후에도 그 환자들을 살릴 수 있지 않을까 하는 생각이 들었다.[27]

브레이트바트는 그 화학자 환자에게 이렇게 말했다. "부탁 하나만 드릴게요. 저와 3번의 내담을 가져주세요. 그러고 나서도 여전히 그런 기분이 드신다면 그때 어떻게 하면 좋을지 같이 생각해봐요."

나는 5월의 어느 날 오후에 브레이트바트를 찾아가 메모리얼 슬론 케터링 암 센터 7층 상담 센터의 구석에 자리한 그의 사무실에서 만남을 가졌다. 사무실 선반에는 교재와 의학 학술지들로 빼곡히 꽂힌 사이로 부처상과 레반트 지방의 손바닥 모양 부적 함사hamsa도 보였다. 벽에는 셀 수 없이 많은 수료장으로 뒤덮여 있었고 대형 스크린에서 스크린 세이버가 켜지며 붉은색 튤립밭이 한가득 펼쳐졌다. 창가에 자리를 잡고 앉아 보니 브레이트바트는 크고 건장한 체격이었다. 구겨진 트위드재킷과 살짝 비뚤어진 남색 넥타이도 눈에 들어왔다. 그때 밖에는 비가 내리고 있었다.

나는 브레이트바트가 의대를 졸업하고 레지던트 과정을 밟으며 선택적인 세로토닌 재흡수 억제, 암세포, 화학요법이라는 세부 분야에서 장장 10년에 걸친 고된 수련을 받은 후, 세계적으로 알아주는 암센터에서 교수직을 맡고 그 이후에 의미를 다루는 의사가 되기까지 그를 이끈 계기가 알고 싶었다.

하지만 의료인이 천성이라고 여기는 사람들이 으레 그렇듯, 브레이트바트에게 다른 길을 걷는다는 건 불가능한 일이었다.

그는 이렇게 말했다. "제 이야기를 소개할 거라면 이 사실부터 얘기하고 싶어질 겁니다. 제가 28살 때 갑상선 암에 걸렸다는 얘기요. 암은 치료가 되었지만 이후로 평생토록 끄떡없다는 자신감을 잃게 되었죠."[28]

하지만 그것이 의료인의 길을 걷게 된 진짜 이유는 아니라고, 낮은 목소리로 말을 이었다. 진짜 이야기는 자신이 태어나기 전에 일어났다고 했다. 브레이트바트의 어머니가 14살이고 아버지가 17살이었을 때, 나치가 폴란드로 쳐들어와 유대인들을 추적해 잡아들였다. 그때 그의 어머니는, 자신의 농가 난로 밑 구멍에 숨겨준 어느 가톨릭교도 여성 덕분에 목숨을 구할 수 있었다. 그리고 그날 밤, 그 난로 밑에서 나와 감자 껍질을 먹었다. 그의 아버지는 러시아 군대에서 탈영해 숲에서 싸우는 게릴라 대원에 들어갔다. 그러던 어느 날 밤, 너무 배가 고파 먹을 것을 찾아다니다 그의 어머니가 숨어 있던 농가를 무단침입하게 되었고, 그렇게 만나게 된 그의 어머니를 설득해 저항군에 들어오게 했다. 두 사람은 이후 전쟁 기간 내내 숲에서 전투를 벌였고, 끝까지 살아남았다. 전쟁이 끝나자 각자 살던 곳으로 돌아갔지만 그곳엔 아무도 남아 있지 않았다. 결국 두 사람은 뉴욕으로 가서 일자리를 구해, 브레이트바트의 아버지는 야간조 점원으로 일하고, 어머니는 넥타이 바느질 일을 했다. 그리고 두 사람은 아들을 낳았고, 태어나기도 전에 일어났던 이런 일들이 이 아들의 인생 진로를 결정하게 되었다.

브레이트바트는 예후다가 연구했던 대상인 홀로코스트 생존자들의 지역사회에서, "상실감, 죽음, 고통이 지극히 현실인 가정"에서 자랐다. 그의 유년기는 살아남은 자들의 죄책감으로 스며 있었다. 어머니는 그토록 많은 이들이 죽어간 와중에 자신과 남편이 살아남은 이유가 뭘까를 묻곤 했다. 대답을 요구하고 묻는 말이 아니라 사실상 답이 정해져 있는 듯한 물음이었다. 부모님은 그 답을 입 밖으로 소리 내서 말한 적이 한 번도 없었지만 브레이트바트는 답을 정확히 알았다. 고통을 줄이기 위해 세상으로 나올 아들을 낳기 위해 살아남은 것이라고. "제가 이 세상에 나온 이유는 권력을 얻기 위해서가 아니에요. 물질적 부를 쌓기 위한 것도 아니에요. 고통을 덜기 위해서 태어났어요."

그는 우리 모두에게는 물려받은 유산이 있다고 했다. "우리에겐 선택권이 없어요. 유산에는 심오한 기쁨과 경이로움이 깃들어 있을 수도 있어요. 저는 고통과 죽음의 유산을 받았지만 살아남은 자의 존재론적 죄책감이라는 유산도 받았어요. 저는 고독함 속에서 자랐어요. 모두가 죽어, 많은 친척들이 삶을 일굴 기회도 얻지 못한 와중에 살아남은 우리는 그렇게 살아남은 이유에 막막해하며 지냈으니까요."

이 모든 얘기를 그는 예전의 내 할아버지가 그랬듯, 아주 나직한 목소리로 이어갔다. 폴란드의 숲에서 용감하게 싸웠던 게릴라군 손자의 더 우렁차고 힘찬 목소리는 따로 간직해둔 것처럼. 그 목소리를 그 난로 밑의 구멍에 안전하게 숨겨놓은 것처럼.

브레이트바트는 나에게서 시선을 돌려 창밖의 비를 바라보며 말을 계속 이었다. "어떤 사람은 그런 유산을 짐으로 여겨 좌절할 수도 있어요. 하지만 물려받은 유산에 어떤 태도를 취할지는 선택의 문제죠. 우리는 살아남고 다른 사람들은 살아남지 못한 데는 틀림없이 이유가 있어요. 어떤 의미가 있어야 해요."

물론 이것이 의미 중심 집단정신치료에서 핵심이며, 이는 의미를 중심으로 삼는 그 외의 어떤 것도 마찬가지다. (우리가 태어난 순간부터 내려져 있던) 사망 선고가 다가온다면 당신은 무엇을 위해 살겠는가?

브레이트바트가 이제는 점점 높아지는 목소리로 말을 계속했다. "저는 삶의 모든 것을 사랑해요. 가족 간의 사랑, 부모의 사랑, 배우자에 대한 사랑, 욕망까지 다요. 아름다움을 사랑하고 패션을 사랑해요. 예술과 음악을 사랑하고, 음식, 연극, 드라마, 시, 영화도 모두 사랑해요. 흥미롭지 않은 것이 거의 없어요. 살아 있다는 것도 사랑해요. 하지만 이 모든 사랑에도 불구하고 인간은 유전적 유산, 시간, 장소, 가족 등에서 한계 지어진 채로 태어나요. 저는 록펠러 가문에서 태어났을 수도 있었지만 그렇게 태어나지 않았어요. 외딴 부족의 가족으로 태어나 푸른색 코끼리를 신이라고 생각하며 살 수도 있었지만 그렇게 태어나지 않았어요. 우리가 태어나는 이 세상은 삶이 위험으로 가득한 불확실한 곳이에요. 살다 보면 사고를 당하거나 누군가의 총에 맞거나 병에 걸리는 등의 사건들이 생기기 마련이에요. 온갖 일이 일어나요. 이런 일들에 반응해야 해요. 그리고 지금 제가 일상적으로 다루는 중대한 사건은 생명을 위협하는 암 진단이에요. 삶의 궤적을 이탈시키는 사건을 다루고 있어요. 이런 사건이 닥칠 때의 과제는 새로운 궤적을 넘어설 방법을 찾는 일이에요. 의미 있는 삶을 만들어야 해요. 성장하고 변화하는 삶을요. 성공을 통해 성장하는 사람은 극히 드물어요. 사람은 실패를 통해 성장해요. 역경을 통해, 고통을 통해 성장해요."

브레이트바트는 첫 환자(살 이유를 모르겠다던 암 환자)와의 운명적 만남 이후, 박사 후 과정 중인 같은 동료 민디 그린스타인과 같이 앉아 의미 중심 집단정신치료의 첫 버전을 대략적으로 짰다. 두 사람이 짠 치료 규정은 우리 모두가 두 가지 존재론적 의무를 띠고 있다는 개념을 바탕으로 삼았다. 그 첫 번째 의무는 그저 살아남는 것이다. 그리고 두 번째 의무는 살 만한 삶을 만들어내는 것이다. 사람은 임종의 자리에서 되돌아보았을 때 충만하게 살아온 삶이 보이면 평안을 느끼게 된다. 자신이 부족한 삶을 살았다고 생각되면 부끄러움을 느끼는 사람들이 너무나 많다. 하지만 브레이트바트의 말에 따르면 충족감에 이르는 열쇠는 자신이 한 일보다 자신의 정체성을 (무조건적이고 부단히) 사랑할 줄 아는 것이다.

두 사람이 개발한 이 치료에서의 가장 중요한 측면 중 하나는 핵심적 바탕, 즉 당신을 당신이게 하는 것에 집중하는 것이다. 암 진단을 받으면 정체성을 빼앗기는 느낌이 들기 쉽다. 하지만 의미 중심 집단 정신치료사는 아직 그 정체성에 남아 있는 그 사람의 본바탕에 귀를 기울여준다. 당신이 평생 돌봄을 주는 사람이었는데 암 진단을 받아 이제는 돌봄을 받아야 하는 거북한 입장에 놓이게 되었다고 가정해 보자. 하지만 이때 치료사는 당신이 여전히 상대를 편하게 느끼게 해 주려 비상한 노력을 쏟고 있다는 것을 알아봐 줄 수 있다. 여전히 '잘 지내느냐?'고 물어봐주며 당신이 여전히 돌봄을 주고 있다는 것을 알아봐준다. 이런 개념은 상실감을 미봉책으로 가리는 것이 아니다. 그런 미봉책은 오히려 비극적 상황으로 치달을 수도 있다. 이 개념은 그런 방법보다 소소하지만 더 장대하기도 하다. 모든 슬픔과 상실과 혼동에도 불구하고 당신은 지금도, 또 앞으로도 언제까지나 여전히 본연의 당신 그대로임을 알게 해주기 때문이다.

## 우리 자신을 과거의 고통에서 해방시키자

———

사별을 다루었던 심카의 워크숍 직후 나는 그와 전화 통화를 했다. 그때 나는 실질적 문제 때문에 씨름 중이었다. 여전히 그의 워크숍 중에 그렇게 울었던 일이 창피했다. 티슈 4장은 적셔야 들을 수 있는 모린의 상실감과 비교하면 특히 더 그랬다. 이 책의 홍보 투어 중에 또다시 사람들 앞에서 그렇게 울어버릴까 봐 걱정스럽기도 했다. 그래서 그에게 털어놓았다. "저는 평상시에는 그날처럼 울고 다니는 사람이 아니에요. 저는 아주 행복한 사람이에요. 제 자신을 행복한 멜랑꼴리에 젖어 있다고 자부해요. 그치만 지금 어머니와의 관계를 글로 쓰는 중인데 나중에 전국망 라디오 방송에서 누가 어머니에 대해 물을 때 수많은 청취자가 듣는 앞에서 눈물을 참지 못하면 어쩌죠?"

심카는 사려 깊은 대답을 해주었다. "당신이 그 눈물샘을 완전히 비운 적이 있는지는 모르겠지만 책을 다 쓴 후에 이 질문을 해줬으면 해요. 원고를 쓰다 보면 관련된 일들을 속속들이 파고들게 돼요. 그러다 글을 다 썼을 때쯤엔 슬픔이 가라앉아요."

그리고 정말로 그 말대로 되었다. 나에겐 이 책의 집필이 과거의 슬픔과 갈망을 현재의 온전함으로 변화시키는 또 하나의 활동이었다. 그리고 이제 더는 북 투어에 대해 걱정하지 않게 되었다.

하지만 당신은 어떤가? 아주 오래된 슬픔이 북받치는 느낌이 드는가? 그렇다면 선조들과 어떤 식으로 관계를 맺으면 그 슬픔이 가라앉을까? 꼭 책을 한 권 써야 할 필요는 없다. 다 윌리엄스가 자신의 노래 'After All'에서 풀어낸 얘기처럼, 부모님에게 당신들의 이야기를 들려달라고 부탁하는 방법도 있다. 일본인들이 고인을 추모하기 위해 강물에 종이 등을 떠내려 보내거나,[29] 멕시코인들이 고인을 기리기 위해 특정일에 고인이 평소에 좋아했던 음식을 차리는 것도[30] 괜찮다. 충격 완화 장치라는 비유를 말했던 예후다의 내담자처럼 치료를 통해 당신이 물려받은 초세대적 패턴을 알아보고 거기에 적응해 나갈 수도 있다. 제리 브링엄이 선조들의 고통이 시작된 세네갈의 고레섬에 다녀올 만도 하다. 난민 지원 활동을 펼치는 파라 카티브나 암 환자에게 의미 중심 집단정신치료를 해주고 있는 브레이트바트처럼 부모님이나 선조들을 괴롭혀온 고통과 비슷한 그런 고통을 현재 겪는 중인 사람들에게 도움이 되어줄 만한 독창적이고 새로운 방법을 찾아보는 것도 한 방법이다. 그리고 심카의 표현을 빌려 말하자면, 그 눈물샘을 완전히 비우게 되지 않더라도, 그것도 괜찮다.

하지만 부모님의 이야기와 선조들의 이야기를 찾아내 기릴 때조차, 누구나 다 할 수 있는 일이 한 가지 더 있다. 우리 자신을 그 고통에서 해방시키는 것이다. 선조들의 이야기를 우리의 이야기라고 여길 수도 있지만 그 이야기는 우리의 이야기가 아니기도 하다. 우리는 선조들의 고통을 그대로 물려받았을 수도 있지만 수용소 소각로에서 불태워진 살은 우리의 살이 아니었다. 우리는 선조들의 슬픔을 물려받았을 수도 있지만 발가벗겨진 채 자식들과 생이별해야 했던 것은 우리가 아니었다. 선조들의 재능을 우리가 어느 정도 물려받았다 해도 선조들이 이루어낸 업적이 선조들의 것이듯, 선조들의 뺨을 타고 흘러내린 눈물은 우리의 눈물이 아니었다.

이 개념은 앞날을 생각하면 이해하기가 더 쉽다. 우리의 이야기는 필연적으로 우리 아이들의 이야기가 될 테지만 아이들은 자신들만의 이야기도 갖게 될 것이다. 우리는 아이들이 자신들만의 이야기를 하게 되길 바란다. 아이들이 그런 자유를 누리길 바란다. 우리 자신에게도 똑같은 바람을 가질 수 있다. 고대 그리스인들의 말처럼 "모든 선조들이 당신을 통해 다시 살아가는 것처럼 살아라."[31] 그렇다고 말 그대로 선조들의 삶을 재연하라는 게 아니라, 선조들에게 아주 색다른 새로운 삶을 선사하라는 얘기다.

어릴 때 부모님을 여읜 사람은 흔히 이런 말들을 한다. 지금 내 나이가 어머니가 병을 진단받았을 때의 나이야. 아버지는 알코올중독자였고 나는 아버지처럼 되고 싶지 않아. 이런 말들은 성경의 에스겔서에 나오는 오래된 속담을 연상시킨다. "아버지가 신 포도를 먹음으로 아들의 이가 시다." 하지만 성경에서 이 속담을 인용한 것은, 우리가 부모의 죄에 대한 책임을 떠맡는 건 아니라는 것을 반박하기 위해서다. 우리는 선조들의 고통 또한 짊어지지 않아도 된다. 선조들에게 등을 돌리라는 얘기가 아니다. 수백 년의 세월을 가로질러 우리의 사랑을 선조들에게 보내는 것은 좋은 일이다. 다만 내가 여기에서 하려는 말은, 선조들과 우리 자신을 위해, 달콤씁쓸한 전통을 따라 선조들의 고통을 더 좋은 뭔가로 변화시킬 수도 있다는 얘기다.

지금에 와서 심카의 사별 워크숍을 돌이켜보니, 이제 알 것 같다. 모린과 나 둘 다 각자의 어머니에게 경의를 표하기 위해 애썼던 것이고, 단지 모린은 의연함으로, 나는 눈물로 경의를 표했을 뿐이다. 내가 그렇게 펑펑 울었던 이유는 그 눈물이 나를 어머니와 하나로 이어주는 것 같았기 때문이다. 모린도 어머니와의 유대 관계로 눈물을 참았던 것이다.

나는 요즘 어머니를 자주 보러 간다. 어머니는 이 글을 쓰는 현재

89살이 되었다. 알츠하이머가 점점 진행되고 있지만 여전히 나를 알아본다. 치매는 어머니에게서 많은 것을 앗아갔지만, 일상생활의 여러 난관에도 불구하고 어머니의 사랑스러운 영혼을 돌려주기도 했다. 어머니를 치료해주는 모든 간호사와 의사가 묻지 않았는데도 어머니가 너무 사랑스럽고 재미있는 분이라고 칭찬한다. 어머니의 꾸밈없는 마음을 느끼면 기분이 좋다. 어머니는 나와 이야기를 나눌 때마다 다급히 말한다. "이 말을 할 수 있는 시간이 별로 없을 것 같아서 말하는 건데, 내가 널 얼마나 사랑하는지 기억해주렴."

나는 휠체어에 앉아 있는 어머니의 손을 잡아준다. 잘 먹지 않아 젊었을 때보다 야위었지만 얼굴은 턱살이 늘어져 예전보다 홀쭉해지진 않았다. 푸른 눈은 이제 주름이 자글하고 눈 밑이 처져 작아졌다. 어느 날 나도 턱이 늘어지고 눈 밑이 처질 것이다. 우리는 서로를 무한히 이해하는 마음으로 서로의 눈을 바라본다. 우리 둘이 함께한 삶 속의 모든 시련들, 밀고 당기고 압박하고 무리한 입장을 내세우던 모녀간의 사랑, 모든 포옹과 웃음과 대화가 결국엔 지금의 이런 유대로 귀결되었다. 이분은 하나뿐인 나의 어머니다. 나는 이제 안다. 근래에 주체할 수 없이 터지던 그 눈물의 이유가 17살 때 어머니와 분리되었기 때문이 아니라, 분리되지 않았기 때문임을. 문제는 무의식적으로 저지른 해방과 정서적 모친 살해처럼 여겼던 행동으로 어머니에게 일기장을 건넸던 그 일이 아니었다. 진짜 문제는 내가 어머니에게, 또 내 할아버지와 그 세대들에게 매달릴 한 방법으로 내 죄책감에 매달리고 있었다는 것이다. 하지만 이제는 심카의 가르침대로, 고통을 붙잡지 않고도 유대감을 이어갈 수 있다.

우리 누구나 지금처럼 생각하고 느끼고 지금의 정체성을 갖게 된 이유는 우리보다 앞서 살아간 사람들의 삶과, 우리의 영혼이 그 선조들과 나누는 상호작용 방식 때문이다. 하지만 이 삶은 우리 자신만의 삶이기도 하다. 이 두 가지 진실을 동시에 품어야 한다.

그리고 원래 세상만사가 전적으로 가능한 일이 없고 삶은 달콤쌉쌀한 만큼 그것이 전적으로 가능한 일은 아니더라도, 내가 죄책감에 빠지는 경향이 여전히 남아 있더라도, 그것이 뭐든 당신이 없어졌으면 하고 바라는 경향이 여전히 남아 있더라도, 우리 모두가 여전히 완벽하고 아름다운 세계를 향해 채워지지 않는 갈망을 품고 있더라도 우리는 이런 사실들까지도 받아들여야 한다. 챕터 02에서 소개한 시인 루미의 아름다운 시 '사랑의 개들'에서 읊고 있듯, 도움을 원하는 당신의 순수한 슬픔은 비밀의 컵이기 때문이다. 우리가 표현하는 갈망이 사실은 응답의 메시지며, 우리를 눈물짓게 하는 슬픔이 사실은 우리를 결속으로 끌어당겨주기 때문이다.

⟨1월의 하루 : 로어맨해튼January Day: Lower Manhattan⟩

ⓒ Thomas Schaller (thomaswschaller.com)

# 고향에 이르는 길

*그럼에도 당신은 이 삶에서 얻고 싶어 하던 것을 얻었나요?*
*예.*
*원하던 그건 무엇이었나요?*
*나 자신이 이 지상에서 사랑받는 존재라고 자부하고, 느끼는 겁니다.*[1]

– 레이먼드 카버*Raymond Carver*의 시,
'최후의 편린*Late Fragment*' 중에서 발췌

법대 기숙사에서의 그날, 그러니까 내 친구가 왜 장송곡을 듣고 있냐고 물었던 그날 이후로 나는 쭉 달콤쌉쌀함에 자석처럼 끌리는 묘한 마음에 궁금증을 품어왔다. 하지만 그로부터 10년이 더 지나서야 비로소 달콤쌉쌀함의 힘을 활용하는 요령을 배우게 되었다.

33살이 되어 그 계기를 맞았다. 당시에 나는 자유의 여신상이 내려다보이는 월스트리트의 42층 초고층 건물의 사무실에서 7년차 로펌 소속 변호사로 일하고 있었다. 그 7년 내내 하루 16시간씩 일했다. 그

리고 4살 이후부터 내내 작가가 되고 싶다는 어림없는 꿈을 품어왔음에도 아주 야심찬 변호사였고 곧 파트너 변호사로의 승진을 앞두고 있었다. 아니, 그럴 줄로 생각하고 있었다.

어느 날 아침, 스티브 셸런이라는 선임 파트너가 내 사무실 문을 노크했다. 큰 키의 스티브는 기품 있고 예의 바른 사람이었다. 그는 자리에 앉더니 내 책상 위에 놓인 스트레스 해소용 말랑한 공으로 손을 뻗으며 내가 결국 파트너 변호사로 승진하지 못했다고 전해주었다. 그때 나는 내 주위로 건물이 우르르 무너져 내리는 듯했고, 어떤 한 꿈이 절대 이루어지지 않을 것 같은 절망감에 휩싸였었다.

내가 작가가 되고 싶었던 어릴 적 공상을 밀어내고 7년 동안 미친 듯이 일했던 것은 바로 집과 관련된 꿈 때문이었다. 구체적으로 말해 변호사 일을 시작한 첫 주에 다른 선임 파트너가 신참 소속 변호사들을 저녁 식사에 초대해서 간 적이 있다. 초대된 집은, 주변이 나무가 줄지어 심어져 있어 너무 예뻐 보였던 뉴욕 맨해튼 그리니치빌리지의 붉은 벽돌집이었다.

카페와 골동품점들이 늘어선 그 동네의 나무 그늘이 아롱대는 길을 따라 자리한 집들에는 화려한 명판이 걸려 있었다. 시인들과 소설가들이 바로 그 집으로 이사해 영감의 나래를 펼친 내력이 깃들어 있음을 알려주고 있었다. 아이러니하게도 이제는 그 집들이 예술가들이 아니라 변호사들의 소유였더라도, 그 집을 살 돈을 마련하려면 싸구려 시집을 출간하는 것이 아닌, 로펌 파트너 변호사로서 자산담보부증권과 역삼각합병에 매진하게 됐더라고, 나는 그 점을 깊게 생각하지 않았다. 내가 파트너 변호사가 되어 그런 집에 들어가 산다고 해서 19세기풍의 시집을 출간하게 될 일은 없겠지만, 그렇다 해도 어제의 작가들에 의해 빛이 나는 그리니치빌리지에서의 삶을 꿈꿨고, 이 꿈에 도움이 되기 위해 수익률 곡선, 대출 서비스 건폐율을 배우고, 투자 용어 안내서 《월스트리트 워즈Wall Street Words》라는 사전을 주말에 집에 가져가 내 단칸방 아파트에서 촛불을 켜놓고 공부해야 하는 한이 있더라도 충분히 그럴 만한 가치가 있다고 여겼다.

하지만 마음 깊이에서는 스티브 셸런이 나에게 방금 감옥 탈출 카드를 건네주었다는 것을 알고 있었다.

몇 시간 후, 나는 그 로펌을 영영 나왔다. 그리고 몇 주 후에 늘 잘못 끼인 단추처럼 느껴졌던 7년의 관계를 청산했다. 이민을 와 대공황까지 겪은 세대였던 부모님은 나를 실용적인 사람으로 키웠다. 아버지는 집세를 밀리지 않고 잘 낼 수 있도록 법대 진학을 권했고, 어머니는 가임 연령이 지나기 전에 아이를 가져야 한다고 당부했다. 그런데 33살이 되던 해에 나는 직장도, 연인도, 살 곳도 없는 처지가 되었다.

그 무렵 나는 라울이라는 잘생긴 뮤지션을 만나게 되었다. 그는 낮에는 시를 쓰고 밤에는 친구들과 피아노를 에워싸고 서서 노래를 부르는, 호방하고 빛이 나는 사람이었다. 그에게 만나는 사람이 아주 없다고는 말하기 곤란했지만 우리는 서로 감전된 듯 찌릿찌릿하게 통하는 게 있었고 어느새 그를 향한 내 감정은 집착으로 변했다. (다행히) 이전에도 이후에도 그런 집착을 경험한 적 없을 정도였다. 스마트폰이 등장하기 이전 시대였던 당시에 나는 낮에 인터넷 카페들을 들

락거리며 그에게 온 이메일이 있는지 확인했다. 야후의 받은메일함에서 짙푸른색 편지지 그림에 짙은 글씨로 찍힌 그의 이름만 봐도 흥분해서 도파민이 마구 분출되었던 것이 지금도 기억난다. 그는 며칠에 한 번씩 추천 음악을 보내주었다.

그때 나는 맨해튼의 별다른 특징 없는 동네에서 변변한 가구도 없는 좁은 집에 세 들어 혼자 살았다. 복슬복슬한 흰색 러그 한 장만 달랑 깔고 누워 천장을 쳐다보며 라울이 보내준 음악을 들었다. 길 건너편에는 19세기풍의 정원 딸린 교회가, 초고층 빌딩 사이에 낀 좁은 틈바구니에 기적적으로 자리 잡고 있었다. 나는 교회 신도석에 몇 시간씩 앉아 고요한 신비로움이 밴 그곳의 공기를 들이쉬었다. 가끔씩 친구 나오미를 만나 커피를 마시며 가장 근래에 만났을 때 라울이 해준 황홀한 말들을 빼놓지 않고 죄다 늘어놓았다. 나오미로선 하고 또 하는 얘기를 들어주느라 힘들었을 만도 했다. 급기야 어느 날 나오미가 다정한 어조로 짜증을 드러냈다. 네가 이 정도로 집착하는 걸 보면 그 남자가 네가 갈망하는 뭔가를 상징하는 거야.

나오미는 푸른색 큰 눈으로 꿰뚫어보듯 나를 응시했다.

네가 갈망하는 게 뭐야? 나오미가 돌연 진지해져서 물었다.

그때 갑자기 답이 떠올랐다. 라울은 내가 4살 때부터 갈망해온, 글 쓰며 사는 삶의 상징이었다. 완벽하고 아름다운 세상의 사절인 셈이었다. 그리니치빌리지 타운하우스도 역시 그런 딴 세상으로 가는 길을 알려주는 이정표였다. 로펌에서 일하던 수년간의 나는 그 이정표가 가리키는 방향을 잘못 해석하고 있었다. 부동산의 차원에서 생각했지만 고향이 관건이었던 것이다.

그러자 갑자기 집착이 사라졌다. 여전히 라울을 사랑했지만 예뻐하는 사촌을 사랑하는 정도의 사랑이었다. 더는 성적 끌림도 절박감도 일어나지 않았다. 여전히 그리니치빌리지 타운하우스가 너무 좋았지만 이제는 그 집을 꼭 소유하지 않아도 되었다.

나는 본격적으로 글을 쓰기 시작했다.

## 당신이 갈망하는 것은 무엇인가가

———

그러면 이번엔 당신에게 내가 같은 질문을 던져보겠다.

당신이 갈망하는 것은 무엇인가?

어쩌면 당신은 스스로에게 이렇게 물어본 적이 없었을 수도 있다. 당신의 인생에서 중요한 상징들을 찾아내고, 또 그 상징들의 의미를 짚어본 적이 없을지 모른다.

이보다는 다른 질문들을 던졌을 가능성이 높다. 내 커리어상의 목표는 뭐지? 나는 결혼해서 아이를 낳고 싶어 할까? 아무개가 적절한 배우자감일까? 어떻게 하면 도덕적이고 '좋은' 사람이 될 수 있을까? 무슨 일을 해야 할까? 내가 하는 일이 어느 정도까지 나를 특징짓게 해야 할까? 언제쯤 은퇴해야 할까?

하지만 이런 질문들을 아주 깊은 관점에서 자문해본 적이 있는가? 당신이 가장 갈망하는 것, 당신만의 독특한 각인과 독자적 임무, 말로 표현할 길 없는 소명이 뭔지를 물어본 적이 있는가? 지상에서 당신의 가장 가까운 고향은 어디인지 물어본 적은? 실제로 자리 잡고 앉아 종이 맨 위쪽에 '고향'이라고 써놓고 잠시 있어 보면 이어서 뭐라고 쓸 것 같은가?

그리고 당신이 달콤쌉쌀한 기질을 가지고 있거나, 인생 경험을 통해 그런 기질을 갖게 된 사람이라면 내면의 멜랑꼴리를 어떻게 품을지 물어본 적이 있는가? 혹시 당신의 고통을 아름다움으로, 당신의 갈망을 소속감으로 전환시키는 데 유용할 만한 어떤 오래되고 잘 알려진 전통에 속해 있다는 깨달음이 든 적은 없는가?

이번엔 다음과 같은 자문을 해본 적이 있는지 생각해보자. 당신이 아주 좋아하는 예술가나 뮤지션, 운동선수, 기업가, 과학자, 영적 지도자는 누구고, 그 사람을 좋아하는 이유는 무엇이며, 그 사람이 당신에게 상징하는 의미는 뭔가? 잘 떨쳐내지 못하는 아픔은 무엇인가? 그 아픔이 당신의 창의성의 제물이 될 수는 없을까? 비슷한 괴로움을 겪고 있는 다른 이들을 치유해줄 만한 방법은 없을까? 당신의 아픔이 레너드 코헨의 말처럼 해와 달을 품을 방법이 되어줄 순 없을까? 당신은 자신만의 특별한 슬픔과 갈망에 깃든 교훈을 알고 있는가?

혹시 당신의 정체성과 밥벌이 직업 사이에서 심한 격차를 겪고 있진 않은가? 그렇다면 이는 일을 너무 많이 하고 있거나, 너무 안 하거나, 충족감을 주는 일이나 당신에게 맞는 조직 문화를 원하고 있음을 알려주는 메시지다. 아니면 당신에게 필요한 일이 당신의 공식적 직업이나 수입원과 별 관계가 없다는 메시지거나, 당신의 열망이 당신에게 보내고 있을지 모를 그 외의 무수한 메시지다.[*]

아니면 혹시 자녀들이 웃을 때 전율을 느끼지만 울 때는 너무 심한 대리적 고통을 느끼는가? 그렇다면 이는 눈물도 삶의 일부라는 점과, 아이들이 슬픔을 잘 다룰 수 있다는 점을 진정으로 받아들이지 않아서 온 메시지다.

부모님이나 5대 조부모님의 슬픔을 짊어지고 있지는 않은가? 당신의 몸으로 선조들이 겪은 고통의 대가를 치르고 있지는 않은가? 과잉 각성이나 예민한 분노나 끈질기게 먹구름이 따라다니는 기분에 의해 세상과의 관계에 지장받고 있지는 않은가? 그렇다면 여러 시대의 고통을 탈바꿈시킬 방법을 찾아야 한다. 당신 자신의 이야기를 거리낌 없이 글로 쏟아내는 방법도 괜찮다.

지금 혹시 이별이나 사별로 슬퍼하고 있지는 않은가? 그렇다면 그것은 분리가 가장 기본적인 심적 고통이다. 뿐만 아니라 애착은 우리의 가장 마음 깊은 곳의 욕망이다. 당신과 똑같이 자신의 슬픔을 넘어서기 위해 몸부림치며 띄엄띄엄이라도 서서히 슬픔에서 빠져나오는 다른 모든 사람들과 하나로 이어졌다고 인식할 때, 비로소 당신의 고통을 넘어설 수 있다는 사실도 알려준다.

지금 혹시 완벽하고 무조건적인 사랑을 갈망하고 있지 않은가? 매력 넘치는 커플이 컨버터블 자동차를 몰고 어딘지 모를 곳으로 커브 길을 돌리는 아이콘적 광고들에서 그런 류의 사랑을 꿈꾸는가?[2] 하지만 당신은 그런 광고의 핵심이 눈부신 커플이 아니라 빛나는 자동

---

* 그렇다고 꿈을 위해 월급을 포기해야 한다는 얘기는 아니다(나는 여전히 내 부모님과 같은 실용주의자다!). 다만, 꿈을 위한 여지도 만들라는 얘기다.

맺음말

353

차가 향해 가고 있는 보이지 않는 곳임을 차츰 깨닫게 될 수도 있다. 그 커브 길만 돌면 완벽하고 아름다운 세상이 그들을 기다리고 있으며, 그와 동시에 세상의 불꽃이 바로 그들의 내면에서 불붙여지고 있다고. 또한 얼핏 보기에 도달하기 힘든 세상이, 우리의 연애 관계뿐만 아니라 아이들에게 잘 자라고 입맞춤을 해주는 순간, 기타 연주 소리에 환희의 전율을 느끼는 순간, 우리가 태어나기 천 년 전에 죽은 작가가 표현한 황금 같은 진실을 읽게 되는 순간 등 어디에나 존재한다고. 그리고 그 커플이 절대 그 세상에 도달하지 못할 것이며, 도달하더라도 계속 머물지는 못하리라는 사실까지도 알게 될 것이다.

이런 상황에는 우리를 열망으로 내모는 힘이 있다(광고주들은 우리가 이런 열망을 자사의 손목시계나 향수 구매로 만족시키려 하길 기대한다). 이런 커플이 자동차를 몰아가는 세상은 영원히 커브 길 너머에 있다. 그렇다면 이렇게 애를 태우는 진실을 우리는 어떻게 해야 할까?


로펌을 나오고 라울과의 관계를 끝낸 지 얼마 후에 나는 지금의 남편인 켄을 만났다. 그 역시 작가였고, 1990년대에는 가장 유혈 낭자한 전쟁 지역이던 캄보디아, 소말리아, 르완다, 아이티, 리베리아 등지에서 유엔 평화유지 협상 활동을 벌였다.

켄이 그런 활동에 하게 된 이유는 활기 넘치는 성격 이면에 다른 세상을 향한 갈망이 가득했기 때문이다. 켄은 홀로코스트의 유산과 씨름하며 자랐다. 10살 때 켄은 뜬눈으로 누워서, 다락방에 안네 프랑크를 숨겨줄 용기가 있는지 생각해 보기도 했다. 그리고 이후 증명되었듯 퀜은 그랬을 사람이었다. 1990년대의 퀜은 폭풍같이 거친 인간성, 소년병의 세계, 집단 성폭행, 식인, 집단 학살이 벌어지는 현장에 직접 뛰어들었다. 한 어린 친구가 매복 공격 이후 소말리아의 수술대 위에서 죽어갈 때 야전병원 밖에서 속수무책으로 기다린 적도 있고, 90일 동안 마체테(중남미에서 쓰는 벌채용 칼. 무기로도 씀─옮긴이)로 80만 명이 학살당해 사망률이 나치 수용소의 학살 인원을 넘어섰던 르완다에서는 유엔 전범 재판소를 위한 증거 수집 활동을 했다. 이때 턱뼈, 쇄골, 두개골, 엄마 뼈의 품 안에 안긴 갓난아기 뼈들이 여기저기 흩어진 뼈 밭을 걸으며, 올라오는 악취 때문만이 아니라 아무도 그런 살인을 막지 못했다는 사실이 다시 한번 자각되면서 구역질이 나오려는 것을 애써 참았다.

현장에서 그렇게 7년을 보낸 후에는 자신이 하는 그 일이 쓸데없는 일로 느껴지기 시작했다. 아무리 해도 여전히 나쁜 자들이 나오고, 팔다리 잘린 시신들이 널브러지고, 무관심한 방관자들이 나왔다. 아무리 선의가 펼쳐져도, 아무리 영웅적인 단체나 훌륭한 국가나 순수한 동기를 가진 개개인이 나와도, 언제 어디서든 상황은 잔혹하게 변할 수 있었다. 퀜은 고향으로 돌아왔다. 하지만 이제 '고향'은 그에게 다른 의미로 다가왔다. 고향은 친구들과 가족들이었고, 필요하면 언제든 에어컨을 쐬고, 주방 수도꼭지를 틀면 온도를 뜨겁거나 차갑게 마음대로 조절해 물을 콸콸콸 쓸 수 있는 기분 좋은 충격이었다. 하지만 고향은 이브가 사과를 먹은 후의 에덴동산이기도 했다.

사람들은 잊지 말자는 말들을 곧잘 한다. 하지만 퀜에게는 잊지 않으려 마음을 다잡을 필요가 없었다. 자신이 직접 본 현장의 모습을 도저히 잊을 수가 없었다. 그 일들이 뇌리에서 좀처럼 떠나지 않았다. 유일한 선택안은 그 모든 일을 글로 쓰는 것이었다. 자신이 직접 목격한 참상을 기록하는 것이었다. 켄은 글을 쓸 때 책상에 액자 긴 사진을 하나 놔두었다. 르완다의 넓은 뼈 밭 사진이었다. 그 사진은 수많은 해가 흐른 지금도 여전히 그 자리에 있다.

우리가 만났을 때 켄은 누구보다 아끼는 유엔의 친구 2명과 함께 자신들이 직접 체험한 일들을 책으로 엮어 곧 출간을 앞두고 있었다.[3] 참고로, 이 책은 내가 켄의 아내가 아니었더라도 탁월하고 신랄한 작품이라고 평했을 만한 저서다(이렇게 평가하는 사람은 나만이 아니다! 영화배우 러셀 크로우는 미니 시리즈로 제작하기 위해 판권을 사기도 했다).

반면에 나는 실패한 법조인 경력과 직접 쓴 시 몇 편이 다였다(우리 둘이 만났던 당시에 나는 '안 될 거 없잖아'의 정신으로 14행시 형식의 회고록을 쓰고 있었다). 하지만 두 번째 데이트 때 나는 내가 쓴 14행시를 가져가 켄에게 건네주었다. 그리고 그날 밤이 지난 후, 켄이 다음과 같은 이메일을 보내왔다.

대박.
완전 대박.

계속 써 봐요.
딴 일은 다 제쳐둬요.

글을 써요.

글을 써요
여인님
글을 쓰라고요.

켄이 그렇게 믿어준 덕분에 나의 글쓰기에 대한 갈망은 현실이 되었다. 요즘 켄을 보고 있으면, 꼭두새벽에 두 아들의 축구화 끈을 이중 매듭으로 묶어주고, 내 사무실 밖 정원에 천 송이나 되는 야생화를 심어주고, 우리 집 강아지와 잠깐만 페치게임(던진 물건 되물어오기)을 해주려다가도 몇 시간씩 같이 놀아주기도 하는 등의 모습에서 우리의 공감대가 글쓰기를 넘어선다는 생각이 든다. 일상생활 속에서 헌신적인 모습을 보여주는 소소한 순간들은 켄에겐 일종의 예술적 표현의 순간이다. 말하자면 소소한 평온을 일과 속에서 조용하고 달콤쏠쏠하게 기리는 것이다. 우리는 청소년기 동안 서로 다른 곳에 살고 정서적 세계도 떨어져 있었지만, 켄은 갓 시작해 미숙한 내 글을 통해, 또 나는 켄의 글을 통해 서로가 평화로운 회복이라는 예술에 같은 갈망을 품고 있음을 알아봤었던 것이 틀림없다.

## 우리 주변의 흩뿌려진 신성함의 파편을 찾아서

———

하지만 켄은 자신이 믿었던 더 원대한 가망, 즉 영원토록 거대 무덤이 생기지 않는 세상을 여전히 기다리고 있다. 우리 모두가 그런 세상을 여전히 기다리고 있다. 그렇다면 우리는 언제나 잘 잡히지 않는 우리의 가장 소중한 꿈들을 어떻게 해야 할까?

여기에 대해 나는 매번 레너드 코헨의 가슴 아픈 노래 '할렐루야'에 영감을 주었던 유대교의 신비주의 분파, 카발라의 은유적 대답으로 돌아오게 된다. 그 대답은 애초에 모든 피조물이 신성한 빛으로 채워진 그릇이었으나 그 그릇이 깨지면서 흩어져 이제는 신성함의 파편들이 우리 주변에 흩뿌려져 있다는 것이다. 때로는 너무 어두워 그 파편들이 보이지 않고, 또 때로는 우리가 고통이나 갈등으로 너무 정신이 팔려 파편들을 제대로 못 보게 된다. 하지만 우리의 과제는 단순하다. 몸을 숙여 파헤쳐진 그 파편들을 되찾으면 된다. 그리고 그 과정에서, 빛은 어둠에서부터 나올 수 있고, 죽음은 새로운 탄생으로 대체되며, 영혼이 이 쪼개진 세상으로 내려온 것은 올라갈 방법을 배우기 위해서임을 인지하는 것이다.[4] 또한 우리 모두가 서로 다른 파편들에 주목한다는 것을 깨닫는 것이다. 나는 석탄 더미가 보이는데 당신은 그 밑에 묻힌 빛나는 황금을 알아채게 될 수도 있다고.

이 환상에서 주목할 점은 겸손함과 유토피아를 약속하지 않는다는 것이다. 오히려 유토피아 같은 것은 불가능하다고 가르친다. 그 안에 담긴 함축성을 통해, 우리가 가진 것을 소중히 여겨야 한다고, 이룰 수 없는 완벽함을 위해 그 소중한 것들을 버려서는 안 된다고 가르친다. 하지만 우리는 달콤쌉쌀한 전통을 우리 각자의 영역으로, 다시 말해 우리에게 작은 영향력이 있는 세상의 한구석으로 이끌어올 수도 있다.

혹시 지금 10대라면 이랬다 저랬다 하는 감정을 어떻게 이해해보려 애쓰면서, 당신 삶에서의 과제에, 사랑과 일을 찾는 일뿐만 아니라 슬픔과 갈망을 탈바꿈시켜 당신이 선택한 건설적인 힘으로 전환하는 일 등도 포함됨을 깨달을 수 있다.

지금 교사라면, 수전 데이비드의 영어 선생님이 수전에게 노트를 건네주며, 있는 그대로 글을 써보게 해주었듯 당신의 학생들에게도 저마다의 삶의 씁쓸함과 달콤함을 표현해볼 여지를 만들어줄 수 있다. 관리자라면 슬픔이 직장에 마지막 남은 심각한 금기라 생각하고, 건강한 문화, 즉 긍정적이고 애정 어리면서, 어둠은 빛과 함께 온다는 점을 인정하는 달콤씁쓸함의 융합을 통해 창의적 에너지가 깃든 문화를 만들어줄 수 있다.

지금 소셜미디어 설계자라면 업계의 알고리즘이 사용자들에게 신랄한 독설과 악담으로 고통을 부추기기보다, 그 고통을 아름다움과 치유 쪽으로 전환하도록 방향을 돌리기에 너무 늦지 않았다는 것을 알 수 있다. 예술 지망가나 현업 예술가라면 '그것이 뭐든 해소할 수 없는 고통이라면 그 고통을 창의성의 제물로 삼으라'는 말을 차츰 받아들일 수 있다.

심리학자라면 당신의 분야에 신화 학자 진 휴스턴이 말하는 '신성한 심리학'의 여지를 만들고 싶을 수 있다. 여기에서 말하는 신성한 심리학은 그녀의 말대로 "모든 인간의 영혼이 가장 마음 깊은 곳에 품은 열망이 영적 근원으로 돌아가, 그곳에서 영적 교감은 물론 사랑

받는 이와의 결합까지 체험하려는 것"임을 인정하는 것이다.[5]

　신학자라면 우리 문화가 종교에 대한 관심이 점점 줄어들고 있는 문제로 고심 중이지만 영적 갈망이 시기에 따라 다른 모습으로 나타날 뿐, 인간의 불변적 요소임을 깨달을 수 있다. 우리 시대에는 수많은 이들에게 영적 갈망이 심각한 분열을 조장하는 정치의 모습을 취하고 있으나, 이런 영적 갈망에는 우리를 통합으로 나아가게 해주는 힘도 있다.

　지금 상중이라면 (노라 맥키너니의 말처럼) 훌훌 털고 나아가지 않고도 앞으로 나아갈 수 있다고 (오늘 당장은 아니어도 언젠가는 그럴 수 있다고) 차츰 깨달을 수 있다.

　중년의 나이가 되었거나 황혼기에 들어섰다면, 점점 길어지는 그림자가 꼭 우울해할 일이 아니라 멈춰 서서 그동안 너무 정신이 팔려 미처 못 봤던 일상의 영광을 알아볼 기회임을 깨달을 수 있다.

　그리고 속해 있는 영역을 막론하고 누구에게나 아름다움의 방향으로 돌아서도록 권해줄 만한 간단한 격언도 있다. 현대인들이 대체로 알아보지 못한 채 돌아다니고 있을 뿐 신성하고 기적 같은 일들은 어디에나(말 그대로 도처에) 있음을 깨닫기 위해 꼭 특정 믿음이나 지혜의 전통을 따라야 하는 건 아니다. 나는 예전에 19세기의 격언 '아름다움이 진리요, 진리가 아름다움'이라는 말에 어리둥절했었다. 어떻게 예쁜 얼굴이나 보기 좋은 그림 같은 피상적인 것들을 도덕적 위엄이 깃든 진리와 연결 지을 수 있는지 의아했다. 몇십 년이 지나서야 이해했지만, 이 말이 가리키는 아름다움은 자정 미사, 〈모나리자〉, 작은 친절함의 제스처, 영웅적인 행동 등의 여러 입구를 통한 잠깐의 전환적 방문으로 접해볼 수 있는 상태를 말한다.

이 대목에서 출발점으로 되돌아가, 사라예보의 첼리스트와 자신을 무슬림도 크로아티아인도 아닌 뮤지션으로 밝혔던 숲속의 노인을 다시 떠올리게 된다.

아버지가 코로나로 돌아가셨을 때 우리는 무덤가에서 단출한 예배를 가졌다. 아버지와 개인적 친분이 없었으나 잘 모르는 사람의 팬데믹 장례식을 선뜻 맡아준 25살의 신참 랍비가 추도사를 하며 아버지의 하느님 사랑을 칭송했다. '아빠를 잘 모르시는 말씀이네.' 나는 속으로 이런 생각이 들어 실실 웃음이 새어나왔다. 아버지는 유대인으로서 자부심이 있었지만 격식적인 종교는 못견뎌했다. 하지만 나는 눈동자를 굴리면서도 그런 내 반응이 진부한 반사 작용이라는 걸 깨달았다. 이제는 알게 되었다시피, 더는 그 랍비의 발언이 맞지 않는 말로 여겨지지 않았다. 아버지는 하느님을 사랑하긴 했다. 단지, 다른 이름으로, 하느님 외의 여러 이름으로 사랑했을 뿐이다.

이제 나는 아버지가 카발라에서 말하는 깨진 그릇 파편들을 모으는 삶에서 당신의 몫을 잘 해냈다고 여긴다. 우리 모두와 마찬가지로 아버지는 결코 완벽하지 않았다. 하지만 아름다운 일들을, 단지 그것 자체를 위해 꾸준히 행했다. 아버지는 난초에 애정을 가져 지하실에 난초로 가득한 온실을 꾸몄다. 프랑스어의 발음이 너무 좋아 프랑스어를 배워 프랑스에 다녀올 시간이 좀처럼 나지 않았던 점이 안타까

울 정도로 프랑스어를 유창하게 할 줄 알게 되었다. 유기 화학에 푹 빠져서 일요일마다 '유기 화학' 교재를 읽기도 했다. 나에게 여러 가르침을 주기도 했다. 예를 들어, 조용한 삶을 살고 싶다면 그냥 조용한 삶을 살아야 하고, 주목받는 것에 관심 없는 겸허한 사람이 되고 싶다면 주목받는 것에 관심 없는 겸허한 사람이 되어야 한다고, 그렇게 별거 아니라고 가르쳐준 사람도 아버지였다(아버지가 말년에 가르쳐준 이런 교훈들은《콰이어트》를 쓸 때 글의 바탕이 되었다).

내가 지켜본 아버지는 의사로서나, 아버지로서의 역할에도 충실했다. 저녁 식사 후에 의학 학술지를 정독하고, 병원에서는 근무시간이 넘어서까지 모든 환자를 살뜰히 보살펴준 한편 80살이 되도록 다음 세대의 위장병 전문의들을 키워냈다. 아버지는 음악, 탐조, 시 등 당신이 애착을 갖는 취미생활을 자식들과 함께하기도 해서, 어느새 우리도 그런 취미를 좋아하게 되었다. 가장 어릴 적의 기억 하나도 내가 아버지에게 '체어 레코드'를 틀어달라고 몇 번이나 조르고 또 조르던 일이다(이 말은 베토벤의 '황제' 협주곡을 틀어달라는 뜻이었다. 그땐 너무 어려서 베토벤의 이름을 발음하지 못했다).

우리가 음악, 예술, 의학 같은 숭고한 영역에 끌리는 이유는 그것들이 아름답고 치유적이기 때문만이 아니라 그런 영역이 사랑이나 신성을 비롯해 당신이 이름 붙이고픈 그 외 모든 것의 구현이기 때문이다. 아버지가 돌아가시던 날 밤, 내가 음악을 들었던 이유는 그 음악에서 아버지를 찾고 싶어서가 아니었다(아버지를 찾지도 못했다). 부모에 대한 사랑과 노래나 스포츠, 자연이나 문학, 수학이나 과학에 대한 사랑이 단지 완벽하고 아름다운 세계(함께이길 갈망하는 사람들, 머물고 싶은 곳)의 다양한 구현이기 때문이었다. 당신이 사랑하는 이들은 더 이상 이곳에 없을지 모르지만 이 구현들은 영원히 살아 있다.

돌아가시기 얼마 전, 아버지와 나는 전화 통화를 했다. 병원에 입원해 있던 아버지는 힘들게 숨을 쉬고 있었다.

"잘 지내 거라, 우리 딸." 아버지가 전화를 끊으며 건넨 말이었다.

그래서 나는 아버지 말대로 잘 지내려 한다. 부디 당신도 그러길 바란다.

# 감사의 글

2005년에 저작권 에이전트인 리처드 파인을 만났던 순간은 내 인생에서 가장 큰 행운 중 하나였다. 리처드처럼 아주 출중한 전문가를 파트너로 둔다는 건 작가에게 무슨 뜻일까? 책을 어떻게 쓸지 고심하는 데 아주 오랜 시간이 걸리더라도 끝까지 믿어주는 사람이 있다는 뜻이다. 항상 진실성과 문학적 판단력으로 초안과 두 번째, 세 번째, 네 번째 원고에 대해 작가에게 솔직하면서도 기분 상하지 않게 말해주는 사람, 평생 변치 않는 친구가 있다는 뜻이다. 리처드뿐만 아니라 그의 실력 뛰어난 동료들, 린지 블레싱(다들 그녀가 말하는 대로 하면 별 문제가 없을 정도로 일을 잘하는 능력자다), 알렉시스 헐리, 너새니얼 잭슨 그리고 잉크웰의 모든 팀에게도 정말 감사드린다. 특히 초안을 읽고 원고를 완전히 바꾸도록 조언해준 엘리자 로스스테인와 윌리엄 캘러헌에게 감사드린다.

편집자인 질리언 블레이크는 제때 제때 적절한 피드백을 주는 거의 기적 같은 본능을 지녔다. 질리언은 아주 뛰어나고 이해력이 좋으며, 항상 내가 필요로 하는 그 순간마다 곁에 있어 주었다. 이 책이 마음에 든다면, 당신은 나만큼 질리언의 일솜씨를 좋아하는 것이다. 수년간 크라운의 뛰어난 팀과 함께 일한 것은 정말 큰 행운이었다. 줄리 케플러, 마커스 돌, 데이비드 드레이크, 크리스틴 존스턴, 레이철 클레이만, 에이미 리, 매들린 매킨토시, 레이철 로키키 "슈퍼스타," 앤슬리 로스너, 샹텔 워커에게 이루 말할 수 없이 감사하다.

나는 (이 원고를 심도 있게 편집해준) 다니엘 크루, 줄리아 머데이, 파피노스와 물론 베네치아 버터필드와 조엘 리켓 등 영국의 펭귄북스/바이킹 출판사 팀과 수년간 파트너십을 이뤄오면서 매 순간이 정말 즐거운 시간이었다.

나만큼 이 책의 표지가 정말 마음에 든다면, 미술을 맡은 재키 필립스와 레이아웃을 맡은 에반 개프니 덕분이다.

르네 우드와는 지금까지 거의 10년간 함께 일했는데, 르네가 지닌 사교 능력, 역량, 통찰력, 꼼꼼함, 더욱더 노력하려는 자세, 독보적 유머 감각이 없었다면, 내가 여기까지 어떻게 왔을지 막막하다. 만성병에도 불구하고 세상에 빛을 비추는 르네의 능력에 매일 자극을 받는다. 그 사이에 르네는 남편이 된 프린스 레온 우드를 만나 가족이 되기도 했다.

조지프 힌슨, 조슈아 케네디, 엠마 라슨, 로넌 스턴에게도 대단히 감사드린다. 많은 응원과 뛰어난 능력으로 원고를 팩트체크 해주고 추가 조사까지 해주며 이 책을 끝마치도록 도와준 로리 플린와 스테이시 칼리쉬에게 깊은 감사를 드린다. 부디 평생 동료로 지내길 바란다.

이 책이 출판되기 거의 3년 전에 이 책의 개념을 발표할 기회를 제공해주고, 정말 많은 사람의 아이디어를 공유하도록 도와준 크리스 앤더슨, 줄리엣 블레이크, 올리버 프리드먼, 브루노 주산니와 켈리 스퇴첼를 비롯한 TED 콘퍼런스에 대단히 감사드린다.

또한 스피커스 오피스Speaker's Office의 뛰어난 팀인 트레이시 블룸, 제니퍼 캔조너리, 제시카 케이스, 홀리 캐치폴, 크리스털 데이비슨, 캐리 글래스고, 미셸 월레스와 WME 에이전시의 벤 데이베스와 마리사 후르비츠가 보여준 우정과 지지에 정말 감사드린다.

제리 빙엄은 내가 이 달콤쌉쌀함 프로젝트를 막 시작했을 무렵에 만났다. 제리는 사랑스럽고 엉뚱하며, 사색적인 천성, 달콤쌉쌀함에 대한 생각, 물려받은 슬픔, 그리고 삶 자체를 공유해 주었다. 그 덕분에 이후로 쭉 더 나은 삶을 누리고 있기도 하다. 브렌던 케이힐 코치는 어느 날 불쑥 우리 가정의 생활 속으로 들어와 한없어 보이는 지혜의 보고를 개방해주고, 따뜻한 마음과 영감을 펼쳐 보여주었다. 처음부터 이 프로젝트를 이해하며 장려해주고, 자신의 사회적 인식을 조리 있게 술술 밝히며 자주 감탄을 안겨주고, 듣기 좋은 달콤쌉쌀한 음악을 수시로 보내주며, 자신의 쌉쌀한 경험을 달콤한 경험으로 바꿨던 진정한 친구이자 줄곧 텔루라이드 글쓰기 파트너였던 에이미 커디에게 각별한 감사의 마음을 전하고 싶다. 지난 5년간, 심지어 (특히 더) 힘겨웠던 때도 우리 부모님을 극진히 잘 보살펴준 "QC" 칼라 데이비스와 미찌 스튜어트에게 항상 감사드린다. 에밀리 에스파하니 스미스는 수년간 연구와 글쓰기를 하면서 친해진 정신적 동반자이자 마음이 맞는 훌륭한 친구다. 크리스티 플레처는 달콤쌉쓸한 세월을 보내는 동안에 알게 된 소중한 친구이자 조언자면서 천재적인 사업가다. 크리스티를 알게 된 건 정말 행운이라고 생각한다. 이 책을 쓰는 동안과 그 이전부터 우리 가족을 한결같이 돌봐준 마리짜 '빅허그' 플로레스에게 언제까지나 사랑한다는 마음을 전하고 싶다. 미치 조젤은 TED에서의 아침 식사 자리에서 친해진 이후로 달콤쌉쓸한 시간을 거치면서도 우정을 계속 이어왔을 뿐만 아니라, 그 열광도가 나에 못지않게 느껴질 만큼 레너드 코헨을 좋아하기도 한 벗이다. 나와 함께 달콤쌉쓸함 테스트를 하고 검증하며, 달콤쌉쓸한 주제에 관한 다양한 얘기를 나누고, 특히 자신들의 우정과 친절을 베풀며 인생관을 공유해준 스콧 배리 카우프만과 데이비드 야든에게 정말 감사드린다. 에밀리 클라인과 나는 함께 아이들을 키우며 서로 온전한 정신을 지키도록 힘이 되어주었고, 지금도 여전히 즐겁고 달콤쌉쓸한 삶을 계속 함께 나누고 있다. 캐시 랑케나우-윅스는 대학교 신입생 오리엔테이션 이후로 깊은 대화를 나누는 변함없는 친구가 되었다. 캐시는 인생의 기쁨과 슬픔(그리고 웃음)을 함께 나눈다는 것이 어떤 의미인지에 대해 나에게 많은 깨우침을 주었다. 지난 몇 년간 레스 스니드가 나에게 보여준 사려 깊고 효과적인 리더십과 우리 가족에게 베풀어준 아주 후덕한 마음은 나에게 큰 힘이 되어주었다. 카라 헨더슨은 단조 음악뿐만 아니라 그 밖의 온갖 주제에 대해 곧잘 뜻밖의 즐거운 메시지를 전해주며 어느새 나와 가까운 사이가 되었다. 이 책을 쓰려고 맨 처음에 인터뷰한 사람 중 한 명인 다정한 엠마 세파는, 수년간 불교, 힌두교, 자애 명상에 대해 많은 가르침을 주었다. 마리솔 시마르는 책 표지에 대한 논의에서 뛰어난 통찰력과 관대함을 발휘해 주었다. 마리솔과 벤 팰척은 우리 가족이 운 좋게 길 건너편으로 이사한 이후로 훌륭하고 진실한 친구 사이가 되었다. 앤드루 톰슨과 아내인 수지는 우리 가족과 가장 가까운 친구다. 포위되었던 당시의 사라예보에 대해 끊임없이 물었던 내 질문에 대해 힘들게 얻은 지식을 끌어내 참을성 있게 대답해 주었던 앤드루에게 고마운 마음을 전한다. 거의 평생의 친구이자 말동무인 '나의 주디타' 반데르 라이스에게는, 재치와 유머를 겸비하고 딱 봐도 달콤쌉쌀하지 않은 자아의 소유자인 것 자체에 고마움을 표한다. 실제로 겪어보지 않았음에도 향수가 느껴지는 감정 같은 게 있다면, 내가 어렸을 때 가장 친한 친구였던 레베카 윌리스-시걸에게 느끼는 감정이 그렇다. 30살이 되어서야 직접 만나게 되었지만 달콤쌉쌀한 프로젝트를 통해 배웠듯이, 우리의 만남은 결코 너무 늦지 않았다. 칼리 요스트는 달콤쌉쌀한 가족 얘기와 자신의 우정과 거리낌 없는 열정적인 모습을 아낌없이 나눠줬다.

이 책을 위해 인용하거나 조사 또는 인터뷰하면서 신세 진 모든 분에게 감사드린다. 마야 안젤루, 조지 보나노, 알랭 드 보통, 안나 브레이버만, 윌리엄 브레이트바트, 로라 카스텐슨, 팀 장, 레너드 코헨, 키스 코미토, 찰스 다윈, 수전 데이비드, 오브리 드 그레이, 라파엘라 드 로사, 르네 덴펠드, 피트 닥터, 제인 더튼, 바버라 에런라이크, 폴 에크먼, 릭 폭스, 닐 가블러, 드류 길핀 파우스트, 스티븐 하프, 고바야시 이사, 후리아 자자이에리, 제이슨 카노프, 대커 켈트너, 김민진, 팀 레베레히트, C. S. 루이스, 마리아나 린, 로라 매든, 모린, 노라 맥키너니, 라라 누에르, 제임스 페니베이커, 심카 라파엘, 잘랄 앗 딘 루미, 샤론 잘츠버그, 스콧 샌디지, 로이스 슈니퍼, 탄야 슈바르츠뮐러, 베드란 스마일로비치, 리 스리, 애미 바이디아, 르웰린 본 리, 오베 빅스퇴르, 다 윌리엄스, 모니카 월린, 레이철 예후다에게 고마움을 표한다.

이 책에서 이름을 언급하지 않았지만 공식 인터뷰나 읽기 자료나 우정을 통해 저에게 번뜩이는 의견을 준 다음의 분들에게도 감사드린다. 레라 아우어바흐, 케이트 아우구스투스, 앤드루 아이레, 존 베이컨, 바버라 베커, 마틴 베이틀러, 안나 벨트란, 온스 벤 자쿠르, 버거 가족, 젠 버거, 리사 베리크비스트, 스파이로스 블랙번, 브레네 브라운, 브렌드 케이힐, 린제이 카멜론, 로버트 초도 캠벨 스승님, 폴 코스터, 조나 커디, 캐서린 커닝엄, 게쉬 다둘, 리치 데이, 리아 부파 데 페오, 마이클 드 페오, 레지나 듀간, 코신 페일리 엘리슨 스승님, 로빈 엘리, 오스카 유스티스, 아론 페도르, 티머시 페리스, 조나단 필즈, 셰리 핑크, 에릭 플로레스, 니콜 플로레스, 짐 파이프, 라시미 강굴리, 다나 가레마니, 파니오 기아폴로스, 케리 깁슨, 힐러리 하잔 글라스, 마이클 글라스, 로버트 글록, 세스 고딘, 애슐리 구달, 애덤 그랜트, 세스 그린, 루퍼스 그리스콤, 조나단 하이트, 애슐리 하딘, 안나카 해리스, 샘 해리스, 짐 호로한, 모린 호로한, 졸탄 이슈트반, 제이슨 카노프, 제프 캐플런, 하이디 카세비치, 금 가족, 아리엘 김, 찰리 김, 에밀리 클라인, 피터 클로즈, 코마츠 히토미, 사마다 코플만, 이희선, 로리 레서, 살리마 리한다, 마리아나 린, 로이트 리브네-타란다크, 로마 매든, 파라 마허, 샐리 마이틀리스, 나탈리 맨, 프랜 마튼, 조디 마수드, 메건 메신저, 리사 밀러, 맨디 오닐, 슐로밋 오렌, 아만다 파머, 네일 파스리챠, 애니 머피 폴, 다니엘라 필립스, 세실 피르, 조슈아 프래거, 존 래틀리프, 제인 리우, 지엘린 라일리, 그레첸 루빈, 매튜 삭스, 라드 살만, 아비바 사피어, 매튜 쉐퍼, 조나단 시첼, 낸시 시겔, 피터 심스, 팀 스미스, 브란데와 데이비드 스텔링스, 대피 스턴, 수거만 가족, 톰 스기우라, 스티브 서먼, 팀 어번, 파타네 바즈바이 스미스, 장 부시나스, 샘 워커, 제레미 월리스, 해리엇 워싱턴, 앨런 와인버그, 아리 와인즈와이그, 크리스티나 워크맨, 인비지블 연구소와 넥스트 빅 아이디어 클럽과 실리콘 길드의 동료분들.

여러 가지로 우리 가족에게 감사를 전하고 싶다. 사랑하는 어머니, 아버지, 형제자매, 할아버지, 할머니와 폴라 예기아얀에게 감사드린다. 정말로 큰 도움을 준 바버라와 스티브, 조나단, 에밀리, 로이스, 머리, 소중한 사촌 로머와 와인스타인, 존경하는 가족인 하이디 포슬웨이트에게 감사드린다. 함께 있으면 항상 즐겁고, 우리에게 제2의 고향이 된 앤 아버 하우스에서 보여준 사랑과 지지와 친근감으로 인생에서 가장 큰 즐거움을 준 바비, 알, 스티브 케인에게도 감사드린다.

그 무엇보다도 사랑하는 켄, 샘, 엘리, 반려견 소피에게 고마움을 전한다. 소피야, 우리를 산책시켜 주고 발을 내주는 넌, 완벽하고 아름다운 세상에서 우리 집으로 곧장 온 것만 같아. 엘리야, 어느 날 넌 내가 머리를 쥐어뜯으며 어떻게 책을 구성할지 고심하는 걸 눈치채고서 "힘든 건 알지만 엄마 스스로에게 '할 수 있다'고 말해줘'라는 쪽지를 건네줬지. 최고 수준을 유지하는 에이스 선수가 준 그 충고는 나한테 정말 감동이었어. 너처럼 자기 분야에 전념을 다하는 열정적인 11살짜리 필드 골키퍼는 본 적이 없어. 우리는 네가 똑같은 열정으로 학업에서 뛰어난 성적을 거두는 모습을 보며 자랑스러워 어쩔 줄 몰랐지. 하지만 그중에서도 네가 좋은 사람으로 타고난 듯한 공감력을 발휘하며 써준 글이었기에 그 말이 나한테 더 와닿았어. 샘, 네가 아기였을 때 다정하고 명민한 표정을 지었던 얼굴을 결코 잊지 못할 거야. 이 아이가 14살엔 어떤 사람이 될까를 생각했었지. 그런데 내가 이 책을 쓸 무렵, 넌 미소로 곳곳을 환하게 밝히고, 수차례나 해트트릭으로 운동장을 열광에 빠트리고, 풍자적 유머와 뛰어난 머리와 순수한 품위로 가까운 친구를 많이 사귀고 좋은 성적을 유지하는 동시에 운동도 잘하는 학생이 되어 있었지. 머지않아 넌 그런 재능을 세상과 공유하게 될 거야. 그리고 네 아빠와 난, 그런 네가 처음부터 우리와 함께해서 우리가 얼마나 운이 좋은지를 생각하고 또 생각할 거야. 별명이 켄인 곤조, 당신은 내가 집에서 글을 쓰는 동안에 아이들을 데리고 모터보트 타기, 공 던지기, 스케이트 타기 등 활동적인 놀이로 많이 놀아주고, 두 번이나 밤을 꼬박 새우며 이 원고를 편집해주고, 나에게 빵집에서 사온 커피와 정원에서 꺾은 꽃을 가져다 줬어요. 그리고 곁에 있어 주면서 열정과 독특한 유머 감각을 보여주고, 동료와 함께 준토스 소모스 마스juntos somos mas라는 사업에 매진하며 매일 우리에게 즐거움을 줬어요.

여는 글 : 사라예보의 첼리스트

1. 이 이야기의 자세한 내용은 스티븐 갤러웨이Steven Galloway의 소설《사라예보의 첼리스트》에서 참고했다 (New York: Riverhead Books, 2009). 베드란 스마일로비치의 연주는, 빵을 사기 위해 줄 서 있던 22명이 사망한 지 12일 후인 1992년 6월 6일에《뉴욕 타임스》를 비롯한 수많은 뉴스 기사로도 보도되었다. https://www.nytimes.com/1992/06/08/world/death-city-elegy-for-sarajevo-special-report-people-under-artillery-fire-manage.html

2. Adagio in G Minor, Britannica online, https://www.britannica.com/topic/Adagio-in-G-Minor

3. Allan Little, "Siege of Sarajevo: The Orchestra That Played in the Midst of War," BBC Newshour, Dec. 21, 2018, https://www.bbc.co.uk/programmes/p06w9dv2

# 들어가는 글 : 달콤씁쓸함의 힘

1. A handwritten copy of the poem can be seen on the Garden Museum website, 가든 박물관Garden Museum의 다음 웹사이트에 들어가보면 이 시의 육필 사본을 볼 수 있다. https://gardenmuseum.org.uk/collection/the-garden/

2. 아리스토텔레스의《문제집Problema》제30권에서 멜랑꼴리와 천재성 사이의 연관성에 대해 다루고 있다. 다음을 참조. Heidi Northwood, "The Melancholic Mean: The Aristotelian Problema XXX.1," Paideia Archive, https://www.bu.edu/wcp /Papers/Anci/AnciNort.html

3. U.S. National Library of Medicine, "Emo-tions and Disease," History of Medicine, https://www.nlm.nih.gov/exhibition/emotions/balance.html

4. 특히 '예리한 의식'의 개념을 비롯한, 달콤씁쓸함에 대한 착상은 젠주흐트에 대해 쓴 C. S. 루이스의 글에서 영감을 얻었다.

5. Marsilio Ficino, letter to Giovanni Cavalcanti, Letters 2, no. 24 (1978): 33-34, in Angela Voss, "The Power of a Melancholy Humour," Seeing with Different Eyes: Essays in Astrology and Divination, ed. P. Curry and A. Voss (Newcastle, UK: Cambridge Scholars, 2007).

6. Albrecht Dürer, "Melencolia I, 1514," https://www.metmuseum.org/art/collection/search/336228

7. Charles Baudelaire, Les Fleurs du mal. Kevin Godbout, "Saturnine Constellations: Melancholy in Literary History and in the Works of Baudelaire and Benjamin" (quoting Baudelaire's "Fusées") (Ph.D. diss., University of Western Ontario, 2016).

8. Julia Kristeva, The Black Sun: Depression and Melancholy, trans. Leon S. Roudiez (New York: Columbia University Press, 1989), 10. 다음도 참조. Emily Brady and Arto Haapala, "Melancholy as an Aesthetic Emotion," Contemporary Aesthetics, vol. 1, 2003.

9. Susan David, "The Gift and Power of Emotional Courage," TED Talk, 2017, https://www.ted.com/talks/susan_david_the_gift_and_power_of_emotional_

courage/transcript?language=en

10. 이 내용은 1권에서 언급되고 5권에서 상세히 다루어진다. 다음을 참조. http://classics.mit.edu/Homer/odyssey.5.v.html

11. 우리의 위인 이야기는 '영웅의 여정'이라는 개념을 띤다. 주인공이 모험에 나서 큰 도전에 직면하면서 변신한 모습으로 나타나는 형식이다. 할리우드 영화 대다수가 이런 발전을 스토리텔링의 바탕으로 삼는다. 하지만 우리는 '영원의 여정'이라고 부를 만한 또 다른 중요한 이야기는 잊어버렸다. 이런 이야기에서는, 우리가 우리의 진정한 고향에서 추방당한 느낌을 갖고 이 세상에 왔고, 우리가 가늠할 수 없을 정도로 사랑했고 사랑받았던 상태에서 분리됨으로 인한 고통을 느끼고 있으며, 갈망의 달콤한 고통이 우리를 그곳으로 되돌아가게 해준다는 깨우침이 담긴다. 우리가 아름다움을 갈망하는 이유는 갈망이 이 고향을 상기시켜 그 여정으로 불러들이기 때문이다.

12. Llewellyn Vaughan-Lee, "Love and Longing: The Feminine Mysteries of Love," Golden Sufi Center, https:// goldensufi.org/love-and-longing-the-feminine-mysteries-of-love/

13. Thom Rock, Time, Twilight, and Eternity: Finding the Sacred in the Everyday (Eugene, Ore: Wipf and Stock, 2017), 90.

14. Vaughan-Lee, "Love and Longing."

15. Saint Augustine of Hippo, Confessions, https://www.vatican.va/spirit/documents/spirit_20020821_agostino_en.html

16. Jean Houston, The Search for the Beloved: Journeys in Mythology and Sacred Psychology (New York: J. P. Tarcher, 1987), 228.

17. Mark Merlis, An Arrow's Flight (New York: Macmillan, 1998), 13.

18. C. S. 루이스, 《우리가 얼굴을 찾을 때까지》(New York: HarperOne, 2017), 86.

19. "13 Praise-Worthy Talent Show Performances of Leonard Cohen's 'Hallelujah,'" Yahoo! Entertainment, November 11, 2016, https://www.yahoo.com/news/13-praise- worthy-talent-show-performances-of-leonard cohens-hallelujah-081551820.html

20. 이 개념은 특히 다음에 잘 다루어져 있다. 조지프 캠벨, 《신화와 인생》, 다이

안 케인 오스본 엮음. (New York: HarperCollins, 1991); 다음도 참조. https://www.jcf.org/works/quote/participate-joyfully/

21. Janet S. Belcove-Shalin, New World Hasidim (Albany: State University of New York Press, 2012), 99.

22. D. B. Yaden and A. B. Newberg, The Varieties of Spiritual Experience: A Twenty-First Century Update (New York: Oxford University Press, forthcoming); D. B. Yaden et al., "The Varieties of Self-Transcendent Experience," Review of General Psychology 21, no. 2 (June 2017): 143–60, https://doi.org/10.1037/gpr0000102

23. Northwood 앞에서 언급한 문헌.

## CHAPTER 01 슬픔은 어떤 쓸모가 있는가?

1. Naomi Shihab Nye, "Kindness," in Words Under the Words: Selected Poems (Portland, Ore: Eighth Mountain Press, 1995), 42.

2. Dacher Keltner and Paul Ekman, "The Science of Inside Out," The New York Times, July 3, 2015, https://www.nytimes.com/2015/07/05/opinion/sunday/the-science-of-inside-out.html

3. Alan S. Cowen and Dacher Keltner, "Self- report Captures 27 Distinct Categories of Emotion Bridged by Continuous Gradients," Proceedings of the National Academy of Sciences 114, no. 38 (September 2017); https://www.pnas.org/content/114/38/E7900.abstract. 다음도 참조. Wes Judd, "A Conversation with the Psychologist Be-hind 'Inside Out,'" Pacific Standard, July 8, 2015; https://psmag.com/social-justice/a-conversation-with-psychologist-behind-inside-out

4. 피트 닥터와의 인터뷰, 2016년 11월 30일. 다음도 참조. "It's All in Your Head: Director Pete Docter Gets Emotional in Inside Out," Fresh Air, NPR, July 3, 2015, https://www.npr.org/2015/07/03/419497086/its-all-in-your-head-director-pete-docter-gets-emotional-in-inside-out

5. 피트 닥터와의 인터뷰, 2016년 11월 30일.

6. "It's All in Your Head."

7. "Inside Out Sets Record for Biggest Original Box Office Debut," Business Insider, June 2015, https://www.businessinsider.com/box-office-inside-out-sets-record-for-biggest-original-jurassic-world-fastest-to-1-billion-2015-6

8. Keltner and Ekman, "Science of Inside Out."

9. 저자가 2018년 11월을 비롯해 여러 차례에 대커 켈트너와 나눈 인터뷰.

10. 대커 켈트너, 《선의 탄생 : 나쁜 놈들은 모르는 착한 마음의 비밀》(New York: W. W. Norton, 2009).

11. "What Is Compassion?," Greater Good Magazine, https://greatergood.berkeley.edu/topic/compassion/definition

12. 엄밀히 말하자면, 닉 케이브는 '슬픔'보다 '고통'에 대해 언급한 것이었다. 그의 블로그인 다음을 참조. Red Hand Files, https://www.theredhandfiles.com/utility-of-suffering/

13. 신경과학자인 자코모 리촐라티(Giacomo Rizzolatti) 박사의 파르마 대학교 연구진은 마카크 원숭이들이 자기가 물건을 움켜잡았을 때와 다른 영장류가 같은 물건을 움켜잡는 것을 지켜볼 때 이 원숭이들의 뇌에서 활성화되는 개별 뉴런을 발견해, 1990년대 초에 '거울뉴런(mirror neuron)'을 최초로 발견했다. 다음을 참조. Lea Winerman, "The Mind's Mirror," Monitor on Psychology 36, no. 9 (October 2005), https://www.apa.org/monitor/oct05/mirror

14. C. Lamm, J. Decety, and T. Singer, "Meta-Analytic Evidence for Common and Distinct Neural Networks Associated with Directly Experienced Pain and Empathy for Pain," NeuroImage 54, no. 3 (February 2011): 2492-502, https://doi.org/10.1016/j.neuroimage.2010.10.014

15. Jennifer E. Stellar and Dacher Keltner, "Compassion in the Autonomic Nervous System: The Role of the Vagus Nerve," in Compassion: Concepts, Research, and Applications, ed. P. Gilbert (Oxfordshire, UK: Routledge, 2017), 120-34. 다음도 참조. Brian DiSalvo and Dacher Keltner, "Forget Survival of the Fittest: It Is Kindness That Counts," Scientific American, February 26, 2009.

16. Dacher Keltner, "The Compassionate Species," Greater Good Magazine, July 31, 2012, https://greatergood.berkeley.edu/article/item/the_compassionatespecies

17. J. D. Greene et al., "The Neural Bases of Cognitive Conflict and Control in Moral Judgment," Neuron 44, no. 2 (October 2004): 389-400, https://doi.org/10.1016/j.neuron.2004.09.027

17. J. D. Greene et al., "The Neural Bases of Cognitive Conflict and Control in Moral Judgment," Neuron 44, no. 2 (October 2004): 389-400, https://doi.org/10.1016/j.neuron.2004.09.027

18. J. B. Nitschke et al., "Orbitofrontal Cortex Tracks Positive Mood in Others Viewing Pictures of Their Newborn Infants," NeuroImage 21, no. 2 (February 2004): 583-92, http://dx.doi.org/10.1016/j.neuroimage.2003.10.005

19. James K. Rilling et al., "A Neural Basis for Social Cooperation," Neuron 35 (July 2002): 395-405, http://ccnl.emory.edu/greg/PD%20Final.pdf

20. Yuan Cao et al., "Low Mood Leads to Increased Empathic Distress at Seeing Others' Pain," Frontiers in Psychology 8 (November 2017), https://dx.doi.org/10.3389%2Ffpsyg.2017.02024

21. J. K. Vuoskoski et al., "Being Moved by Unfamiliar Sad Music Is Associated with High Empathy," Frontiers in Psychology (September 2016), https://doi.org/10.3389/fpsyg.2016.01176

22. Nassir Ghaemi, A First-Rate Madness: Uncovering the Links Between Leadership and Mental Illness (New York: Penguin Books, 2012), 85.

23. Michael Brenner, "How Empathic Content Took Cleveland Clinic from Zero to 60 Million Sessions in One Year," Marketing Insider Group, August 29, 2019, https://marketinginsidergroup.com/content-marketing/how-empathetic-content-took-cleveland-clinic-from-zero-to-60-million-sessions-in-6-years/

24. Gretchen Rubin, "Everyone Shines, Given the Right Lighting," January 26, 2012, https://gretchenrubin.com/2012/01/everyone-shines-given-the-right-lighting

25. https://embodimentchronicle.wordpress.com/2012/01/28/the-happiness-of-melancholy-appreciating-the-fragile-beauty-of-life-and-love/

26. Keltner, "Compassionate Species."

27. Center for Whale Research, "J35 Up-date," August 11, 2018, https://www.whaleresearch.com/j35

28. Virginia Morell, "Elephants Con-sole Each Other," Science Magazine, February 2014, https://www.sciencemag.org/news/2014/02/elephants-console-each–other

29. Alfred, Lord Tennyson, "In Memoriam."

30. Dan Falk, "The Complicated Legacy of Herbert Spencer, the Man Who Coined 'Survival of the Fittest,'" Smithsonian Magazine, April 29, 2020, https://www .smithsonianmag.com/science-nature/herbert-spencer-survival-of-the-fittest-180974756/

31. Dacher Keltner, "Darwin's Touch: Survival of the Kindest," Greater Good Magazine, February 12, 2009, https://greatergood.berkeley.edu/article/item / darwins_touch_survival_of_the_kindest

32. Deborah Heiligman, "The Darwins' Marriage of Science and Religion," Los Angeles Times, January 29, 2009, https://www.latimes.com/la-oe-heiligman29-2009jan29- story. html

33. Kerry Lotzof, "Charles Darwin: History's Most Famous Biologist," Natural History Museum, https://www.nhm.ac.uk/discover/charles-darwin-most-famous-biologist.html

34. Charles Darwin's Beagle Diary (Cambridge: Cambridge University Press, 1988), 42.

35. Adam Gopnik, Angels and Ages: A Short Book About Darwin, Lincoln, and Modern Life (New York: Alfred A. Knopf, 2009); Deborah Heiligman, Charles and Emma: The Darwins' Leap of Faith (New York: Henry Holt, 2009).

36. Adrian J. Desmond, James Richard Moore, and James Moore, Darwin (New

York: W. W. Norton, 1994), 386.

37. "The Death of Anne Elizabeth Darwin," Darwin Correspondence Project, University of Cambridge, https://www.darwinproject.ac.uk/people/about-darwin/family-life/death-anne-elizabeth-darwin

38. Charles Darwin, The Descent of Man, and Selection in Relation to Sex (1872; repr., London: D. Appleton, 2007), 69, 84.

39. 위와 같은 책, 74-75.

40. 위와 같은 책, 78.

41. 폴 에크먼의 다음 강연 참조. "Darwin and the Dalai Lama, United by Compassion," June 17, 2010, https://www.youtube.com/watch?v=1Qo64DkQsRQ

42. Algis Valiunas, "Darwin's World of Pain and Wonder," New Atlantis (Fall 2009-Winter 2010), https://www.thenewatlantis.com/publications/darwins-world-of-pain-and-wonder

43. Darwin, Descent of Man, 96.

44. 위와 같은 책, 97.

45. Paul Ekman, "The Dalai Lama Is a Darwinian," Greater Good Magazine, June 2010, https://greatergood.berkeley.edu/video/item/the_dalai_lama_is_a_darwinian

46. Dalai Lama, Emotional Awareness: Overcoming the Obstacles to Psychological Balance and Compassion (New York: Henry Holt, 2008), 197. 관련 내용은 다음의 폴 에크먼 강연 참조. "Darwin and the Dalai Lama, United by Compassion," June 17, 2010, Greater Good Science Center, University of California, Berkeley, https://www.youtube.com /watch?v=1Qo64DkQsRQ

47. Ekman, "Darwin and the Dalai Lama"; "The Origins of Darwin's Theory: It May Have Evolved in Tibet," Independent, February 16, 2009, https:// www.independent.co.uk/news/science/the-origins-of-darwin-s-theory-it-may-have-evolved-in-tibet-1623001.html

48. "Origins of Darwin's Theory."

49. J. J. Froh, "The History of Positive Psychology: Truth Be Told," NYS

Psychologist (May–June 2004), https://scottbarrykaufman.com/wp-content/uploads/2015/01/Froh-2004.pdf

50. Barbara Held, "The Negative Side of Positive Psychology," Journal of Humanistic Psychology 44, no. 1 (January 2004): 9–46, http://dx.doi.org/10.1177/0022167803259645

51. Nancy McWilliams, "Psychoanalytic Reflections on Limitation: Aging, Dying, Generativity, and Re-newal," Psychoanalytic Psychology 34, no. 1 (2017): 50–57, http://dx.doi.org/10.1037/pap0000107

52. "The Upside of Being Neurotic," Management Today, May 10, 2018, https://www.managementtoday.co.uk/upside-neurotic/personal-development/article/1464282

53. Tim Lomas, "Positive Psychology: The Second Wave," Psychologist 29 (July 2016), https://thepsychologist.bps.org.uk/volume-29/july/positive-psychology-second-wave

54. Scott Barry Kaufman, Transcend: The New Science of Self-Actualization (New York: Pen-guin Books, 2020), 223.

55. Dacher Keltner, "What Science Taught Me About Compassion, Gratitude and Awe," November 4, 2016, https://www.dailygood.org/story/1321/what-science-taught-me-about-compassion-gratitude-and-awe/

56. Piff et al., "Higher Social Class Predicts Increased Unethical Behavior," Proceedings of the National Academy of Sciences 109, no. 11 (February 2012): 4086.91, http://dx.doi.org/10.1073/pnas.1118373109

57. Kathleen D. Vohs et al., "The Psychological Consequences of Money," Science 314, no. 5802 (November 2006): 1154-56, https://doi.org/10.1126/science.1132491

58. Lisa Miller, "The Money-Empathy Gap," New York, June 29, 2012, https://nymag.com/news/features/money-brain-2012-7/

59. J. E. Stellar, V. M. Manzo, M. W. Kraus, and D. Keltner, "Class and Compassion: Socioeconomic Factors Predict Responses to Suffering,"

Emotion 12, no. 3 (2012): 449-59, https://doi.org/10.1037/a0026508

60. Keltner, "What Science Taught Me About Compassion."

61. Hooria Jazaieri, "Six Habits of Highly Compassionate People," Greater Good Magazine, April 24, 2018, https://greatergood.berkeley.edu/article/item//six_habits_of_highly_compassionate_people

62. Jazaieri, "Six Habits of Highly Compassionate People."

## CHAPTER 02 우리는 왜 완벽하고 무조건적인 사랑을 갈망하는가?

1. C. S. 루이스, 《우리가 얼굴을 찾을 때까지》, 86.

2. 로버트 제임스 월러, 《매디슨 카운티의 다리》 (New York: Warner Books, 1992); "Bridges of Madison County Author Robert James Waller Dies, 77," BBC News, March 10, 2017, https://www.bbc.com/news/world-us-canada-39226686

3. 플라톤, 《향연》, 12 (of the MIT Symposium document), http://classics.mit.edu/Plato/symposium.html. 다음도 참조. Jean Houston, The Hero and the Goddess: "The Odyssey" as Mystery and Initiation (Wheaton, Ill.: Quest, 2009), 202.

4. De Botton, "Why You Will Marry the Wrong Person," The New York Times, May 28, 2016, https://www.nytimes.com/2016/05/29/opinion/sunday/why-you-will-marry-the-wrong-person.html

5. Alain de Botton, "'Romantic Realism': The Seven Rules to Help You Avoid Divorce," The Guardian, January 10, 2017, https://www.theguardian.com/lifeandstyle/2017/jan/10/romantic-realism-the-seven-rules-to-help-you-avoid-divorce

6. "Baby Reacts to Moonlight So-nata," November 19, 2016, https://www.youtube.com/watch?v=DHUnLY1_PvM

7. Jaak Panksepp, "The Emotional Sources of 'Chills' Induced by Music," Music

Perception 13 no. 2 (1995): 171– 207, https://doi.org/10.2307/40285693; 다음도 참조. Rémi de Fleurian and Marcus T. Pearce, "The Relationship Between Valence and Chills in Music: A Corpus Analysis," I-Perception 12, no. 4 (July 2021), https://doi.org/10.1177%2F20416695211024680

8. Fred Conrad et al., "Extreme re-Listening: Songs People Love . . . and Continue to Love," Psychology of Music 47, no. 1 (January 2018), http://dx.doi.org/10.1177/0305735617751050

9. Helen Lee Lin, "Pop Music Became More Moody in Past 50 Years," Scientific American, November 13, 2012, https://www.scientificamerican.com/article/scientists - discover trends in pop music/

10. Shoba Narayan, "Why Do Arabic Rhythms Sound So Sweet to Indian Ears?," National News, January 17, 2011, https://www.thenationalnews.com/arts-culture/comment/why-do-arabic-rhythms-sound-so-sweet-to-indian-ears-1.375824

11. "Affective Musical Key Characteris-tics," https://wmich.edu./mus-theo/courses/keys.html

12. Federico García Lorca, "On Lullabies," trans. A. S. Kline, Poetry in Translation, https://www.poetryintranslation.com/PITBR/Spanish/Lullabies.php

13. David Landis Barnhill, "Aesthetics and Nature in Japan," The Encyclopedia of Religion and Nature, ed. Bron Taylor (London: Thoemmes Continuum, 2005), 17– 18, https://www.uwosh.edu/facstaff/barnhill/244/Barnhill%20-%20Aesthetics%20and%20Nature%20in%20Japan%20-% 20ERN.pdf

14. Vuoskoski et al., "Being Moved by Unfamiliar Sad Music Is Associated with High Empathy."

15. Mahash Ananth, "A Cognitive Interpretation of Aristotle's Concepts of Catharsis and Tragic Pleasure," International Journal of Art and Art History 2, no. 2 (December 2014), http://dx.doi.org/10.15640/ijaah.v2n2a1

16. Matthew Sachs, Antonio Damasio, and Assal Habibi, "The Pleasures of

Sad Music," Frontiers in Human Neuroscience (July 24, 2015), https://doi.org/10.3389/fnhum.2015.00404

17. Joanne Loewy et al., "The Effects of Music Therapy on Vital Signs, Feeding, and Sleep in Premature Infants," Pediatrics 131, no. 5 (May 2013): 902–18, https://doi.org/10.1542/peds.2012-1367

18. Sachs, Damasio, and Habibi, "Pleasures of Sad Music."

19. Federico García Lorca, In Search of Duende (New York: New Directions, 1998), 57.

20. Ray Baker, Beyond Narnia: The Theology and Apologetics of C. S. Lewis (Cambridge, Ohio: Christian Publishing House, 2021), 67-68.

21. "Pothos," Livius.org, https://www.livius.org/articles/concept/pothos/

22. Houston, Search for the Beloved, 124.

23. 위와 같은 책.

24. C. S. 루이스,《예기치 못한 기쁨》(New York: HarperOne, 1955).

25. C. S. 루이스,《순례자의 귀향》(Grand Rapids, Mich.: William B. Eerdmans, 1992).

26. C. S. 루이스,《예기치 못한 기쁨》

27. Peter Lucia, "Saudade and Sehnsucht," Noweverthen.com, https://noweverthen.com/many/saudade.html

28. Michael Posner, Leonard Cohen, Untold Stories: The Early Years (New York: Simon & Schuster, 2020), 28.

29. Merlis, Arrow's Flight, 13.

30. Nick Cave, "Love Is the Drug," The Guardian, April 21, 2001, https://www.theguardian.com/books/2001/apr/21/extract

31. 웨일스어에도 비슷한 개념을 뜻하는 단어 'hiraeth'가 있다.

32. Sandeep Mishra, "Valmiki.The First Poet," Pearls from the Ramayana, August 14, 2020, https://www.amarchitrakatha.com/mythologies/valmiki-the-first-poet/

33. Sri Sri Ravi Shankar, "Longing Is Divine," https://wisdom.srisriravishankar.

org/longing-is-divine/

34. Siddhartha Mukherjee, "Same But Different," The New Yorker, April 25, 2016, https://www.newyorker.com/magazine/2016/05/02/breakthroughs-in-epigenetics

35. Rumi, The Essential Rumi (Harper One, 2004), p. 17.

36. "The Pain of Separation (The Longing)," July 29, 2014, https://www.youtube.com/watch?v=Za1me4NuqxA

37. Rukmini Callimachi, "To the World, They Are Muslims. To ISIS, Sufis Are Heretics," The New York Times, November 25, 2017, https://www.nytimes.com/2017/11/25/world/middleeast/sufi-muslims-isis-sinai.html

38. "Llewellyn Vaughan-Lee and Oprah Winfrey Interview," March 4, 2012, Golden Sufi Center, https://goldensufi.org/video/llewellyn-vaughan-lee-and-oprah-winfrey-interview/

39. Llewellyn Vaughan-Lee, "Feminine Mysteries of Love," Personal Transformation, https://www.personaltransformation.com/llewellyn_vaughan_lee.html

40. Shahram Shiva, Rumi's Untold Story (n.p.: Rumi Network, 2018).

41. Jane Ciabattari, "Why Is Rumi the Best-Selling Poet in the US?," BBC, October 21, 2014, https://www.bbc.com/culture/article/20140414-americas-best-selling-poet

42. Teresa of Avila: The Book of My Life, trans. Mirabai Starr (Boston: Shambhala Publications, Inc., 2008), 224.

43. Mirabai, "I Send Letters," Allpoetry.com, https://allpoetry.com/I-Send-Letters

44. Rumi, The Book of Love (San Francisco: HarperCollins, 2005), 98.

45. 위와 같은 책, 146.

46. Joseph Goldstein, "Mindfulness, Compassion & Wisdom: Three Means to Peace," PBS.org, https://www.pbs.org/thebuddha/blog/2010/May/11/mindfulness-compassion-wisdom-three-means-peace-jo/

47. 실천적 불교신자 런지켈리의 블로그 〈Buddha's Advice〉에서 인용함. https://

buddhasadvice.wordpress.com/2012/04/19/longing/

48. Llewellyn Vaughan-Lee, In the Company of Friends (Point Reyes Station, Calif.: Golden Sufi Center, 1994).

49. Llewellyn Vaughan-Lee, "The Ancient Path of the Mystic: An Interview with Llewellyn Vaughan-Lee," Golden Sufi Center, https://goldensufi.org/the-ancient-path-of-the-mystic-an-interview-with-llewellyn-vaughan-lee/

50. Llewellyn Vaughan-Lee, "A Dangerous Love," Omega Institute for Holistic Studies, April 26, 2007, https://www.youtube.com/watch?v=Q7pe_GLp_6o

51. C. S. Lewis, The Weight of Glory (New York: Macmillan, 1966), 4-5.

## CHAPTER 03 슬픔과 갈망, 초월은 창의성과 어떤 연관이 있는가?

1. David Remnick, "Leonard Cohen Makes It Darker," The New Yorker, October 17, 2016, https://www.newyorker.com/magazine/2016/10/17/leonard-cohen-makes-it-darker

2. Sylvie Simmons, "Remembering Leonard Cohen," CBC Radio, November 11, 2017, https://www.cbc.ca/radio/writersandcompany/remembering-leonard-cohen-biographer-sylvie-simmons-on-montreal-s-beloved-poet-1.4394764

3. Andrew Anthony, "Leonard Cohen and Marianne Ihlen: The Love Affair of a Lifetime," The Guardian, June 30, 2019, https://www.theguardian.com/film/2019/jun/30/leonard-cohen-marianne-ihlen-love-affair-of-a-lifetime-nick-broomfield-documentary-words-of-love

4. Simmons, "Remembering Leonard Cohen."

5. Marvin Eisenstadt, Parental Loss and Achievement (New York: Simon & Schuster, 1993).

6. Kay Redfield Jamison, Touched with Fire (New York: Simon & Schuster, 1993).

7. Christopher Zara, Tortured Artists (Avon, Mass.: Adams Media, 2012).

8. Karol Jan Borowiecki, "How Are You, My Dearest Mozart? Well-Being and Creativity of Three Famous Composers Based on Their Letters," The Review of Economics and Statistics 99, no. 4 (October 2017): 591-605, https://doi.org/10.1162/REST_a_00616

9. Modupe Akinola and Wendy Berry Mendes, "The Dark Side of Creativity: Biological Vulnerability and Negative Emotions Lead to Greater Artistic Creativity," Personality and Social Psychology Bulletin 34, no. 12 (December 2008), https://dx.doi.org/10.1177%2F0146167208323933

10. Joseph P. Forgas, "Four Ways Sadness May Be Good for You," Greater Good Magazine, June 4, 2014, https://greatergood.berkeley.edu/article/item/four_ways_sadness_may_be_good_for_you

11. Tom Jacobs, "How Artists Can Turn Childhood Pain into Creativity," Greater Good Magazine, May 8, 2018, https://greatergood.berkeley.edu/article/item/how_artists_can_turn_childhood_pain_into_creativity

12. Karuna Subramaniam et al., "A Brain Mechanism for Facilitation of Insight by Positive Affect," Journal of Cognitive Neuroscience, https://direct.mit.edu/jocn/article/21/3/415/4666/A-Brain-Mechanism-for-Facilitation-of-Insight-by

13. Amanda Mull, "6 Months Off Meds I Can Feel Me Again," The Atlantic, December 20, 2018, https://www.theatlantic.com/health/archive/2018/12/kanye-west-and-dangers-quitting-psychiatric-medication/578647/

14. 실비 시몬스,《아임 유어 맨 : 레너드 코언의 음악과 삶》(New York: Ecco Press, 2012), 763.

15. Nancy Gardner, "Emotionally Ambivalent Workers Are More Creative, Innovative," University of Washington News, October 5, 2006, https://www.washington.edu/news/2006/10/05/emotionally-ambivalent-workers-are-more-creative-innovative/

16. Tom Huizenga, "Beethoven's Life, Liberty and Pursuit of Enlightenment," Morning Edition, NPR, December 1, 2020, https://www.npr.org/sections/de

ceptivecadence/2020/12/17/945428466/beethovens-life-liberty-and-pursuit-
of-enlightenment

17. Joseph Kerman et al., "Ludwig van Beethoven," Grove Music Online
    (2001): 13, https://www.oxfordmusiconline.com/grovemusic/view/10.1093/
    gmo/9781561592630.001.0001/omo-9781561592630-e-0000040026

18. 위와 같은 문헌, 17.

19. David Nelson, "The Unique Story of Beethoven's Ninth Symphony," In
    Mozart's Footsteps, August.2, 2012, http://inmozartsfootsteps.com/2472/the-
    unique-story-of-beethovens-ninth-symphony/

20. Jan Caeyers, Beethoven, A Life (Oakland: University of California Press,
    2020), 486.

21. Koenraad Cuypers et al., "Patterns of Receptive and Creative Cultural
    Activities and Their Association with Perceived Health, Anxiety, Depression
    and Satisfaction with Life Among Adults: The HUNT Study, Norway,"
    Journal of Epidemiology and Community Health 66, no. 8 (August 2012),
    https://doi.org/10.1136/jech.2010.113571

22. Matteo Nunner, "Viewing Artworks Generates in the Brain the Same
    Reactions of Being in Love," Narrative Medicine, July 10, 2017, https://www.
    medicinanarrativa.eu/viewing-artworks-generates-in-the-brain-the-same-
    reactions-of-being-in-love

23. Mark Rothko, "Statement About Art," Daugavpils Mark Rothko Art Centre,
    https://www.rothkocenter.com/en/art-center/mark-rothko/statement-about-
    art

24. 실비 시몬스, 《아임 유어 맨 : 레너드 코언의 음악과 삶》, 491.

25. 릭 루빈과의 인터뷰, "Leonard Cohen's Legacy with Adam Cohen: Thanks for
    the Dance," Broken Record, n.d., https://brokenrecordpodcast.com/episode-
    8-leonard-cohens-legacy-with-adam-cohen

26. D. B. Yaden et al., "The Varieties of Self-Transcendent Experience,"
    Review of General Psychology 21, no. 2 (June 2017), https://doi.

org/10.1037%2Fgpr0000102

27. Scott Barry Kaufman, Transcend: The New Science of Self-Actualization (New York: TarcherPerigee, 2021), 198.

28. 데이비드 야덴과의 인터뷰, 2019년 12월 10일.

29. J. Harold Ellens, ed., The Healing Power of Spirituality: How Faith Helps Humans Thrive (Santa Barbara, Calif.: Praeger, 2010), 45.

30. Yaden et al., "Varieties of Self-Transcendent Experience."

31. D. B. Yaden and A. B. Newberg, The Varieties of Spiritual Experience: A Twenty-First Century Update (New York: Oxford University Press, forthcoming).

32. D. K. Simonton, "Dramatic Greatness and Content: A Quantitative Study of 81 Athenian and Shakespearean Plays," Empirical Studies of the Arts 1, no. 2 (1983): 109.23, https://doi.org/10.2190/0AGV-D8A9-HVDF-PL95; D. K. Simonton, Greatness: Who Makes History and Why (New York: Guilford Press, 1994); 다음도 참조. Paul Wong, "The Deep-and-Wide Hypothesis in Giftedness and Creativity," May 17, 2017, http://www.drpaulwong.com/the-deep-and-wide-hypothesis-in-giftedness-and-creativity/

33. Tom S. Cleary and Sam I. Shapiro, "The Plateau Experience and the Post-Mortem Life: Abraham H. Maslow's Unfinished Theory," Journal of Transpersonal Psychology 27, no. 1 (1995), https://www.atpweb.org/jtparchive/trps-27-95-01-001.pdf

34. Amelia Goranson et al., "Dying Is Unexpectedly Positive," Psychological Science (June 1, 2017), https://doi.org/10.1177%2F0956797617701186

35. Estelle Frankel, Sacred Therapy: Jewish Spiritual Teachings on Emotional Healing and Inner Wholeness (Boulder, Colo.: Shambhala, 2004).

36. Dr. Vicky Williamson, "The Science of Music - Why Do Songs in a Minor Key Sound So Sad?," NME, February 14, 2013, https://www.nme.com/blogs/nme-blogs/the-science-of-music-why-do-songs-in-a-minor-key-sound-sad-760215

37. https://theconversation.com/mythmaking-social-media-and-the-truth-about-leonard-cohens-last-letter-to-marianne-ihlen-108082

38. Min Kym, Gone: A Girl, a Violin, a Life Unstrung (New York: Crown Publishers, 2017).

39. 위와 같은 책, 85.

40. 저자가 친분 관계에서 나눈 대화 중에서 인용함.

41. Liz Baker and Lakshmi Singh, "Her Violin Stolen, a Prodigy's World Became 'Unstrung,'." All Things Considered, NPR, May 7, 2017, https://www.npr.org/2017/05/07/526924474/her-violin-stolen-a-prodigys-world-became-unstrung

## CHAPTER 04 사랑의 상실은 어떻게 대처해야 하나?

1. https://genius.com/Dylan-thomas-and-death-shall-have-no-dominion-annotated

2. Steven C. Hayes, "From Loss to Love," Psychology Today, June 18, 2018, https://www.psychologytoday.com/us/articles/201806/loss-love

3. Tony Rousmaniere, "Steven Hayes on Acceptance and Commitment," n.d., Psychotherapy.net, https://www.psychotherapy.net/interview/acceptance-commitment-therapy-ACT-steven-hayes-interview

4. 스티븐 C. 헤이즈, 커크 D. 스트로살, 《수용전념치료 실무 지침서》(New York: Springer, 2004).

5. Rousmaniere, "Steven Hayes on Acceptance and Commitment."

6. Steven C. Hayes, "From Loss to Love," Psychology Today, June 18, 2018.

7. M. E. Levin et al., "Examining Psychological Inflexibility as a Transdiagnostic Process Across Psychological Disorders," Journal of Contextual Behavioral Science 3, no. 3 (July 2014): 155-63, https://dx.doi.org/10.1016%2Fj.jcbs.2014.06.003

8. 브렛 포드는 캘리포니아 대학교 버클리 캠퍼스에서 박사 과정을 밟고 있던 2017년에 버클리 캠퍼스의 3명의 동료 연구진과 함께, 부정적 감정의 수용과 장기적으로 잘 살기 사이의 연관성을 찾기 위한 3단계 연구를 고안했다. 이 연구진의 연구 결과는 다음을 참조. Ford et al., "The Psychological Health Benefits of Accepting Negative Emotions and Thoughts: Laboratory, Diary, and Longitudinal Evidence," Journal of Personality and Social Psychology 115, no. 6 (2018), https://doi.org/10.1037/pspp0000157

9. Lila MacLellan, "Accepting Your Darkest Emotions Is the Key to Psychological Health," Quartz, July 23, 2017, https://qz.com/1034450/accepting-your-darkest-emotions-is-the-key-to-psychological-health/; Ford et al., "Psychological Health Benefits of Accepting Negative Emotions and Thoughts."

10. Hayes, "From Loss to Love."

11. Marshall McLuhan so called Fuller in R. Buckminster Fuller, Buckminster Fuller: Starting with the Universe, ed. K. Michael Hays and Dana Miller (New York: Whitney Museum of American Art, 2008), 39.

12. 마야 안젤루, 《새장에 갇힌 새가 왜 노래하는지 나는 아네》(New York: Random House, 2010).

13. 위와 같은 책, 97.

14. 오프라 윈프리, 마야 안젤루의 《새장에 갇힌 새가 왜 노래하는지 나는 아네》중 서문, ix.

15. Richard Gray, "The Sorrow and Defiance of Maya Angelou," The Conversation, May 29, 2014, https://theconversation.com/the-sorrow-and-defiance-of-maya-angelou-27341

16. 오프라 윈프리, 마야 안젤루의 《새장에 갇힌 새가 왜 노래하는지 나는 아네》중 서문, x.

17. Serge Daneault, "The Wounded Healer: Can This Idea Be of Use to Family Physicians?," Canadian Family Physician 54, no. 9 (2008): 1218.25, https://www.ncbi.nlm.nih.gov/pmc/articles/PMC2553448/

18. Neel Burton, M.D., "The Myth of Chiron, the Wounded Healer," Psychology

Today, February 20, 2021, https://www.psychologytoday.com/us/blog/hide-and-seek/202102/the-myth-chiron-the-wounded-healer

19. "Candace Lightner," https://www.candacelightner.com/Meet-Candace/Biography

20. Catherine Ho, "Inside the Bloomberg-Backed Gun-Control Group's Effort to Defeat the NRA," The Washington Post, June 20, 2016, https://www.washingtonpost.com/news/powerpost/wp/2016/06/20/everytowns-survivors-network-stands-on-the-front-lines-of-the-gun-control-battle/

21. Lauren Eskreis-Winkler, Elizabeth P. Shulman, and Angela L. Duckworth, "Survivor Mission: Do Those Who Survive Have a Drive to Thrive at Work?," Journal of Positive Psychology 9, no. 3 (January 2014): 209.18, https://doi.org/10.1080/17439760.2014.888579

22. Adam M. Grant and Kimberly A. Wade-Benzoni, "The Hot and Cool of Death Awareness at Work: Mortality Cues, Aging, and Self-Protective and Prosocial Motivations," Academy of Management Review 34, no. 4 (2017), https://doi.org/10.5465/amr.34.4.zok600

23. Abby Goodnough, "More Applicants Answer the Call for Teaching Jobs," The New York Times, February 11, 2002, https://www.nytimes.com/2002/02/11/us/more-applicants-answer-the-call-for-teaching-jobs.html

24. Donna Kutt Nahas, "No Pay, Long Hours, But Now, Glory," The New York Times, February 17, 2002, https://www.nytimes.com/2002/02/17/nyregion/no-pay-long-hours-but-now-glory.html

25. "Terrorist Survivor Enlists in Air Force," Airman, September 2002, 12.

26. Jane Ratcliffe, "Rene Denfeld: What Happens After the Trauma," Guernica, November 18, 2019, https://www.guernicamag.com/rene-denfeld-what-happens-after-the-trauma/

27. Rene Denfeld, "The Other Side of Loss," The Manifest-Station, January 21, 2015, https://www.themanifeststation.net/2015/01/21/the-other-side-of-loss/

28. "Rene Denfeld," https://renedenfeld.com/author/biography/

29. Denfeld, "Other Side of Loss."

30. Emma Seppälä, "18 Science-Backed Reasons to Try Loving-Kindness Meditation," Psychology Today, September 15, 2014, https://www. psychologytoday.com/us/blog/feeling-it/201409/18-science-backed-reasons-try-loving-kindness-meditation

31. "Who Was Dipa Ma?," Lion's Roar, February 24, 2017, https://www.lionsroar. com/mother-of-light-the-inspiring-story-of-dipa-ma/

32. Justin Whitaker, "The Buddhist Parable of the Mustard Seed," Patheos, November 29, 2016, https://www.patheos.com/blogs/ americanbuddhist/2016/11/the-buddhist-parable-of-the-mustard-seed-grief-loss-and-heartbreak.html

33. 잘츠버그와의 인터뷰, 2017년 8월 3일.

34. Jordi Sierra i Fabra and Jacqueline Minett Wilkinson, Kafka and the Traveling Doll (n.p.: SIF Editorial, 2019).

## CHAPTER 05  뼈아픈 상처로 세워진 나라가 어떻게 긍정 문화로 변했는가?

1. Garrison Keillor, "A Studs Terkel Lesson in Losing and Redemption," Chicago Tribune, n.d., https://digitaledition.chicagotribune.com/tribune/article_popover.aspx?guid=eeb0ab19-1be3-4d35-a015-238d1dadab6c

2. David, "Gift and Power of Emotional Courage."

3. Olga Khazan, "Why Americans Smile So Much," The Atlantic, May 3, 2017, https://www.theatlantic.com/science/archive/2017/05/why-americans-smile-so-much/524967/

4. Kuba Krys et al., "Be Careful Where You Smile: Culture Shapes Judgments of Intelligence and Honesty of Smiling Individuals," Journal of Nonverbal Behavior 40 (2016): 101.16, https://doi.org/10.1007/s10919-015-0226-4

5. "How Learning to Be Vulnerable Can Make Life Safer," Invisibilia, NPR, June

17, 2016, https://www.npr.org/sections/health-shots/2016/06/17/482203447/ invisibilia-how-learning-to-be-vulnerable-can-make-life-safer

6. "Any Anxiety Disorder," National Institute of Mental Health, https://www.nimh.nih.gov/health/statistics/any-anxiety-disorder

7. Deborah S. Hasin et al., "Epidemiology of Adult DSM-5 Major Depressive Disorder and Its Specifiers in the United States," JAMA Psychiatry 75, no. 4 (April 2018): 336.46, https://dx.doi.org/10.1001%2Fjamapsychiatry.2017.4602

8. Benedict Carey and Robert Gebeloff, "Many People Taking Antidepressants Discover They Cannot Quit," The New York Times, April 7, 2018, https://www.nytimes.com/2018/04/07/health/antidepressants-withdrawal-prozac-cymbalta.html

9. Sogyal Rinpoche, Tibetan Book of Living and Dying (New York: HarperOne, 2009), 22.

10. "Intentional Flaws," The World, PRI, July 2002, https://www.pri.org/stories/2002-07-13/intentional-flaws

11. Emma Taggart, "Wabi-Sabi: The Japanese Art of Finding Beauty in Imperfect Ceramics," My Modern Met, https://mymodernmet.com/wabi-sabi-japanese-ceramics/

12. Birgit Koopmann-Holm and Jeanne L. Tsai, "Focusing on the Negative: Cultural Differences in Expressions of Sympathy," Journal of Personality and Social Psychology 107, no. 6 (2014): 1092-115, https://dx.doi.org/10.1037%2Fa0037684

13. 어디에서 읽었는지는 도저히 기억이 나지 않지만 이 내용은 나에게 깊은 인상을 남겼다.

14. Barbara Ehrenreich, Bright-Sided: How the Relentless Promotion of Positive Thinking Has Undermined America (New York: Henry Holt, 2009), 6.

15. Drew Gilpin Faust, This Republic of Suffering: Death and the American Civil War (New York: Vintage, 2008), xi.

16. Andrew Curry, "Parents' Emotional Trauma May Change Their Children's Biology. Studies in Mice Show How," Science Magazine, July 2019, https://www.sciencemag.org/news/2019/07/parents-emotional-trauma-may-change-their-children-s-biology-studies-mice-show-how

17. 리탄 리폼드 신학교(Puritan Reformed Theological Seminary)의 조엘 R. 비키(Joel R. Beeke)와 폴 M. 스몰리(Paul M. Smalley)에 따르면 "운명예정설의 교리에서는 하느님의 선택을 받은 사람들만이 구원을 받을 것이라고 가르치지 않는다. 그렇다고 우리가 구원을 받을지 확실히 알 수 없다는 의미는 아니다. 오히려 다음과 같은 가르침이다. '그분[즉, 예수 그리스도]께서는 당신이 가지신 하느님의 능력으로 우리에게 경건한 생활을 하는 데 필요한 모든 것을 주셨다. 그래서 우리를 부르셔서 당신의 영광과 능력을 누리게 하신 그분을 알게 해주셨다. 우리는 그 영광과 능력에 힘입어 귀중하고 가장 훌륭한 약속을 받았다.'(베드로후서 1:3-10) Joel R. Beeke and Paul M. Smalley, "Help! I'm Struggling with the Doctrine of Predestination," Crossway, October 19, 2020, https://www.crossway.org/articles/help-im-struggling-with-the-doctrine-of-predestination/

18. Jenni Murray, "Smile or Die: How Positive Thinking Fooled America and the World by Barbara Ehrenreich," The Guardian, January 9, 2010, https://www.theguardian.com/books/2010/jan/10/smile-or-die-barbara-ehrenreich

19. Gov. William Bradford writing in Of Plymouth Plantation in 1630. See Peter C. Mancall, "The Real Reason the Pilgrims Survived," Live Science, November 22, 2018, https://www.livescience.com/64154-why-the-pilgrims-survived.html

20. Ralph Waldo Emerson, "Nature" (1836), in Nature and Selected Essays (New York: Penguin Books, 2003).

21. Maria Fish, "When Failure Got Personal," SF Gate, March 6, 2005, https://www.sfgate.com/books/article/When-failure-got-personal-2693997.php

22. Scott A. Sandage, Born Losers: A History of Failure in America (Cambridge, Mass.: Harvard University Press, 2006), 11.

23. 위와 같은 책, 36.

24. Harvard University Press, https://www.hup.harvard.edu/catalog. php?isbn=9780674021075

25. Sandage, Born Losers, 46, 17.

26. 위와 같은 책, 46.

27. Christopher H. Evans, "Why You Should Know About the New Thought Movement," The Conversation, February 2017, https://theconversation.com/ why-you-should-know-about-the-new-thought-movement-72256

28. William James, The Varieties of Religious Experience (London: Longmans, Green, 2009), 95.

29. Boy Scouts of America, "What Are the Scout Oath and the Scout Law?," https://www.scouting.org/about/faq/question10/

30. Robert Baden-Powell, Scouting for Boys (1908; repr., Oxford: Oxford University Press, 2018), 46.

31. Sandage, Born Losers, 261.

32. 위와 같은 책, 337.

33. 나폴레온 힐, 《생각하라 그러면 부자가 되리라》(Meriden, Conn.: Ralston Society, 1937).

34. 노먼 빈센트 필, 《긍정적 사고방식 : 어떻게 자신의 행복을 창조할 것인가》 (New York: Touchstone, 2003).

35. Sandage, Born Losers, 262.

36. 위와 같은 책, 262, 263.

37. 위와 같은 책, 266, 267.

38. Stuart Jeffries, "Why I Loved Charlie Brown and the 'Peanuts' Cartoons," The Guardian, December.5, 2015, https://www.theguardian.com/ lifeandstyle/2015/dec/05/charlie-brown-charles-schultz-peanuts-cartoon-movie-steve-martino

39. Martin Miller, "Good Grief. Charles Schulz Calls It Quits," Los Angeles Times, December.16, 1999, https://www.latimes.com/archives/la-xpm-

1999-dec-15-mn-44051-story.html#:~:text=%E2%80%9CAs%20a%20
youngster%2C%20I%20didn,%2C%20adults%20and%20children%20
alike.%E2%80%9D

40. Neal Gabler, "America's Biggest Divide: Winners and Losers," Salon, October 2017, https://www.salon.com/2017/10/08/americas-biggest-divide-winners-and-losers_partner/

41. Kate Bowler, "Death, the Prosperity Gospel and Me," The New York Times, February 13, 2016, https://www.nytimes.com/2016/02/14/opinion/sunday/death-the-prosperity-gospel-and-me.html

42. David Van Biema and Jeff Chu, "Does God Want You to Be Rich?" Time, September 10, 2006, http://content.time.com/time/magazine/article/0,9171,1533448-2,00.html

43. Google Books Ngram Viewer, https://books.google.com/ngrams/graph?content=loser+&year_start=1800&year_end=2019&corpus=26&smoothing=3&direct_url=t1%3B%2Closer%3B%2Cc0

44. Ben Schreckinger, "Trump Attacks McCain," Politico, July 18, 2015, https://www.politico.com/story/2015/07/trump-attacks-mccain-i-like-people-who-werent-captured-120317

45. "We were calling this a mental health crisis before the pandemic. Now it's a state of emergency," said Amir Whitaker, policy counsel of the ACLU of Southern California. See Carolyn Jones, "Student Anxiety, Depression Increasing During School Closures, Survey Finds," EdSource, May 13, 2020, https://edsource.org/2020/student-anxiety-depression-increasing-during-school-closures-survey-finds/631224

46. Lauren Lumpkin, "Rates of Anxiety and Depression Amongst College Students Continue to Soar, Researchers Say," The Washington Post, June 10, 2021, https://www.washingtonpost.com/education/2021/06/10/dartmouth-mental-health-study/

47. Kate Fagan, "Split Image," ESPN, May 7, 2015, http://www.espn.com/espn/

feature/story/_/id/12833146/instagram-account-university-pennsylvania-runner-showed-only-part-story

48. Izzy Grinspan, "7 College Students Talk About Their Instagrams and the Pressure to Seem Happy," New York, July 31, 2015, https://www.thecut.com/2015/07/college-students-on-the-pressure-to-seem-happy.html

49. Val Walker, "The Loneliness of Unshareable Grief," Psychology Today, December 2, 2020, https://www.psychologytoday.com/us/blog/400-friends-who-can-i-call/202012/the-loneliness-unshareable-grief

50. 루크, 페이지, 히더, 닉과의 인터뷰, 2018년 2월 13일.

51. "American Psychological Association Survey Shows Teen Stress Rivals That of Adults," American Psychological Association, 2014, https://www.apa.org/news/press/releases/2014/02/teen-stress

52. 저자 인터뷰, 2018년 2월 13일.

53. 킨제이는 이 말이 자신이 프린스턴 대학교 부학장으로 있을 당시에 공동 지휘했던 이 프로젝트를 위해 인터뷰를 나누던 중 들었던 말 같다고 추정했으나, 우리는 정확히 누가 한 말이었는지는 알아내지 못했다.

54. Kristie Lee, "Questioning the Unquestioned," Duke Today, October 6, 2003, https://today.duke.edu/2003/10/20031006.html

55. "The Duck Stop Here," Stanford University, https://duckstop.stanford.edu/why-does-duck-stop-here

**CHAPTER 06 어떻게 하면 직장과 사회에서 '긍정의 횡포'를 넘을 수 있는가?**

1. 셰익스가 자신의 스탠드업 코미디 공연 중 했던 말로 추정된다.

2. 2017년 7월 27일 등 여러 차례에 걸쳐 저자와 나눈 인터뷰.

3. David, "Gift and Power of Emotional Courage."

4. Peter J. Frost, "Why Compassion Counts!," Journal of Management Inquiry 8, no. 2 (June 1999): 127.33, https://doi.org/10.1177/105649269982004

5. 저자 인터뷰, 2016년 10월 31일.

6. 저자가 2017년 2월 15일에 제이슨 카노프와 가졌던 인터뷰 및 이후의 이메일.

7. Juan Madera and Brent Smith, "The Effects of Leader Negative Emotions on Evaluations of Leadership in a Crisis Situation: The Role of Anger and Sadness," The Leadership Quarterly 20, no. 2 (April 2009): 103.14, http://dx.doi.org/10.1016/j.leaqua.2009.01.007

8. Tanja Schwarzmuller et al., "It's the Base: Why Displaying Anger Instead of Sadness Might Increase Leaders' Perceived Power But Worsen Their Leadership," Journal of Business and Psychology 32 (2017), https://doi.org/10.1007/s10869-016-9467-4

9. Melissa Pandika, "Why Melancholy Managers Inspire Loyalty," OZY, January 4, 2017, https://www.ozy.com/news-and-politics/why-melancholy-managers-inspire-loyalty/74628/

10. 위와 같은 문헌.

11. 팀 창과의 인터뷰, 2019년 12월 16일.

12. 위와 같은 출처.

13. 라라 뉴어와의 인터뷰, 2017년 9월 27일.

14. "How Learning to Be Vulnerable Can Make Life Safer," Invisibilia, NPR, June 17, 2016, https://www.npr.org/sections/health-shots/2016/06/17/482203447/invisibilia-how-learning-to-be-vulnerable-can-make-life-safer

15. Robin J. Ely and Debra Meyerson, "Unmasking Manly Men," Harvard Business Review, July-August 2008, https://hbr.org/2008/07/unmasking-manly-men

16. 릭에 대한 이 이야기는 팟캐스트 〈인비저빌리아〉, 하버드 대학교 사례 연구를 비롯해 2019년 5월 27일에 내가 릭과 직접 나눈 대화를 바탕으로 서술한 것이다.

17. Kerry Roberts Gibson et al., "When Sharing Hurts: How and Why Self-Disclosing Weakness Undermines the Task-Oriented Relationships of Higher Status Disclosers," Organizational Behavior and Human Decision Processes

144 (January 2018): 25.43, https://doi.org/10.1016/j.obhdp.2017.09.001

18. Jane E. Dutton et al., "Understanding Compassion Capability," Human Relations 64, no. 7 (June 2011): 873-99, http://dx.doi.org/10.1177/0018726710396250

19. 위와 같은 문헌, 7.

20. 2021년 9월 14일에 수전 데이비드에게 받은 이메일.

21. James W. Pennebaker, "Expressive Writing in Psychological Science," Perspectives in Psychological Science 13, no. 2 (March 2018): 226.29, https://doi.org/10.1177%2F1745691617707315

22. Susan David, "You Can Write Your Way Out of an Emotional Funk. Here's How," New York, September 6, 2016, https://www.thecut.com/2016/09/journaling-can-help-you-out-of-a-bad-mood.html

23. James W. Pennebaker, "Writing About Emotional Experiences as a Therapeutic Process," Psychological Science 8, no. 3 (1997): 162-66, http://www.jstor.org/stable/40063169

24. Stefanie P. Spera et al., "Expressive Writing and Coping with Job Loss," Academy of Management Journal 37, no. 3 (1994): 722.33, https://www.jstor.org/stable/256708

25. 수전 데이비드, 《감정이라는 무기 : 나를 자극하는 수만 가지 심정을 내 것으로 만드는 심리 솔루션》(New York: Avery, 2016).

26. 팀 레버레트와의 인터뷰, 2018년 11월 4일.

27. Fernando Pessoa, "Letter to Mário de Sa-Carneiro," posted by Sineokov, July 17, 2009, The Floating Library, https://thefloatinglibrary.com/2009/07/17/letter-to-mario-de-sa-carneiro/

## CHAPTER 07 우리는 영생을 추구해야 하나?

1. Eliezer Yudkowsky, Harry Potter and the Methods of Rationality, chap. 45,

https://www.hpmor.com/chapter/45

2. "RAADfest 2017 to Feature World-Class Innovators on Super Longevity," RAAD Festival 2017, https://www.raadfest.com/raad-fest//raadfest-2017-to-feature-world-class-innovators-on-super-longevity

3. RAAD Festival 2018, https://www.raadfest.com/home-1

4. 저자가 2017년 라드 페스티벌 현장에서 오브리 드 그레이와 나눈 인터뷰. 다음도 참조. "David Wolfe," https://www.raadfest.com/david-wolfe, and "radical life extension," https://www.rlecoalition.com/raadfest

5. 이 인용문은 내가 몇년 전에 복사해둔 것으로, 지금은 페이스북 페이지에 올려져 있지 않다.

6. 이 인용문은 마이크 웨스트의 2017년 라드 페스티벌 발표 원고에서 가져왔다.

7. Joshua J. Mark, "The Eternal Life of Gilgamesh," World History Encyclopedia, April 10, 2018, https://www.worldhistory.org/article/192/the-eternal-life-of-gilgamesh/

8. 키스 코미토와의 인터뷰, 2017년 6월 12일.

9. 저자가 2017년 라드 페스티벌 현장에서 오브리 드 그레이와 나눈 인터뷰.

10. H. A. McGregor et al., "Terror Management and Aggression: Evidence That Mortality Salience Motivates Aggression Against Worldview-Threatening Others," Journal of Personality and Social Psychology 74, no. 3 (March 1998): 590-605, https://doi.org/10.1037/0022-3514.74.3.590

11. Tom Pyszczynski et al., "Mortality Salience, Martyrdom, and Military Might: The Great Satan Versus the Axis of Evil," Personality and Social Psychology Bulletin 32, no. 4 (April 2006): 525.37, https://doi.org/10.1177/0146167205282157

12. "People Unlimited: Power of Togetherness to End Death," March 17, 2015, https://peopleunlimitedinc.com/posts/2015/03/people-unlimited-power-of-togetherness-to-end-death

13. C. S. 루이스, 《우리가 얼굴을 찾을 때까지》, 86.

14. J.R.R. Tolkien, The Letters of J.R.R. Tolkien, ed., Humphrey Carpenter

(Boston: Houghton Mifflin Harcourt, 2014), 125.

## CHAPTER 08 우리는 사별의 슬픔과 비영속성을 극복해야 하나?

1. Mary Oliver, American Primitive, 1st ed. (Boston: Back Bay Books, 1983), 82.

2. 다음에서 인용된 고바야시 이사의 말. Harold Bolitho, Bereavement and Consolation: Testimonies from Tokugawa Japan (New Haven, Conn.: Yale University Press, 2003).

3. Robert Hass et al., The Essential Haiku: Versions of Basho, Buson and Issa (Hopewell, N.J.: Ecco Press, 1994).

4. 아툴 가완디, 《어떻게 죽을 것인가 : 현대 의학이 놓치고 있는 삶의 마지막 순간》 (New York: Henry Holt, 2004), 156.

5. Philippe Ariès, Western Attitudes Toward Death (Baltimore, Md.: Johns Hopkins University Press, 1975), 85, 92.

6. Geoffrey Gorer, Death, Grief, and Mourning (New York: Arno Press, 1977), ix.xiii. 다음에서도 관련 내용이 언급됨. 조엔 디디온, 《상실》(New York: Alfred A. Knopf, 2005).

7. Gerard Manley Hopkins, "Spring and Fall" in Gerard Manley Hopkins: Poems and Prose (Harmondsworth, UK: Penguin Classics, 1985); 다음도 참조. Poetry Foundation, https://www.poetryfoundation.org/poems/44400/spring-and-fall

8. 로라 카스텐슨과의 인터뷰, 2018년 6월 11일.

9. 아툴 가완디, 《어떻게 죽을 것인가》, 99.

10. Laura L. Carstensen et al., "Emotional Experience Improves with Age: Evidence Based on Over 10 Years of Experience Sampling," Psychology and Aging 26, no. 1 (March 2011): 21.33, https://dx.doi.org/10.1037%2Fa0021285

11. 로라 카스텐슨과의 인터뷰, 2018년 6월 11일.

12. Laura L. Carstensen, "The Influence of a Sense of Time on Human Development," Science 312 no. 5782 (June 2006): 1913-15, https://dx.doi.org/10.1126%2Fscience.1127488; Helene H. Fung and Laura L. Carstensen, "Goals Change When Life's Fragility Is Primed: Lessons Learned from Older Adults, the September 11 Attacks, and SARS," Social Cognition 24, no. 3 (June 2006): 248.78, http://dx.doi.org/10.1521/soco.2006.24.3.248

13. "Download the FTP Scale," Stanford Life-span Development Laboratory, https://lifespan.stanford.edu/download-the-ftp-scale

14. David DeSteno, How God Works: The Science Behind the Benefits of Religion (New York: Simon & Schuster, 2021), 144, 147.

15. "'Memento Mori': The Reminder We All Desperately Need," Daily Stoic, https://dailystoic.com/memento-mori/

16. George Bonanno, The Other Side of Sadness (New York: Basic Books, 2010).

17. Chimamanda Ngozi Adichie, "Notes on Grief," The New Yorker, September 10, 2020, https://www.newyorker.com/culture/personal-history/notes-on-grief

18. David Van Nuys, "An Interview with George Bonanno, Ph.D., on Bereavement," Grace point Wellness, https://www.gracepointwellness.org/58-grief-bereavement-issues/article/35161-an-interview-with-george-bonanno-phd-on-bereavement

19. 2017년 스리 스리 라비 샹카르와 나눈 이메일 인터뷰.

20. Van Nuys, "Interview with George Bonanno."

21. 스티븐 하프와의 인터뷰, 2017년 10월 27일이나 그 무렵.

22. George Orwell, "Reflections on Gan-dhi," Orwell Foundation, https://www.orwellfoundation.com/the-orwell-foundation/orwell/essays-and-other-works/reflections-on-gandhi/

23. 애미 바이디아와의 인터뷰, 2017년 4월 20일.

24. "If you think you're enlightened go spend a week with your family," Ram Dass, "More Ram Dass Quotes," Love Serve Remember Foundation, https://

www.ramdass.org/ram-dass-quotes/

25. 로이스 슈니퍼와의 인터뷰, 2016년 12월 9일.

26. Nora McInerny, "We Don't 'Move On' from Grief. We Move Forward with It." TED Talk, November 2018, https://www.ted.com/talks/nora_mcinerny_we_don_t_move_on_from_grief_we_move_forward_with_it/transcript?language=en#t-41632

## CHAPTER 09 고통이 대물림된다면 어떻게 그것을 탈바꿈할 수 있는가?

1. Françoise Dolto: Kathleen Saint-Onge, Discovering Françoise Dolto: Psychoanalysis, Identity and Child Development (United Kingdom: Routledge, 2019).

2. 2017년 10월 13일과 12월 20일의 저자 인터뷰 및 2017년 10월 17일 뉴욕 오픈 센터에서 죽음의 기술을 주제로 열린 워크숍.

3. Rachel Yehuda, "How Trauma and Resilience Cross Generations," On Being with Krista Tippett (podcast), July 30, 2015, https://onbeing.org/programs/rachel-yehuda-how-trauma-and-resilience-cross-generations-nov2017/

4. Helen Thomson, "Study of Holocaust Survivors Finds Trauma Passed On to Children's Genes," The Guardian, August 21, 2015, https://www.theguardian.com/science/2015/aug/21/study-of-holocaust-survivors-finds-trauma-passed-on-to-childrens-genes

5. Rachel Yehuda et al., "Holocaust Exposure Induced Intergenerational Effects on FKBP5 Methylation," Biological Psychiatry 80, no. 5 (September 2016): P372.80, https://doi.org/10.1016/j.biopsych.2015.08.005

6. Seema Yasmin, "Experts Debunk Study That Found Holocaust Trauma Is Inherited," Chicago Tribune, June 9, 2017, https://www.chicagotribune.com/lifestyles/health/ct-holocaust-trauma-not-inherited-20170609-story.html

7. Rachel Yehuda, Amy Lehrner, and Linda M. Bierer, "The Public Reception of

Putative Epigenetic Mechanisms in the Transgenerational Effects of Trauma,"
Environmental Epigenetics 4, no. 2 (April 2018), https://doi.org/10.1093/eep/
dvy018

8. Linda M. Bierer et al., "Intergenerational Effects of Maternal Holocaust
Exposure on KFBP5 Methylation," The American Journal of Psychiatry (April
21, 2020), https://doi.org/10.1176/appi.ajp.2019.19060618

9. Anurag Chaturvedi et al., "Extensive Standing Genetic Variation from a
Small Number of Founders Enables Rapid Adaptation in Daphnia," Nature
Communications 12, no. 4306 (2021), https://doi.org/10.1038/s41467-021-
24581-z

10. Brian G. Dias and Kerry J. Ressler, "Parental Olfactory Experience Influences
Behavior and Neural Structure in Subsequent Generations," Nature
Neuroscience 17 (2014): 89.96, https://doi.org/10.1038/nn.3594

11. Gretchen van Steenwyk et al., "Transgenerational Inheritance of Behavioral
and Metabolic Effects of Paternal Exposure to Traumatic Stress in Early
Postnatal Life: Evidence in the 4th Generation," Environmental Epigenetics 4,
no. 2 (April 2018), https://dx.doi.org/10.1093%2Feep%2Fdvy023

12. Dora L. Costa, Noelle Yetter, and Heather DeSomer, "Intergenerational
Transmission of Paternal Trauma Among U.S. Civil War ex-POWs,"
PNAS115, no. 44 (October 2018): 11215.20, https://doi.org/10.1073/
pnas.1803630115

13. P. Ekamper et al., "Independent and Additive Association of Prenatal Famine
Exposure and Intermediary Life Conditions with Adult Mortality Between
Age 18.63 Years," Social Science and Medicine 119 (October 2014): 232.39,
https://doi.org/10.1016/j.socscimed.2013.10.027

14. Veronica Barcelona de Mendoza et al., "Perceived Racial Discrimination
and DNA Methylation Among African American Women in the InterGEN
Study," Biological Research for Nursing 20, no. 2 (March 2018): 145.52,
https://doi.org/10.1177/1099800417748759

15. Curry, "Parents' Emotional Trauma May Change Their Children's Biology."

16. 위와 같은 문헌.

17. Rachel Yehuda, Amy Lehrner, and Linda M. Bierer, "The Public Reception of Putative Epigenetic Mechanisms in the Transgenerational Effects of Trauma," Environmental Epigenetics 4, no. 2 (April 2018), https://doi.org/10.1093/eep/dvy018

18. Rachel Yehuda et al., "Epigenetic Biomarkers as Predictors and Correlates of Symptom Improvement Following Psychotherapy in Combat Veterans with PTSD," Frontiers in Psychiatry 4, no. 118 (2013), https://dx.doi.org/10.3389%2Ffpsyt.2013.00118

19. Katharina Gapp et al., "Potential of Environmental Enrichment to Prevent Transgenerational Effects of Paternal Trauma," Neuropsychopharmacology 41 (2016): 2749.58, https://doi.org/10.1038/npp.2016.87

20. Yehuda, "How Trauma and Resilience Cross Generations."

21. 제리 빙엄이 저자에게 보내온 이메일, 2021년 6월.

22. "Goree: Senegal's Slave Island," BBC News, June 27, 2013, https://www.bbc.com/news/world-africa-23078662

23. 물려받은 슬픔과 아프리카계 미국인의 경험 사이의 관계에 대해 더 알고 싶다면 다음 책을 추천한다. Joy Degruy, Post Traumatic Slave Syndrome: America's Legacy of Enduring Injury and Healing (Uptone Press, 2005).

24. 2019년 7월에 나눈 저자 인터뷰.

25. William Breitbart, ed., Meaning-Centered Psychotherapy in the Cancer Setting: Finding Meaning and Hope in the Face of Suffering (New York: Oxford University Press, 2017), https://doi.org/10.1093/med/9780199837229.001.0001

26. William Breitbart, ed., "Meaning-Centered Group Psychotherapy: An Effective Intervention for Improving Psychological Well-Being in Patients with Advanced Cancer," Journal of Clinical Oncology 33, no. 7 (February 2015): 749.54, https://doi.org/10.1200/JCO.2014.57.2198; Lori P.

Montross Thomas, Emily A. Meier, and Scott A. Irwin, "Meaning-Centered Psychotherapy: A Form of Psychotherapy for Patients with Cancer," Current Psychiatry Reports 16, no. 10 (September 2014): 488, https://doi.org/10.1007/s11920-014-0488-2

27. Wendy G. Lichtenthal et al., "Finding Meaning in the Face of Suffering," Psychiatric Times 37, no. 8 (August 2020), https://www.psychiatrictimes.com/view/finding-meaning-in-the-face-of-suffering

28. 윌리엄 브레이트바트와의 저자 인터뷰, 2017년 5월 3일.

29. Dave Afshar, "The History of Toro Nagashi, Japan's Glowing Lantern Festival," Culture Trip, April.19, 2021, https://theculturetrip.com/asia/japan/articles/the-history-of-toro-nagashi-japans-glowing-lantern-festival/

30. Amy Scattergood, "Day of the Dead Feast Is a High-Spirited Affair," Los Angeles Times, October.29, 2008, https://www.latimes.com/local/la-fo-dia29-2008oct29-story.html

31. 테드 휴즈(Ted Hughes)의 글에서 보게 된 인용문으로, 안타깝게도 그 출처는 찾지 못했다.

## 맺음말 : 고향에 이르는 길

1. Raymond Carver, "Late Fragment," A New Path to the Waterfall (New York: Atlantic Monthly Press, 1988).

2. 버지니아 포스트렐(Virginia Postrel)은 다음의 책에서 컨버터블 카의 도상적 측면을 기막히게 잘 풀어놓았다. The Power of Glamour: Longing and the Art of Visual Persuasion (New York: Simon & Schuster, 2013).

3. Kenneth Cain, Heidi Postlewait, and Andrew Thomson, Emergency Sex and Other Desperate Measures (New York: Hyperion, 2004).

4. 내가 착안한 게 아니라 분명히 어디에선가 본 개념이지만, 출처를 찾지 못했다.

5. Houston, Search for the Beloved, 26.

**옮긴이 정미나**

출판사 편집부에서 오랫동안 근무했으며, 이 경험을 토대로 현재 번역 에이전시 엔터스코리아에서 출판기획 및 전문 번역가로 활동하고 있다. 주요 역서로는《평균의 종말》,《다크호스》,《하버드 부모들은 어떻게 키웠을까》,《켄 로빈슨 엘리먼트》등 다수의 도서가 있다.

# 비터스위트

**1판 1쇄 인쇄** 2022년 6월 13일
**1판 1쇄 발행** 2022년 6월 24일

**지은이** 수전 케인
**옮긴이** 정미나

**발행인** 양원석 **편집장** 정효진
**디자인** 김종민 **영업마케팅** 양정길, 윤송, 김지현, 정다은, 박윤하

**펴낸 곳** ㈜알에이치코리아
**주소** 서울시 금천구 가산디지털2로 53, 20층 (가산동, 한라시그마밸리)
**편집문의** 02-6443-8861   **도서문의** 02-6443-8800
**홈페이지** http://rhk.co.kr
**등록** 2004년 1월 15일 제2-3726호

**ISBN** 978-89-255-7798-2 (03180)